U0578924

BLUE BOOK

智 库 成 果 出 版 与 传 播 平 台

少数民族非遗蓝皮书

BLUE BOOK OF INTANGIBLE CULTURAL
HERITAGE OF ETHNIC MINORITIES

中国少数民族非物质文化遗产发展报告
（2022）

REPORT ON THE DEVELOPMENT OF ETHNIC MINORITY INTANGIBLE CULTURAL
HERITAGE IN CHINA (2022)

少数民族非遗的抢救性保护研究

主　　编／肖远平（彝）　柴　立（满）　王伟杰

执行主编／王月月

副 主 编／李　霞（仡佬）

社会科学文献出版社
SOCIAL SCIENCES ACADEMIC PRESS (CHINA)

图书在版编目（CIP）数据

中国少数民族非物质文化遗产发展报告 . 2022：少
数民族非遗的抢救性保护研究／肖远平，柴立，王伟杰
主编；王月月执行主编；李霞副主编 . --北京：社会
科学文献出版社，2023.8
（少数民族非遗蓝皮书）
ISBN 978-7-5228-1829-0

Ⅰ. ①中… Ⅱ. ①肖… ②柴… ③王… ④王… ⑤李
… Ⅲ. ①少数民族-民族文化-非物质文化遗产-文物保
护-研究报告-中国-2022 Ⅳ. ①K28

中国国家版本馆 CIP 数据核字（2023）第 084885 号

少数民族非遗蓝皮书

中国少数民族非物质文化遗产发展报告（2022）
——少数民族非遗的抢救性保护研究

主　　编／肖远平　柴　立　王伟杰
执行主编／王月月
副 主 编／李　霞

出 版 人／冀祥德
责任编辑／王　展
文稿编辑／张　爽　刘　燕　白　银
责任印制／王京美

出　　版／社会科学文献出版社·皮书出版分社（010）59367127
　　　　　地址：北京市北三环中路甲 29 号院华龙大厦　邮编：100029
　　　　　网址：www.ssap.com.cn
发　　行／社会科学文献出版社（010）59367028
印　　装／天津千鹤文化传播有限公司

规　　格／开　本：787mm×1092mm　1/16
　　　　　印　张：24.5　字　数：366 千字
版　　次／2023 年 8 月第 1 版　2023 年 8 月第 1 次印刷
书　　号／ISBN 978-7-5228-1829-0
定　　价／158.00 元

读者服务电话：4008918866

国家民族事务委员会人文社科重点研究基地
南方少数民族非物质文化遗产研究基地建设项目

主编单位

贵阳人文科技学院
南方少数民族非物质文化遗产研究基地（贵州省首批社会科学"学术先锋号"）
民族民间文化教育传承创新重点研究基地（高等院校）
贵州省仁怀市茅台镇酒文化坊有限公司

参与单位

贵阳孔学堂文化传播中心
贵州民族大学贵州民族科学研究院
贵州省多彩贵州文化协同创新中心

中文编辑（按姓氏笔画排序）

王砂砂　　　　王燕妮（土家）　　田　丹（土家）

李光明（彝）　杨　晓（苗）　　　杨珍珍（土家）

张　驰（彝）　周尚书　　　　　　赵尔文达（苗）

唐永蓉（苗）

参编人员（按姓氏笔画排序）

韦布花（水）　付　敏（土家）　　刘明文

李美艳（彝）

主编简介

肖远平　彝族，贵州师范大学党委书记，文学博士，二级教授，博士生导师，享受国务院政府特殊津贴。华中师范大学博士生导师，国家"万人计划"哲学社会科学领军人才、中宣部文化名家暨"四个一批"人才、全国民族教育专家委员会委员、国家重大工程"中国民间文学大系出版工程"学术委员会委员、中国智库创新人才"先锋人物"、黔灵学者、贵州省高校哲学社会科学学术带头人、贵州省区域一流学科带头人、贵州省人民政府学科评议组成员、贵州省委办公厅决策咨询专家。国家民委人文社会科学重点研究基地——南方少数民族非物质文化遗产研究基地主任、首席专家，教育部民族教育发展中心重点研究基地——民族民间文化教育传承创新重点研究基地（高等院校）主任、首席专家，国家社科基金重大招标项目首席专家，全国民族教育研究重大招标项目首席专家。兼任阳明心学与当代社会心态研究院副院长、"少数民族非遗蓝皮书"主编、《民族文学研究》编委、《中国大百科全书·民族文学卷》编委。

主要从事中国民间文学（民俗学）、民族文化产业和民族教育等方向研究。主持国家社科基金重大招标项目、一般项目，教育部全国民族教育研究重大招标项目、重点委托项目，国家民委项目，贵州省哲学社会科学重大项目等国家级及省部级项目13项；获国家民委全国民族研究优秀成果奖二等奖、贵州省文艺奖一等奖、贵州省哲学社会科学优秀成果奖一等奖等省部级以上奖励10余项；在《民俗研究》《民族文学研究》等各级各类刊物发表论文70余篇；出版《彝族"支嘎阿鲁"史诗研究》《苗族史诗〈亚鲁王〉

形象与母题研究》等著作 10 余部。

柴 立 满族，贵州宏宇健康产业集团（筹）股份有限公司董事长兼首席执行官，医药化工高级工程师，贵州民族大学教授、硕士生导师，世界传统医学荣誉博士，贵州省康养产业商会会长。贵州省"省管专家"、省科学技术协会常务委员，贵州省"科技兴企之星"、贵阳市专业技术带头人、中国优秀民营科技企业家、贵阳市促进非公有制经济发展先进个人、"第三届中国经济百名诚信人物"，享受贵州省人民政府"有特殊贡献专家津贴"。主要从事中医中药、民族医药文化体系的整理与临床应用、民族芳香药物的研究开发及应用体系等领域研究。

先后开发新药"金喉健喷雾剂""保妇康泡沫剂"等品种，获国家发明专利 13 项。在《中医杂志》《中草药》等国家级学术期刊上发表《试论中医"肾"的物质基础》《HPLC 法测定三拗汤不同煎液中苦杏仁苷》等论文多篇。近年来主持完成国家计委批复立项的中药现代化重大专项"500 万瓶保妇康泡沫剂高技术产业化示范工程项目"、科技部两个"十五"重大科技攻关项目"贵州中药现代化科技产业基地关键技术研究"和"西部开发科技行动计划——贵州天麻、杜仲等地道药材规范种植"，参与完成两个国家自然科学基金项目"单味中药精制颗粒的化学研究"及"中药配方颗粒汤剂与传统汤剂的化学组成及药效学研究"。曾获贵州省科学技术进步奖三等奖、华夏医学科技奖一等奖。

王伟杰 汉族，贵州民族大学贵州民族科学研究院教授、博士生导师，二级会展策划师，贵阳人文科技学院科研处处长。中共中央组织部"西部之光"访问学者，贵州省高校哲学社会科学青年学术创新人才，贵州省社会科学"2020 年度学术先锋"，贵州省社会科学首届"学术先锋号"主持人，"少数民族非遗蓝皮书"主编，国家民委人文社科重点研究基地——南方少数民族非物质文化遗产研究基地常务副主任。

主要从事少数民族非遗、文艺学、民族文化产业和民族文化教育等方向研究。主持国家社科基金青年项目、全国民族教育研究青年项目、国家民委自筹项目、贵州省教育改革重大项目等国家级及省部级课题 10 余项，获全国民族研究优秀成果奖二等奖、贵州省教育科学研究优秀成果奖二等奖等省部级奖励 10 余项，在各级各类刊物发表论文 40 余篇，出版《冲突与引导：文化资源开发中的价值选择》等著作 3 部。

摘　要

　　少数民族非物质文化遗产（以下简称"非遗"）是我国非遗资源的重要组成部分，不仅具有非常高的价值，也具有特殊的"濒危性"。近年来，抢救性保护作为非遗保护的重要方式之一，在非遗普查、记录、建立非遗名录和传承人名录等方面取得了显著成效。然而，随着代表性传承人的持续老龄化，非遗的传承主体面临后继乏人的困境；加之生产生活方式的现代化，非遗赖以生存的文化生态环境悄然改变。因此，非遗项目及传承人的抢救性保护工作仍然任重道远，探索少数民族非遗抢救性保护的方式和方法、使我国优秀的文化记忆得以保存，具有重要的现实意义和学术价值。

　　本书主要分为八个部分。

　　第一部分为总报告。报告通过对非遗保护的历史实践和取得成效进行梳理，分析我国少数民族非遗抢救性保护工作面临的问题，如受现代化和城镇化冲击、生存空间面临威胁、传承创新有待加强、项目保护力度仍需加大等，提出重视文化生态保护区建设、建立非遗"四进"常态化体系、利用科学技术激发非遗再生活力、建立急需非遗保护项目名录等对策，促进我国非遗保护与传承工作的高质量发展。

　　第二部分为区域篇。主要总结了广西壮族自治区、张家川回族自治县等区域非遗代表性项目保护概况，探讨了云南省非遗保护活力的时序变化情况。该部分指出广西壮族自治区非遗项目存在认同感不强、非遗教育及展示形式有待丰富、新媒体运用不灵活、传播内容较零散等现实问题，提出内外合力促进非遗传承保护、创新对外宣传方式，助力广西壮族自治区非遗文化

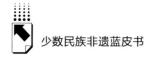
有效传播等建议；张家川回族自治县在非遗保护工作中依然存在传承人老龄化、资金投入不足、缺乏专业的工作人员等问题，提出加强传承人保护、加大宣传力度、注重项目申报等建议；云南省非遗保护活力呈上升趋势但整体水平偏低，提出多维度增强非遗保护活力、重视财政支持、强化政府主导地位、突出地方特色等建议。

第三部分为专题篇。主要论述了瑶族、白族非遗代表性项目的保护情况，以及少数民族非遗对促进铸牢中华民族共同体意识的重要作用。瑶族非遗保护工作存在专门法规缺位、传承人老龄化等紧迫问题，据此提出出台瑶族非遗专项法规、加强人才队伍建设、加强区域间的联动性、积极建立"非遗+"保护模式等建议；白族非遗保护工作存在项目归类不明晰、非遗精神内核与现代价值观念场域异动等问题，据此提出加强对非遗项目的深度挖掘和整理、有效开发以及培育非遗新生群体等建议。民族教育方面，分析了非遗传承推动铸牢中华民族共同体意识教育的价值导向，提出非遗与爱国主义教育、民族团结进步教育、铸牢中华民族共同体意识教育相衔接的建议；分析了彝族（撒尼）刺绣传承对人智力因素、非智力因素的影响，提出传承民族优秀传统文化、培育"五个认同"思想、提升中华文化世界竞争力的建议；民歌艺术方面，分析了民歌对推动各民族之间相互交流、增强各民族文化自信、促进各民族文化认同等方面的重要作用，提出厘清"花儿"的来龙去脉、着重培养相关人才、创新民歌艺术形式等建议；文化自信方面，提出少数民族非遗作为民族自信之表征媒介，其对重构多元艺术风格形式与情感交流机制共生共荣的全球文化新生态具有双重意义。

第四部分为口头传统和表现形式篇。主要探讨了武定彝族酒歌、侗族民俗音乐、新疆少数民族民间文学的传承发展情况，以及西南少数民族乐器的田野调查情况。从个体、家庭、社会和学校四个维度体现了武定彝族酒歌的传承现状，提出重视培养彝族酒歌传承人、鼓励家庭传承、加强社会传承、融入学校教育的保护思路；侗族民俗音乐历经唐代以前的孕育、唐宋元代的形成、明清时期的繁盛、民国时期的转型以及新中国成立以来的多样化发展阶段，并在历史的进程中凸显侗族民俗音乐的自我认同与融化他者的文化品格；田野调查方面，阐述中国西南少数民族乐器的分布特点和分类，总结出西南少数民族乐器研究面临相关高级别科研项目层出不穷、系统性的田野调查较为匮乏、跨界区域少数民族乐器研究较为匮乏等现状；在动漫媒介的助力下，"阿凡提"在中年、青年、少年群体中树立了艺术形象，今后应建立完整的少数民族民间文学资源库、完善以动漫媒介为开发核心的产业链，促进非遗 IP 创新发展。

第五部分为表演艺术篇。主要论述来凤县地龙灯、藏族传统舞蹈、维吾尔族传统体育项目的传承现状、问题，并提出发展对策。在来凤县地龙灯的传承发展过程中，存在仪式主体缺失、仪式空间式微、价值认同缺乏等问题，来凤县今后应重点着手促进文化认同、地龙灯民间仪式与文化展演异质性组织结构等工作；梗舞具有丰富的历时性与共时性价值，其传承工作面临数字化成果转化程度低、政策执行缺乏持续性、资源转化内生动力不足等问题，应重点完善数字化信息、落实保护措施、加快产学研联动等；维吾尔族达瓦孜具有内在的表演特色与历史文化价值，从非遗文化生态保护的区域协同、数字媒介的创造转化与传播、地域文旅产业体系化发展探索等方面提出保护建议。

第六部分为传统知识和实践、传统手工艺篇。主要论述传统医药沙疗、传统服饰的现代化发展，以及传统手工艺的遗产特征与其在助推乡村振兴中发挥的作用。近年来在科技的助力下，沙疗逐渐从室外转至室内，并逐渐走向市场化、规模化，提出应积极推进传统技艺与康养产业的协同发展、延伸产业链、增强产权保护意识等建议；传统服饰的传承发展受到民族传统文化淡化、应用场景减少、传承后继乏人等影响，认为应从政府引导、发动群众、创新发展等方面探索相应的发展对策；传统手工艺类非遗无论从时间维度，还是从空间维度来看，都具有鲜明的"遗产"特征；花瑶传统手工艺蕴含的文化、艺术、经济、生态因子，与乡村振兴的驱动力具有内在的契合性，应通过制定保护传承政策、运用科技手段、组织社会力量共同参与，促进其与文化创意产业、旅游产业、特色村寨建设相结合。

第七部分为借鉴篇。主要总结分析了日本濒危传统工艺的保护经验，认

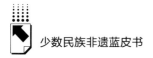

为日本濒危传统工艺的保护工作在政策支持、制度设计、发展理念、管理体系等方面积累了一些经验，对我国濒危非遗保护工作具有借鉴意义。

第八部分为大事记。主要统计了 2021 年我国政府层面和学界层面发生的与少数民族非遗密切相关的重要事件。

关键词： 少数民族　非物质文化遗产　抢救性保护

目 录 ⤵

Ⅰ 总报告

Ⅱ 区域篇

Ⅲ 专题篇

IV 口头传统和表现形式篇

V 表演艺术篇

Ⅵ　传统知识和实践、传统手工艺篇

Ⅶ　借鉴篇

皮书数据库阅读**使用指南**

总 报 告

General Report

B.1

中国少数民族非物质文化遗产
抢救性保护的实践发展报告*

王伟杰　李美艳　赵 艺　熊朝霞**

摘　要： 非物质文化遗产是中华优秀传统文化的重要组成部分，是人类
在生产生活实践中创造出来的，具有重要的文化价值和经济价
值。加强非遗的传承和保护，对增强民族文化自信、提升国家
文化软实力以及铸牢中华民族共同体意识等具有重要推动作
用。我国高度重视非遗的保护工作，少数民族非遗保护研究也
成为重要论题。本报告通过对非遗保护的历史实践和取得成效
进行梳理发现，我国少数民族非遗抢救性保护存在受现代化和

* 本报告系国家民委人文社科重点研究基地"南方少数民族非遗研究基地建设项目"（民委发
〔2014〕37号），中国工艺美术学会2022年度工艺美术科研课题"工艺美术视角下传统工艺
助力乡村振兴发展路径研究"（项目编号：CNACS2022-II-008）的研究成果。
** 王伟杰，博士，贵州民族大学贵州民族科学研究院教授、博士生导师，研究方向为文化遗产
与文化产业；李美艳，贵阳人文科学学院教师，研究方向为民族学；赵艺，贵州民族大学民
族学与历史学学院硕士研究生，研究方向为民族学；熊朝霞，贵州民族大学民族学与历史学
学院硕士研究生，研究方向为文物与博物馆。

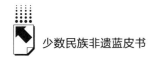

城镇化冲击、文化生存空间面临威胁、传承创新有待加强、项目保护力度不够等问题，亟待挖掘非遗资源、合理利用非遗资源，重视文化生态保护区建设，建立非遗"四进"常态化体系，利用科学技术激发非遗再生活力，建立保护急需非遗项目名录，推动非遗项目分类施策，实现我国非遗保护与传承工作的高质量发展。

关键词： 非物质文化遗产　抢救性保护　分类保护

2005年3月，《国务院办公厅关于加强我国非物质文化遗产保护工作的意见》明确了非物质文化遗产（以下简称"非遗"）保护方针为"保护为主、抢救第一、合理利用、传承发展"。其中"抢救"是非遗保护的重要手段，是对濒临消失的非遗项目的抢救，因此非遗的抢救性保护切合我国非遗保护工作的实际，也是必须坚持的一种保护手段和方式。我国各族人民在长期的生产生活实践中创造的丰富的非遗资源是我国珍贵的财富，各族人民既是非遗的创造者也是传承者，非遗是联结民族情感的关键纽带，对增强民族文化认同感、促进民族团结发挥重要作用。伴随全球化、现代化进程的加快推进，我国非遗的文化生态受到前所未有的冲击，诸多口授相传的文化遗产项目面临技艺消亡、资源流失、空间破坏等威胁。因此，加强我国非遗抢救性保护工作迫在眉睫，只有做好抢救性保护这一基础性工作，传承好中华民族的文化基因，才能有效推进我国非遗保护与传承工作的高质量发展。

一　非遗抢救性保护基本概念

（一）抢救性保护的概念

非遗指被各社区、群体，有时是个人，视为其文化遗产组成部分的各种社会实践、观念表述、表现形式、知识、技能以及相关的工具、实物、手工艺品和文化场所。① 从 2006 年第一批国家级非遗名录公布、2011 年《非物质文化遗产法》的颁布实施，到 2021 年国务院印发的《关于进一步加强非物质文化遗产保护工作的意见》，我国建构了非遗调查记录、非遗项目制度、传承人制度、理论研究、整体保护等完善的保护体系。遵循"保护为主、抢救第一、合理利用、传承发展"的十六字方针，采取抢救性、整体性以及生产性三种保护模式。其中，抢救性保护是我国对非遗采取的最主要的保护模式，侧重于抢救濒临消失的非遗项目，通过该模式非遗项目的原生态得到较好的保护。

在国外，"保护"一词最早于 1930 年提出。起初意大利从博物馆、图书馆和档案馆的视角提出"预防性保护"和"抢救性保护"的概念。② 1963 年，意大利学者切萨雷·布兰迪（Cesare Brandy）在《修复理论》中对"预防性保护"和"抢救性保护"两者的关系进行了阐释，重点强调"预防性保护"措施的优势。1972 年，切萨雷·布兰迪和古列尔莫·德奥萨特（Guglielmo De Angelis d'Ossat）共同起草了意大利首个具有法律效力的《修复宪章》，其中阐释了保护与修复技术法律规范的重要性。③

我国对抢救性保护的定义为"通过调查、采集、整理、建档等方式，记录、保存和研究被列入各级非物质文化遗产名录或散落在民间的、处于濒危状态的非物质文化遗产的保护方式"。④ 目前，国内广泛采用的统一解释为"指对濒危遗产和年事已高、年老体弱的传承人开展的一种保护方式，这是一项非常紧急的工作，用科技手段如摄像、摄影、文字、图片等方式把这种技艺记录下来，最后整合为一个大数据，给予数字化保护"。其实，我

① 《保护非物质文化遗产公约（2003）》，中国非物质文化遗产网，2003 年 12 月 8 日，https：//www.ihchina.cn/zhengce_ details/11668。

② 詹长法：《意大利现代的文物修复理论和修复史（上）》，《中国文物科学研究》2006 年第 2 期。

③ 〔意〕切萨雷·布兰迪著《修复理论》，陆地编译，同济大学出版社，2016，第 104~105 页。

④ 汪欣：《中国非物质文化遗产保护十年（2003~2013 年）》，知识产权出版社，2015，第 189 页。

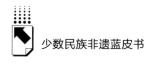

国对非遗保护早已有先行者开始实践,从新文化运动开始,就有学者对民间文学的资料进行收集整理,随后征集大量的民间歌谣。1920 年,北京大学成立歌谣研究会,出版《歌谣周刊》①。1923 年 5 月 24 日,在北京大学成立了风俗调查会。

1949 年后,政府在非遗保护方面采取了一系列措施,组织文化工作者对民间民族文化的相关历史、民俗等开展田野调查。1950 年,中国民间文艺研究会成立,开始对各民族的文学、艺术进行广泛的收集、调查、研究,"中国民族民间文艺十大集成志书"的编纂为我国开展非遗抢救性保护工作奠定基础。2001 年,冯骥才先生任中国民间文艺家协会主席,策划开展"中国民间文化遗产抢救工程"。2002 年 2 月 26 日,中国民间文艺家协会组织起草了《中国民间文化抢救工程呼吁书》,"抢救和保护中国人类口头和非物质遗产工程"正式启动。2004 年 8 月,我国成为联合国教科文组织《保护非物质文化遗产公约》缔约国,非遗保护工作逐步走向制度化。2005年 3 月,《国务院办公厅关于加强我国非物质文化遗产保护工作的意见》正式采用"非物质文化遗产"的概念,提出了非遗保护的十六字方针。2005 年是非遗抢救性保护的高潮阶段,文化部部署了全国非遗普查工作,认定和抢救了一大批濒危的非遗项目。2010 年,非遗数字化保护工程纳入"十二五"规划。当前,我国非遗保护工作已取得一定成果,如中国非遗数字博物馆、蜀风雅韵——成都非遗数字博物馆、女书文化特色数据库、傩文化数据库等。2011 年,我国颁布并实施的《非物质文化遗产法》为我国非遗抢救性保护工作奠定了基础,同时推进了非遗全国性抢救性保护工作的全面实施。

（二）抢救性保护的原则

要想有效地运用非遗语境下的"抢救性保护"对非遗项目进行保护,就必须制定一套相对完善的抢救性保护理论体系。因此,在进行非遗抢救性保护时应充分考虑其基本原则,以便更好地对非遗进行保护。

---

① 《歌谣周刊》刊载民间文艺学、民俗学、语言学、宗教学、历史学等多学科的综合研究成果。

1. 原真性

"原真性"一词的概念源于文化遗产科学，国内学者定义为"现代遗产保护科学的灵魂、基本观念和准则"。① 2011 年，我国颁布的《非物质文化遗产法》中明确指出："非物质文化遗产保护应当注重其真实性、整体性和传承性。"非遗是世代传承的结果，有其发展演变的历史性过程和历史性内容。因此，在对其进行抢救性保护的实践过程中，必须以尊重非遗项目的历史性存在为前提，在其原生态面貌基础上开展抢救性保护工作。

2. 紧迫性

冯骥才先生曾指出，"民间文化传承人是中华优秀传统文化的活宝库，这些传承人肩负着历代劳动人民创造的文化精华……口授心传是民间文化传承的最主要的途径，而传承人是民间文化代代相传的核心……"② 因此，非遗代表性传承人是非遗项目传承和保护的重要组成部分，也是进行非遗保护工作的关键所在。随着我国人口老龄化不断加剧，各级非遗代表性传承人也进入高龄化阶段，许多高龄传承人还未将非遗技能传给后继者就离世，导致部分非遗项目处于濒临消失的处境。除此之外，我国中西部地区尤其是少数民族地区大部分年轻人外出务工，留在家中的多为中老年人，传承人比较匮乏，甚至出现断层的危机，非遗项目的传承链条较为脆弱。特别是一些偏远的欠发达地区，部分非遗传承人既要从事繁重的生产活动，还要担负非遗传承的艰巨使命。

二 非遗抢救性保护的历史实践和成效

非遗是植根于各族人民生产生活的活态文化，是生生不息的劳动人民的生产和生活经验智慧，非遗无法脱离传承者而单独存在，依赖于传承人的口传心授和世代相传。当前，受城市化、信息化、老龄化、村落空心化的冲

---

① 徐嵩龄：《遗产原真性·旅游者价值观偏好·遗产旅游原真性》，《旅游学刊》2008 年第 4 期。
② 刘锡诚：《传承与传承人论》，《河南教育学院学报》2006 年第 5 期。

击，以及生活环境变化造成的现实困扰，非遗抢救性保护工作亟待加强。对非遗实行抢救性保护是我国在非遗保护工作中长期坚守的理念和方针，也是实现非遗抢救性保护的重要方法和传承与传播非遗的有效途径。为切实加强我国非遗保护工作，挽救一大批濒临消失的非遗项目，对非遗资源、项目运用数字化技术进行真实系统的整理记录和长期保存，建立档案或数据库已成为当前非遗抢救性保护的重要方式和有效手段。

（一）关键性历史实践梳理

伴随农耕文明产生并在民间广泛流传的非遗具有活态传承的流变性，也有因生存环境、文化空间变化的脆弱性。"抢救第一"是我国非遗抢救性保护工作的首要原则，我国非遗抢救性保护采用的方式主要有两种：一是书籍出版和多种数据格式分类存档保存；二是对濒危非遗项目建立代表作及传承人名录体系，通过资助扶持鼓励非遗传承人的方式抢救濒危非遗项目，使濒危非遗项目重获新生。

最初我国对非遗的保护工作是少部分学者对民间文学、民俗文化、民间歌谣等资料进行收集、整理和研究。1920年，北大新歌谣研究会成立，文人学者汇聚于此，纷纷参与各地歌谣的收集和研究工作，并将单一的歌谣研究延伸至民俗学调查研究，由此拓展为以民间文学为主的多学科综合研究。1923年，北大受新老歌谣采集运动的影响成立了风俗调查会，其影响力不断扩散，民俗学会兴起，掀起了民族民间文学资料收集研究的热潮。在此期间，学者对歌谣、神话传说、民间故事等文化遗产资源的整理和保存做了大量工作，并出版和发表了大量研究成果。北大新老歌谣采集运动的开展，对我国非遗抢救性保护工作起到了巨大的推动作用。北大新老歌谣采集运动是中国民间文学史的重大革新，同时引起了众多学者对民族民间文化的关注和深入研究，推动中国现代民俗学诞生。新老歌谣采集运动收集整理保存了上万首各地民间歌谣，形成一座非遗的"文本歌谣博物馆"，不仅为民间文学的发展提供了丰富的资源，也促进了各地民族文化、民俗文化的传播。

民间文艺研究会对我国民族地区的民族历史、民俗等进行调查。为抢救性保护非遗，学者呼吁使用影视、录音等数字化手段及时记录反映民族生活习俗、传统手工技艺、民族节庆等内容。例如，对少数民族世代传唱的英雄史诗《格萨尔王》《江格尔》《玛纳斯》等整理和研究工作取得了不俗的成绩，受到党和政府的高度重视，并在后期由官方成立非遗抢救性保护小组，负责对少数民族说唱史诗的民间艺人进行录音、录像，以及对唱本资料进行整理、翻译和出版。

（二）相关政策、措施与成效

为抢救和保护我国宝贵的文化遗产，政府开始采取一系列保护方法和抢救措施，并取得了显著成效。一是充分认识我国非遗保护工作的重要性和紧迫性，完善代表性传承人制度。二是加强档案数字化建设，建立名录体系，逐步形成有中国特色的非遗保护制度。三是将非遗纳入国民教育体系，充分发挥非遗在广大未成年人传统文化教育和爱国主义教育中的重要作用。

2003 年，我国积极贯彻落实《保护非物质文化遗产公约》，形成了具有我国特色的非遗保护工作基本方针、原则、理念，并指导我国非遗保护政策法规制定、名录体系建立、传统工艺振兴、抢救性记录、传承人群研培等实践。2005 年，《国务院办公厅关于加强我国非物质文化遗产保护工作的意见》指出"抢救"是首要工作，并提出"相关部门应认真开展非物质文化遗产普查工作，并建立名录体系，逐步形成有中国特色的非物质文化遗产保护制度"。2007 年 10 月 19 日，《文化部关于贯彻落实国务院实施〈中华人民共和国民族区域自治法〉若干规定的通知》提出"加大力度，加强民族地区文化遗产的抢救和保护工作。深入推进民族地区非物质文化遗产资源的普查，深入了解非物质文化遗产传承、保护和发展现状。做好民族地区非物质文化遗产濒危项目的科学保护规划和抢救、征集珍贵实物资料工作"。2008 年 9 月 18 日，《文化部关于进一步加强文化艺术档案工作的意见》提出"通过各种渠道，采取各种方式，把散存在社会上的珍贵、重要及濒危的文化艺术档案保护作为一项重要工作来抓，收集、征集、保存具有历史文化价值的地方戏曲或曲艺、民间手工艺品、口述文化、民俗活动等各种记录，使之成为传承民间文化和非物质文化遗产保护的重要载体"。2010 年 10月，文化部启动"非物质文化遗产数字化保护工程"，提出要"运用文字、录音、录像、数字化多媒体等各种方式，建立非物质文化遗产档案，对非物质文化遗产进行真实、系统和全面的数字化收集、整理、存档保护"。2011年 1 月 6 日，我国又颁布了《非物质文化遗产法》，其中提出要加强对濒危非遗项目的抢救性保护。2012 年 6 月 28 日，文化部颁布《文化部关于鼓励和引导民间资本进入文化领域的实施意见》，提出"鼓励民间资本通过设立公益性基金等方式参与非物质文化遗产保护，如对濒危的非遗进行抢救性保护，对代表性传承人及学艺者予以资助等"。2015 年 7 月 17 日，《国务院办公厅印发关于支持戏曲传承发展若干政策的通知》提出"鼓励地方设立戏曲发展专项资金，扶持戏曲艺术发展。鼓励将符合条件的地方戏曲列入非物质文化遗产名录，实施抢救性记录和保存"。2017 年 1 月，《关于实施中华优秀传统文化传承发展工程的意见》明确规定，"坚持保护十六字方针，实施非物质文化遗产传承发展工程，进一步完善非物质文化遗产保护制度。实施传统工艺振兴计划"。2021 年 8 月 12 日，《中共中央办公厅　国务院办公厅印发〈关于进一步加强非物质文化遗产保护工作的意见〉》强调坚持非遗创造性转化、创新性发展，切实提升非遗系统性保护水平。2022 年 8 月，《"十四五"文化发展规划》①强调"加强非物质文化遗产的保护与传承，鼓励在中小学构建非物质文化遗产课程体系和教材体系，在高校开设非物质文化遗产保护相关专业，引导社会力量参与非物质文化遗产教育培训、开展社会实践和研学活动，促进非物质文化遗产广泛普及与传播"。2022 年 6 月28 日，文化和旅游部等部门发布《关于推动传统工艺高质量传承发展的通知》，强调建立非遗急需保护项目名单，加强抢救记录。

　　21 世纪以来，我国非遗保护工作已取得显著成效，濒危的非遗项目得到

---

① 《"十四五"文化发展规划》，中国政府网，2022 年 8 月 16 日，http：//www.gov.cn/zhengce/2022-08/16/content_ 5705612. htm。

更好的保护，形成了政府引导、社会参与的保护机制，非遗兼具文化价值与经济价值，非遗传承要有整体文化观和见人见物见生活的生态保护理念。非遗抢救性保护工作取得的成效主要体现在以下两个方面。一是加强非遗项目及传承人档案数字化建设。开展非遗普查工作，建立档案、数据库、非遗代表作名录体系，通过开展非遗资源调查、收集和整理研究，完善非遗项目档案制度，并运用新媒体及现代科技手段全面系统记录非遗信息；同时完善代表性传承人制度，实施中国非遗传承人研修培训和资助计划，促进传统传承方式和现代教育体系相结合，壮大传承队伍。二是鼓励民间开展非遗教育。鼓励在中小学构建非遗课程体系和教材体系，在高校开设非遗保护相关专业；各级图书馆、文化馆、博物馆、科技馆等公共文化机构积极开展对非遗的传播和展示工作。引导社会力量参与非遗教育培训、开展社会实践和研学活动，促进非遗广泛普及与传播，重视文化遗产保护、弘扬优秀传统文化、营造非遗保护的良好氛围。

三　抢救性保护的案例和经验

近年来，我国大力实施非遗抢救性保护工作，在这一过程中积累了丰富的非遗抢救性保护经验。

（一）抢救性保护的案例

1.三都①水书②全方位抢救性保护

水族的水书是一种特色鲜明的民族文化百科全书，是水族人民生产生活的真实记录。水书是水族祖先将上千年的生活实践和经验，由各种数字、图形和本民族的语言汇集而成的书籍，用以揭示和推测大自然的运行规律。水书主要包括历法演算、农作节气、生活择吉、卜辞等方面的内容，在水族文化的发展和传承中起着十分重要的作用。第一，水书作为水族文字书写的一

---

① 贵州省黔南州三都水族自治县。
② 水书是水族古文字、书籍的通称。

种体系和民族文化符号载体，记录了水族人民生产生活和各种民俗节庆，反映了水族人民的传统价值观念。第二，水书并不是水族人民人人持有的典籍，只有"水书先生"才能持有并解读其中内涵，水族人民的日常生活，包括婚丧嫁娶、出行占卜等都需"水书先生"依据书中的提示进行，水族人民的思维和行为受以水书为中心、"水书先生"为传承人的文化潜移默化的影响，形成了水族特有的"水书文化"。

在我国，有本民族文字和语言的少数民族并不算多，水族是其中之一。水书作为水族文字的载体，是水族社会发展阶段的重要见证，目前在水族人民的社会生活中仍被广泛使用，被誉为象形文字的"活化石"。随着民族文化保护工作逐渐被重视，社会对水书的关注和研究逐渐升温。2002 年，水书以其真实、重要的民族文化纪实功能被列入第一批"中国档案文献遗产名录"，"水书文化"的重要性开始显露。地方政府加大对水书的保护力度，相关文献资料的收集、整理、研究工作从民间转为官方。2006 年 5 月，水书同水族端节和水族马尾绣入选第一批国家级非物质文化遗产代表性项目名录。随着民族文化的传播，水书及水族习俗的社会关注度不断提高，但水书文献资料多由"水书先生"誊抄而来，水书文本缺乏统一规范，以及水书抄本的遗失使"水书文化"这一非遗项目的传播和传承面临巨大的挑战。为做好水书的保护和发展工作，一方面，地方政府通过成立水书抢救工作小组，按照非遗抢救"濒危优先、边普查、边抢救、边保护"的基本思路，对水书开展抢救、释读、研究工作，对其进行征集、整理、建档保存，在重点村落内设立专门的场所进行水书习俗展览。目前，三都水族自治县已建成水族水书习俗展览馆、水族文化博物馆、水族非遗展示中心等。同时，在"水书先生"帮扶和"水书习俗"传承传播层面，当地建立了非遗"传习所"，通过对"水书先生"传承人开展能力培训和等级证书认定，发放相应的补助，鼓励"水书先生"带徒授课，对"水书先生"的资助、帮扶有助于"水书习俗"摆脱传承困境。另一方面，三都水族自治县积极推动"水书习俗"和其他水族传统文化进校园，让其成为课程教学的一部分，当地教育部门、学科负责人和"水书先生"共同编撰了《水族文化进校园小读本》《水语水书十课时》。水书作为水族文字的重要载体,是水族历史发展进程中的重要产物,水书习俗进校园的活动有利于培养当地少年儿童对本民族文化的认知和认同,同时为"水书习俗"的传承和传播培育新一代的力量。

水书作为水族文字符号的集大成者,是水族文化的重要载体和不可或缺的重要组成部分,文字和语言的存续关乎以口头传承的民族文化、非遗项目的存亡。对水书现存本进行抢救性收集、整理、分类、建档保护,可以有效推动社会对水族的历史渊源和民族宗教信仰等层面的研究和保护。将水书创造性改编成三都水族自治县民族地区的校本教材,有助于"水书习俗"在社会生活与中小学教育实践中的传播和传承,增强了青少年对民族文化的自豪感和自信心。

2. 德江傩戏抢救性保护

傩戏历史悠久,有撮泰吉、傩戏和地戏三种类别,傩戏因其演出地点为家宅庭院,故又称为"傩堂戏",是贵州铜仁德江县一种历史悠久的民间表演艺术。该戏演出的内容与冲傩还愿相结合,巫师为制造庄严神秘的氛围,通常布置神案来供奉傩公、傩母二位主神,傩戏选角多样。傩戏因其面具多姿多彩、造型多样具备较高的艺术欣赏价值而闻名。傩戏因其面具和戏曲保存相对完整而被誉为"中国戏剧文化的活化石",在 2006 年被列入首批国家级非物质文化遗产代表性项目名录。

"抢救第一"是我国非遗保护工作长期遵循的基本理念和方针。由于人类社会生产技术突飞猛进,我国传统文化正遭受外来文化的碰撞和冲击,一部分民族民间文艺作品正逐渐湮灭。随着信息技术的发展,非遗的数字化保护方式诞生,借助数据库和互联网的传播实现傩戏的保存、传播和传承,对傩戏资源、项目、传承人进行数字化记录、建档并予以长期保存,不仅是实现其抢救性保护的有效方法,也是傩戏表演及其文化精髓得以传承与传播的重要途径。一方面,傩戏表演艺术在经济欠发达地区传播广泛。一些傩戏的传承人既要从事繁重的生产活动,又要担负农闲节庆时傩戏的表演、制作工作,以及肩负戏曲资料挖掘、整理和传承的艰巨使命。随着传承人的高龄化,加强传承人保护已刻不容缓。另一方面,傩戏传承人面临现代信

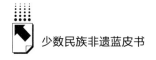

息技术的挑战。新媒体的出现，以及娱乐方式的多样化，使越来越多的年轻人受到现代娱乐方式的影响，缺乏对传统文化的关注和认同。然而，傩戏在拜师、收徒等方面有一套严格的仪式，加上部分年轻人不愿静下心来学习傩戏表演艺术和傩戏面具制作等非物质文化技艺，久而久之造成傩戏的传承后继乏人，傩戏表演艺术日渐濒危。

　　傩戏表演的传承人面临高龄化及现代信息技术冲击等现实困境，通过图像、音频、视频等方式对传承人掌握的知识、记忆进行完整记录，是对非遗传承人保护的有效方式。由德江县政府牵头对傩戏项目表演传承人开展数字化保护，就是利用图像、音频、视频等现代技术手段对傩戏传承人自身及其传承的傩戏表演艺术和傩戏面具制作技艺等相关信息进行访谈和记录整理，并将收集记录的信息资料按照预先制定的数字化技术标准规范进行整理、数字采集、数字编辑和数据库导入，实现对傩戏非遗项目和傩戏传承人信息的数字化存储，且最终实现对傩戏传承人信息的数字化管理和利用。利用数字技术对傩戏进行抢救性保护的主要实践包括傩戏曲目、表演形式、面具制作等资料的调查、搜集、记录、整理和研究。对傩戏信息资料进行建档式保存，通过拍照、录音、录像等方式将其固化至一定载体，按照傩戏戏曲类别和傩戏面具类型进行分类建档，保护级别以及传承人等都进行分类存储，形成实物档案以供整理、保管和利用，从而达到长期保存的目的。总之，通过数字化技术手段对傩戏表演项目和傩戏面具的类型进行固化分类保存，并将傩戏信息转化为数据的形式录入数据库中，使其以实物档案和数据库的方式长期保存，便于整理和保管。目前，利用数字化技术对傩戏等表演类非遗项目资源进行数据采集、保存的方式已逐渐成为非遗抢救性保护的重要技术手段。数字化保护具有高速、高效的优点，能将傩戏表演以最真实的方式进行采集和保存，固定和延长傩戏表演的生命。傩戏伴随民族社会生产和发展历程而产生，是民族社会发展的见证，蕴含丰富的地域文化和民族文化、宗教信仰、审美情趣等，其作为中华民族优秀传统文化的重要组成部分，利用数字化技术对傩戏进行采集、整理、收藏、保存和研究，有利于推动民族优秀传统文化的创造性转化和创新性发展。

（二）抢救性保护的经验

1.国家与地方各级政府部门的主导推动

（1）非遗档案和数据库建设

我国非遗形式多样、种类繁多，弄清情况、摸清家底、分清类别才是科学施策、精准保护的重要前提，因此非遗档案和数据库建设在非遗抢救性保护中起着重要的作用。

建档是实现非遗抢救性保护的重要途径。2005年，我国开始实行全国非遗普查，旨在摸清全国非遗资源的基本情况，为进一步开展非遗保护工作奠定基础。我国致力于实施非遗抢救性保护工作，全国非遗普查工作的开展摸清了各地的非遗"家底"，大批非遗得以认定和抢救。同时，在开展非遗普查工作的基础上，对搜集的非遗资料（文献、图片、影音以及实物资料）进行归纳整理存档，纳入资料库、数据库、展览馆等进行归档保存，便于非遗工作者、研究者以及社会民众实现资源共享。各地非遗保护工作的开展也应采用建档保存方式。

与此同时，通过开展非遗普查，梳理全国非遗的文化生境、区域分布、类型类别、数量质量、存在问题、濒危状况等，通过对一些非遗项目及传承人进行音像录制、口述史记录等，对相关资料进行建档式保存，推动了数据库建设工作，为非遗的科学、有效保护奠定了基础。目前，我国实施的"非物质文化遗产数字化工程"，就是以数字档案的形式实现非遗资源的数据化保存以及更便捷的共享。例如，为建立数字化保护体系，我国积极推进非遗数字化保护相关工作，将非遗数字化保护纳入"十二五"规划，建立了非遗普查资源、项目资源、专题资源等数据库。在政府的高度重视下，非遗数字化保护和抢救工作得以在各地展开，各省（区、市）有序建设非遗数据库，这些数据库在非遗抢救性保护工作中发挥了重要作用。例如，中国非遗数字博物馆、傩文化数据库、非遗三维数据库、岭南少数民族非遗数据库等。

（2）抢救性记录研究成果

抢救性保护的实施挽救了一大批濒临消亡的非遗项目，留下了丰富珍贵的文本及数字化历史资料，通过数字化记录以及抢救性保护形成了相关论文、专著、口述史、调研报告等成果。1949年后，政府采取了一系列保护方法和措施，为抢救保护非遗做了大量的工作，并取得一定成效。从20世纪50年代起，我国政府开始组织文化工作者对民族民间文化以及民族语言文字、风俗习惯等开展调查，如对著名的少数民族三大英雄史诗——藏族的《格萨尔王》、蒙古族的《江格尔》和柯尔克孜族的《玛纳斯》进行搜集、整理、研究。对史诗流传地区进行普查，对说唱史诗的优秀民间艺人进行录音，并进行唱本的整理、翻译、出版和研究工作。20世纪80年代，我国实施了抢救保护非遗的重大文化工程，即编撰"中国民族民间文艺十大集成志书"。为此，国家组织相关人员对非遗开展规模化的普查、记录、整理等相关工作，这是非遗抢救性保护的具体实践。该书的撰写历经25年，10多万名专业人员参与其中，把散落民间的丰富的非遗资源转化成文化财富，该书的撰写出版为非遗的传承和发展奠定了基础。

2001年3月，冯骥才先生担任中国民间文艺家协会主席，他开始策划、设计全国性的"中国民间文化遗产抢救工程"①。通过运用抢救性保护方式，大量濒危非遗得以被记录、保存。2003年1月，我国启动中国民族民间文化保护工程，成立了"振兴京剧指导委员会"和"振兴昆曲指导委员会"，并设立专项资金。

（3）分级保护制度

非遗抢救性保护这项基础性工作主要包括普查非遗资源、完善非遗名录及传承人名录体系、建立非遗及其传承人档案等，为实现非遗的传承与发展奠定基础。在全国建立并完善非遗名录体系是我国非遗保护的核心工作，也是非遗抢救性保护的重要体现。2003~2013年，我国建立了完善的国家、省、市、县四级非遗名录体系，并形成从县级、市级、省级再到国家级的逐级申报制度。通过建立非遗名录对存续现状堪忧、具有重大价值的非遗项目

---

① 中国民间文化遗产抢救工程的内容包括对中国民俗文化和中国民间美术的全面普查，对中国民间叙事长诗、史诗等进行专项调查，以及在此基础上对中国民间文化进行系统分类、清理、登记、整理和编纂。

进行抢救性保护。与此同时，保护非遗传承人对抢救性保护非遗至关重要。传承人是非遗的活态载体，是"活珍宝"。非遗保护必然要以保护传承人为重点。基于此，自2007年开始，我国通过命名"国家级非物质文化遗产代表性项目代表性传承人"的方式，对与非遗名录项目对应的传承人进行认定，并制定相应的保护措施。

2. 多元主体的合作共建

（1）加强地方人才的培养

"以人为本"是非遗传承发展的核心，传承人才的培养关系到非遗的存续发展。相较于一般的人才，非遗传承人才是熟悉非遗，并知晓非遗实用目的、使用方法的人才，所以，对非遗保护而言，地方人才的培养至关重要。第一，建立地方非遗传承激励机制，给予传承人称号，提高其社会地位，让年轻一代看到非遗传承的社会价值，在传承过程中培养下一代的责任感与文化认同。第二，提供必要的传习场所。对于生活在这个场域、这个社区的群体而言，地方的非遗是从自己的生活空间、生活经验出发，产出的属于这个群体的文化感知，没人比他们更了解自己的非遗。因此，环境的打造、场所的提供是对非遗的主动推广，是一种引领大众主动参与文化传承的积极尝试。第三，在社区提供宣传、展示和学习、交流的机会。随着信息技术的快速发展，国民的信息获取方式和习惯显然已发生巨大的改变，非遗的传承与传播在新时代也需紧跟社会发展的步伐。要积极利用地方宣传平台，如广场、街道或举办活动的场所，开展本地非遗的宣传，提高社区居民的文化保护意识。

非遗在文旅融合发展的背景下得到"新生"，一些传统节日、民俗活动成为地方开发当地文化旅游资源的重要内容，这为地方人才的培养提供了一个良好的环境。旅游开发是全社区参与的一项活动，在此过程中，村民也会主动参与其中，非遗也可在此过程中得到传承。

大多数非遗传承出现传承人"断层"、传承人老龄化的问题。主要原因在于在这个极速发展的社会，非遗传承已无法满足村民的物质生活需要，在现实面前，非遗传承必然面临"断层"的现象。为解决这一问题，除了营造有利于非遗传承的环境外，还应给予传承人表彰奖励，特别是对于有兴趣的后继者，可推出一些鼓励措施，通过提供助学金、奖学金等措施解决他们的后顾之忧。地方人才的培养是非遗存续发展过程中必不可少的环节，也是社区丰富文化内涵、打造文化环境的重要渠道。

（2）自动融入社区建设

区域性、整体性是非遗得以长存的原因，保护非遗并不是只关注非遗本身，还应考量其发展的人文环境。第一，主动与社区发展政策相衔接。时代的发展必然会催生新的技术、新的发展需求，社会是动态发展的，不是一成不变的，社区的发展也不例外。同样，非遗的传承与传播必然会面临信息技术和商业化的冲击，与其高高在上、与世隔绝，不如主动寻求新的发展道路，赋予非遗新时代的归属感。主动向地方政策靠拢，提升非遗传承水平与保护质量，把非遗打造成地方文化品牌，从而将其推向更高的层次。第二，主动与社区项目相结合。积极开展非遗进万家、欢乐乡村行等活动，增加地方文化供给，实现其与社区居民需求的有效对接，可将非遗打造成惠民项目，拓展居民参与的广度与深度。另外，非遗与旅游业的结合是必然趋势，文旅融合成为非遗对外展示的重要平台，因此在非遗传承过程中，可适当融入地方旅游业，以彰显地方文化特色。在参与旅游业发展的同时，地方政府要采取非遗保护措施，防止非遗在传播过程中被消解而失去核心部分。第三，非遗进入社区博物馆、陈列馆。在乡村振兴的政策背景下，各地政府都在大力新建地方历史博物馆、陈列馆。非遗进入博物馆是地方人文历史展示的重要部分，可满足非遗传播的实际需要，大多数的非遗项目都存在物化的表现，比如技艺、医药、文学等非遗都有其物化的表现。作为社会教育机构的陈列馆、博物馆也是向地方居民、外来游客展示非遗的集中场所，是提高居民素质和供外来游客学习参观的最佳选择。非遗自动融入社区发展并不完全是受外力的影响，也不是非遗发展的"标新立异"，而是非遗的整体性、区域性特征带来的必然现象，是非遗主动寻求发展的体现。

（3）加大非遗宣传力度，普及非遗相关知识

一是嵌入现代科技，实现数字化传播。当下信息传播具有的去中心化、碎片化和全互动的特点重构了非遗传承与传播的生态格局，非遗的传承与传播不再局限于传统的传播形式。第一，新媒体时代，精准式、互动式的传播形式契合当下年轻人的传播方式与传播习惯。通过大数据技术建立数据库，对非遗的传播方式和传播方向进行数据分析，精准地向大众提供有效的信息，拓展传播渠道，拓宽大众对非遗的接触面。第二，网课、直播、短视频的崛起为非遗的传播提供更多可能。各地非遗中心可利用这些互联网平台，如通过开设网课扩大教育范围，通过短视频迎合大众的信息接收习惯，让非遗在互联网平台上焕发新的活力。第三，"内容为王"是新媒体发展的立身之本，内容传播具有强大的聚合效应。通过新媒体，非遗以一种"年轻化"的方式出现在大众眼前，其自身独特的魅力得以展现。

二是深耕地域文化，实现记忆传播。相较于新媒体的传播，依靠地域文化的传播方式因为有了文化空间的加持和观众在场的优势，更能加深外来游客的记忆，引发当地居民的情感共鸣。在这样的文化节庆氛围中，国民对非遗的文化理解也更容易加深。各种各样的节庆活动是非遗展示的最佳舞台。如台江的"姊妹节"，在节庆活动中，全县的市民都是非遗的"代言人"，在游行的过程中，舞蹈、音乐、建筑等非遗得到集中展示。利用集体意识传承和传播非遗，促进民众对非遗的全面认识，增强民众对非遗的保护意识，实现"人为"传播与传承。

四 我国非遗抢救性保护现存的问题

我国非遗的抢救性保护虽已取得一定的成效，但随着社会经济的不断发展、城市化进程的加快推进，我国非遗抢救性保护还面临诸多挑战。

（一）非遗传承受现代化和城镇化冲击

非遗是在长期的历史发展中传承下来的文化精髓，是农耕文明的产物，

是各民族创造的活态文化，存在于特定的文化生态环境中。伴随现代化和城市化进程的加快，大量农民涌入城市，有的为了生活进城务工，年轻一代则为了求学，还有部分村民选择定居城市，这导致诸多传统村落和民族村寨变成了"空心村"。传统村落中包含着丰厚的文化遗产资源，其"空心化"将导致这些文化遗产的保护与传承面临多重威胁。依托少数民族传统村落打造旅游目的地的现象极为普遍，有时人们忽视了传统建筑的风貌，以现代建筑风格为主流，没有保留传统的民居特色。为片面追求旅游的商业价值，部分地方的历史街区、古城镇等失去了传统风貌，造成众多极具民族特色和文化价值的传统村落逐渐消亡。另外，随着现代化和城镇化的发展，民众获取收入的渠道增多，众多传统手工艺人迫于生计纷纷选择其他的谋生手段而放弃传统手工技艺，导致技艺无人继承，传统手工技艺逐步消亡。由于传统手工技艺制作文化产品工序繁多、复杂、耗时大、生产效率较低，而现代化机器加工具有高效、快捷、方便等特征，因此现今大部分手工艺人选择采用机械化手段加工产品，逐步抛弃了传统手工技艺。

（二）非遗的文化空间缩小和弱化

文化空间，即定期举行传统文化活动或集中展现传统文化表现形式的场所，兼具空间性和时间性。[①] 文化空间实质上是一种具有生命活力的文化场域，在此场域中蕴藏丰厚的文化资源，文化场域的可持续发展必须基于地方日常保护，这种保护不是对历史遗留物的刻意复制与死板重现，而是一种要求民众在场，以社区民众为主体，"见人见物见生活"的保护。[②] 文化空间与生活息息相关，文化空间的整体性保护是非遗保护的重要方式之一，只有把文化空间融入生活，才能使非遗传承下去。就目前来看，因我国城乡居民生活水平的不断提升，生活方式发生转变，受现代娱乐方式的影响传统民俗

---

① 《国务院办公厅关于加强我国非物质文化遗产保护工作的意见》，中国政府网，2005年3月26日，https：//www.gov.cn/gongbao/content/2005/content_ 63227. htm。
② 萧放、席辉：《非物质文化遗产文化空间的基本特征与保护原则》，《文化遗产》2022年第1期。

文化活动有所削弱，诸多民俗节庆活动一度中断，甚至逐渐淡出人们的视野，相关的文化活动场所也随之发生改变，如传统戏剧演出的戏台如今变成了老年人跳广场舞的场所、一些举办仪式活动的文化设施变成体育娱乐设施。另外，部分地区打着新农村建设的旗号，对传统村落进行改造，导致文化空间逐步缩小和弱化。文化空间具有地域性、本土性特征，因此要想保护非遗的文化空间就需要保护区域内的传统生活、习俗乃至其文化土壤，唯有如此才能保证少数民族非遗项目的有效传承。

（三）非遗传承创新力有待加强

非遗传承的主体是人，是以人为载体世世代代相传的。口传心授、世代相传、言传身教是非遗传承的特点。对于非遗的传承、保护及发展，我国政府高度重视，并建立了相关的非遗代表性传承人名录以及非遗传承人保护体系。但是，现今非遗传承人的保护依然是非遗保护工作中的关键一环。目前，有些非遗项目面临后继无人的困境。例如，传统戏剧类非遗项目，一方面地方戏剧带有浓厚的地方色彩，戏剧的文本内容是根据地方民众的生活习俗编制而成的，很多地方戏剧是采用方言创作的。然而随着城市化进程的推进，其方言功能逐渐弱化，各种新奇的娱乐方式不断涌现，年轻人不愿投身戏剧，不愿学也不喜欢看。因此，戏剧传承人老龄化甚至高龄化现象严重。另一方面，传承人的基本生活难以得到保障，传统戏剧的传承靠的是团队的力量，仅凭个人力量不足以完成。由于传统戏剧需要扮演的角色丰富，戏剧表演都是十多个人组成的戏团。但是民间戏团仅依靠演出是难以维系运转的，且大多数演出都是政府组织的公益性演出，有的团队成员迫于生活压力选择退出，加之年轻人不愿学习，导致戏团无后备成员，最终造成戏团拆散、传统戏剧无人继承的局面。时代在不断发展进步，缺乏创新传统戏剧将很难适应市场发展需求。有的传统戏剧如阳戏，主要演唱内容是地方的农耕文化、传统习俗等，具有浓厚的地方特色，因而其创作内容很难与时俱进。内容上缺少传统经典品格与现代意识的融合创新，是传统戏剧传承受阻的关键所在。

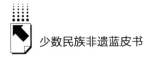

（四）非遗项目受自然灾害影响

近年来，政府大力实施非遗的抢救性保护。然而，对非遗的抢救性保护不仅受到社会因素、人为因素的影响，还有自然因素，如地震、洪灾、泥石流、山体滑坡等。尤其是重大自然灾害造成的毁灭性破坏，更需要政府采取有效措施，及时对非遗进行科学的抢救与保护。[①] 特别是地震和火灾，如2008年的汶川大地震，不仅给地方人民带来巨大的损失，而且对地方的文化生态环境、公共文化设施以及非遗造成严重的破坏，诸多优秀的历史文物和文化遗产遭到毁灭。2014年1月25日，贵州镇远县报京侗寨发生火灾。报京侗寨是黔东南北部地区最大的一个侗寨，曾经是中国保存得最完整的侗族村寨之一。该侗寨是统一的侗族建筑样式，传统的木房干栏式建筑造型。该侗寨拥有300多年的历史，此次大火烧毁了100多栋建筑，有1180余人受灾。除此之外，整个侗寨受损严重，侗寨内众多丰富的文化遗产也遭到破坏。

（五）非遗项目保护力度有待增强

综观现有研究，关于非遗保护的相关研究大多是从非遗传承人的视角开展的，这些研究普遍认为非遗保护理应保护的是传承人。实质上，实现非遗的有效保护，不仅要重视传承人的保护，而且要注重非遗项目的保护。要在保护非遗项目本身的同时保护传承人，两者之间是相互统一、协同推进的。对此，各地政府应逐步加强对非遗项目的保护，提供一定的政策支持。但也存在部分传承人未履行自身职责，导致非遗项目保护主体缺位。有些地方未正确认识非遗保护与开发之间的逻辑关系，为自身经济利益，一味寻求对非遗项目的商业化开发，虽获得了一定的经济利益，但非遗的传承和可持续发展逐渐被破坏。大量的非遗项目实物、资料、技艺等得不到妥善的保护，诸多非遗项目逐渐被遗忘、破坏乃至消亡。另外，随着现代科技的不断发展，

---

① 李荣启：《论非物质文化遗产抢救性保护》，《中国文化研究》2015年第3期。

为迎合市场需求，一些传统手工技艺传承人引进现代设备进行产品加工，部分产品完全由机械生产，渐渐地传统手工被机械替代，导致传承人还在生产产品，传统技艺却消失了。因此，要想实现对非遗的有效保护，就需要同时对传承人和非遗项目本身进行保护。

（六）非遗项目保护缺乏针对性

我国非遗项目有十大类型，各类项目都具有其独特的文化价值和经济价值，非遗的价值在现代生活中得到广泛应用。近年来，全国各地掀起非遗保护热潮，随之孕育出诸多非遗保护方式，如抢救性保护、生产性保护、整体性保护、法律性保护等。随着信息技术的发展，数字化保护方式应运而生。这些保护方式是各专家学者在非遗项目的传承发展过程中探索出来的，每一种保护方式都不是独立存在的，而是相互关联的。但我国非遗项目保护在具体实践中存在针对性不强、保护方式运用错位或不到位的问题，致使许多非遗项目未得到有效保护。如部分地区在依托非遗资源打造旅游小镇的过程中，对一些传统民居建筑进行大拆大建，导致文化生态逐步恶化，这就需要加强法律保护，建立健全与非遗保护相关的法律法规，为非遗传承发展提供法律保障。再如一些非遗项目本身面临传承发展困境，亟须进行抢救性保护，而不是一味地进行生产性保护。如果在非遗项目损坏的情况下继续进行生产性开发，那么必将导致非遗项目的消亡，只有在有效保护的基础上进行生产性开发，才能实现非遗的传承发展。因此，在对非遗项目实施保护时，需要遵循非遗发展规律，针对其发展现状及时调整保护方式。

五 推进我国非遗抢救性保护的建议

针对目前我国非遗抢救性保护方面存在的问题，本报告提出了相应的对策建议，以推进我国非遗有效传承、保护和发展，建立完善非遗保护机制，实现我国少数民族非遗的创造性转化和创新性发展。

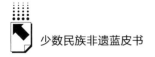
（一）合理利用非遗资源

我国现代化和城镇化进程的加快，虽然对非遗传承发展有着巨大的冲击，但同时为非遗传承发展带来新的机遇，有效促进了传统文化与现代社会的高度融合，推进了非遗资源的创造性转化和创新性发展。因此，需要加强对我国非遗资源的保护，充分挖掘非遗资源、整合各类非遗资源并进行合理利用。一是留住人才。"人"是非遗传承发展的关键。非遗传承发展的出发点和落脚点都是"以人为本"，非遗的创造者同时是非遗的传承者、保护者。城镇化进程中大量的人才流向城镇，致使乡村"空心化"现象越发严重。乡村具有悠久历史的非遗资源无人保护、传承和发展，这在一定程度上阻碍了非遗的可持续发展。因此，留住人才是非遗得以更好传承发展的关键一环。一方面，应加大对非遗资源保护的宣传力度，让更多的社会人士了解非遗，认识到自身优秀传统文化的内涵，增强其文化认同感和文化自信心，发挥其主观能动性以传承发展非遗。另一方面，政府应当提供更多的政策支持，如提供相关优惠政策积极鼓励地方民众和外出人员返乡创业，开设文创工坊等，使民众在传承发展非遗的过程中有政策和资金保障，只有这样才能激发民众的内生动力，同时带动就业，促进民族地区居民增收。二是发展文化旅游。近年来，我国旅游业蓬勃发展，这为少数民族非遗融合旅游提供了发展平台。随着社会经济的不断发展，人们的消费水平和精神需求随之提升，因此发展文化旅游是适应市场发展要求、满足人们日益增长的美好生活需求的重要手段。与此同时，非遗资源与旅游业融合发展是促进非遗有效保护的重要举措。我国少数民族非遗资源主要集中在民族地区的乡村，这些乡村具有悠久的历史，且多数保持着原生态风貌，乡村居民同样保持着传统的生活习俗。为此，要加强对传统村落的保护，建设非遗特色小镇，打造特色的乡村旅游品牌，形成全国旅游重点乡村、特色小镇，彰显其民族性、地域性特征，建设成"一村一特色"示范村镇，不断丰富乡土文化内涵，从而加大非遗保护力度。

（二）重视文化生态保护区建设

文化生态保护区的建设是我国非遗保护的创新性方式，主要目的是对非遗进行整体性保护。至今我国已建设了诸多文化生态保护（实验）区，其目的是加强对非遗的整体性、原真性、本土性保护。从当前我国文化生态保护区实践效果来看，文化生态保护区的建设对我国非遗保护尤为重要。2021年，《中共中央办公厅　国务院办公厅印发〈关于进一步加强非物质文化遗产保护工作的意见〉》强调"将非物质文化遗产及其得以孕育、发展的文化和自然生态环境进行整体保护，突出地域和民族特色，继续推进文化生态保护区建设"，明确指出了文化生态保护区建设的目的、特征及建设主体。文化生态保护区的建设需要多元主体共同参与。一是坚持政府引导，积极申报文化生态保护区建设名录。非遗名录的申报单位尤其是基层政府应当履行自身职责，积极对民族地区与非遗资源集聚区进行合理规划，申报建设文化生态保护区，以保护丰富的非遗资源、非遗传承人以及孕育非遗资源的文化生态环境。只有营造良好的生态环境，非遗资源才能得以更好地传承和发展。二是促进文化生态保护区内非遗资源的合理利用。文化生态保护区的建设不仅是对非遗资源进行整体性保护，其还具有巨大的文化价值和经济价值。文化生态保护区可作为一个空间载体将各类非遗项目及其生存空间保护起来，同时应该看到文化生态保护区这一空间载体的"造血"功能。文化生态保护区孕育了诸多丰富的非遗项目，这些非遗项目在助力脱贫攻坚中发挥着巨大的作用，尤其是非遗就业工坊的建设有效帮助当地民众实现增收。例如，刺绣蜡染等非遗项目，增强了地方民众的内生动力和"造血"能力。此外，文化生态保护区本身就是一个文化空间，实现非遗资源与民俗旅游等融合创新发展，催生新文化业态，将有效推动地方特色文化产业的发展，促进产业结构优化升级。三是建立多元主体参与机制。文化生态保护区建设不是单一主体的职责，而是需要政府、民众、传承人等多元主体参与。尤其是民众的认同对文化生态保护区的建设极为重要，政府需要向民众讲解保护区建设带来的多方实惠，以激发民众参与保护区建设的积极性和主动性，提升民众的自豪感和幸福感。

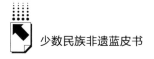

（三）建立非遗"四进"常态化体系

非遗保护的前提条件是认识非遗、认同非遗、喜爱非遗，这也是非遗得以有效保护的基础。因此，加强非遗知识的宣传推广，促进非遗的广泛传播至关重要。加强非遗保护亟须推进非遗"四进"常态化体系建构，即非遗进校园、进社区、进农村。

一是推进非遗进校园。目前，全国各地开展非遗进校园的实践行动已取得较大成效，但是部分地区学校存在"形式主义"的现象，未能真正开展非遗进校园工作实践，导致文化教育及文化传播受阻。由此，需进一步加快非遗进校园工作进程，首先是编制非遗相关的校内教材。教材是教师授课的重要依据，地方学校应当结合实际，组织教师编写非遗校本教材或非遗绘本。其次是着力推进非遗进课堂，非遗进课堂采用教师讲授的方式，对学生进行理论知识的传授，让学生深入了解非遗的历史、内涵、价值等相关基础知识。另外，可以开设诸如传统音乐、舞蹈、美术等相关选修课程，方便学生选修自己感兴趣的非遗课程；针对一些重要的非遗理论课程，应将其纳入考核体系，使学生能正确认识中华优秀传统文化。此外，非遗资源是各民族在长期的生产生活中创造出来的，凝结着各族人民的智慧和记忆，蕴含优秀的精神品质和伦理道德，将非遗引进课堂，不仅能丰富教学内容，还能丰富学生的知识量，引导学生树立正确的世界观、人生观和价值观，坚定文化自信，更能提升学生的道德情操和文化修养。最后是引进非遗传承人。非遗传承人是非遗的主要传承者，其掌握的非遗技能相对熟练，可以对学生进行专业的讲解。如引进与传统体育相关的非遗传承人，教授学生传统体育理论知识和操作技能，并将传统体育项目引入大课间或课后服务活动，针对不同年级的学生开展不同类别的非遗项目，尊重学生的差异，一方面能丰富学生的"第二课堂"，另一方面能强健学生体魄，促进其"德智体美劳"全面发展。

二是推进非遗进社区。推进非遗进社区最主要的方式是加大公共文化产品与服务供给。我国在公共文化服务供给方面还需进一步加强，如加大社区文化馆、博物馆、非遗展览馆、非遗体验馆等的建设力度，让更多的社区民众能够真正体验非遗、感受非遗并认同非遗。除此之外，社区应定期开展相关展示活动，使社区民众主动参与非遗保护与传承工作。

三是推进非遗进农村。相对城市而言，农村地区相关的公共文化服务设施建设普遍较为滞后，村民日常参与的文化活动少之又少，由于我国多数非遗诞生和成长在农村地区，因而农村非遗活动的匮乏不利于我国非遗资源的传承与发展。因此，需加大农村地区非遗资源的投入，着力开展"送文化下乡""送戏进万村"等文化活动，以丰富村民的精神文化生活，助力非遗的有效传播，同时激发村民传承非遗的内生动力，提升村民的幸福感。

四是推进非遗进景区。非遗进景区是推进非遗与旅游深度融合发展的创新性举措。旅游景区具有聚集性、传播性的特点，是促进非遗广泛传播的重要场所。非遗进景区，即在吃、住、行、游、购、娱等旅游领域全面融入非遗元素，通过展览、演艺、体验等活动展示非遗，如以民间故事讲述、民俗节庆活动开展、传统手工艺体验、非遗文创产品展销等形式，让游客感受非遗魅力，让更多的民众认识非遗、体验非遗、喜爱非遗、传承非遗。由此，非遗作为旅游景区的吸引物，旅游景区作为非遗传承的空间载体，两者的融合发展实现共赢。

（四）利用科学技术激发非遗再生活力

非遗保护有抢救性保护、生产性保护、整体性保护等多种方式。随着科学技术的发展和应用，数字化保护方式应运而生。利用数字化技术对非遗资源进行记录、存储、传播是数字化保护的重要方式。数字化技术的运用在非遗的传承发展中发挥着关键作用。一是数字化保护方式与非遗内在发展规律契合。非遗的本质属性体现为活态性，也体现在其传承方式上。我国非遗保护与传承，在早期历史发展过程中以口传心授方式为主，后来采用文献的方式传承，发展至今则依托技术手段对非遗进行音像记录。时至今日，随着数字技术的发展进步，数字化保护这种全新的保护方式逐步成为最有效的保护方式之一，例如非遗的数字摄影、数字化存储、数字化管理等。二是数字化保护是非遗得以有效传承的重要保障。一直以来不管是国内还是国外，对非遗资料多以文献资料以及图片等形式进行收集保护，这些资料和实物固然有着独特的价值，但是这一保存方式不利于长时间保存。因此，数字化保护方式十分必要。借助数字化技术对非遗相关的资料进行记录、保存，充分利用信息技术平台创新"互联网+非遗"的数字化保护模式，打破环境和时间的限制，确保非遗保护的科学性、安全性和持久性。三是数字化保护促进非遗有效传播。对非遗进行数字化保护，一定程度上将静态的非遗动态化，有助于非遗的广泛传播。例如，现今短视频发展火热，众多非遗传承人通过拍摄短视频让非遗活灵活现地呈现在人们眼前，从而丰富了非遗的传播形式和内容，让更多的人了解非遗、认同非遗，进而实现非遗的有效传承和保护。为实现非遗的抢救性保护，数字化手段的参与尤为必要，这一手段是文化与科技的高度融合，在适应新时代信息技术发展的同时，能够全方位、多维度展现我国少数民族非遗的风采，并彰显非遗的活态特性。

（五）建立急需保护非遗项目名录

一直以来，针对非遗项目的保护，诸多学者和专家认为保护传承人是关键，但实际上，保护非遗项目本身同样重要。当前我国非遗项目的保护更加重视传承人的保护，而对非遗项目本身的保护和管理观念较为淡薄，致使诸多急需保护的非遗项目未得到有效保护。一是实施项目保护单位动态管理机制。这就需要建立急需保护项目名录，实施非遗项目的动态保护，定期开展非遗项目的摸底、普查，对传承困难的、在现代生活中应用较少的非遗项目，应及时将其列入急需保护项目名录。应加强对非遗项目抢救性保护的记录，鼓励项目的传承实践，并对其实施动态跟踪，从而找到传统非遗与现代生活的连接点，拓展其在现代生活实践中的应用。对于纳入急需保护名录的非遗项目，要及时开展对项目保护和传承情况的评估，应将出现传承困难的项目纳入急需保护名录，项目保护单位也需时刻掌握项目保护情况以便及时做出调整。二是开展非遗项目记录保存工作。需要注重对非遗项目相关工具以及作品等实物的收集和保存，建立完善的项目档案库，通过利用现代信息技术实现资料的社会层面共享；依托非遗记录工程，对国家级非遗项目进行全面系统的记录，急需保护的非遗项目应及时进行动态更新，制定非遗项目数字化保存标准。

（六）推动非遗项目分类施策

抢救性保护是不断变化的一种保护方式，非固定性是抢救性保护的一大特征，主要表现在非遗项目传承发展过程的动态性。随着城镇化和现代化进程的加快，处于濒危状态的非遗项目不断增多，亟须对这些非遗项目实施抢救性保护。总而言之，非遗项目的传承发展是不断变化的动态过程，因而非遗项目的抢救性保护也应是动态的，要根据非遗项目传承发展的状况进行实时跟进保护。针对非遗项目传承发展的动态性，推动非遗项目分类施策，实施动态管理尤为必要。可根据非遗项目濒危程度将其分为一级、二级、三级、四级四个等级，有针对性地对非遗项目实施保护。近年来，我国非遗项目在传承和发展过程中面临各种各样的问题，这些问题造成部分非遗项目面临濒危的困境。例如，一场突如其来的火灾导致非遗项目传承空间受损，这就需要对非遗项目及时进行抢救性保护。因此，对于一些濒危项目应立即采取抢救性保护措施，在实施抢救性保护的过程中，一些非遗项目逐渐得到有效传承和发展，这时就需要转变保护思路，可以选择采取生产性保护方式，充分挖掘非遗项目的经济价值和文化价值以助力乡村振兴。实际上，非遗的多元化保护方式之间是相互联系的，对于文化空间处于濒危状态的非遗项目，可采取整体性保护，将非遗项目的整个生存空间和文化环境列为保护区域，以保护非遗自身的活态性和原生态性；对于传承发展较好且具有较大市场空间的非遗项目，则可采用生产性保护的方式，加强对非遗项目的合理利用，挖掘非遗的文化内涵，发挥其应有的社会价值，以促进非遗项目的传承发展。

区 域 篇

Reginal Reports

B.2

广西壮族自治区非物质文化遗产
保护发展报告

刘明文　张香　牟兰*

摘　要：　近年来，广西壮族自治区相关部门积极出台相应政策，不断摸索
切合实际的非遗传承保护措施，创新传承保护形式。本报告梳理
了广西壮族自治区国家级非物质文化遗产代表性项目和代表性传
承人情况，总结了广西壮族自治区在非物质文化遗产传承保护工
作中取得的实践经验。指出广西壮族自治区非物质文化遗产项目
存在认同感不强、非遗教育及展示形式有待丰富、新媒体运用不
灵活、传播内容较零散等现实问题，并提出内外合力促进非物质
文化遗产传承保护、创新对外宣传方式、助力广西壮族自治区非
物质文化遗产有效传承的建议。

---

* 刘明文，硕士，贵阳人文科技学院讲师，研究方向为非物质文化遗产；张香，硕士，贵阳人
文科技学院讲师，研究方向为马克思主义理论与思想政治教育；牟兰，贵阳人文科技学院
2020级文化产业管理专业本科生。

关键词： 广西壮族自治区　非物质文化遗产　非遗教育

广西壮族自治区世居民族包括壮族、汉族、瑶族、苗族、侗族、仫佬族、毛南族、回族、京族、彝族、水族、仡佬族等 12 个民族。多民族文化形成广西壮族自治区非物质文化遗产品类繁多、形态各异的局面与优势，充分反映了广西壮族自治区人民丰富多彩的精神生活。多年来，广西壮族自治区非物质文化遗产保护工作取得较大成效，然而，其创造性转化、创新性发展方面仍存在一些问题有待进一步解决。

一　广西壮族自治区国家级非物质文化遗产代表性项目与传承人概况

截至 2021 年 12 月 31 日，广西壮族自治区国家级非物质文化遗产代表性项目共有 63 项，国家级非物质文化遗产代表性传承人有 49 人（健在 47 人）。

（一）广西壮族自治区国家级非物质文化遗产代表性项目情况

广西壮族自治区国家级非物质文化遗产代表性项目情况如表 1 所示。

表 1　广西壮族自治区国家级非物质文化遗产代表性项目情况

项目类别	项目名称	项目编号	申报地区或单位	批次	批准年份
民间文学（6项）	布洛陀	I -2	广西壮族自治区田阳县	第一批	2006
	刘三姐歌谣	I -23	广西壮族自治区宜州市		
	壮族嘹歌	I -82	广西壮族自治区平果县	第二批	2008
	密洛陀	I -117	广西壮族自治区都安瑶族自治县	第三批	2011
	壮族百鸟衣故事	I -147	广西壮族自治区横县	第四批	2014
	仫佬族古歌	I -165	广西壮族自治区河池市罗城仫佬族自治县	第五批	2021

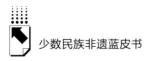

续表

项目类别	项目名称	项目编号	申报地区或单位	批次	批准年份
传统 音乐 （7项）	侗族大歌	Ⅱ-28	广西壮族自治区柳州市、 三江侗族自治县	第一批	2006
	瑶族蝴蝶歌	Ⅱ-30	广西壮族自治区 富川瑶族自治县	扩展	2008
	多声部民歌 （壮族三声部民歌）		广西壮族自治区马山县		
	那坡壮族民歌	Ⅱ-32	广西壮族自治区那坡县	第一批	2006
	吹打（广西八音）	Ⅱ-52	广西壮族自治区玉林市	扩展	2011
	京族独弦琴艺术	Ⅱ-154	广西壮族自治区东兴市	第三批	2011
	凌云壮族七十二巫调音乐	Ⅱ-162	广西壮族自治区凌云县	第四批	2014
	壮族天琴艺术	Ⅱ-186	广西壮族自治区崇左市	第五批	2021
传统 舞蹈 （7项）	田林瑶族铜鼓舞	Ⅲ-26	广西壮族自治区田林县	扩展	2008
	藤县狮舞、田阳 壮族狮舞	Ⅲ-5	广西壮族自治区 藤县、田阳县	扩展	2011
	瑶族长鼓舞 （黄泥鼓舞）	Ⅲ-60	广西壮族自治区金秀 瑶族自治县	扩展	2011
	铜鼓舞 （南丹勤泽格拉）	Ⅲ-26	广西壮族自治区南丹县	扩展	2014
	瑶族金锣舞	Ⅲ-120	广西壮族自治区田东县	第四批	2014
	多耶	Ⅲ-138	广西壮族自治区柳州市 三江侗族自治县	第五批	2021
	壮族打扁担	Ⅲ-139	广西壮族自治区河池市 都安瑶族自治县		
传统 戏剧 （7项）	桂剧	Ⅳ-37	广西壮族自治区	第一批	2006
	桂南采茶戏	Ⅳ-65	广西壮族自治区博白县		
	彩调	Ⅳ-76	广西壮族自治区		
	壮剧	Ⅳ-82	广西壮族自治区		
	邕剧	Ⅳ-138	广西壮族自治区南宁市	第二批	2008
	侗戏	Ⅳ-83	广西壮族自治区 三江侗族自治县	扩展	2011
	粤剧	Ⅳ-36	广西壮族自治区南宁市	扩展	2014
曲艺 （3项）	广西文场	Ⅴ-87	广西壮族自治区桂林市	第二批	2008
	桂林渔鼓	Ⅴ-125	广西壮族自治区桂林市	第四批	2014
	末伦	Ⅴ-139	广西壮族自治区 百色市靖西市	第五批	2021

续表

项目类别	项目名称	项目编号	申报地区或单位	批次	批准年份
传统体育、游艺与杂技（1项）	抢花炮（壮族抢花炮）	Ⅵ-99	广西壮族自治区南宁市邕宁区	第五批	2021
传统美术（3项）	竹编（毛南族花竹帽编织技艺）	Ⅶ-51	广西壮族自治区环江毛南族自治县	扩展	2011
	贝雕（北海贝雕）	Ⅶ-137	广西壮族自治区北海市	第五批	2021
	骨角雕（合浦角雕）	Ⅶ-138	广西壮族自治区北海市合浦县		
传统技艺（6项）	壮族织锦技艺	Ⅷ-20	广西壮族自治区靖西县	第一批	2006
	侗族木构建筑营造技艺	Ⅷ-30	广西壮族自治区柳州市、三江侗族自治县		
	钦州坭兴陶烧制技艺	Ⅷ-98	广西壮族自治区钦州市	第二批	2008
	黑茶制作技艺（六堡茶制作技艺）	Ⅷ-152	广西壮族自治区苍梧县	扩展	2014
	米粉制作技艺（桂林米粉制作技艺）	Ⅷ-277	广西壮族自治区桂林市	第五批	2021
	米粉制作技艺（柳州螺蛳粉制作技艺）		广西壮族自治区柳州市		
	龟苓膏配制技艺	Ⅷ-278	广西壮族自治区梧州市		
传统医药（1项）	壮医药（壮医药线点灸疗法）	Ⅸ-18	广西中医学院	第三批	2011
民俗（22项）	京族哈节	Ⅹ-7	广西壮族自治区东兴市	第一批	2006
	瑶族盘王节	Ⅹ-14	广西壮族自治区贺州市		
	壮族蚂𧌬节	Ⅹ-15	广西壮族自治区河池市		
	仫佬族依饭节	Ⅹ-16	广西壮族自治区罗城仫佬族自治县		
	毛南族肥套	Ⅹ-17	广西壮族自治区环江毛南族自治县		
	壮族歌圩	Ⅹ-46	广西壮族自治区南宁市		
	苗族系列坡会群	Ⅹ-47	广西壮族自治区融水苗族自治县		
	壮族铜鼓习俗	Ⅹ-61	广西壮族自治区河池市		
	瑶族服饰	Ⅹ-67	广西壮族自治区南丹县、贺州市		

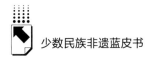

续表

项目类别	项目名称	项目编号	申报地区或单位	批次	批准年份
民俗 （22项）	宾阳炮龙节	X-74	广西壮族自治区宾阳县	第二批	2008
	三月三（壮族三月三）	X-12	广西壮族自治区武鸣县	扩展	2014
	龙胜瑶族服饰	X-67	广西壮族自治区 龙胜各族自治县		
	农历二十四节气 （壮族霜降节）	X-68	广西壮族自治区天等县		
	民间信俗（钦州跳岭头）	X-85	广西壮族自治区钦州市		
	中元节（资源河灯节）	X-122	广西壮族自治区资源县		
	茶俗（瑶族油茶习俗）	X-107	广西壮族自治区桂林市 恭城瑶族自治县	扩展	2021
	规约习俗 （瑶族石牌习俗）	X-142	广西壮族自治区来宾市 金秀瑶族自治县	扩展	
	瑶族祝著节	X-161	广西壮族自治区河池市 巴马瑶族自治县	第五批	
	壮族侬峒节	X-162	广西壮族自治区崇左市		
	壮族会鼓习俗	X-176	广西壮族自治区 南宁市马山县		
	大安校水柜习俗	X-177	广西壮族自治区 贵港市平南县		
	敬老习俗 （壮族补粮敬老习俗）	X-178	广西壮族自治区河池市 巴马瑶族自治县		
合计			63项		

注：此表根据国务院公布的五批国家级非物质文化遗产代表性项目名录整理而成，仅代表广西壮族自治区分课题组观点。

整体入选数量少，占全国的比重较小。2006年公布的国家级非物质文化遗产代表性项目名录共518项，广西壮族自治区入选19项，占比为3.67%；2008年国家级非物质文化遗产代表性项目名录共657项（含扩展），广西壮族自治区入选7项（含扩展），占比为1.07%；2011年国家级非物质文化遗产代表性项目名录共355项（含扩展），广西壮族自治区入选8项（含扩展），占比为2.25%；2014年国家级非物质文化遗产代表性项目名录共 306 项（含扩展），广西壮族自治区入选 12 项（含扩展），占比为 3.92%；2021 年国家级非物质文化遗产代表性项目名录共 325 项（含扩展），广西壮族自治区入选 17 项（含扩展），占比为 5.23%。整体来看，入选项目数量呈先上升后下降再上升的趋势，说明当地政府逐渐提高对非物质文化遗产保护工作的认识，逐步加强了对非物质文化遗产的挖掘与整理工作。

年度公布名单项目数量差异大，各类别之间差异也较大。民间文学类项目共成功申报 6 项；传统音乐类项目在历年公布的批次中都有分布，共 7 项（含扩展）；传统舞蹈类项目除 2006 年外其他年份均有项目入选，共 7 项（含扩展）；传统戏剧类项目除 2021 年外其他年份均有项目入选，共 7 项（含扩展）；曲艺类项目共 3 项；传统体育、游艺与杂技类项目在 2021 年实现了零的突破，成功申报 1 项；传统美术类项目成功申报 3 项（含扩展）；传统技艺类项目成功申报 6 项（含扩展）；传统医药类项目仅成功申报 1 项；民俗类除 2011 年未有项目入选外其他年份均有项目入选，共 22 项（含扩展），所占比重最大，主要源于广西壮族自治区世居少数民族多，各民族节庆活动丰富，持续时间较长，在节庆活动中不断积累经验，长此以往为民俗类非遗资源奠定坚实基础。从地区分布情况来看，各市差异不明显，分布较为均衡。这与当地政府贯彻落实到位相关，各地政府都十分重视非物质文化遗产的搜集、整理、记录工作，重视非物质文化遗产的抢救性保护工作，为广西壮族自治区的文化多样性做出了重要贡献，也为中华民族优秀传统文化留下了瑰宝。

（二）广西壮族自治区国家级非物质文化遗产代表性项目代表性传承人情况

截至 2021 年 12 月 31 日，广西壮族自治区国家级非物质文化遗产代表性项目代表性传承人共 49 人（健在 47 人），其中以壮族、汉族、侗族、瑶族、苗族等民族为主（见表 2）。

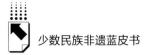

表2　广西壮族自治区国家级非物质文化遗产代表性项目代表性传承人情况

项目类别	序号	姓名	性别	民族	出生年份	项目编号	项目名称	申报地区或单位	传承人批次
民间文学	03-0779	黄达佳	男	壮族	1944	Ⅰ-2	布洛陀	广西壮族自治区田阳县	第三批
	04-1492	谢庆良	男	仫佬族	1953	Ⅰ-23	刘三姐歌谣	广西壮族自治区宜州市	第四批
传统音乐	02-0254	吴光祖	男	侗族	1944	Ⅱ-28	侗族大歌	广西壮族自治区三江侗族自治县	第二批
	02-0255	覃奶号	女	侗族	1945		侗族大歌	广西壮族自治区三江侗族自治县	
	02-0262	罗景超	男	壮族	1943	Ⅱ-32	那坡壮族民歌	广西壮族自治区那坡县	第二批
	03-0830	温桂元	男	壮族	1934	Ⅱ-30	多声部民歌（壮族三声部民歌）	广西壮族自治区马山县	第三批
	05-2169	苏春发	男	京族	1955	Ⅱ-154	京族独弦琴艺术	广西壮族自治区东兴市	第五批
传统舞蹈	04-1568	班点义	男	瑶族	1948	Ⅲ-26	田林瑶族铜鼓舞	广西壮族自治区田林县	第四批
	04-1575	盘振松	男	瑶族	1944	Ⅲ-60	瑶族长鼓舞（黄泥鼓舞）	广西壮族自治区金秀瑶族自治县	
	05-2204	邓明华	男	汉族	1945	Ⅲ-5	藤县狮舞	广西壮族自治区藤县	第五批
	05-2236	黄明荣	男	瑶族	1956	Ⅲ-26	田林瑶族铜鼓舞	广西壮族自治区田林县	
	05-2237	黎芳才	男	瑶族	1964		铜鼓舞（南丹勤泽格拉）	广西壮族自治区南丹县	
	05-2264	黄道胜	男	瑶族	1959	Ⅲ-60	瑶族长鼓舞（黄泥鼓舞）	广西壮族自治区富川瑶族自治县	
	05-2298	阮桂陆	女	瑶族	1948	Ⅲ-120	瑶族金锣舞	广西壮族自治区田东县	

续表

项目类别	序号	姓名	性别	民族	出生年份	项目编号	项目名称	申报地区或单位	传承人批次
传统戏剧	02-0530	秦彩霞	女	汉族	1933	IV-37	桂剧	广西壮族自治区	第二批
	02-0531	周小兰魁	男	汉族	1933		桂剧	广西壮族自治区	
	02-0595	陈声强	男	汉族	1947	IV-65	桂南采茶戏	广西壮族自治区博白县	
	02-0616	傅锦华	女	苗族	1939	IV-76	彩调	广西壮族自治区	
	02-0638	张琴音	女	壮族	1933	IV-82	壮剧	广西壮族自治区	
	02-0639	闭克坚	男	壮族	1936		壮剧	广西壮族自治区	
	03-1150	洪琪	女	汉族	1944	IV-138	邕剧	广西壮族自治区南宁市	第三批
	04-1636	罗桂霞	女	壮族	1943	IV-37	桂剧	广西壮族自治区	第四批
	04-1656	覃明德	男	壮族	1947	IV-76	彩调	广西壮族自治区	
	05-2388	周瑾	女	汉族	1951			广西壮族自治区	第五批
	05-2347	冯杏元	男	壮族	1945	IV-36	粤剧	广西壮族自治区南宁市	
	05-2348	张树萍	女	汉族	1964	IV-37	桂剧	广西壮族自治区	
	05-2394	杨开远	男	侗族	1965	IV-83	侗戏	广西壮族自治区三江侗族自治县	
曲艺	04-1727	何红玉	女	汉族	1941	V-87	广西文场	广西壮族自治区桂林市	第四批
	04-1728	陈秀芬	女	汉族	1945			广西壮族自治区桂林市	
	05-2530	李蔚琛	女	汉族	1941	V-125	桂林渔鼓	广西壮族自治区桂林市	第五批
传统美术	05-2644	谭素娟	女	毛南族	1968	VII-51	竹编(毛南族花竹帽编织技艺)	广西壮族自治区环江毛南族自治县	
传统技艺	01-0149	杨似玉	男	侗族	1955	VIII-30	侗族木构建筑营造技艺	广西壮族自治区三江侗族自治县	第一批
	03-1355	李人帡	男	汉族	1946	VIII-98	钦州坭兴陶烧制技艺	广西壮族自治区钦州市	第三批
	05-2730	李村灵	女	壮族	1967	VIII-20	壮族织锦技艺	广西壮族自治区靖西市	

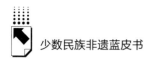

续表

项目类别	序号	姓名	性别	民族	出生年份	项目编号	项目名称	申报地区或单位	传承人批次
传统技艺	05-2743	杨求诗	男	侗族	1963	Ⅷ-30	侗族木构建筑营造技艺	广西壮族自治区三江侗族自治县	第五批
	05-2789	陆景平	男	汉族	1960	Ⅷ-98	钦州坭兴陶烧制技艺	广西壮族自治区钦州市	
	05-2853	韦洁群	女	汉族	1958	Ⅷ-152	黑茶制作技艺(六堡茶制作技艺)	广西壮族自治区苍梧县	
民俗	02-0777	刘正城	男	壮族	1935	Ⅹ-46	壮族歌圩	广西壮族自治区南宁市	第二批
	03-1464	罗周文	男	京族	1935	Ⅹ-7	京族哈节	广西壮族自治区东兴市	第三批
	04-1959	赵有福	男	瑶族	1946	Ⅹ-14	瑶族盘王节	广西壮族自治区贺州市	第四批
	04-1960	谭三岗	男	毛南族	1959	Ⅹ-17	毛南族肥套	广西壮族自治区环江毛南族自治县	
	04-1965	梁炳光	男	苗族	1941	Ⅹ-47	苗族系列坡会群	广西壮族自治区融水苗族自治县	
	05-2974	卢超元	男	壮族	1948	Ⅹ-12	三月三(壮族三月三)	广西壮族自治区南宁市武鸣区	第五批
	05-2975	廖熙福	男	壮族	1951	Ⅹ-15	壮族蚂虫另节	广西壮族自治区河池市	
	05-2976	谢忠厚	男	仫佬族	1967	Ⅹ-16	仫佬族依饭节	广西壮族自治区罗城仫佬族自治县	
	05-2999	韦真礼	男	壮族	1956	Ⅹ-61	壮族铜鼓习俗	广西壮族自治区河池市	
	05-3002	何金秀	女	瑶族	1965	Ⅹ-67	瑶族服饰	广西壮族自治区南丹县	
	05-3003	潘继凤	女	瑶族	1965		瑶族服饰	广西壮族自治区龙胜各族自治县	
	05-3022	陈基坤	男	汉族	1952	Ⅹ-85	民间信俗(钦州跳岭头)	广西壮族自治区钦州市	

注：此表根据国务院公布的五批国家级非物质文化遗产代表性项目名录整理而成，仅代表广西壮族自治区分课题组观点。

代表性传承人老龄化严重，非物质文化遗产传承后继乏人。在国家级代表性传承人中，以 1950 年前出生的传承人为主，整体年龄偏大，年龄层分布不均。在健在的代表性传承人中，年龄最小的传承人 55 岁，年龄最大的传承人 90 岁，年龄跨度较大。造成国家级代表性传承人高龄化现象的原因，除了非物质文化遗产代表性传承人认定规则对传承人个人经历和从业年限、技术水平、影响力等有较高的要求外，更重要的是大部分非物质文化遗产项目传承人需要长时间的学习和实践才能掌握相关技术。

代表性传承人传承的项目类别分布不均。其中，传统戏剧类有 13 人，居首位，其次是民俗类有 12 人，数量相当，且这两类项目第二批至第五批传承人均有入选，其余项目的代表性传承人并未出现连续批次入选的情况，数量均在 10 人以下，如传统音乐类有 5 人、曲艺类有 3 人、传统技艺类有 6 人。总体来看，男女性别比例失调，男性居多，共 32 人，占比为 65.3%；女性偏少，共 17 人，占比为 34.7%。在所有项目类别中，传统戏剧类和曲艺类代表性传承人女性数量高于男性，这与相关技艺特点有关，相比民间文学、传统技艺等艺术形式，传统戏剧和曲艺类非物质文化遗产项目的艺术形式更受女性青睐，女性也更容易在相应项目中取得成就。

多民族共同传承情况出现。在区级非物质文化遗产代表性传承人名单[1]中，多个代表性项目出现多民族或跨民族传承情况。例如，钦州坭兴陶烧制技艺代表性传承人民族包括汉族和壮族，六堡茶制作技艺代表性传承人民族包括汉族和瑶族，桂剧代表性传承人民族包括汉族和仫佬族，瑶族油茶习俗代表性传承人民族包括瑶族和汉族，桂林渔鼓代表性传承人民族包括壮族和瑶族。而在目前公布的五批国家级代表性传承人名单中，代表性项目出现多个民族或跨民族传承人的情况较少，仅有传统戏剧类中的彩调项目代表性传承人民族包括汉族、苗族和壮族；桂剧项目代表性传承人民族包括汉族和壮族。国家级代表性传承人认定更加注重传承人的从业经验和技术水平。大部

---

[1] 由于区级传承人可查询数据仅有第四批至第七批，数据不全，因此未做区级传承人的全面统计分析。

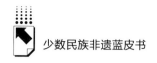

分民族地区的传承形式以家族式、子承父业等为主，这就保证了传承人在血缘、民族甚至地域等方面的单纯性。所以多民族传承情况多见于区级及以下代表性传承人群体，在国家级代表性传承人中较少见。

二 广西壮族自治区非物质文化遗产保护发展实践经验

广西壮族自治区形成了适应本区的非物质文化遗产保护模式和系统，包括相关制度、各保护单位、多元传播机制等。广西壮族自治区要想全面推进非物质文化遗产保护工作，应深入实施非物质文化遗产传承发展工程，完善非物质文化遗产保护传承体系，提升非物质文化遗产保护传承水平。

（一）相关制度持续完善，细分主题保护

2015 年 6 月，广西壮族自治区人大教科文卫委员会启动了《广西壮族自治区民族民间传统文化保护条例》修订工作。自 2017 年 1 月 1 日起，《广西壮族自治区非物质文化遗产保护条例》①（以下简称《条例》）正式实施。《条例》中规定，县级以上人民政府要加大非物质文化遗产保护力度，组织非物质文化遗产调查，建立非物质文化遗产数据库，并妥善保存相关实物和资料。同时建立本级非物质文化遗产代表性项目名录，将本行政区域内体现民族优秀传统文化，具有历史、文学、艺术、科学价值的非物质文化遗产项目列入其中，予以保护。2018 年 1 月 2 日，广西壮族自治区人民政府办公厅印发《广西壮族自治区文化生态保护区管理办法》②，明确文化生态保护区的申报条件、批准实施、建设与管理等要求。南宁市出台《南宁市人民政府关于加强我市非物质文化遗产保护工作意见》《南宁市非物质文化

---

① 《广西壮族自治区非物质文化遗产保护条例》，广西人大网，2016 年 12 月 28 日，https://www.gxrd.gov.cn/html/art153876.html。
② 《广西壮族自治区文化生态保护区管理办法》，广西壮族自治区人民政府网站，2018 年 01 月 15 日，http://www.gxzf.gov.cn/zfwj/zzqrmzfbgtwj_34828/2018ngzbwj_34842/t1515728.shtml。

遗产保护工作局际联席会议制度》《壮族歌圩文化（南宁）生态保护区建设（2016—2020 年）工作方案》等文件，形成规范引领。近年来，广西壮族自治区多措并举，从机构、法规、经费、名录体系、传承人队伍建设等方面下功夫，不断完善针对性政策，把握整体发展方向，细分各非物质文化遗产传承保护方法及原则，不断加强非物质文化遗产的保护和传承，非物质文化遗产的保护成果斐然。

（二）建立相关保护单位，形成平台保障

广西壮族自治区经过摸索与努力，在非物质文化遗产保护载体方面成果颇丰。2016 年，广西壮族自治区非物质文化遗产数字化保护工作多方位展开，利用生态区进行非物质文化遗产保护、展示及创造性转化，形成良性循环，充分发挥博物馆、各级学校功能，扩大非物质文化遗产的受众面。

一是建立非物质文化遗产保护中心工作组，促进非物质文化遗产有效保存与传播。2016 年，广西壮族自治区成立了非物质文化遗产保护中心工作组，建立非物质文化遗产数字化标准体系，对非物质文化遗产项目、代表性传承人、非物质文化遗产数字资料进行管理。二是建立文化生态保护区，依托旅游产业促进非物质文化遗产保护与创造性转化。目前，广西壮族自治区有 1 个国家级文化生态保护实验区——铜鼓文化国家级生态保护实验区，5 个自治区级文化生态保护区——百色壮族文化生态保护区、苗族文化（融水）生态保护区、侗族文化（三江）生态保护区、瑶族文化（金秀）生态保护区、桂派戏曲曲艺文化（桂林）生态保护区。三是发挥博物馆的展览展示、教育功能。自 2003 年以来，广西壮族自治区先后建成 10 座各具特色的民族生态博物馆。广西壮族自治区各地博物馆打破传统模式，动静结合宣传展示地方特色非物质文化遗产，在原有静态展示（图片、相关器物、文字记载等）的基础上，积极将数字化技术运用到展示形式上。在拓宽展示平台的同时，充分发挥博物馆的教育功能，开展非遗文化讲座、非遗文化进校园等活动。广西壮族自治区博物馆组织开展的"瓯骆学堂""文化遗产周周学"等活动，南宁博物馆组织的研学活动，桂林博物馆开展的"社教活

动"等，都是利用广西壮族自治区地方特色非物质文化遗产，针对学校、社会不同人群进行的展示教育。四是各类学校共同发力，扩大非物质文化遗产教育传承的辐射面。2021年底，广西壮族自治区教育厅确定南宁市柳沙学校等50所学校为第一批非物质文化遗产传承教育示范学校立项建设单位。① 总体上，自2020年开始，广西壮族自治区各中小学积极建设非遗创意工坊等，并研制非遗教育文化体验活动实践指南，对外开展非遗相关交流、学习等活动。职业教育层面，广西壮族自治区实施多元化的民族文化传承创新工程，助力非物质文化遗产传承发展。目前，广西壮族自治区各院校、传承教育基地等共培养了两万多名民族技艺技能创新型人才。

（三）丰富传播形式，促进多元化传播

1. 多主体出版非遗图书，传播特色非遗

丛书及工具书编写方面，广西壮族自治区文化和旅游厅自2021年起组织编著"广西国家级非物质文化遗产系列丛书"，对目前广西壮族自治区拥有的国家级非物质文化遗产的起源、民俗文化、变迁过程、传承与保护等方面的内容进行详细记录与分析。2021年，钦州市非物质文化遗产传承保护中心出版《钦州坭兴陶史话》《坭兴陶传统烧制技艺》两本书籍，这两本书全面记录了国家级非物质文化遗产钦州坭兴陶在每个阶段的发展历程，具有十分重要的意义。广西壮族自治区还出版了《美丽广西·多彩非遗——广西国家级非遗代表性名录》《广西民歌图志》等具有参考价值的书籍。非遗教材编写方面，广西职业院校编写的《壮锦制作工艺》《绣球的制作》《广西壮锦技艺》等教材已运用到各职业院校相关专业教学活动中。多主体出版各类非遗图书，丰富了非遗文字记载及传播内容，有力促进了广西壮族自治区特色非遗的传播与发展。

---

① 《自治区教育厅关于公布第一批非物质文化遗产传承教育示范学校立项建设单位名单的通知》，广西壮族自治区教育厅网站，2021年12月29日，http://jyt.gxzf.gov.cn/zfxxgk/fdzdgknr/tzgg_ 58179/t11063687. shtml。

2. 创建节庆品牌,文旅融合宣传非遗

2014 年 1 月 13 日,"壮族三月三"经广西壮族自治区人民政府批准成为广西壮族自治区的法定节假日。广西壮族自治区围绕"壮族三月三"组织了系列活动,塑造节庆品牌。自 2017 年以来,广西壮族自治区以"壮族三月三·八桂嘉年华"为重点品牌,打造集广西壮族自治区民族文化、群众体育、风情旅游、特色消费于一体的文化旅游消费品牌,其中最重要的板块当属非遗展演。如 2021 年的"壮族三月三·桂风壮韵浓"活动,壮族天琴艺术、京族独弦琴演奏、刘三姐歌谣、桂剧等国家级非物质文化遗产项目在非遗技艺展演区域进行展演,凸显广西壮族自治区的非遗特色,展现民族风采。广西壮族自治区还联合贵州、云南等省开展民族文化交流展演活动,扩大民族文化辐射范围,强化与周边省份民族文化的交融,形成文旅融合互惠互利的良好局面。在品牌宣传方面,主办方及各参与单位、商家利用自媒体多维度宣传造势,迎合现代消费习惯,协同线上、线下,充分利用直播、电商等平台进行展示与销售活动。

3. 积极举办各类展演,充分展示非遗传承保护成果

近年来,广西壮族自治区共开展各类非遗展演、展示活动 1000 余场次,丰富了大众的精神生活,同时增强了各族群众对非遗的认同感。自 2014 年以来,广西壮族自治区连续 7 年举办"壮族三月三·桂风壮韵浓"系列文化展演活动。2021 年 10 月 16 日,广西壮族自治区北海市非物质文化遗产传承保护中心受乌镇戏剧节组委会邀约参加古镇嘉年华单元,携自治区级非遗项目"北海粤剧"亮相乌镇戏剧节,参与演出的两出折子戏《帝女花之香夭》和《梁山伯与祝英台之草亭结拜》充分展现了北海优秀历史文化和地域特色,也提高了北海粤剧的形象和影响力。同年 12 月,13 名传承人代表广西壮族自治区参加了由文化和旅游部、重庆市人民政府共同主办的中国原生民歌节活动,展示"那坡壮族民歌""壮族嘹歌""壮族三声部民歌"3 个极具民族特色的国家级非物质文化遗产代表性项目。

4. 主题纪录片持续推出,记录展示非遗代表性项目

2011 年 10~11 月,广西壮族自治区文化和旅游厅组织人员前往田林县

平塘乡平塘村、路城瑶族乡俄外村、旧州镇央白屯，德保县马隘乡、都安乡，靖西县，三江侗族自治县程阳八寨和梅林乡拍摄壮剧、侗族木构建筑营造技艺和侗族大歌记忆工程专题纪录片，为广西壮族自治区非物质文化遗产数据库收集了珍贵的非物质文化遗产资料。2014年，纪录片《八桂非遗传承录——珠还合浦》在优酷视频播出；2020年，广西壮族自治区非物质文化遗产大型电视系列专题片《八桂非遗传承录——钦州市"烟墩大鼓"专集》在广西广播电视台综艺旅游频道播出；自2020年起，"广西非遗系列"视频上线腾讯视频，系统展示了在岑溪民间歌舞舞春牛基础上衍变而来的传统戏曲剧种——牛戏；2021年，广西壮族自治区非物质文化遗产保护中心制作了讲述柳州非物质文化遗产代表性传承人故事的微纪录片《非遗者也》，旨在更好地记录、展示柳州市非物质文化遗产代表性项目。

三　广西壮族自治区非物质文化遗产保护发展困境

（一）传承人老龄化现象严重，新生力量普遍不足

广西壮族自治区非遗传承群体老龄化现象严重，中青年群体新生力量普遍不足，部分非遗项目面临传承危机。现代经济快速发展对传统文化带来一定的冲击，传承人老龄化现象普遍存在。其一，城镇化进程加快，村落空巢老人留守现象日趋严重。信息传播渠道多元化分散了大众的注意力，非遗原生教育与娱乐功能被忽视。年轻人长期从事现代行业或长期在外地工作，忽略了本土传统文化。其二，大多中青年人面临车贷、房贷、高成本养育子女等压力，快节奏的生活迫使中青年人不断向前"奔跑"。而大部分非遗如织锦、侗族木构建筑营造技艺等均需长时间接受师傅指导并反复练习才能有所成，"快餐思维"让大部分中青年人失去耐心且没有信心"十年磨一剑"。因此，非遗项目难以及时补充新生力量。其三，从主导维度而言，目前广西壮族自治区非遗项目传承人机制以民间传承为主，传承方式以师带徒或血脉传承为主，跨越家族血缘关系甚至地缘关系的传承较少。

（二）认同感不强，非遗教育及展示形式有待丰富

近年来，广西壮族自治区各市县积极开展民族文化进校园、非遗传承人及从业者研修、研习等集体性教学、提升活动，促进了广西壮族自治区非遗文化在校园范围内传播，但也带来与传播阶段化、范围固定化相关的问题。学生走向社会持续进行非遗传播、从事相关行业的意愿不强，大部分学生将学校中的非遗教学等看作兴趣爱好甚至仅为修够学分，这就导致广西壮族自治区在非遗教育层面传承多停留在固定范围内，未系统思考学校教育与相对稳定践行之间的现实问题。广西壮族自治区在非遗代表性传承人与非遗物化方面持续发力，目前仍存在"见生活"形式过于单一，忽略非遗在现代生活中的合理利用，非遗项目多与旅游和电商结合，包括景区中的非遗演艺、非遗旅游纪念品、非遗饮食等，且景区相关商品同质化严重，商品与受众生活所需联系不强，竞争力与吸引力不强，未能在更大范围向大众输出非遗文化，导致受众人群受限，很多非遗项目未能普及。

（三）新媒体运用不灵活，传播内容较零散

尽管非遗传播的形式多样、内容丰富，但仍存在传播力不足、对现实环境下的传播技术和营销方式应用不足等问题。总体来看，传播内容较为零散。目前，广西壮族自治区的非物质文化遗产主要通过广西壮族自治区非物质文化遗产保护官网、广西壮族自治区文化和旅游厅官网、微信公众号"广西非物质文化遗产"及广西壮族自治区各市县非物质文化遗产保护官网和微信公众号等进行传播。这些宣传方式在传播效能方面没有太大的优势。从传播内容来看，整体以活动宣传如区域非遗活动新闻、非遗培训班、具体非遗项目简介等为主，内容以静态展示为主。从相关官网、微信公众号的宣传内容来看，部分新闻报道等仅有标题和图片，缺少具体文字内容。从传播方式来看，此类网站或微信公众号面向大众进行单向传播，缺乏与受众互动、反馈的机制。总体而言，广西壮族自治区非遗新媒体传播运用不灵活，

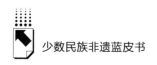

未充分发挥新媒体功效，传播内容大部分未成系统，大众对广西壮族自治区的非遗项目缺少关注，也无法形成整体认知。

四　广西壮族自治区非物质文化遗产保护传承的对策建议

（一）促进多维度参与传承活动，非遗长远续航增活力

面对非遗传承人老龄化现象日趋严重、传承后继力量不足的现实，多方实施主体应认识到，在打破传统传承观念、突破地域限制、合理利用现代传播手段扩大受众面的同时，应利用创新技术将非遗与现代生活相结合，以实物吸引大众，让大众认识到非遗可以现代化、可以生活化，以此提高大众对非遗的关注度，推进非遗的创造性转化。在此基础上，政府部门、高校、民间企业可提供相关技术支持与指导，将传承阵地部分转移到线上，以直播、录播等形式宣传非遗。传承教育方面，政府、高校等组织非遗传承人研修、研培活动时，可将现代观念、传承的迫切性、传统观念等纳入课程体系，引导非遗传承人转变传承思路，充分意识到传承的重要意义，尽可能拓宽传承人选范围。为传承意向者提供便利，增强其传承信心，坚定其传承信念。各地政府可针对非遗传承行为出台相关政策文件，为传承人提供如传承补贴、从业政策倾斜、后期产品助销等优惠政策，增强传承人的使命感和从业信心。非遗与现代生活融合已是必然趋势，促进多元主体参与传承人蓄力，打破观念束缚，让更多新生力量参与传承实践，为非遗传承助力。

（二）从集体记忆到文化认同，内外合力促进非遗传承保护

法国社会学家莫里斯·哈布瓦赫认为"记忆产生于集体，只有参与具体的社会交往和互动，人们才可能产生记忆"。[①] 广西壮族自治区应以非遗

---

① 〔法〕莫里斯·哈布瓦赫：《论集体记忆》，毕然、郭金华译，上海人民出版社，2002，第67页。

传承人和非遗受众为非遗活动主体构建非遗集体记忆。以现代经济为视角审视非遗传承保护的可能性，非遗与现代潮流的结合成为必然，这成为非遗传承保护的主流思路之一。对内，传统非遗传承保护方式以代表性项目申报、名录创建、代表性传承人档案简历及保护机制建设为主，多停留在对内静态化层面。目前，广西壮族自治区仍需持续推进非遗教育工作，重视职业技术教育中非遗教学体系建设，在开展技艺教学的同时，加强对学生观念的引导，逐步让学生形成强烈的非遗文化认同与自觉践行责任感。非遗传承人研习、研修活动，应结合传承项目、传承人具体情况，如年龄、文化水平等适当开展，引导传承人拓展思路、形成创新意识，懂得关注现代生活，以达到传承人自主创新非遗内容的目的。域内受众，既是传播对象也是文化持有者，所以开展各类非遗活动应充分调动域内受众积极性。对外，主要包括非遗旅游，现代非遗创意产品研发与营销，企业跨区、跨国合作等方面。在旅游过程中，人们可以感受当地浓厚的文化气息，参与文化体验活动。众多非遗工坊、传习基地应放宽视域，将产品、教学对象置于更广阔的域外市场，以创新为基础进行非遗产品设计、宣传与营销；针对教学对象或研讨活动，可利用线上、线下相结合的方式对非遗内容进行输出。长此以往，对内培育创新机制、对外传播输出，内外结合，从"集体记忆"走向"文化认同"，促进广西壮族自治区非遗传承保护机制不断完善与创新。

（三）创新对外宣传方式，助力非遗文化有效传播

广西壮族自治区在利用多样化方式传播非遗的同时，应结合现代生活特点创新传播方式，迎合现代信息接收习惯和传播新潮流，吸引受众注意力，重视从受众日常生活中发掘兴趣点，并将其与非遗结合进行传播展示。创新传播方式应以现代感、高品质、大众化为原则。首先，坚持以现代感为基调。智能化时代，大众注意力多集中于网络平台，加之现代生活节奏紧张，大众多向往质朴、安静的生活，非遗以民间文学、技艺、演艺等为主，与大众向往的生活相契合，所以非遗传播展示具有较广泛的受众基础。但进行非遗单一内容展示不足以吸引大众注意力，需将其与现代科技相结合，以富有

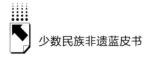

现代感的方式，如融入综艺节目、电视节目、动漫动画，与现象级网络红人合作，3D 沉浸式体验等方式进行宣传、展示，既满足大众日常娱乐需求又能引发大众对非遗背后故事、文化内涵、工匠精神等的思考。其次，高品质制作传播显诚意。富有匠心与诚心的宣传内容，是增强非遗传播竞争力、提升大众好感度的关键所在。广西壮族自治区应向受众展现符合中华民族传统审美且富有美感的非遗项目，激发受众对美的需求。如演艺类非遗，可适当融合现代元素对其内容进行改编，利用灯光、音响等渲染舞台氛围，传统与现代相结合，将受众视觉与听觉享受值拉满。此外，在凸显非遗匠心精神的同时，相关传播制作团队应秉承匠心精神，力求体现非遗的精彩内容，充分挖掘非遗内涵，通过情景再现、场景展示等方式，让受众在接受非遗文化内容的同时，从中体会到制作团队的诚意，提升产品好感度。最后，必须坚持大众化原则。非遗"见人见物见生活"的保护理念决定其根本在于如何实现非遗大众化传承与共享。广西壮族自治区各市县可鼓励民众参与诸如"讲好非遗故事""非遗技艺共分享"等活动，开展形式多样、内容丰富的非遗活动，激发大众参与的积极性。日常开展非遗活动时应将爱国主义教育、团结友爱、热爱生活等正向的价值观融入其中，引发大众的共鸣，达到共建共享的目的。

B.3
张家川回族自治县非物质文化遗产
保护发展报告

杨玉凤*

摘　要： 甘肃省张家川回族自治县历史悠久，在长期的生产生活实践中，张家川回汉兄弟共同创造了丰富的文化成果，张家川回族自治县拥有独特的非物质文化遗产资源。目前，张家川回族自治县在非遗保护方面取得了一些成就，如政府出台法律法规对非遗进行保护、建立非遗传承基地、举办非遗传承人培训班、推动非遗进校园、出版非遗保护成果等。然而，在非遗保护工作中依然存在传承人老龄化、资金投入不足、缺乏专业的工作人员等问题。本报告认为，可通过加强传承人保护、加大宣传力度、注重项目申报等方式，促进张家川回族自治县非遗保护工作的长远发展。

关键词： 张家川回族自治县　代表性项目　传承人

　　甘肃省张家川回族自治县历史悠久，远在新石器时代就有人类在此繁衍生息。这里在夏、商时期是西戎的活动地，更是秦人的发祥地之一，有秦亭遗址、汉代烽燧、摩崖石刻、三国街亭古战场等遗迹。张家川马家塬战国墓葬群遗址出土了装饰精美的战国中晚期车乘，于2006年被评为"年度中国十大考古新发现"之一。2022年，甘肃省将该"战国豪车"打造为甘肃省

---

* 杨玉凤，回族，天水市文化馆职员，研究方向为非物质文化遗产保护。

秦文化和西戎文化标志性非遗文创产品。张家川圪垯川遗址是目前黄河流域保存最完整、内涵最丰富的仰韶文化早期聚落之一，于2021年被评为"年度中国十大考古新发现"之一。张家川回族自治县不仅拥有丰富多彩的物质文化遗产，而且也拥有独具特色的非物质文化遗产。本报告在分析非物质文化遗产保护特点及发展现状的基础上，提出改进张家川回族自治县非物质文化遗产保护与传承过程中存在的不足、创新和丰富保护方法的一系列举措，有利于更好地保护和传承张家川回族自治县非物质文化遗产，丰富我国优秀传统文化。

一　张家川回族自治县非物质文化遗产概况及特点分析

（一）张家川回族自治县国家级非物质文化遗产代表性项目名录

截至2021年12月，国家级非物质文化遗产代表性项目名录先后公布了五批，其中张家川回族自治县拥有国家级非物质文化遗产代表性项目扩展名录1项，即传统音乐"张家川花儿"。

张家川回族自治县的国家级非物质文化遗产代表性项目较少，从已公布的五批国家级非物质文化遗产代表性项目名录来看，全国共有1557项，张家川回族自治县只有扩展名录中的1项，在国家级项目中的占比极小。甘肃省有国家级项目83项，张家川回族自治县仅占1.2%。从国家级项目公布的批次来看，张家川回族自治县缺少成功申报项目的主要原因有以下几点。

第一，当地没有高度重视前几批申报工作。不管是当地的文化主管部门，还是非物质文化遗产保护单位，都没能积极参与各级申报工作，错过了最佳申报时间。第二，严重缺乏财力和人力支持。2009年，全国非物质文化遗产线索普查时，张家川回族自治县文化馆作为普查与申报单位，办公室仅有1名从事非遗工作的专业人员，只有1台电脑用于办公，缺乏印制普查资料的设备，缺少拍摄、制作专题片的资金，且在申报第三批国家级项目时因为制作的视频资料不达标，最终不得不放弃了申报，错过了最佳申报机会。第三，非遗普查时遗漏了很多珍贵的线索，因此公布的县级、市级和省级名录相对较少。张家川回族自治县第一批县级非物质文化遗产代表性项目名录于 2008 年公布，并且只公布了 23 项。① 之后几年内再没有公布县级名录，直到 2015 年才公布了第二批县级名录。在申报市级和省级项目时，由于缺乏县级项目，张家川回族自治县的申报资格被限制，增加了申报难度。

（二）张家川回族自治县省级非物质文化遗产代表性项目名录

截至 2022 年 12 月，甘肃省先后公布了四批省级非物质文化遗产代表性项目名录，共有代表性项目 493 项，张家川回族自治县有 3 项，占比为0.6%（见表 1）。

表 1　张家川回族自治县省级非物质文化遗产代表性项目名录

项目类别	项目名称	项目编码	申报地区	批次	批准年份
民间文学	小儿锦	—	天水市张家川回族自治县	第四批	2017
传统音乐	张家川花儿	Ⅱ-2	天水市张家川回族自治县	第一批	2006
传统技艺	皮活制作技艺	—	天水市张家川回族自治县	第四批	2017

注：本表信息来自《甘肃省人民政府关于公布第一批甘肃省非物质文化遗产名录的通知》（甘政发〔2006〕78 号）、《甘肃省人民政府关于公布第四批甘肃省非物质文化遗产代表性项目名录的通知》（甘政发〔2017〕81 号），"—"表示暂无数据。

资料来源：张家川回族自治县文化馆。

通过表 1 可知，张家川回族自治县省级非物质文化遗产代表性项目较少，存在第二批和第三批省级项目缺失的情况，只有第四批申报了 3 项，申报成功了 2 项。存在这一问题的主要原因除了与国家级项目申报中存在的同样的问题以外，还有以下几点。

一是缺乏专业人员。非物质文化遗产项目的申报需要撰写正规的申报文本和制作专业的视频资料，而张家川回族自治县文化馆在之前的国家级和省

---

① 张家川回族自治县人民政府：《张家川县人民政府关于〈公布张家川县第一批非物质文化遗产名录〉的通知》（张政发〔2008〕118 号），2008 年 10 月 21 日。

级项目申报中缺乏能力突出的文字撰写人员和视频脚本写作人员，并且对非物质文化遗产保护工作缺乏经验，导致其错过了前几次申报机会。二是资金严重不足。由于缺乏资金购买高清照相机与摄像机，工作人员无法拍摄能达到申报标准的图片、视频资料。在 2013 年以后，中央财政开始大力支持地方"三馆一站"免费开放，① 文化馆才有了免费开放的资金保障，文化馆的各项工作开展情况得以改善，包括非物质文化遗产保护工作。文化馆采购了电脑、摄像机、照相机和打印机，这些硬件设备为普查和申报工作提供了有力保障。因此，在申报第四批省级非物质文化遗产代表性项目时，张家川回族自治县文化馆再次入村普查，并拍摄了一些高清图片与视频，把传播广泛又濒临失传的项目提到首要位置进行申报。

（三）张家川回族自治县市级非物质文化遗产代表性项目名录

张家川回族自治县市级非物质文化遗产代表性项目名录如表 2 所示。

表 2　张家川回族自治县市级非物质文化遗产代表性项目名录

项目类别	项目名称	申报地区	批次	批准年份
民间文学	小儿锦	天水市张家川回族自治县	第四批	2018
传统音乐	张家川花儿	天水市张家川回族自治县	第一批	2006
	张家川口弦	天水市张家川回族自治县	第二批	2008
曲艺	付川小曲	天水市张家川回族自治县	第一批	2006
传统手工技艺	张家川锅盔制作技艺	天水市张家川回族自治县	第四批	2018
	皮活制作技艺	天水市张家川回族自治县		
合计	6项			

注：本表信息来自《天水市人民政府关于公布天水市第一批非物质文化遗产名录的通知》（天政发〔2006〕107 号）、《天水市人民政府关于公布天水市第二批非物质文化遗产名录的通知》（天政发〔2008〕48 号）、《天水市人民政府关于公布第四批天水市非物质文化遗产代表性项目名录的通知》（天政发〔2008〕104 号）。

资料来源：张家川回族自治县文化馆。

① 《财政部　文化部关于印发〈中央补助地方美术馆　公共图书馆　文化馆（站）免费开放专项资金管理暂行办法〉的通知》（财教〔2013〕98 号），中国政府网，2013 年 6 月 7 日，http://www.gov.cn/gongbao/content/2013/content_ 2473890.htm。

通过表2可知，张家川回族自治县市级非物质文化遗产代表性项目在第一、第二批中公布的较少，第三批出现空白，第四批公布的最多。截至2022年12月，天水地区公布了四批市级非物质文化遗产代表性项目名录，共计144项，张家川回族自治县有6项，占比为4%，比重较小。另外，通过与表1对比可知，张家川皮活制作技艺和小儿锦两项省级项目公布时间早于市级项目，因为在申报第四批省级项目时，这两项还未被公布为市级项目，以文件的形式解释说明此两项属于少数民族地区濒临失传的项目，跨级从县级项目申报为省级项目。

（四）张家川回族自治县县级非物质文化遗产代表性项目名录

张家川回族自治县县级非物质文化遗产代表性项目名录如表3所示。

表3　张家川回族自治县县级非物质文化遗产代表性项目名录

项目类别	项目名称	批次	批准年份
民间文学	张家川民间神话、张家川民间传说、张家川民间故事、张家川民间谚语、张家川民间歌谣	第一批	2008
传统音乐	张家川花儿、付川小曲、旱船船歌、张家川口弦	第一批	2008
传统舞蹈	耍狮子、走高跷、高台	第二批	2015
传统美术	砖雕、秦腔脸谱	第二批	2015
传统手工技艺	张家川草编、竹编、梁堡合绳、织口袋、麻鞋制作、剪纸手工艺、荷包、耳枕、绣鞋	第一批	2008
	石匠及石工、鞋垫制作、千层底布鞋制作、手工地毯制作、老虎枕头制作、口弦制作、擀毡技艺、罐罐茶制作、皮手加工、锅盔制作、油香馓子制作、油炸花花制作、张川酿醋、油茶制作、面果制作、景泰蓝掐丝珐琅等具有民族特色的代表性传统手工技艺69项	第二批	2015
民俗	回族婚礼、回族服饰、回族饮食、回族节日等生产商贸和消费习俗共7项	第一批	2008
	张家川社火表演、庙会、十三花、萝卜烩菜、捏指议价、传统节日等具有地方特色的生产商贸和消费习俗共68项	第二批	2015
合计	167项		

注：本表信息来自《张家川县人民政府关于公布张家川县第一批非物质文化遗产名录的通知》（张政发〔2008〕118号）、《张家川县人民政府关于公布张家川县第二批非物质文化遗产代表性项目名录的通知》（张政发〔2015〕73号）。

资料来源：张家川回族自治县文化馆。

据两批县级非物质文化遗产代表性项目名录，张家川回族自治县分两批公布县级非物质文化遗产代表性项目 167 项，第一批公布 25 项，第二批公布 142 项，其中传统手工技艺有 78 项，民俗有 75 项，这两项占比较高，其余项目较少，个别项目类别甚至出现空白现象。根据表 2 和表 3 的数据分析，在张家川回族自治县市级和县级非物质文化遗产代表性项目名录中存在非遗项目总体数量偏少、项目类别分布不均衡的问题，原因有以下几个方面。

数量偏少，一是因为在普查过程中仍存在遗漏，偏远乡村的一些线索仍未被普查到；二是因为申报不够积极，相对于周边县区，张家川回族自治县非物质文化遗产资源丰厚，但是申报的数量不及其他县区多。

在项目类别上分布不均衡，一是因为张家川回族自治县 69%的民众是回族，而回族善于经商、从事手工生产，所以商贸习俗与传统手工技艺方面的项目数量偏多；二是因为在普查的过程中遗漏了边远山村的非遗资源，如在张家川回族自治县与其他县区接壤处，传唱的秦腔、小曲、小调，秦腔脸谱，狗皮图案绘制等均未被列入县级名录。

二 张家川回族自治县非物质文化遗产 代表性传承人概况

传承人是整个非物质文化遗产保护、传承、弘扬、发展的关键所在。代表性传承人是各种非物质文化遗产项目的代表性人物。[1] 截至 2022 年 12 月，张家川回族自治县国家级非物质文化遗产代表性项目代表性传承人仍然空白，在第五批国家级非物质文化遗产代表性项目代表性传承人申报时申报了 2 人，通过 1 人，但在公布之前该传承人不幸离世，将传承人死亡的情况逐级上报后，终止了审批环节。现有省级传承人 4 人（已故 2 人）。

---

[1] 冯骥才：《传承人口述史方法论研究》，华文出版社，2016，第 5 页。

（一）张家川回族自治县省级非物质文化遗产代表性传承人

张家川回族自治县省级非物质文化遗产代表性传承人情况如表 4 所示。

表 4　张家川回族自治县省级非物质文化遗产代表性传承人

项目类别	编号	姓名	性别	民族	出生年月	项目代码	项目名称	申报地区或单位	传承人批次	批准年份
传统音乐	Ⅱ-1	马如意	男	回族	已故	Ⅱ-2	张家川花儿	张家川回族自治县文化馆	第一批	2008
传统音乐	Ⅱ-1	杨国祥	男	汉族	1962年7月	Ⅱ-2	张家川花儿	张家川回族自治县文化馆	第一批	2008
传统音乐	Ⅱ-8	马也固	男	回族	1974年12月	Ⅱ-2	张家川花儿	张家川回族自治县文化馆	第四批	2015
传统音乐	Ⅱ-8	于朝阳	男	回族	已故	Ⅱ-2	张家川花儿	张家川回族自治县文化馆	第四批	2015
合计						4 人				

注：本表信息来自《甘肃省文化厅关于公布第一批甘肃省非物质文化遗产代表性项目名录代表性传承人的通知》（甘政发〔2008〕78 号）、《甘肃省文化厅关于公布第四批省级非物质文化遗产代表性传承人的通知》（甘文厅发〔2015〕267 号）。其中，姓名加"□"者已故。

资料来源：张家川回族自治县文化馆及个人田野调查。

通过表 4 可知，张家川回族自治县省级非物质文化遗产代表性传承人呈现如下三个特点。

一是省级传承人数量较少，分布单一化。甘肃省先后公布了四批省级非物质文化遗产代表性传承人，共计 549 人，而张家川只有 4 人，占比为 0.7%，并且 2 人已经去世。分布也较为单一，集中在传统音乐类，其他项目尚未公布省级传承人。第五批省级传承人上报 6 人，民间文学 2 人、传统音乐 2 人、传统手工技艺 2 人，由于疫情影响，暂未审批。

二是传承人老龄化现象十分严重，面临后继乏人的状况。现有的 4 名省级传承人中，有 2 人已经去世，且在之前申报过程中未挖掘优秀传承人，错失了前几批省级、市级传承人的申报机会，现已申报的非物质文化遗产代表性传承人还未审批、公布，造成传承人即将断代的局面。

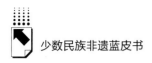

三是传承人男女比例失衡。省级传承人中男性传承人有 4 人，而女性传承人的数量为 0，可见男女传承人比例失衡。

（二）张家川回族自治县市级非物质文化遗产代表性传承人

张家川回族自治县市级非物质文化遗产代表性传承人情况如表 5 所示。

表 5　张家川回族自治县市级非物质文化遗产代表性传承人

项目类别	项目名称	姓名	性别	民族	出生年月	申报地区或单位	传承人批次	批准年份
民间文学	小儿锦（3 人）	苏守清	男	回族	1940 年 2 月	张家川回族自治县文化馆	第四批	2019
		李元珍	男	回族	1967 年 5 月			
		海金明	男	回族	1962 年 5 月			
传统音乐	张家川花儿（13 人）	马如意	男	回族	1922 年 3 月	张家川回族自治县人民政府	第一批	2010
		马宝珍	男	回族	1956 年 3 月			
		杨国祥	男	汉族	1962 年 10 月			
		毛海鲜	男	回族	1978 年 4 月	张家川回族自治县文化馆	第三批	2015
		于朝阳	男	回族	1949 年 10 月			
		马也固	男	回族	1969 年 9 月			
		丁鹏举	男	回族	1974 年 12 月			
		马素夫叶	女	回族	1955 年 3 月	张家川回族自治县文化馆	第四批	2019
		马永峰	男	回族	1988 年 3 月			
		王裕科	男	汉族	1969 年 9 月			
		李万学	男	回族	1968 年 4 月			
		李虎娃	男	回族	1963 年 5 月			
		马金蝉	女	回族	1972 年 3 月			
	张家川口弦（5 人）	李秀花	女	回族	1957 年 2 月	张家川回族自治县人民政府	第一批	2010
		毛贵祥	男	回族	1939 年 2 月			
		毛彦祥	男	回族	1944 年 3 月			
		李菊花	女	回族	1952 年 4 月	张家川回族自治县文化馆	第三批	2015
		姚玉梅	女	回族	1963 年 12 月			
	付川小曲（6 人）	黄惠萍	女	汉族	1968 年 3 月	张家川回族自治县人民政府	第一批	2010
		黄银成	男	汉族	1978 年 11 月			
		付玉芳	女	汉族	1971 年 1 月	张家川回族自治县文化馆	第三批	2015
		黄会平	女	汉族	1966 年 8 月			
		王会香	女	汉族	1974 年 11 月			
		王进忠	男	汉族	1956 年 4 月			

项目类别	项目名称	姓名	性别	民族	出生年月	申报地区或单位	传承人批次	批准年份
传统手工技艺	皮活制作技艺（3人）	马世生	男	回族	1955年12月	张家川回族自治县文化馆	第四批	2019
		马木沙	男	回族	1951年2月			
		杨玉梅	女	回族	1958年2月			
合计					30人			

注：本表信息来自《天水市文化文物出版局关于公布天水市第一批市级非物质文化遗产名录项目代表性传承人的通知》（天市文发〔2011〕19号）、《天水市文化和旅游局关于公布天水市第三批市级非物质文化遗产名录项目代表性传承人的通知》（天市文发〔2015〕180号）、《天水市文化和旅游局关于公布天水市第四批市级非物质文化遗产名录项目代表性传承人的通知》（天市文发〔2019〕257号）。其中，姓名加"口"者已故。

资料来源：张家川回族自治县文化馆及个人田野调查。

天水市文化和旅游局共公布市级非物质文化遗产代表性传承人四批，共计427人，张家川回族自治县共申报成功30人，占比为7%，在全市的传承人中占比较少，并且第二批出现空白现象，第三批和第四批申请人数较多。从项目类型来看，各类项目分布不均衡，有些项目传承人未得到认定；从年龄结构来看，老、中年传承人居多，缺乏青年传承人。

（三）张家川回族自治县县级非物质文化遗产代表性传承人

张家川回族自治县县级非物质文化遗产代表性传承人情况如表6所示。

表6　张家川回族自治县县级非物质文化遗产代表性传承人

项目类别	项目名称	人数	传承人批次	批准年份
民间文学	小儿锦	4人	第二批	2017
传统音乐	张家川花儿	16人	第一批	2015
		39人	第二批	2017
	付川小曲	18人	第一批	2015
	张家川口弦	5人	第一批	2015
		15人	第二批	2017

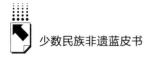

续表

项目类别	项目名称	人数	传承人批次	批准年份
传统手工技艺	张家川皮活制作技艺	12人	第二批	2017
	张家川锅盔制作技艺	10人	第二批	2017
合计		119人		

注：本表信息来自《张家川县人民政府关于公布县级非物质文化遗产项目代表性传承人的通知》（张政发〔2015〕36号）、《张家川县文化广播影视局关于公布张家川县第二批县级非物质文化遗产项目代表性传承人的通知》（张文广发〔2017〕88号）。"小儿锦"作为少数民族地区濒临灭绝急需保护的项目，在未公布为县级项目的情况下破格申报为市级项目，因此，表3中公布的县级项目中未包含此项。

资料来源：张家川回族自治县文化馆。

由表6可知，张家川回族自治县共公布县级传承人两批次，共计119人。从项目类别来看，传统音乐和传统手工技艺人数居多，而其他项目人数偏少，有些项目县级传承人缺失或未得到认定。从性别来看，在第一批公布的39人中，男性28人、女性11人；在第二批公布的80人中，男性55人、女性25人，男女人数相差甚远，可见男女传承人比例失衡。

三 张家川回族自治县非物质文化遗产保护取得的主要成就

张家川回族自治县现有的国家级和省级非遗项目数量较少，但是经过十几年连续不断的挖掘与保护，张家川回族自治县非遗保护取得了非常显著的成效，在此过程中，张家川回族自治县也积累了丰富的保护经验。

（一）政府出台了单项条例

张家川回族自治县依据《中华人民共和国非物质文化遗产法》和《甘肃省非物质文化遗产条例》等相关法律法规，结合本地非物质文化遗产的特点，于2021年7月28日制定出台了《甘肃省张家川回族自治县花儿保护传承条例》（以下简称《条例》），该《条例》自2021年12月1日起施行。《条例》的实施对张家川非物质文化遗产的保护与利用、传承与传播等提供了法律依据，并规定了相关法律责任，同时赋予民族文化遗产传承人以合法的权利，并将民族文化工作的经费、机构、工作人员等纳入政府工作，为张家川回族自治县非物质文化遗产保护与传承工作提供了法律保障。

（二）建立非遗保护传承基地

张家川回族自治县文化馆作为张家川回族自治县非物质文化遗产的保护单位，为弘扬张家川回族自治县优秀传统文化、推动民族民间艺术的发展与传承，积极建立了"张家川花儿"（国家级项目）传承基地和"皮活制作技艺"（省级项目）传承基地，同时积极组织开展各项活动，尤其以传统节日和"文化和自然遗产日"为节点，组织展示展演活动。

（三）成立了各类非遗保护民间协会

2016年，张家川回族自治县恭门镇付川村成立了"付川小曲艺术协会"。2017年，一些民间文化爱好者发起成立了"张家川花儿民间艺术协会"。各个民间协会的成立使张家川民族民间文化有了更广阔的舞台，其独特魅力得以展现。

（四）建立非遗陈列馆

近10年，张家川回族自治县文化馆按照"保护为主、抢救第一、合理利用、传承发展"的工作方针，加强非物质文化遗产的普查登记工作。在此过程中，收集整理了一批具有代表性的民间传统手工艺品和民族生活用品，包括砖雕、木雕、石雕、刺绣、柳编、草编、皮毛制品、生活用具和传统美食等实物200余件，图片资料150余张。为完整保存这些珍贵实物和图片资料，并让更多人了解张家川县域内的非物质文化遗产存续状况，张家川回族自治县于2016年成立非物质文化遗产陈列馆，包括实物展柜16个、图片与文字展板20个、展台2个，比较全面地展示了张家川县域内的非物质文化遗产概况、农耕文化和传统手工艺品。该陈列馆建成后面向社会开放，并在每年的"文化和自然遗产日"邀请中小学生参观。

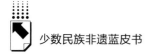

（五）举办传承人培训班

为推进张家川回族自治县非物质文化遗产的传承与保护工作，张家川回族自治县文化馆从2018年开始每年9月举办以"张家川花儿""张家川皮活制作技艺""张家川小曲"为主的传承人培训班，通过讲座、观看视频、展览、展演和互动交流等方式，让更多文化爱好者了解张家川回族自治县的非物质文化遗产，增强传承人的文化自信，逐渐让传承人参与非遗保护工作，不断增强传承人的实践能力，激发他们的传承活力。

（六）推动非遗进校园

学校是传承文化的重要平台，将民族文化引进校园可以让民族接班人了解民族文化，学习民族文化，让民族文化在青少年的心里播种、生根、发芽，推动民族文化可持续发展。张家川回族自治县文化馆在"文化和自然遗产日"走进校园开展系列活动，大力宣传张家川富有特色的非物质文化遗产，开展"花儿进课堂"和"小曲进课堂"等活动。张家川回族自治县新建小学也被公布为"第三批全国中小学中华优秀传统文化传承学校"。①张家川回族自治县的一些音乐老师也自觉担负起传承民间文化的重任，每年编排花儿歌舞剧，将"张家川花儿"融入课堂教学内容，引导青少年学习本民族的传统文化，让他们在传承优秀传统文化中健康成长。

（七）出版相关保护成果

2013年，张家川回族自治县文化馆组织非遗保护相关专业人员下乡入户，在2009年整理的《张家川回族自治县非物质文化遗产普查线索表》的基础上进行更细致、更全面的普查。在非物质文化遗产普查的过程中，工作人员整理了13类（民间语言、民间美术、民间音乐、民间舞蹈、民间曲

---

① 《教育部办公厅关于〈公布第三批全国中小学中华优秀传统文化传承学校名单〉的通知》（教体艺厅函〔2021〕51号），中华人民共和国教育部网站，2012年11月25日，http：//www.moe.gov.cn/srcsite/A17/moe_794/moe_628/202112/t20211209_586130.html。

艺、民间传统手工技艺、生产商贸习俗、消费习俗、人生礼俗、岁时节令、民间信仰、民间知识、游艺和竞技），164个小项，并出版了《张家川回族自治县非物质文化遗产辑录》一书。该书系统地总结了张家川县域内非物质文化遗产的主要线索和各类项目，对各个项目的存在形式和传承状况进行了详细的说明，并配有高清图片。该书出版后向各单位职工和学校师生免费发放，让全县人民了解民间文化、传承民间文化。2016年，在1982年县文化馆搜集整理的《民间文学三套集成》的基础上，张家川回族自治县文化馆组织专业人员进行再普查、整理、补充，编辑出版了《张家川回族自治县民间文学辑录》一书。此书包括张家川县域内的神话、民间传说、谚语、歌谣、歇后语和方言等，全面概括了张家川回族自治县民间文学。2018年，张家川回族自治县文化馆出版了张家川国家级非物质文化遗产项目"张家川花儿"保护与研究成果——《张家川花儿研究》一书。这些书籍的出版见证了张家川回族自治县为非物质文化遗产保护所做的努力和取得的成果。

四 张家川回族自治县非物质文化遗产保护存在的问题及发展建议

虽然张家川回族自治县在非物质文化遗产保护方面做出了努力，但是仍存在一些问题，如申报工作滞后、传承人老龄化、缺乏资金保障等。本报告认为张家川回族自治县应从加强非遗普查、培养非遗后继人才等方面着手推动非遗保护的可持续发展。

（一）张家川回族自治县非物质文化遗产保护工作中存在的问题

1. 申报工作滞后，缺乏专业的人才团队

张家川回族自治县处在丝绸之路南大门的交通要道上，历史悠久，少数民族文化独具特色，非物质文化遗产资源丰富，然而由于在前几批非物质文化遗产名录申报中遇到一些阻碍因素，其未能成功申报。一是资金严重匮乏，非物质文化遗产普查工作无法进行。二是由于缺乏专业的人才和团队，

2009年非物质文化遗产普查工作不够细致，缺乏系统性，公布的第一批县级名录包含的项目数量较少，以致后面逐级申报时缺少满足申报条件的项目，在申报第四批省级、第四批市级项目名录时还在筛查公布的县级名录，严重影响了申报进程，致使许多项目错过了第三批、第四批国家级项目申报的机会。另外，一些独具特色的重点项目至今未入选县级名录，如回族传统体育、回族武术、生产商贸习俗等。自古以来，回族同胞善于经商、擅长传统手工技艺，这些民族性格和特点创造出独特且丰富多样的民族文化，因此，张家川回族自治县的非物质文化遗产代表性项目的申报依然存在很大的空间。

2. 非遗传承人老龄化，面临后继乏人的困境

就现状而言，传承人青黄不接，男女比例不协调，老龄化问题十分严重。之所以出现这种情况，也与之前的普查工作不细致有关，在非物质文化遗产大普查时未能筛选出优秀的代表性传承人，并且之前申报成为县级、市级、省级的代表性传承人缺乏代表性，不能积极主动地传承非遗项目，造成非遗传承后继乏人的困境。对于大众而言，虽然文化自觉与文化自信得到了一定程度的提高，越来越多的民众希望本县域内的非遗资源能够得到传承、创新和发展，然而让他们去做非遗传承传播者时，他们却认为非遗的传承工作无法满足他们的物质需要，因此不愿意参与传承工作。以"张家川皮活制作技艺"为例，20世纪八九十年代至21世纪初，张家川回族自治县拥有全国最大的皮毛市场，县域内的张川镇、龙山镇、恭门镇等几大镇遍布皮毛货栈，皮毛经营曾经是张家川大多数百姓的主要经济来源，家家有皮毛货栈、家家有皮毛加工作坊、人人是皮毛商贩、人人是"毛毛匠"，南来北往的皮毛客商都被吸引到皮毛市场来收购生熟皮。张家川回族自治县大部分的税收也来源于皮毛销售行业，但是随着经营模式的转换、技术的落后和年轻一代外出创业，现在年轻人不愿意继续待在老家从事皮毛加工和销售。如果某种文化在老百姓心目中彻底丧失了经济地位或精神寄托，那么这种文化不管曾经有多么辉煌，它仍旧难逃被时代冲垮的命运。

3. 缺乏资金保障，非遗保护工作的开展仍存在困难

从全县各种非遗资源的保护和宣传工作来看，仍存在资金短缺或断链的

情况。目前，国家级项目"张家川花儿"能申请国家级项目专项经费，省级项目隔几年也可以申请项目专项资金，但这些资金专款专项使用，对资金使用的审计十分严格。例如，开设传承人培训班，需要给传承人发放务工费和交通补助，按每人每天30元的标准进行发放，传承人嫌弃费用太低，不愿意耽搁务农务工，拒绝参加各类传承人培训班，给各项保护工作的开展造成困难。另外，市级项目和县级项目缺乏专项保护经费支持，因此暂未开展相关保护工作。

（二）促进张家川回族自治县非物质文化遗产传承与保护的建议

1.加强非遗普查、建立档案，注重各级项目申报工作

非遗的存在是活态的，大多没有文字记载，历史上也没有档案，所以要加强非遗保护，首先要加强对非遗资源的调查研究，通过拉网式普查的方式获取县域内完整的第一手资料，寻找到清晰的非遗线索，并将其分门别类、建立档案，以便申报各级名录。其次，在普查的过程中，深度挖掘非遗传承人，对他们的文化背景、地域特点、民俗习惯、技艺内容、艺术特点和代表作品等进行详细的调查，列出明晰的传承谱系。只有抓住传承人这个重点，非遗才能得以传承。最后，注重申报工作，抓住各级名录申报的机会，尽可能申报县域内保存完整并濒临失传的项目，张家川县域内非遗资源丰富，且特色鲜明，仍有很大的申报空间。

2.注重培养非遗传承人

"传承人传承的不仅是智慧、技艺和审美，更重要的是前人的生命情感，它让我们直接、真切和活生生地感知到古老而未泯的灵魂。"[1] 保护意识的提高有助于非物质文化遗产的有效传播。培养非遗传承人，首先得从抢救性的普查、科学性的认定开始，确定了各级传承人以后，就要加强对传承人技能的培训。除了培训传承人相关的技能以外，还要鼓励传承人勇担重

---

[1] 冯骥才：《活着的遗产——关于民间文化的调查与认定》，《中国民间文化杰出传承人丛书》总序，民族出版社，2007，第87页。

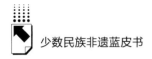

任、开拓创新、承担非遗传承的使命，不断提高文化自信，加强文化认同，并鼓励传承人开展相关的传习活动，增强他们的保护意识和责任感。

3. 健全法律保护体系，加大非遗宣传力度

虽然张家川回族自治县制定出台了《甘肃省张家川回族自治县花儿保护传承条例》，但是内容较为单一，对于其他项目还未制定出台相关的政策规范。张家川回族自治县政府部门应抓住国家重视中华优秀传统文化保护与利用的大好机遇，结合当地民众的生活环境，制定《张家川回族自治县非物质文化遗产保护传承条例》，增强当地民众的法律意识，逐渐将保护与传承当地民族民间文化内化为全体民众的文化自觉，同时加大宣传力度，推进非遗进校园、进课堂，营造良好的社会氛围，强化非遗法律意识，普及非遗基础知识，让当地民众认识到民族地区非遗的珍贵价值，让非遗得到活态传承。

4. 建立非遗就业工坊，增加当地居民收入

传统工艺与人民群众生产生活密切相关，具有促就业、增收入的独特优势。在民族地区设立一批特色鲜明、示范带动作用强的非遗就业工坊，帮助贫困人口学习传统技艺，提高内生动力，促进就业和收入增长，巩固脱贫成果。张家川回族自治县之前属于国家级贫困县，虽然已经脱贫，但仍然有一部分人依靠精准扶贫资金维持生活。因此，张家川回族自治县应抓住国家"非遗+扶贫"的申报机会，积极申报各级非遗就业工坊，如皮毛加工、锅盔制作、草编、竹编、传统特色小吃等具有民族特色、地域特色的非遗就业工坊，申请"一村一品"，充分依托传统工艺带动劳动力就近就业和稳定增收，推动传统工艺在"十四五"期间赋能乡村振兴，推动当地社会经济发展。

B.4
云南省非遗保护活力的时序变化

——兼论少数民族聚居区非遗保护利用的创新

张锦龙　高　威　李　林*

摘　要： 非物质文化遗产保护是党和国家开展民族工作的重要任务。增强
非物质文化遗产保护活力，对提升少数民族聚居区非遗保护水
平，促进民族文化健康发展具有积极作用。本报告以非遗保护活
力为对象，利用主成分分析法对 2011~2020 年云南省非遗保护
活力综合指数进行评价。结果显示：云南省非遗保护活力呈上升
趋势，但整体水平偏低；多维因子对非遗保护活力综合指数影响
明显；整体性保护、政商关系及财政投入等对非遗保护活力起到
正向影响。针对研究结论，本报告提出从多维度增强非遗保护活
力，提升非遗保护工作整体质量；加强各部门协调，管控非遗保
护工作的结构性风险；重视财政支持，提升非遗保护的资金使用
效率；强化政府主导地位，突出非遗保护的地方特色等对策
建议。

关键词： 少数民族聚居区　非物质文化遗产保护活力　云南省

---

* 张锦龙，华中师范大学国家文化产业研究中心硕士研究生在读，研究方向为历史文化与文化
产业；高威，土家族，华中师范大学国家文化产业研究中心博士研究生在读，研究方向为文
化资源与文化产业；李林（通讯作者），彝族，华中师范大学国家文化产业研究中心教授、
博士生导师，研究方向为民族文化遗产。

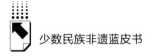

引　言

非物质文化遗产是一个民族、一个国家智慧和文明的结晶，是联结民族情感的纽带和维系国家统一的重要基础。① 加强非物质文化遗产保护，对增强民族文化自信、弘扬优秀传统文化、维护国家文化安全具有重要意义。云南是我国少数民族种类分布最多、少数民族非遗资源最丰富的省份之一，同时是西南少数民族聚居的典型地区。自 2011 年以来，国家先后颁布了《兴边富民行动规划（2011—2015 年）》《兴边富民行动"十三五"规划》，对边境少数民族聚居区非遗保护提出了"充分挖掘丰富的民族传统文化资源，打造特色文化品牌，推动非物质文化遗产生产性保护和利用"② 及"推动边境地区传统工艺振兴，支持边境地区非物质文化遗产传承人参加非物质文化遗产传承人研修研习培训计划，支持非物质文化遗产生产性保护和合理展示"③ 等明确要求。随后，云南省出台了《云南省非物质文化遗产保护条例》等多项政策，并在非遗项目认定、非遗传承人培训、相关经费争取等方面发力，推动全省积极开展非遗保护工作。

非遗保护活力是非遗保护质量和水平的重要体现，反映了一个地区非遗保护工作的开展情况及取得的实际成效。研究非遗保护活力有助于更好地把握少数民族聚居区非遗保护工作的特点和实践经验，为进一步推动非遗保护利用提供重要支撑。在国家和地方政策指导下，云南省非遗保护工作全面展开，并取得了一定的成绩。但在实践中，也存在非遗保护工作体系不健全、重点不突出、部门协调不足、内部结构性风险凸显等问题，这些问题阻碍了

① 张博：《非物质文化遗产的文化空间保护》，《青海社会科学》2007 年第 1 期。
② 《国务院办公厅关于印发〈兴边富民行动规划（2011—2015 年）〉的通知》（国办发〔2011〕28 号），中国政府网，2011 年 6 月 13 日，http：//www. gov. cn/zhengce/content/2011-06/13/content_ 6451. htm。
③ 《国务院办公厅关于印发〈兴边富民行动"十三五"规划〉的通知》（国办发〔2017〕50 号），中国政府网，2017 年 6 月 6 日，http：//www. gov. cn/zhengce/content/2017-06/06/content_ 5200277. htm。

非遗保护活力的提升。为进一步提升云南省非遗保护活力，推动少数民族聚居区非遗保护工作的顺利开展，本报告拟通过构建云南非遗保护活力评价指标体系，客观总结并评价云南省非遗保护活力的时序变化，聚焦少数民族聚居区非遗保护及创新路径，以期为其他少数民族聚居区非遗保护利用提供一定的借鉴。

一 非遗保护活力评价指标体系的构建

（一）非遗保护活力及其评价指标体系的构建

1. 非遗保护活力的界定和评价

活力一般指旺盛的生命力，是指"某个主体在生命机能方面所具有的旺盛的生命力"。[①] 经济发展活力主要指经济发展的活跃程度，一般通过投资、消费、企业活动等经济活动的活跃程度进行测度。[②] 借助经济发展活力及其评价的基本理念和测度，结合非遗保护的实际工作内容，我们可将非遗保护活力界定为"非遗保护相关工作及发展的活跃程度"。非遗保护活力指标则指"对非遗保护相关工作及发展的活跃程度进行评价测度时所依据和参考的具体内容及其构成体系"。

2. 非遗保护活力评价指标体系构建的思路

经济学中的"投入—产出"模型是构建经济发展活力评价指标体系的常用依据。如江晓晗等借鉴该模型构建了文化产业评价体系。[③] 金延杰选取经济总量及其增长、企业及其收益、居民收入、财政与社会保障、外贸与外资、技术水平、教育及环境 7 个指标构建中国城市经济发展活力评价体系。[④]

---

① 曹丽哲等：《中国县域经济发展活力的区域格局》，《经济地理》2021 年第 4 期；孙发平、马洪波、王兰英：《增强青海经济活力问题研究》，《青海民族研究》2007 年第 3 期。
② 曹润林、陈海林：《税收负担、税制结构对经济高质量发展的影响》，《税务研究》2021 年第 1 期。
③ 江晓晗、任晓璐：《长江经济带文化产业高质量发展水平测度》，《统计与决策》2021 年第 2 期。
④ 金延杰：《中国城市经济活力评价》，《地理科学》2007 年第 1 期。

为体现经济社会高质量发展的创新、协调、绿色、开放、共享基本理念和实践，学者们尝试构建了更多维度的评价指标体系，如曹丽哲、潘玮等构建了由农业发展、工业发展、三产发展、财政税收、金融发展和公共服务6个维度组成的县域经济发展活力评价体系。黄琨、肖光恩依据非国有经济的发展水平、政府与市场的关系和对知识产权的保护水平3个层面对湖北省市场活力进行了测评。[1] 可见，基于"投入—产出"模型，学者们对经济发展活力评价指标体系进行了发展和创新。

目前，针对非遗保护活力评价的专项研究较少见，既有非遗评价研究或从资源角度对其产业化开发价值进行评价[2]，或从非遗整体发展状况进行分析[3]，研究多为指标体系的理论构建，实证研究较少。本报告拟从非遗保护的基本内容入手，尝试构建非遗保护活力评价指标体系，并进行实证分析。学者苑利、顾军将非遗保护概括为开展全国性非物质文化遗产大普查、建立非物质文化遗产四级名录体系、制定非物质文化遗产传承人登记制度、建立传统文化生态保护区、收藏与展示非物质文化遗产成果、建立非物质文化遗产资料库和数据库、确立非物质文化遗产传承人口述史调查制度等七个方面。[4] 2021年5月，文化和旅游部发布的《"十四五"非物质文化遗产保护规划》将非遗保护主要任务划分为六个部分：非遗调查、记录和研究，非遗项目保护，非遗传承人认定和管理，非遗区域性整体保护，加大非遗传播普及力度和服务社会经济发展。与此同时，相关文献研究还表明，非遗保护还包括数字化保护、文化空间保护、法律保护、知识产权保护，以及抢救性保护、整体性保护、生产性保护、生活性保护等内容。

借鉴经济发展活力评价指标体系并结合非遗保护工作实践，本报告认为

---

① 黄琨、肖光恩：《关于增强湖北省市场活力促进开放型经济发展问题研究》，《湖北社会科学》2016年第4期。
② 张希月等：《非物质文化遗产资源旅游开发价值评价体系与应用——以苏州市为例》，《地理科学进展》2016年第8期。
③ 陈小蓉等：《我国体育非物质文化遗产综合评价体系的构建与应用》，《体育科学》2017年第5期。
④ 苑利、顾军：《非物质文化遗产学》，高等教育出版社，2009，第49页。

非遗保护活力指标体系的构建，应在体现非遗保护工作自身特征的基础上，体现其动态、活跃等发展属性。一方面，借鉴和参照经济发展活力评价中的"投入—产出"模型；另一方面，从非遗保护的基本内容出发，兼顾非遗保护工作的各项内容与不同实践方式。

（二）非遗保护活力评价指标体系及其指标选取

评价指标选取应遵循功能性、可获取性、完备性、非重叠性和可比性五个基本原则。[①] 本报告依据上述原则，结合我国非遗保护特征及当前数据的可获取情况，参照经济发展活力的"投入—产出"模型，尝试构建非遗保护活力评价指标体系。该评价体系由2个一级指标和8个二级指标构成（见表1）。

表1　非遗保护活力评价指标体系

	一级指标	二级指标	测度项目
非遗保护活力	非遗保护要素投入评价	法律规章保护情况	新公布非遗相关政策及法律法规数量
		文化空间与整体性保护情况	新增省级民族传统文化保护区数量
		非遗相关财政支持情况	新增非遗保护相关财政投入比重
		人才培养相关情况	新增非遗传承人培养数量
	非遗保护绩效产出评价	非遗项目认定情况	新增省级以上非遗项目数量
		非遗传承人认定情况	新增省级以上非遗传承人数量
		非遗生产性保护开展情况	新增规模以上市场主体数量
		宣传展示与社会服务参与情况	新增非遗相关文化活动开展数量

1. 非遗保护要素投入评价

非遗保护要素投入评价主要指对政府向非遗保护提供的各项支持性工作进行的评价。主要包括法律规章保护情况、文化空间与整体性保护情况、非遗相关财政支持情况以及人才培养相关情况等4个二级指标。

法律规章保护情况指标。法律规章保护工作主要对与非遗保护相关的立

---

① 楼海淼、孙秋碧：《基于因子分析的我国各省经济活力评价研究》，《福州大学学报》（哲学社会科学版）2005年第3期。

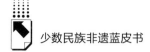

法、政策出台等情况进行测度。政策法规制定是非遗保护最常见的外部支持手段，通过营造适宜的政策环境并构建有效的法律规范体系，指导推动非遗保护相关工作的开展。因此，政策法规的出台情况是评价非遗保护工作状况的重要指标之一。

文化空间与整体性保护情况指标。文化空间与整体性保护状况的测度主要参照相关文化生态保护区的建设状况。文化空间是非物质文化遗产的重要类型[①]，也是民族地区非遗开展整体性保护的重要对象。建设文化生态保护区是一项整体性保护文化空间的实践行为[②]，是开展文化空间保护的重要表现形式。云南省是我国最先开展文化生态保护区建设的省份之一。[③] 因此，在衡量非遗整体性保护的层面，将文化空间与整体性保护情况作为测度指标之一。

非遗相关财政支持情况指标。财政支持是政府开展非遗保护工作的重要保障。加大财政投入力度，能有效改变非遗保护的被动局面。[④] 作为一项重要的支持性工作，政府层面对非遗保护的财政投入状况也是衡量非遗保护状况的重要指标。

人才培养相关情况指标。专业人才的培养是非遗保护工作持续发展的动力之一。专业人才的数量及质量直接决定非遗创新发展的能力和潜力。因此，专业人才的培养情况是评价一地非遗保护状况的重要指标。

2. 非遗保护绩效产出评价

非遗保护绩效产出指标主要对能够明确体现非遗保护成果的相关指标进行评价，包括非遗项目认定情况、非遗传承人认定情况、非遗生产性保护开展情况以及宣传展示与社会服务参与情况等 4 个二级指标。

① 李少惠、赵军义、于浩：《文化治理视域下非物质文化遗产保护研究——以中国陇南乞巧节为例》，《西北民族研究》2018 年第 2 期。
② 高舒：《在大地的册页里读解——从闽南木偶戏看国家级文化生态保护区的"非遗"实践》，《人民音乐》2019 年第 1 期。
③ 杨雪吟：《生态人类学与文化空间保护——以云南民族传统文化保护区为例》，《广西民族大学学报》（哲学社会科学版）2007 年第 3 期。
④ 丁永祥：《生态场：非物质文化遗产生态保护的关键》，《河南大学学报》（社会科学版）2012 年第 3 期。

非遗项目和传承人认定情况指标。2005 年，《国务院办公厅关于加强我国非物质文化遗产保护工作的意见》明确提出"建立名录体系，逐步形成有中国特色的非物质文化遗产保护制度"。建立非遗保护名录、认定非遗传承人成为我国开展非遗保护的基本方式。因此，确定新认定的非遗保护项目数量和新认定的非遗项目传承人数量是评价非遗保护状况的重要指标。

非遗生产性保护开展情况指标。该指标主要由对相关市场主体增长状况的测度构成。相关市场主体的数量直接反映相应市场的繁荣程度。因此，选取新增规模以上市场主体数量作为非遗生产性保护开展情况的测度。

宣传展示与社会服务参与情况指标。该指标主要参考非遗相关文化活动的开展状况。非遗是公共文化的组成部分①，文化活动是非遗参与社会公共文化的重要方式。因此，选取新增非遗相关文化活动的开展数量作为宣传展示与社会服务参与情况指标的具体测度内容。

二　数据来源与研究方法

（一）数据来源

本研究数据来自 2011～2020 年公开出版及官网正式发布的资料信息，包括中国知网收录、云南年鉴社出版的《云南年鉴》《云南统计年鉴》，云南省政府网、云南省文化和旅游厅网、云南省民族与宗教委员会网、云南省下辖各地级市政府网站、云南省下辖各地级市文化和旅游局网站资料等。鉴于当前非遗投入尚未进行独立核算，"新增非遗保护相关财政投入比重"指标选择财政投资中"一般公共预算支出"中"文化体育与传媒"项的增长比重；"人才培养相关情况"选择《云南年鉴》中统计的针对非遗传承人及相关工作人员开展培训的数据。

---

① 高丙中：《作为公共文化的非物质文化遗产》，《文艺研究》2008 年第 2 期。

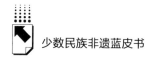
（二）数据分析方法

本研究首先采取主成分分析法对云南非遗保护活力状况进行数据清洗和提炼，然后对云南非遗保护活力综合评价指数进行测量，并根据获得的数据计算云南非遗保护活力综合评价指数的时序变化情况。

（三）计算公式

由于已构建的评价体系中各指标的量纲存在差异，因此需要对选取的数据进行标准化处理。利用 SPSS 软件对收集到的数据进行 Z-score 标准化处理。

主成分分析法的综合评价指数计算方法如下：

$$f_1 = \frac{w_1}{\sqrt{a_1}} + \frac{w_2}{\sqrt{a_1}} + \cdots + \frac{w_m}{\sqrt{a_1}} \tag{1}$$

$$\cdots\cdots$$

$$f_p = \frac{w_1}{\sqrt{a_p}} + \frac{w_2}{\sqrt{a_p}} + \cdots + \frac{w_m}{\sqrt{a_p}} \tag{2}$$

首先，利用相关系数矩阵提取出主成分 f，式中 p 表示主成分的个数；再用各指标的成分系数 w_m 除以相应主成分特征值（a_1, a_2, $\cdots$, a_p）开平方根后的值，m 表示指标的个数，再求和，得到相应主成分的权重 f_p。

$$F_1 = f_1(Zx_1 + Zx_2 + \cdots + Zx_m) \tag{3}$$

$$\cdots\cdots$$

$$F_p = f_p(Zx_1 + Zx_2 + \cdots + Zx_m) \tag{4}$$

其次，用主成分的权重表达式 f_p 中的各项分别乘以对应的经标准化后的各指标数据，得到主成分的综合得分 F_p，其中，Zx_m 表示标准化后的指标值。

$$F = F_1S_1 + F_2S_2 + \cdots + F_pS_p \tag{5}$$

最后，利用各主成分的综合得分乘以对应的方差占比 S_p，并求和，得到最终的综合得分 F。

三　云南省非遗保护活力评价结果分析

（一）数据分析结果

利用 SPSS 软件对 2011~2020 年云南省非遗保护活力的相关数据进行主成分分析，得到云南省非遗保护活力综合评价指数（见表4）。其中 A—H 表示非遗保护活力评价指标体系各二级指标的测度项目：A 为新公布非遗相关政策及法律法规数量，B 为新增省级民族传统文化保护区数量，C 为新增非遗保护相关财政投入比重，D 为新增非遗传承人培养数量，E 为新增省级以上非遗项目数量，F 为新增省级以上非遗传承人数量，G 为新增规模以上市场主体数量，H 为新增非遗相关文化活动开展数量；F_1、F_2、F_3 表示提取的 3 个主成分的综合得分。

首先，以初始特征值大于 1 为标准提取 3 个主成分（见表2）。

表 2　提取的主成分

	解释的总方差					
	初始特征值			提取平方和载入		
	合计	方差的%	累计%	合计	方差的%	累计%
1	3.586	44.826	44.826	3.586	44.826	44.826
2	1.590	19.872	64.699	1.590	19.872	64.699
3	1.166	14.575	79.274	1.166	14.575	79.274
4	0.593	7.414	86.688			
5	0.533	6.662	93.350			
6	0.324	4.047	97.397			
7	0.189	2.356	99.753			
8	0.020	0.247	100.000			

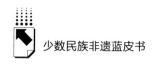

其次，调整系数显示阈值为0.6，得到各指标在3个主成分中的权重分布情况（见表3）。

表3 调整系数显示阈值为0.6的成分矩阵

成分矩阵 a

	成分		
	1	2	3
B	−0.838		
E	0.791		
F	0.762		
D	0.694		
H	0.687		
G		0.861	
A		−0.619	
C			0.603

提取方法：主成分。

a. 已提取了3个成分。

最后，计算并获得综合评价指数并得到对应的综合得分趋势图（见表4和图1）。

（二）云南省非遗保护活力的测度结果

1. 非遗保护活力呈上升趋势，但整体水平偏低

如图1所示，2011～2020年云南非遗保护活力指数呈缓慢上升态势（见活力趋势拟合线），图2显示云南非遗保护工作的投入产出比总体也呈上升趋势（见要素投入与绩效产出拟合线）。由此可见，同期云南非遗保护活力总体呈上升趋势。但非遗保护活力指数及非遗保护工作投入产出比的具体数值较低，反映出云南非遗保护活力的整体水平偏低，非遗保护工作的成效尚不显著，相关工作的实际效率不高。云南非遗保护在提升整体水平、提高工作的稳定性等方面仍有待进一步加强。

表 4 2011～2020 年云南省非遗保护活力综合评价指数

	2011 年	2012 年	2013 年	2014 年	2015 年	2016 年	2017 年	2018 年	2019 年	2020 年
A	0.24962	0.51844	2.74583	0.13441	0.32643	0.13441	0.32643	0.51844	0.32643	0.71046
B	0.95161	0.95161	0.76769	0.76769	0.76769	0.76769	0.76769	0.76769	1.35145	1.35145
C	-0.7746	-0.7746	-0.7746	1.1619	2.13014	0.19365	-0.7746	0.19365	0.19365	-0.7746
D	1.56509	0.05397	1.13334	1.13334	0.05397	1.13334	0.48572	1.02541	0.59366	1.02541
E	0.15586	0.15586	0.15586	1.04308	1.04308	1.04308	1.04308	1.23491	1.23491	1.23491
F	0.22925	0.91699	0.91699	0.91699	0.91699	0.91699	1.08893	1.08893	1.08893	1.08893
G	0.52807	0.20291	0.61881	1.23636	0.96287	0.08948	1.23006	0.77635	1.62453	1.03849
H	0.08852	0.02306	1.36047	1.13881	0.20009	1.41997	0.66127	0.09744	0.85615	1.61486
F_1	12.52835	8.370006	11.4734	5.38889	4.55949	11.0857	5.75344	3.08804	5.806398	14.64401
F_2	1.455605	-0.20609	6.45113	0.393461	1.29801	1.50629	-2.08518	2.60854	-0.66189	0.065788
F_3	1.213614	-1.85112	2.99498	-2.521	2.73436	2.47034	3.911155	4.32193	0.385248	2.739917
综合得分	6.0821	3.441185	-4.2976	-2.70487	2.70031	5.62864	-2.42335	1.27269	2.527396	6.976739

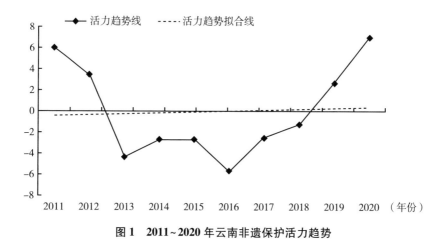

图1　2011～2020年云南非遗保护活力趋势

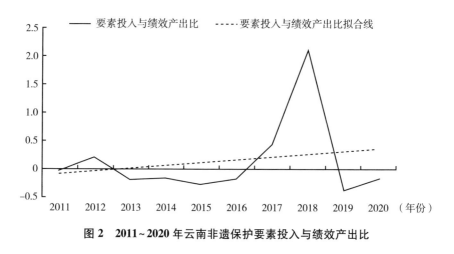

图2　2011～2020年云南非遗保护要素投入与绩效产出比

2.非遗保护活力具有多维性特征，多维影响因子作用于活力指数

如表3所示，影响云南非遗保护活力的8个指标被概括提取为3个主成分，累计的方差近80%，表明这3个主成分对整体数据的概括性达80%，能够较好地概括并反映影响云南非遗保护活力的情况。3个主成分提取的结果说明至少存在3个不同维度的因素影响非遗保护活力，可见非遗保护活力具有多维性特征，多维影响因子作用于活力指数。

3. 非遗保护活力中整体性保护、政商关系及财政投入等方面正向效果显著

表3显示，在云南非遗保护活力的第一个维度中，文化空间及整体性保护工作的效果明显，但同该维度要素内其他各项工作影响的作用方向相反，导致内部结构性冲突的潜在风险存在；法律规章制定与生产性保护两项工作存在相关性，也存在潜在的制约作用；非遗相关财政支持情况则从一个独立的维度对非遗保护活力发挥特殊作用。综合来看，整体性保护、政商关系及财政投入等工作对提升非遗保护活力发挥着重要的作用，但都蕴含着作用于非遗保护活力体系的结构性风险，应受到更多关注。

四　增强少数民族聚居区非遗保护活力的对策

（一）多维度增强非遗保护活力，提升非遗保护工作的整体质量

开展多维度的非遗保护工作，是提升非遗保护工作整体水平的重要路径。转变当前以完成指标为目标的保护思路和工作方式，对支持和保障性工作给予同等重视，并尽可能加大其保障和支持力度。进一步完善相关法律法规、加强非遗传承人的培训以及探索文化空间和整体性保护的有效方式。在推动指标性工作完成方面，应积极开展非遗项目及传承人的普查和认定工作、推动非遗相关文化活动的开展、支持非遗生产性保护路径的创新。通过多维度非遗保护工作的开展推动内容丰富、结构完整、持续性强的非遗保护工作实践，提升非遗保护工作的整体质量。

（二）加强各部门之间的协调，管控非遗保护工作的结构性风险

提升非遗保护工作各部门间的协调性、管控非遗保护工作结构性风险，是加强多维度保护、提升非遗保护活力、维持非遗保护活力体系整体稳定的重要前提。提升各部门之间工作的协调性，注重维持非遗的整体性

保护和工作内容安排、相关资源调配、发展规划制定等方面的平衡。通过灵活的条例制定、数字技术运用等方式，加大执法监管力度、开展常态化监测及评估，管控可能出现的结构性风险，提升多部门并行工作之间的协调性。

（三）重视财政支持，提升非遗保护的资金利用效率

加大财政投入并提升财政资金的利用效率，是非遗保护工作的重要内容。调整财政资金的利用结构，提升财政资金的利用效率是进一步发挥财政支持对非遗保护重要作用的有效路径。扩大财政支持政策的覆盖范围，将非遗市场运维的部分工作、相关基础设施建设、非遗网络空间管理等工作纳入财政支持的范围。创新财政投入的渠道和对象，灵活使用入股、注资、合资等手段对有产业化发展潜力的非遗项目进行支持，重视开拓性项目、创新型产品及其研发生产，并给予其一定的补贴，提升财政对非遗保护工作支持的精准度。通过构建更加灵活、多元的财政支持基本框架，充分发挥财政支持的作用，提升非遗保护活力。

（四）强化政府的主导地位，突出非遗保护的地方特色和创新

政府是非遗保护工作的重要主体，政府主导是推动非遗保护工作开展的重要力量。经济社会基础薄弱是少数民族聚居区非遗保护的基本现实，因此，云南开展非遗保护工作时应更加注重发挥政府的主导作用和优势，以改善和提升少数民族聚居区非遗保护的整体环境，探索本土化非遗保护的新道路、新方案。完善相关政策法规、加大非遗抢救性保护工作的力度、推动各项非遗保护工作落实、管控非遗相关市场风险并改善其市场环境是强化政府主导地位的可行路径。积极整合资源，推动多主体联动，发挥市场力量，充分利用数字化时代为非遗保护带来的新机遇，突出非遗保护的地方特色，推动少数民族聚居区因地制宜开展非遗保护，形成区域性非遗保护模式，提升非遗保护的整体活力。

结　语

　　研究少数民族聚居区非遗保护活力的时序变化，可揭示这些地区非遗保护工作活力的内部构成要素及其相互作用机制，有利于加强民族地区非遗的保护利用和创新转化。通过对 2011~2020 年云南省非遗保护活力时序变化进行研究，发现 10 年来该省非遗保护活力指数总体呈上升趋势，其活力受多维因素影响，但整体性保护、政商关系及财政投入等对非遗保护活力提升的正向效果明显。今后应强化政府在非遗保护中的主导地位，加强多部门协调，管控结构性风险，充分发挥财政支持作用等，突出非遗保护利用的地方特色，有效提升少数民族聚居区非遗保护活力。

专 题 篇
Special Topic

B.5
瑶族非物质文化遗产保护发展报告*

付 敏 王 航**

摘 要： 瑶族非物质文化遗产是瑶族先民在社会生产生活实践中形成的集体智慧结晶，研究瑶族非物质文化遗产对保护和传承瑶族文化有重要的历史意义和现实意义。本报告对瑶族聚集地桂、湘、粤、黔、滇、赣六省（区）的国家级和省级非物质文化遗产名录及代表性传承人基本情况进行梳理，认为瑶族非遗保护在法律法规、学术研究成果、非遗进校园、生产性保护与数字化保护等五个方面取得了一定成绩，然而也存在专门法规缺位、传承人老龄化等亟待解决的问题。本报告认为，要实现瑶族非遗的科学合理保护，应制定专门的瑶族非遗法规及加强人才队伍建设，增强区域间的联动性，积极构建"非遗+保护"模式。

关键词： 瑶族 非物质文化遗产 代表性传承人

---

* 本报告系 2021 年国家社科项目"西南丝绸之路各民族音乐文化交流交融研究"（项目编号：21XMZ012）的阶段性成果。

** 付敏，硕士，贵阳人文科技学院讲师，研究方向为文化遗产与旅游；王航，博士，贵州民族大学副教授，研究方向为民族史与文化遗产。

　　瑶族是我国历史悠久、文化多样、支系繁多、分布广泛的南方少数民族。瑶族共有 270 多万人（2010 年），分布在广西、湖南、广东、云南、贵州和江西六省（区）的 130 多个县，其中以广西最多。[①] 各省（区）瑶族地域和生态环境的不同，造成了他们在生产生活方式上的差异，从而形成了丰富多彩的非物质文化遗产（以下简称"非遗"）。

一　瑶族非物质文化遗产代表性项目名录保护基本情况

　　本报告主要以瑶族国家级非遗代表性项目名录为研究对象，并结合广西、湖南、广东、云南、贵州和江西六省（区）公布的瑶族省级非遗名录做比较研究。本报告按照 3 个标准对瑶族非遗类别进行划分：一是以"瑶族"命名的民族文化项目，二是与其他民族共同申报的项目，三是该项目主要由瑶族非遗传承人进行传承。

（一）瑶族国家级非遗代表性项目名录

　　国务院先后公布了五批国家级非遗代表性项目名录，共计 1557 个国家级非遗代表性项目。瑶族共有 20 项非遗项目入选国家级非遗代表性项目名录（见表1），第一批 4 项、第二批 4 项、第三批 2 项、第四批 3 项、第五批 2 项，新增扩展项目 5 项。其中，广西壮族自治区 10 项、广东省 7 项、湖南省 6 项、贵州省 2 项。[②]

表 1　瑶族入选国家级非遗代表性项目名录的非遗项目

项目类别	项目名称	项目编号	申报地区	批次	批准年份
民间文学	密洛陀	I-117	广西壮族自治区都安瑶族自治县	第三批	2011
	盘王大歌	I-151	湖南省江华瑶族自治县	第四批	2014

---

① 《瑶族》，中国政府网，2020 年 3 月 10 日，http：//www. gov. cn/guoqing/2015－07/23/content_ 2901629. htm。

② 因同一项目分属一个或多个地区，因此以地区统计的总数多于项目总数。

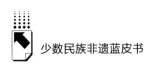

项目类别	项目名称	项目编号	申报地区	批次	批准年份
传统音乐	多声部民歌（瑶族蝴蝶歌）	II-30	广西壮族自治区富川瑶族自治县	扩展	2008
	瑶族民歌	II-110	湖南省隆回县	第二批	2008
			广东省乳源瑶族自治县	扩展	2014
传统舞蹈	狮舞（瑶族布袋木狮舞）	III-5	广东省清远市连州市	扩展	2021
	铜鼓舞	III-26	广西壮族自治区田林县	扩展	2008
			广西壮族自治区南丹县		2014
	瑶族长鼓舞	III-60	湖南省江华瑶族自治县	第二批	2008
			广东省连南瑶族自治县		
			广西壮族自治区富川瑶族自治县		
			广东省连山壮族瑶族自治县	扩展	2011
			广西壮族自治区金秀瑶族自治县		
	瑶族猴鼓舞	III-64	贵州省荔波县	第二批	2008
	瑶族金锣舞	III-120	广西壮族自治区田东县	第四批	2014
	棕包脑	III-119	湖南省洞口县	第四批	
传统美术	挑花（花瑶挑花）	VII-25	湖南省隆回县	第一批	2006
			湖南省溆浦县	扩展	2008
	瑶族刺绣	VII-105	广东省乳源瑶族自治县	第三批	2011
传统医药	瑶族医药（药浴疗法）	IX-14	贵州省从江县	第二批	2008
民俗	瑶族盘王节	X-14	广东省韶关市	第一批	2006
			广西壮族自治区贺州市		
			湖南省郴州市资兴市	扩展	2021
	瑶族服饰	X-67	广西壮族自治区南丹县	第一批	2006
			广西壮族自治区贺州市		
			广西壮族自治区龙胜各族自治县	扩展	2014
	瑶族耍歌堂	X-45	广东省清远市	第一批	2006
	茶俗（瑶族油茶习俗）	X-107	广西壮族自治区桂林市恭城瑶族自治县	第五批	2021
	婚俗（瑶族婚俗）	X-139	广东省连南瑶族自治县	扩展	2014

项目类别	项目名称	项目编号	申报地区	批次	批准年份
民俗	规约习俗 （瑶族石牌习俗）	X-142	广西壮族自治区来宾市 金秀瑶族自治县	扩展	2021
	瑶族祝著节	X-161	广西壮族自治区河池市 巴马瑶族自治县	第五批	
合计	20 项				

注：此表根据国务院公布的五批国家级非遗代表性项目名录整理而成，仅代表瑶族分课题组观点。

从表 1 来看，瑶族入选的非遗项目包括民间文学 2 项、传统音乐 2 项、传统舞蹈 6 项、传统美术 2 项、传统医药 1 项和民俗 7 项。传统戏剧，曲艺，传统体育、游艺与杂技，传统技艺无分布。传统舞蹈和民俗项目相对丰富，民间文学、传统音乐、传统美术、传统医药占比相对较小，尤其是传统戏剧，曲艺，传统体育、游艺与杂技及传统技艺类非遗项目均出现空缺的现象。

（二）瑶族省级非遗代表性项目名录

瑶族省级非遗代表性项目名录主要集中在民间文学、传统音乐、传统舞蹈、传统美术、传统技艺、传统医药、民俗七类，共 166 项。传统戏剧和曲艺两类项目数量最少，各有 1 项，传统体育、游艺与杂技类项目也较少，只有 2 项（见表 2）。

表 2　瑶族入选省级非遗代表性项目名录的非遗项目

类型	申报地	项目名称
民间文学 （7 项）	广西（7 项）	盘王大歌、瑶族密洛陀古歌（密洛陀）、瑶族分架、贺州瑶族盘王大歌、上林瑶族山歌、瑶族千家峒传说、瑶族盘王传说
传统音乐 （24 项）	广西（19 项）	瑶族蝴蝶歌、瑶族过山音、瑶族山歌、瑶族门唻歌、瑶族溜喉歌、田东瑶族噜吡咧、凌云瑶族长号艺术、恭城瑶族八音、钟山瑶族蝴蝶歌、田东瑶族山歌、永福瑶族民歌、金秀瑶族深牌歌、贺州平桂瑶族唢呐、瑶族剪刀歌、八步瑶族过山音、金秀瑶族香哩歌、恭城瑶族山歌、金秀瑶族离贯歌、马山瑶族酒壶歌
	湖南（2 项）	花瑶鸣哇山歌、桂阳瑶歌
	广东（3 项）	乳源瑶歌、瑶族八音、排瑶民歌

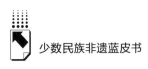

续表

类型	申报地	项目名称
传统舞蹈 （29项）	广西（19项）	田林瑶族铜鼓舞、瑶族长鼓舞、瑶族黄泥鼓舞、瑶族猴鼓舞、瑶族吹笙挞鼓舞、瑶族金锣舞、南丹勤泽格拉、瑶族羊角长鼓舞、瑶族羊角舞、瑶族香龙舞、凌云瑶族龙凤舞、八步瑶族长鼓舞、仙回瑶族调马、上林瑶族猴鼓舞、田林瑶族盘王舞、瑶族八仙舞、盘王神武、瑶族蚩尤舞、八步瑶族盘王舞
	湖南（2项）	江华瑶族长鼓舞、瑶族伞舞
	广东（3项）	瑶族长鼓舞、瑶族小长鼓舞、瑶族布袋木狮舞
	贵州（4项）	瑶族打猎舞、瑶族猴鼓舞、瑶族长鼓舞、板凳舞（瑶族板凳舞）
	江西（1项）	花棍舞
传统戏剧（1项）	湖南（1项）	木偶戏（瑶族木偶戏）
曲艺（1项）	湖南（1项）	瑶族谈笑
传统体育、游艺 与杂技（2项）	广西（1项）	白裤瑶打陀螺
	贵州（1项）	瑶族民间陀螺竞技
传统美术 （5项）	广西（3项）	瑶族凿花、兴安瑶族刺绣、田林瑶族刺绣技艺
	广东（2项）	瑶族刺绣、瑶族刺绣（连南瑶族服饰刺绣）
传统技艺 （27项）	广西（18项）	瑶族织绣技艺、金秀瑶族服饰、凤山瑶族服饰、右江瑶族服饰制作技艺、灌阳瑶族油茶技艺、都安旱藕粉丝制作技艺、那坡瑶族织绣技艺、富川瑶族织锦技艺、金秀瑶族黄泥鼓制作技艺、田东瑶族吡咧制作技艺、灵川兰田瑶族造纸技艺、金秀瑶族鲊肉腌制技艺、南丹瑶族牛角号制作技艺、南丹瑶族陀螺制作技艺、钟山瑶族打油茶技艺、富川瑶族扎龙技艺、富川瑶族油炸粿条技艺、上思瑶族服饰制作技艺
	湖南（3项）	瑶族古方引子茶酿造技艺、民族乐器制作技艺（辰溪瑶山大鼓制作技艺）、花瑶挑花
	广东（4项）	瑶族银饰制作技艺、瑶族长鼓制作技艺、瑶族扎染、排瑶牛皮酥制作技艺
	云南（1项）	瑶族蓝靛制作技艺
	贵州（1项）	瑶族树膏染技艺
传统医药 （17项）	广西（14项）	瑶族医药、龙胜瑶族药浴疗法、八步瑶族医药、瑶族火疗、瑶医偏方（治鬼刺风）、瑶医磨药疗法、瑶医滚蛋疗法、瑶医观目诊病法、瑶族针挑疗法、金秀瑶族灯草灸疗法、平乐瑶族药浴、金秀瑶族拉珈通灸疗法、富川瑶族银磁蛋推疗法、瑶族壁和骨伤疗法
	湖南（1项）	瑶族医药风湿骨痛"贴丹灵"疗法
	云南（1项）	瑶族医学诊疗法
	贵州（1项）	瑶族医药

类型	申报地	项目名称
民俗 （53项）	广西（32项）	瑶族盘王节、瑶族服饰、瑶族祝著节、瑶族石牌习俗、瑶族阿宝节、南丹瑶族葬礼习俗、宁明瑶族服饰、大板瑶服饰、瑶族服饰（红瑶服饰）、瑶族服饰（盘瑶服饰）、右江瑶族歌堂习俗、瑶族婚俗、瑶族婆王节、瑶族度戒、瑶族盘王节（还盘王愿）、瑶族盘王节（金秀瑶族做盘王）、龙胜瑶族长发习俗、瑶族婚嫁习俗、富川上灯炸龙节、瑶族抛绣包、宁明瑶族婚俗、西林瑶族度戒、贺州平桂盘瑶度戒、平桂瑶族服饰、瑶族朝踏节、富川瑶族抢花炮、凤山瑶族度戒、南丹瑶族铜鼓萨欧别习俗、白裤瑶年街、瑶族舞香龙、上思瑶族婚礼习俗、平桂瑶族婚俗
	湖南（6项）	盘王节（盘瓠祭）、盘王节（还盘王愿）、盘王节（八峒瑶族跳鼓坛）、瑶家坐歌堂、花瑶"讨僚饭"、花瑶婚俗
	广东（5项）	瑶族"拜盘王"、连南排瑶耍歌堂、八排瑶族婚俗、婚俗（过山瑶婚礼）、乳源瑶族服饰
	云南（2项）	瑶族盘王节、瑶族度戒
	贵州（8项）	瑶族服饰、瑶族隔冬、瑶族婚俗、瑶族嫁郎、瑶族度戒、瑶族盘王节、瑶族"过冬"、瑶年
合计		166项

资料来源：广西、广东、湖南、贵州、云南、江西六省（区）文化和旅游厅、非遗保护中心官网。

（三）瑶族非遗代表性项目名录特征

1.项目空间分布差异大

结合表1和表2来看，整体上瑶族非遗类型齐全，但各类型数量不等，各省（区）之间数量不一且门类不全。瑶族国家级、省级非遗共计186项，每个门类均有涉及，广西非遗项目占比较大。瑶族国家级非遗项目主要申报地区是广西、广东、湖南、贵州四省（区），其中广西的非遗项目数量最多（10项），但门类不全，而云南和江西没有国家级非遗项目。瑶族省级非遗申报以广西最为丰富，有113项，其他省份均有多个项目支撑，但是门类不全；而江西省仅有1项。导致这种情况出现的原因主要有以下几个方面。一是人口分布情况。非遗的保护传承以人为载体，人口分布是基础，一个民族人口越多、分布越集中，可挖掘的非遗项目就越多。二是经济发展水平。通常而言，一个地区的经济发展水平越高，其拥有的人才也就越多。三是政府重视程度。政府为非遗的保护传承、开发利用等提供政策、人力、财力等方面的支持，是实现非遗有效保护的重要保障。

2. 项目类别之间数量差异大

瑶族非遗呈现以民俗类非遗项目为主体，传统舞蹈、传统技艺、传统音乐为支撑的结构特征。瑶族主要居住在大山里，受现代社会的影响较晚，原生状态保持得较好，所以在非遗项目中民俗项目占比较大。传统舞蹈、传统音乐和传统技艺是民众重要的娱乐性、祭祀性和生活性项目，是民众生活中不可或缺的部分，这类项目在民族生活中具有常态化的特征，传承性更强、传播范围更广，因此数量亦较可观。而传统戏剧、曲艺及传统体育、游艺与杂技类项目因相关记录的匮乏或缺乏实用性，传承人相对较少，传承范围较小，受众群体也较少，所以项目相对较少。

二 瑶族非物质文化遗产代表性传承人基本情况

瑶族历史上没有通行的文字，因此瑶族的历史文化依托人以"口传身授"的方式传承至今，在这个过程中人显得格外重要。瑶族的非遗传承人掌握着丰富的传统知识、技艺与经验，他们继承本民族优秀传统文化，并传承给下一代，以实现非遗的活态传承、永续发展。瑶族国家级非遗传承人共有20人（见表3）。

表3 瑶族国家级非遗项目代表性传承人

项目类别	序号	姓名	性别	民族	出生年份	项目编号	项目名称	申报地区	传承人批次
民间文学	05-2029	赵庚妹	女	瑶族	1950	I-151	盘王大歌	湖南省江华瑶族自治县	第四批

项目类别	序号	姓名	性别	民族	出生年份	项目编号	项目名称	申报地区	传承人批次
传统音乐	03-0868	戴碧生	男	瑶族	1949	II-110	瑶族民歌（花瑶呜哇山歌）	湖南省隆回县	第三批
	05-2119	赵新容	女	瑶族	1946		瑶族民歌	广东省乳源瑶族自治县	第五批
传统舞蹈	03-0938	赵明华	男	瑶族	1943	III-60	瑶族长鼓舞	湖南省江华瑶族自治县	第三批
	04-1575	盘振松	男	瑶族	1944		瑶族长鼓舞（黄泥鼓舞）	广西壮族自治区金秀瑶族自治县	第四批
	05-2263	唐桥辛二公	男	瑶族	1941		瑶族长鼓舞	广东省连南瑶族自治县	第五批
	05-2264	黄道胜	男	瑶族	1959		瑶族长鼓舞	广西壮族自治区富川瑶族自治县	
	04-1568	班点义	男	瑶族	1948	III-26	铜鼓舞（田林瑶族铜鼓舞）	广西壮族自治区田林县	第四批
	05-2237	黎芳才	男	瑶族	1964		铜鼓舞（南丹勤泽格拉）	广西壮族自治区南丹县	第五批
	05-2236	黄明荣	男	瑶族	—		铜鼓舞（田林瑶族铜鼓舞）	广西壮族自治区田林县	第五批
	05-2298	阮桂陆	男	瑶族	1948	III-120	瑶族金锣舞	广西壮族自治区川东县	
	05-2297	戴昌路	男	瑶族	—	III-119	棕包脑	湖南省洞口县	第四批
传统美术	05-2709	邓菊花	女	瑶族	1952	VII-105	瑶族刺绣	广东省乳源瑶族自治县	第五批
	01-0086	奉雪妹	女	瑶族	1959	VII-25	挑花（花瑶挑花）	湖南省隆回县	第一批

续表

项目类别	序号	姓名	性别	民族	出生年份	项目编号	项目名称	申报地区	传承人批次
传统医药	05-2962	赵有辉	男	瑶族	1955	IX-14	瑶族医药（药浴疗法）	贵州省从江县	第五批
民俗	02-0773	盘良安	男	瑶族	1936	X-14	瑶族盘王节	广东省韶关市	第二批
	04-1959	赵有福	男	瑶族	1946			广西壮族自治区贺州市	第四批
	02-0776	唐买社公	男	瑶族	1944	X-45	瑶族耍歌堂	广东省清远市	第二批
	05-3002	何金秀	女	瑶族	1961	X-67	瑶族服饰	广西壮族自治区南丹县	第五批
	05-3003	潘继凤	女	瑶族	1965			广西壮族自治区龙胜各族自治县	
合计						20人			

注："—"表示暂无数据。

资料来源：此表根据中国非物质文化遗产网·中国非物质文化遗产数字博物馆官网公布的五批国家级非物质文化遗产项目代表性传承人名单整理而成。

各省（区）也先后公布省级非遗代表性项目代表性传承人名单。广西、广东、湖南、贵州、云南、江西六个省（区）中瑶族省级非遗传承人有173人（见表4）。

表4 瑶族省级非遗项目代表性传承人统计

单位：人

省（区）	民间文学	传统音乐	传统舞蹈	传统戏剧	曲艺	传统体育、游艺与杂技	传统美术	传统技艺	传统医药	民俗	合计
广西壮族自治区	4	20	27	0	0	0	2	17	7	43	120
湖南省	2	2	5	0	0	0	1	1	1	5	17
广东省	0	3	3	0	0	0	2	3	0	5	16
云南省	0	0	0	0	0	0	0	3	1	6	10

续表

省（区）	民间文学	传统音乐	传统舞蹈	传统戏剧	曲艺	传统体育、游艺与杂技	传统美术	传统技艺	传统医药	民俗	合计
贵州省	0	0	3	0	0	1	0	2	2	1	9
江西省	0	0	1	0	0	0	0	0	0	0	1
合计	6	25	39	0	0	1	5	26	11	60	173

注：此表根据广西、广东、湖南、贵州、云南、江西六省（区）公布的省级非遗项目代表性传承人名单整理而成。

资料来源：广西、广东、湖南、贵州、云南、江西省（区）政府官网。

根据表3和表4的数据，瑶族非遗项目代表性传承人分布及发展现状具有以下两个特点。

第一，地域分布不均。在以上六省（区）中，瑶族非遗项目代表性传承人集中分布在广西，有120人之多，其次是湖南和广东，分别有17人和16人。然而云南和江西在瑶族国家级非遗项目代表性传承人上出现空缺。瑶族非遗传承人形成此种格局，主要原因有以下几个方面。一是当地政府的重视程度，这是影响一个民族非遗项目代表性传承人分布的重要因素；二是区域经济发展水平，经济发展为非遗的保护传承提供保障；三是此民族地方精英的数量，地方精英为非遗项目及传承人的申报助力；四是民众的生活方式、参与程度，某个非遗项目对民众生活产生的影响越大，民众的参与度越高，申报成功的可能性就越大；五是商业化与市场化程度，非遗项目要能使民众富起来，效益往往是激发民众保护积极性的最直接要素。

第二，各门类之间比例失衡。瑶族国家级、省级非遗传承人共180人[①]。瑶族省级非遗传承人有173人，在十大非遗项目类型上分布差异较大，尤以民俗类项目人数最多，有60人，约占总数的34.68%；其次是传统舞蹈类项目，有39人，约占总数的22.54%；传统技艺和传统音乐类项目分

① 省（区）级代表性传承人名单中包含国家级代表性传承人13人，分别是赵庚妹、赵有福、何金秀、潘继凤、戴碧生、班点义、黎芳才、盘振松、黄明荣、黄道胜、阮桂陆、邓菊花、赵有辉。

别有 26 人、25 人，约占总数的 15.03%、14.45%。民间文学，传统美术，传统体育、游艺与杂技和传统医药类项目共有 23 人，约占总数的 13.29%。而传统戏剧和曲艺类项目没有非遗传承人，各省（区）瑶族非遗项目代表性传承人的门类分布均不平衡，且出现部分门类没有传承人的现象。由于传统社会里许多非遗项目的传承有诸多禁忌，如传内不传外、传男不传女等，这样的传承方式在外部条件的冲击下更容易出现断层现象，导致一些非遗项目传承人数量较少。

三　瑶族非物质文化遗产保护与传承的经验总结

近年来在政府主导、公众参与下，各级政府高度重视非遗的保护工作，瑶族非遗在保护传承与开发利用的实践中积极探索，取得了较好的成绩，积累了一定的经验。

（一）逐渐建立健全相关法规条例

广西、湖南、广东、云南、贵州和江西先后编制实施了民族民间文化保护条例和非遗保护条例等相关法规。广西先后出台了《广西壮族自治区民族民间传统文化保护条例》《广西壮族自治区非遗保护条例》《广西壮族自治区文化生态保护区管理办法》《广西壮族自治区非遗代表性项目代表性传承人认定与管理暂行办法》。瑶族聚居的省份通过并实施了一系列与非遗保护相关的条例，如《广东省非物质文化遗产条例》《贵州省非物质文化遗产保护条例》《云南省非物质文化遗产保护条例》《江西省非物质文化遗产条例》。这些法规的制定与实施从保护名录、传承与传播、区域性整体保护、保障措施、法律责任等方面为保护非遗提供强有力的法律保障。

（二）研究瑶族的学术成果逐渐增多

自 20 世纪 80 年代以来，学界对瑶族研究的著作开始增多，对瑶族的历史文化、宗教信仰、婚丧嫁娶习俗、民间歌舞等方面进行了较为全面的研究，出版了与瑶族相关的大批专著。苏胜兴等编的《瑶族民间故事选》对瑶族的传说、神话等民间故事进行了收集整理。代琳、赵恕心主编的《盘王大歌》是瑶族口头文学代表作之一。潘琼阁编著的《中国瑶族》主要介绍了瑶族的历史、语言、生产习俗、传说故事、社会组织、文化信仰、文化传承等内容。自 20 世纪 80 年代以来相继出版了诸多研究瑶族文化的著作，如《瑶族语言简志》《瑶族文学史》《排瑶历史文化》《瑶族文化概论》《富川瑶族自治县志》《广西通志》《乳源瑶族自治县志》《瑶乡风情》《巴马瑶族自治县志》《瑶族的历史和文化》《瑶族文化变迁》《瑶族的宗教与社会》等，这些著作记录了瑶族的分布情况、民间故事、民族语言、传统医学、传统风俗与民间信仰等各个方面，是研究瑶族社会历史文化的重要文献。《中国瑶医学》《瑶族风俗志》等专著的出版填补了瑶族在传统医药和民俗等研究领域的空白。学术论文方面，目前关于瑶族的文章已达数千篇，且内容丰富。这些丰富的研究成果对瑶族非遗保护理论的建构具有重要意义。

（三）开展瑶族非遗进校园活动

瑶族聚居区将瑶族非遗引入校园。如湖南省江华瑶族自治县沱江镇第一小学把瑶族的文化、习俗、歌舞等纳入教学内容，让学生学习、传承瑶族优秀文化；贵州省榕江县各民族学校积极开展"民族民间文化进课堂"活动，开设瑶族歌舞、水族芦笙等课程；广西壮族自治区为充分发挥瑶族博物馆"第二课堂"职能，大力宣传瑶族文化，邀请传承人到中小学课堂进行现场指导教学。这些在瑶族聚居区组织开展的非遗进校园活动，使广大师生对瑶族文化产生了浓厚的兴趣，有助于他们更深入地了解瑶族文化，进一步激发他们对家乡的热爱，增强文化自信，对弘扬和传播中华民族优秀传统文化具有重要意义。

（四）生产性保护手段的有效运用

瑶族非遗项目中传统技艺和传统医药数量可观且独具特色，在创造性转化和创新性发展方面成果显著。如广西金秀瑶族自治县亿草丰茂瑶药有限公司充分利用大瑶山的原生态天然药材挖掘瑶族医药的养生配方，与康养产业结合开发系列养生产品，如"盘王百草汤系列浴粉""瑶字号系列艾灸产品"等，远销我国北方、港澳及东南亚地区，并获得12项发明专利，实现了瑶族医药的创造性转化，助推地方经济文化发展。2018~2021年，广西黄石村国家级非遗名录瑶族服饰生产性保护基地建成瑶绣生产车间，该车间每年产出21000余件瑶族服饰及衍生产品，其中"瑶绣——瑶族盘王印章"和"瑶绣——年年有鱼"两个刺绣图案作品被联合国采用，贺州瑶绣由此走上了世界舞台。以基地为依托成立了广西过山瑶家文化创意发展有限公司，通过"公司（设计生产营销中心）+基地（培训与体验、乡村扶贫车间）+农户（绣娘工坊）"，创建了"前店后村"的非遗生产性保护模式，以订单形式安排居家就业的绣娘500余人，让瑶族妇女同胞实现了"带着娃、绣着花、挣着钱、养着家"的愿望。

（五）开展数字化保护

近年来，瑶族的生产生活环境发生了显著变化，传统的非遗文化保护传承方式已不再适合当前非遗的发展趋势，各省份积极推进非遗数字化保护，收集了一定数量的文本、录音、音像、视频、图片等资料，强调用数字化技术为非遗建立档案库、网址、博物馆、展览馆、图书馆等。如广东省韶关市乳源文化广电旅游体育局和韶关学院文学院联合开展的国家级非遗项目瑶族民歌抢救性记录项目，该项目共辑录文字36000多字，摄制视频105分钟，含瑶族经典民歌视频26个，其中山歌唱法作品9个、念歌唱法作品13个，以及哼唱、对唱、师爷唱法作品4个。[①] 将当代科技用于各个领域，将数字化处理与网络化传播用于非遗保护，不仅可长久地记录保存，而且占用的物理空间几乎可以忽略不计，并能对视频及资料进行高效、便捷的处理与网络传输，为非遗保护提供了新路径，数字化技术在非遗的储存和展示上

---

① 《乳源非遗又出新成果！瑶族民歌抢救性记录成果出炉》，韶关市乳源瑶族自治县文化广电旅游体育局，2021年6月28日，http：//www.ruyuan.gov.cn/sgrywgj/gkmlpt/content/2/2015/post_2015580.html#6327。

具有一定优势，实现了非遗传播的信息化、大众化，成为当今非遗保护传播的重要手段。

四 瑶族非物质文化遗产保护和传承中存在的问题

瑶族非遗项目在传承和发展过程中遭遇困境，存在缺少针对瑶族非遗保护的相关法规、非遗名录项目类别不全、非遗传承人老龄化严重及非遗保护工作的主体性地位缺失等诸多问题。

（一）缺少针对瑶族非遗保护的相关法规

从国家层面看，历经十余年我国在非遗立法方面已取得一定成效，建立了较为完善的国家非遗保护法律法规，但这多是宏观层面的内容，缺乏适用于指导瑶族专项非遗保护的单行条例、标准规范和实施准则。虽然广东省清远市在 2021 年通过地方立法建立瑶族非遗传承保护体系，清远市文化广电旅游体育局发布《关于公开征求〈清远市瑶族非遗传承条例（草案）〉意见的函》，出台针对清远市瑶族非遗的地方性法规，但在我国其他省份的大部分地区并没有建立瑶族非遗保护方面的法规。总体还是以我国颁布的《非物质遗产法》以及各省份出台的相关条例来指导非遗的抢救、保护和传承，这些宏观层面的立法虽可提供大政方针上的指导，适用于所有非遗项目保护的宏观指导，然而在非遗保护工作的具体操作中难以做到具体问题具体分析，缺少针对瑶族非遗保护与传承的单行条例。

（二）非遗名录项目类别不全，分布不均衡

当前瑶族非遗项目总体数量较为可观，项目类型主要集中在民俗、传统技艺、传统音乐、传统舞蹈、传统医药及民间文学等方面，而传统美术只有5 项，传统体育、游艺与杂技只有 2 项，传统戏剧和曲艺各只有 1 项，瑶族非遗名录的项目分布不均衡，各项目类别数量差距较大。从国家级和省级瑶族非遗名录区域分布情况来看，非遗项目主要集中在广西，虽然广西的非遗

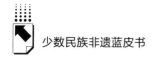

项目占比较大，但类别不齐全，其中传统戏剧和曲艺两类项目至今仍然空缺。其他省份的瑶族非遗项目空缺现象较为严重，尤其是江西，至今仍未有瑶族的非遗项目入选国家级非遗代表性项目名录。

（三）非遗传承人老龄化严重，新生力量不足

保护非遗的关键在"人"，尤其是掌握着精湛技艺的非遗传承人，他们是非遗传承传播过程中的宝贵资源，决定着非遗的发展方向。从国家已经公布的五批国家级非遗代表性项目代表性传承人来看，瑶族非遗传承人已进入老龄化高峰期，传承人队伍老龄化较为严重，长此以往瑶族非遗项目将面临传承人稀缺、断层的情况，这已成为约束非遗发展的关键性问题。在瑶族的传统文化体系中，由于一些历史传统如"传男不传女""传内不传外"等，瑶族的非遗传承人很少把看家本领传授给徒弟和外姓人氏，而许多年轻人外出务工放弃传承家族技艺。在种种因素的制约下，瑶族非遗传承人虽总数可观，但老龄化严重，新鲜血液不足，并且男女比例相差较大。伴随现代社会经济的发展，留在家乡传承非遗已不能满足年轻人的物质需求，很多年轻人外出务工，导致留在家乡保护传承民族文化的人越来越少。

（四）非遗保护工作的主体性地位缺失

非遗的保护、传承和发展离不开人民大众的生产生活实践。民众理应是非遗的保护者和传承者，然而当下瑶族民众在非遗保护工作中主体性地位缺失。20世纪八九十年代，广西百里瑶山处处是歌台，近年来，随着瑶族人民迁出大山，生产生活环境发生显著变化，大量外来文化进入冲击着传统民族文化，处处是歌台的景象已一去不复返。当前，很多瑶族群众的非遗保护观念比较淡薄，尤其是青年群体，主动参与非遗保护工作的积极性不高。目前，瑶族的非遗保护与传承多依赖政府的政策支持与帮助，由于当地的年轻人在对本民族的非遗传承保护认知上存在某些偏差，对此总是抱有一副"事不关己高高挂起"的态度，他们普遍认为非遗的传承与保护是政府的事情，与自己关系不大。

五 瑶族非物质文化遗产保护与传承的对策及建议

针对瑶族非遗项目在保护传承实践中出现的问题，本报告提出了一些对策建议以进一步完善非遗保护的相关法规；持续推进非遗项目的普查申报工作，利用数字化技术保护非遗项目；增强政产学研的联动性；同时建立"非遗+"保护传承模式。

（一）进一步完善非遗保护相关的法规

法律法规是非遗保护工作开展的行动指南和制度基础，地方性法规是保护工作的法律支撑。瑶族聚居的南方六省（区）非遗情况各异，应根据其非遗的实际情况，制定地方性法规、自治条例和单行条例等。各民族文化形态各异应出台专门针对瑶族非遗保护的专项条例，并明确各单位和传承人的权利义务。只有在法律健全且针对性强的情况下，才能巩固瑶族非遗的已有研究成果，为瑶族非遗的有效保护、传承和发展等工作的有序推进提供法律保障。

（二）持续推进非遗项目的普查申报工作，利用数字化技术保护非遗项目

从瑶族非遗文化活态性、整体性保护角度出发，以桂、湘、粤、滇、黔、赣六省（区）的瑶族聚居地为核心，在已有的非遗类别基础上，通过田野调查深度访谈对瑶族非遗进行深度挖掘，并进一步开展确认、建档、研究、保存、保护、宣传、弘扬及传承工作，补充缺失的非遗名录，填补瑶族国家级、省级非遗名录的空白。在开展瑶族非遗普查过程中充分利用现代数字化技术对非遗进行数字化采集处理，以音频、视频、图像等方式记录瑶族非遗项目的内容，利用现代技术扩大宣传展示渠道，让更多的人了解当地的文化与风俗、技艺与生活，让更多的民众参与非遗的保护和传承。同时加强数字化技术在传承人记录上的运用，传承人作为非遗的重要承载者和传递

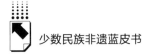

者，是非遗保护传承的关键。当前瑶族非遗传承人队伍已进入老龄化阶段，尤其是第一、第二批国家级非遗传承人数字化抢救性记录工作迫在眉睫。利用数字化技术将传承人对传统文化的深刻理解与自身掌握的精湛技艺全面、真实、系统地记录下来。尽可能多的拍摄与传承人相关的口述片、项目实践片、传承教学片、综述片等，为后人传承、研究、宣传非遗留下宝贵资料。数字化技术在非遗的保存、展示与传播过程中发挥着重要作用，今后将成为非遗保护的重要方式之一。

（三）增强政产学研的联动性

加强瑶族非遗分布地——广西、广东、湖南、贵州、云南、江西等六省（区）之间的联动性。对于同一民族的非遗项目或是跨省共有的非遗项目，在保护与传承等方面应加强相关省（区）之间的联系，共同探讨非遗保护传承的科学路径，相互学习、取长补短，向对方借鉴非遗保护方面的经验。在各地政府主导的前提下，充分结合院校、科研院所及各社会团体关于非遗已有的研究成果，同时强化各民族学会、民俗学会、传统文化研究基地及民商会与各地非遗保护机构之间的沟通协作能力，加强各地瑶族企业与政府的联系。通过多方联动整合行政资源、学术资源、资本资源、舆论资源以及人力资源，拓宽瑶族非遗的保护传承路径，促进瑶族非遗资源的深入挖掘、保护和传承。多方联动形成合力，为非遗保护传承助力。

（四）建立"非遗+"保护传承模式

非遗作为各民族历史文化的产物，承载着独特的民族记忆，非遗传承对赓续历史文脉、坚定文化自信、铸牢中华民族共同体意识具有重要意义。随着经济社会的不断发展，非遗应突破传统的保护传承模式，以跨界创新融合的方式进入普通民众的日常生活。通过"非遗进校园""非遗进社区"等途径，让更多民众认识它、了解它、热爱它，实现从"养在深闺人未识"到"飞入寻常百姓家"。非遗保护的关键在于传播，传播是非遗保护传承的重要环节，结合当今时代发展趋势，积极推进瑶族"非遗+"保护传承模式，为瑶族非遗保护传承注入新活力，激发非遗生命的无限可能。"非遗+文创""非遗+旅游""非遗+研学""非遗+直播"等模式拥有广泛的受众，也易于为人们接受，使广大民众真正成为非遗保护和传承的主体。互联网时代的快速发展使非遗的广泛传播成为可能，非遗的活态传承在广阔的舞台上将焕发出强大的生命力，为增强文化认同和文化自觉提供重要的精神支撑。

B.6
白族非物质文化遗产保护发展报告[*]

韦布花　张会会　牟　兰[**]

摘　要:　白族是我国西南边疆一个具有悠久历史和文化的少数民族,主要聚居在云南省大理白族自治州。白族民众在长期的生产生活实践中创造的非物质文化遗产,是我国少数民族非物质文化遗产的重要组成部分,是推进民族团结进步的有力见证。本报告通过对云南省级以上已公布的涉及白族的非物质文化遗产代表性项目名录和非物质文化遗产代表性传承人进行梳理,分析其传承发展状况,归纳保护经验和存在的不足。报告指出,可通过加大对非遗项目的深度挖掘和整理、对非遗资源进行有效开发以及培育非遗新生群体等途径,加强白族非遗的保护及传承,共促各族文明成果发展。

关键词:　白族　非物质文化遗产　文化传播

白族人民在参与社会实践中创造了众多优秀的非物质文化遗产(简称"非遗")资源。白族非遗见证了中华民族共同体的文化交融与认同历程,是推动乡村文化振兴、民族团结的重要遗产。然而,随着现代化潮流的发

---

* 本报告系 2022 年贵阳市非物质文化遗产理论研究课题"贵阳贵安聚焦'六爽'特色,深入推进非遗与旅游融合发展研究"(项目编号:2022GYFY001)阶段性成果。
** 韦布花,水族,贵阳人文科学院讲师,研究方向为非物质文化遗产;张会会,贵州民族大学人文科学院副教授,研究方向为非物质文化遗产;牟兰,苗族,贵阳人文科学院 2020 级文化产业管理专业本科生。

展，这些文明成果正面临被改造甚至消亡的危险，外加传承群体年龄偏大，青年群体热情度减弱，包括白族等在内的各民族的众多优秀文化面临诸多窘境。研究白族非遗的保护及传承，有利于提高中国少数民族非物质文化遗产保护实践经验认识，有利于铸牢中华民族共同体意识，有利于赋能乡村文化振兴以及促进当地文化旅游产业发展。

一　白族非物质文化遗产代表性项目名录概况

为使研究数据更具针对性和准确性，课题组以云南省已公示的省级以上非物质文化遗产代表性项目（简称"非遗项目"）名录为主要研究对象，并按照以下四个要素对白族非遗项目进行梳理：一是非遗项目中冠有"白族"名称的；二是虽然还未冠名，但非遗项目的申报地区为云南省大理白族自治州或白族聚居区的，富有当地特色文化，且非遗项目代表性传承人为白族的；三是非遗项目所属民族包含白族的；四是在白族与汉族或者其他少数民族文化融合过程中，被白族民众广泛认可和接受，形成并传承下来的文化。截至 2021 年 12 月，云南省入选国家级非遗项目 127 项。按照以上标准进行统计，白族国家级非遗项目共有 14 项（含扩展）（见表1），占云南省的 11.0%。云南省共公布四批省级非遗项目，共计 450 项。其中，与白族相关的非遗项目共有 48 项（含扩展），占云南省级非遗项目总数的 10.7%（见表2）。

表 1　白族国家级非物质文化遗产代表性项目名录统计

项目类别	项目名称	项目编号	申报地区	批次	批准年份
传统音乐 （1项）	剑川白曲	Ⅱ-164	云南省大理白族自治州	第四批	2014
传统舞蹈 （1项）	耳子歌	Ⅲ-126	云南省大理白族自治州	第四批	2014

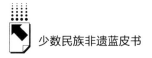

续表

项目类别	项目名称	项目编号	申报地区	批次	批准年份
传统戏剧 （2项）	白剧	Ⅳ-137	云南省大理白族自治州	第二批	2008
	白族吹吹腔	Ⅳ-169	云南省大理白族自治州云龙县	第五批	2021
曲艺 （1项）	大本曲	Ⅴ-142	云南省大理白族自治州大理市	第五批	2021
传统美术 （2项）	建筑彩绘 （白族民居彩绘）	Ⅶ-96	云南省大理市	第二批	2008
	木雕（剑川木雕）	Ⅶ-58	云南省剑川县	扩展	2011
传统技艺 （3项）	白族扎染技艺	Ⅷ-26	云南省大理市	第一批	2006
	黑茶制作技艺（下关沱茶制作技艺）	Ⅷ-152	云南省大理白族自治州	扩展	2011
	银饰锻制技艺（鹤庆银器锻制技艺）	Ⅷ-40	云南省鹤庆县	扩展	2014
民俗 （4项）	白族绕三灵	Ⅹ-41	云南省大理白族自治州	第一批	2006
	石宝山歌会	Ⅹ-105	云南省剑川县	第二批	2008
	大理三月街	Ⅹ-106	云南省大理市	第二批	2008
	茶俗（白族三道茶）	Ⅹ-107	云南省大理市	扩展	2014
合计	14项				

资料来源：此表根据国务院公布的五批国家级非物质文化遗产代表性项目名录整理而成，仅代表笔者观点。

表2 白族省级非物质文化遗产代表性项目名录统计

项目类别	项目名称	申报地区	批次	批准年份
传统音乐 （5项）	剑川白曲	剑川县	第二批	2009
	民歌开益	兰坪县	第二批	2009
	甸北白族田埂调	鹤庆县	第四批	2017
	白族阿吒力民俗音乐	剑川县	第四批	2017
	唢呐乐	洱源县	扩展	2017

项目类别	项目名称	申报地区	批次	批准年份
传统舞蹈 （4项）	霸王鞭	剑川县	第二批	2009
	打歌	剑川县	扩展	2013
	白族"力格高"	云龙县	第四批	2017
	白族霸王鞭	大理市	扩展	2017
传统戏剧 （2项）	白剧	大理州	第一批	2006
	云龙白族吹吹腔	云龙县	第一批	2006
传统体育、游艺与杂技 （1项）	沙式武术	昆明市	第三批	2013
传统美术 （5项）	白族民居彩绘	大理市	第一批	2006
	泥塑	大理市	第三批	2013
	剪纸	大理市	扩展	2013
	白族刺绣	云龙县	扩展	2013
	甲马	大理市	扩展	2017
传统技艺 （10项）	白族扎染技艺	大理市	第一批	2006
	白族布扎	剑川县	第二批	2009
	大理石制作技艺	大理市	第二批	2009
	白族刺绣技艺	大理市	第二批	2009
	下关沱茶制作技艺	大理市	第二批	2009
	剑川木雕技艺	剑川县	第二批	2009
	传统手工造纸技艺	鹤庆县	扩展	2009
	银器制作技艺（鹤庆新华）	鹤庆县	扩展	2013
	火腿制作技艺（诺邓火腿）	云龙县	扩展	2017
	酒制作技艺（上沧酒）	宾川县	扩展	2017
传统知识与实践 （1项）	洱海鱼鹰驯养捕鱼	大理市	第二批	2009
民俗 （11项）	白族绕三灵	大理市	第一批	2006
	三月街	大理市	第一批	2006
	石宝山歌会	剑川县	第一批	2006
	耳子歌	云龙县	第二批	2009
	白族三道茶	大理市	第三批	2013
	火把节	大理市	扩展	2013
	雨露白族正月灯会	南华县	第四批	2017
	白族服饰	大理州	第四批	2017
	栽秧会	大理市	第四批	2017
	东山庙会	丽江市古城区	第四批	2017
	尚旺节	泸水市	第四批	2017

续表

项目类别	项目名称	申报地区	批次	批准年份
民族传统文化生态保护区（6项）	大营镇萹村白族传统文化保护区	宾川县	第一批	2006
	周城白族传统文化保护区	大理市	第一批	2006
	凤羽镇白族传统文化保护区	洱源县	第二批	2009
	沙溪镇白族传统文化保护区	剑川县	第二批	2009
	诺邓村白族传统文化保护区	云龙县	第二批	2009
	龙应村白族传统文化生态保护区	玉龙县	第四批	2017
民族民间传统文化之乡（3项）	白族吹吹腔之乡	云龙县	第一批	2006
	白族大本曲之乡	大理市	第一批	2006
	金华镇梅园村白族石雕之乡	剑川县	第一批	2006
合计	48 项			

注：云南省早期认定省级非遗项目根据本省项目特点进行类别划分，早期工作仍处于探索阶段，因此部分省级非遗项目的归类与国家级非遗项目的归类存在差异。

资料来源：根据云南省人民政府官网、云南省非物质文化遗产保护中心官网公布的省级非物质文化遗产代表性项目名录名单等整理而成，仅代表笔者观点。

根据表1和表2可见，白族非遗项目主要有以下特点。

从分布地域上看，白族省级及以上非遗项目主要分布在大理白族自治州以及下辖的大理市和鹤庆县、剑川县、洱源县、云龙县、宾川县，也有个别省级非遗项目分布在兰坪县、南华县和泸水市。兰坪县东南靠近剑川县，南邻云龙县，西与泸水市接壤，独有的白族支系拉玛人保留了大量的白族传统文化，特别是格律诗体的白族民歌。南华县雨露白族乡是楚雄州唯一的白族乡，西邻弥渡县，北毗祥云县，境内白族不仅每年正月初八举行雨露白族正月灯会，也拥有独具民族风格的白族土八碗饮食习俗。这些与白族相关的非遗项目和保护区，是白族文化与周边其他民族文化相互融合的集中表现。

从项目所属类别来看，白族国家级非遗项目主要涵盖传统音乐、传统舞蹈、传统戏剧、曲艺、传统美术、传统技艺和民俗七大类别，而民间文学，传统医药，传统体育、游艺与杂技三个类别均未有项目入选。在省级非遗项目分类上，云南省结合本省非遗保护工作情况，增加了民族传统文化生态保护区和民族民间传统文化之乡两大类别，白族均有项目入选。同时，第二批省级非遗项目名录中设有传统知识与实践类别，但此后的非遗项目批次中均未再设该类别。究其缘由，可能是早期各地的非遗保护工作都处于探索阶段，加上非遗项目存续的复杂性，非遗项目类别划分还未有相对统一的标准。

二　白族非物质文化遗产代表性项目代表性传承人基本情况梳理

非物质文化遗产代表性项目代表性传承人（简称"非遗传承人"）不仅是民族传统文化的创造者，也是优秀民族文化的传播者和承续者。截至2021年12月，云南省已认定六批省级非遗传承人1565名，拥有国家级非遗传承人125名，其中白族国家级非遗传承人9名（见表3），省级非遗传承人93名。①

表3　白族国家级非物质文化遗产代表性项目代表性传承人统计

项目类别	序号	姓名	性别	民族	出生年份	项目编码	项目名称	申报地区或单位	传承人批次
传统音乐	05-2178	姜宗德	男	白族	1965	Ⅱ-164	剑川白曲	云南省大理白族自治州	第五批
传统舞蹈	05-2300	杨春文	男	白族	1935	Ⅲ-126	耳子歌	云南省大理白族自治州	第五批
传统美术	03-1302	李云义	男	白族	1942	Ⅶ-96	建筑彩绘（白族民居彩绘）	云南省大理市	第三批
	05-2669	段四兴	男	白族	1973	Ⅶ-58	木雕（剑川木雕）	云南省剑川县	第五批

---

① 由于省级非遗传承人名单所查不全，未列出省级非遗传承人名单。

续表

项目类别	序号	姓名	性别	民族	出生年份	项目编码	项目名称	申报地区或单位	传承人批次
传统技艺	01-0145	张仕绅	男	白族	1941	Ⅷ-26	白族扎染技艺	云南省大理市	第一批
	05-2739	段银开	女	白族	1975	Ⅷ-26	白族扎染技艺	云南省大理市	第五批
	05-2751	母炳林	男	白族	1970	Ⅷ-40	银饰锻制技艺（鹤庆银器锻制技艺）	云南省鹤庆县	第五批
	05-2752	寸发标	男	白族	1962	Ⅷ-40	银饰锻制技艺（鹤庆银器锻制技艺）	云南省鹤庆县	第五批
民俗	02-0775	赵丕鼎	男	白族	1942	Ⅹ-41	白族绕三灵	云南省大理白族自治州	第二批

注：已故非遗传承人信息根据云南省非物质文化遗产保护中心提供的数据整理而成。

白族非遗传承人具有以下特点。

白族国家级非遗传承人共9人，从入选批次上看，除第四批没有人入选外，其余批次均有入选。究其缘由，随着国家层面对非遗保护工作的重视，省级文化主管部门也加强非遗传承人的认定工作，通过评选认定具有代表性的项目传承人等方式，让更多传承人群自觉、主动加入非遗保护队伍。

从项目类别来看，白族国家级非遗传承人的分布不均衡，主要集中在传统技艺类别，且民间文学，传统戏剧，曲艺，传统体育、游艺与杂技，传统医药5类项目均没有非遗传承人入选。追根溯源，这与白族的历史和生存环境密切相关。在区域自然环境和民间宗教信仰多重影响下，尤其受到南诏文化和大理历史文化的熏陶，白族人民在艺术方面有很高的造诣，白族的非遗项目多以民间艺术形式存续。

从年龄层次来看，白族国家级非遗传承人年龄偏高。像张仕绅于 1941 年出生，是白族第一位国家级非遗项目白族扎染技艺代表性传承人，于 2016 年不幸去世。这也是很多非遗项目遭遇的共同窘境。白族非遗传承人老龄化愈加严重，亟须新生力量加入。

从性别比例来看，白族男性传承人比例偏高。白族 9 位国家级非遗传承人中仅 1 人为女性，其他 8 人均为男性。男女比例不均衡多由白族部分非遗项目自身存续的特征决定，像白族阿吒力民俗音乐项目目前公布的传承人均为男性，这主要是受到传统观念的影响，而石雕、木雕、泥塑、彩绘等对体力有一定的要求，也以男性传承人为主。

从民族属性来看，民族身份融合特征明显。白族先民生活的地理环境孕育了白族文化的包容性，白族民众表现出强烈的中华文化认同感，非遗传承人就是有力的证明。例如，白族省级非遗传承人中，像白剧、甲马和黑茶制作技艺（下关沱茶制作技艺）3 个项目，分别对应入选第六批省级非遗传承人叶新涛、张绍奎、张瑞龙和陈国风，其中 3 人是汉族，却对白族文化事业的发展贡献很大，充分体现了白族的包容性，有利于铸牢中华民族共同体意识，维护多民族的团结。

三 白族非物质文化遗产保护和发展的基本经验

近年来，云南省结合本省实际，立足各民族团结奋斗、共同繁荣发展，为保护和传承白族优秀的文化成果，在活态保护与创新传承方面积极探索和实践。

（一）完善法律体系，使非物质文化遗产保护工作有法可依

2013 年，云南省制定实施《云南省非物质文化遗产保护条例》，极大地推动了云南省非物质文化遗产依法保护进程。在市州级法律层面上，大理州先后颁布《大理州非物质文化遗产项目保护与管理暂行办法》《大理文化生态保护实验区管理办法（试行）》《大理州非物质文化遗产项目代

表性传承人认定与管理暂行办法》等一系列地方政策措施，持续完善非遗保护政策法规体系。2021年，《大理白族自治州非物质文化遗产保护条例》公布施行，这是大理州文化领域一部重要的地方性法规，对于大理州非物质文化遗产保护事业具有里程碑式的意义。在单项条例制定方面，2015年，大理州政府下发《关于印发大理州加强和改进白剧保护传承发展工作的实施意见的通知》，着力加大对白剧经典剧目恢复、史料抢救与保存和优秀剧目展演等工作的资金扶持力度。[①] 一系列有针对性的政策法规颁布实施，激发了本地文化主体的文化自觉，从而使其自愿投身于保护文化的事业。

（二）以区域整体保护为原则，加强白族文化生态空间建设

以文化生态保护区建设为核心，对非遗采取区域性的整体保护方式，是政府主导、社会参与、民众受益的中国非遗实践。2006年，云南省认定省级非物质文化遗产保护名录时，专设民族传统文化生态保护区和民族民间传统文化之乡，已有6个白族民族传统文化生态保护区和3个民族民间传统文化之乡入选，探索云南非物质文化遗产的整体性保护，保护民族文化多样性。2011年，文化部批准设立大理文化生态保护实验区，保护区内以白族文化生态资源为主，兼具其他民族优秀的文化生态资源，文化生态资源呈现和谐共荣的特征。为保护传承好珍贵的非物质文化遗产，当地依托大理文化生态保护实验区，先后建立白族阿吒力民俗音乐传习所、剑川白曲综合传习中心、白族三道茶综合传习中心、白族吹吹腔传习所和白族大本曲传习所等文化场所。近年来，以白族扎染、白族甲马和白族剪纸等非遗项目为基础建立的传习所和展览馆也如雨后春笋般涌现，使非遗有更多的物质承载空间。

---

① 《大理投520万元支持白剧保护传承》，云南省人民政府网，2016年7月19日，http：//www.yn.gov.cn/ywdt/zsdt/201607/t20160719_165608.html.

（三）加强白族出版物研究和文献资料整理，保存集体智慧成果

文献记忆作为白族传统文化记忆的重要组成部分，对追溯中华文化认同形成过程和培育中华文化认同具有重要意义。[①] 云南省目前成立了大理州白族学会、大理州白族文化研究院等白族专业学术机构，又创办了《白族学研究》《白族文化研究》两种期刊。与白族相关的专著也逐年增多，有李缵绪、杨应新主编的《白族文化大观》，国家民委全国少数民族古籍整理研究室编制的《中国少数民族古籍总目提要·白族卷》等。其中，由杨周伟撰写的《中华白族通史：公元前 31 世纪~1956》，以独特的民族视角来论证和阐述白族的形成以及变迁历程，并提出"中华白学"的概念。这些著作成为研究大理白族文化的重要基础。

在开展非遗项目和非遗传承人认定工作的过程中，云南省早已认识到通过资料记录的方式把优秀的非遗保存下来的重要性。近年来，《云南省非物质文化遗产保护名录》、《云南省非物质文化遗产传承人名录》、《活着的记忆——大理市非物质文化遗产概览》、《白族扎染技艺》、《大理三月街》、《大理白族服饰》、《大理州民族文化资源普查报告》、《白族大本曲非物质文化遗产建档保护研究》和《白族口承文艺非遗信息资源建设研究》等与白族非遗相关的著作相继出版，为后世留下珍贵的历史文化记忆。

（四）开展文化宣传展示推介活动，构建非遗新型传播矩阵

云南省于 2006 年"文化遗产日"活动期间，以图片、实物、影视、多媒体及现场表演等形式，举办了"云南省非物质文化遗产普查成果展"。同年 11 月，白族舞蹈《阿达哟》在第五届"民族民间歌舞乐展演"活动现场进行展演。2010 年 10 月，云南省组织鹤庆银器锻制技艺等非遗项目参加在

---

① 杨怡：《中华文化认同视域下白族文化记忆研究》，硕士学位论文，大理大学，2022，第 24 页。

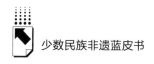
山东省举办的首届中国非物质文化遗产博览会。2020 年，剑川白曲《白乡齐心战疫情》更是唱响大街小巷，宣传防疫政策。

云南省通过参加和举办各种主题展览，采用"请进来""走出去"多元化的巡展模式，加大白族文化传播力度和影响力，像"蝴蝶泉边好梳妆——白族服饰文化展"，已先后在北京、上海等市及江苏、广西、贵州、黑龙江、吉林等 10 多个省份的省会（首府）城市的博物馆进行展览。除此之外，在中国原生民歌节、第三届中国纺织非遗大会、中国昆明进出口商品交易会、中国国际进口博览会上也常见白族非遗项目的身影。

云南省也积极支持鼓励业界进行主题影视作品创作，像电影《五朵金花》，以"大理三月街"的传统盛会为线索展开叙事，展现大理白族人民的生活方式，已先后在 46 个国家公映，成为宣传白族的重要文化品牌。之后影视业还创作了诸多影视作品，如《五朵金花的儿女》《茶马古道》《大理公主》等影视作品，《雕龙记》《牧童与公主》等动画片，《手艺大理》《大理守艺人》等系列纪录片，外国人拍摄的民族题材片《大理圆·一见钟情》等，极大地加大了白族文化的宣传力度。

（五）积极推进非物质文化遗产数字化保护工作进程

云南省一直在非遗数字化保护方面积极探索和尝试，建立国家级、省级非遗项目和传承人数据库，扎实做好非遗的认定、记录、建档、研究等各项工作，以期实现传统资源与现代技术的有效衔接。2007 年，云南省建成云南省文化馆非物质文化遗产保护中心数据库。2013 年，云南成为全国"非物质文化遗产数字化保护工程"试点省份，白族扎染技艺等 3 个国家级非遗项目被列为首批试点项目。同年 10 月，云南省已基本完成三批省级非遗项目的数据化采集和存储建档工作。[①] 2014 年 4 月，云南省非物质文化遗产保护中心成立"非物质文化遗产项目代表性传承人抢救性记录工作组"，同

---

① 杨建荣：《云南省非物质文化遗产的数字化保护述评》，《非物质文化遗产研究集刊》2015 年第 0 期。

年，基本完成试点非遗项目的资源采集和上报工作。2015年，云南省先后举办了全国非遗数字化采集专题培训班和非遗业务骨干培训班，有针对性地就数字化保护从实践到理论开展业务培训，为非遗数字化保护工作全面开展创造条件。2017年，以李云义及白族民居彩绘为主题的视频资料基本完成后期制作，在2020年"文化和自然遗产日"，云南省进行了白族民居彩绘国家级非遗传承人李云义记录成果展播。同时，云南省积极探索线上博物馆，2013年，下关沱茶制作技艺建成数字化博物馆并上线。2017年6月，大理州非物质文化遗产数字博物馆建成并上线。此后，云南省一直强化数字化保护记录工作。

（六）借助丰富的文化资源，将非遗与旅游进行衔接

民族文化是云南旅游的灵魂。云南省依托当地丰富多彩的民族文化资源，积极规划建设非遗旅游线路，于2020年8月下发了《关于公布云南省非遗主题旅游线路的通知》，具体推出"滇西·艺美云南之旅""滇西北·茶马古道之旅"等10条云南省非遗主题旅游线路。诸多的非遗主题旅游路线，将白族文化应用到民族文化旅游场域中，像下关—大理—银桥—喜洲—周城—上关非遗主题旅游线路，游客可在下关镇参观大理州非物质文化遗产博物馆、品尝白族酸辣鱼和白族土八碗，在银桥镇参观下关沱茶博物馆和欣赏白族民居彩绘，在喜洲欣赏大本曲、体验泥塑制作和白族扎染技艺、品尝白族三道茶。同时，注重将非遗与文旅产业、乡村振兴、特色小镇建设有机融合，先后推出大理三月街民族节、剑川石宝山歌会、弥渡花灯艺术节等特色节庆文化活动，把白族三道茶等特色非遗项目融入旅游，探索出"非遗+景区""非遗+文创""非遗+特色小镇""非遗+民宿"等多种文旅融合新路径，目前已建成10个"非遗+旅游"示范点，并培育了"李小白"手工银壶、"璞真"和"蓝续"扎染、剑川黑陶等知名非遗品牌。剑川木雕厂、璞真扎染馆等非遗传习场馆也成为热门打卡地，为加大白族文化宣传力度注入更多的活力。

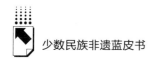
四　白族非物质文化遗产保护与传承过程中存在的问题

白族非物质文化遗产的保护和传承在不断的探索和努力中总结了一些经验模式，形成了自己的特色，但目前还存在很多问题。

（一）基层非遗项目普查工作有待提升，项目归类不明晰

通过前文对白族国家级非遗项目名录进行整理得知，与其他民族相比，白族国家级非遗项目在云南国家级非遗项目中所占的比重相对较大，但是白族非遗项目相对单一，项目类型主要为民俗和传统技艺，民间文学，传统医药，传统体育、游艺与杂技均未有项目入选。同时，专业网站上对非遗项目的信息介绍不完整，如在中国非物质文化遗产网·中国非物质文化遗产数字博物馆网站上查询白族国家级非遗项目，除了前两批国家级非遗项目外，未查询到其他国家级非遗项目的介绍。除此之外，非遗项目归类也不明晰，例如，2009 年入选云南省第二批非遗项目的洱海鱼鹰驯养捕鱼在项目类别上为传统知识与实践，但在公示的云南省第五批省级非遗传承人中，其项目代表性传承人杨玉藩却在传统技艺类别中。这是前期云南省结合本省非遗项目的存续情况将非遗项目进行分类而产生的结果，但 2008 年以后，为了进一步规范，国家级非遗项目名录将非物质文化遗产分为十大门类并一直沿用至今，各省份也积极参照国家层面的分类进行划定。

（二）非遗精神内核与现代价值观念场域异动

随着生活方式的变化和环境保护的加强，以往与生产生活密切相关的非遗项目实践，与现代生活方式相背离，日渐淡出群众的生活。但近年来，为迎合当地旅游业的快速发展，非遗被打造成吸引游客的重要资源，逐渐沦为旅游业的附属品，很多非遗项目本身的文化属性和习俗也遭受了前所未有的改变，受现代化冲击较大。像洱海鱼鹰驯养捕鱼，本是洱海渔民古老的狩猎方式。在生产力水平有限的年代，渔民以此为生计，鱼鹰驯养捕鱼成为沿洱

海而居的白族渔民重要的收入来源，千百年来渔民和鱼鹰在洱海相依相伴，也构成一幅人与自然和谐共处的画卷，如今却成为一种表演，失去了原有的文化内涵和意味。

（三）传承人老龄化严重，亟待新生力量补给

非物质文化遗产通过一代又一代的民众世代相传，才得以保留至今，非遗传承人作为非遗的传承主体和保护主体，是非遗项目得以凭借"活态化"生存至今的重要承载体。非遗传承人老龄化严重，后续年轻力量储备不足，是现在各项非遗项目普遍面临的主要问题。据统计，云南省前五批共计1016 名省级非遗传承人中，已经去世 270 多人。[①] 非遗保护过程中，如果非遗传承人中缺少年轻力量的加入，缺乏新鲜血液的注入，非遗传承人将出现断代现象，更为严重的是某项非遗项目可能因此消失，使全社会永久失去这种具有地域特色、民族特色的人类智慧成果。

五 白族非物质文化遗产保护与传承提升策略

（一）做好非遗项目深度挖掘和整理工作，加快申遗步伐

针对上文所述白族国家级非遗项目存在的问题，如目前民间文学，传统医药，传统体育、游艺与杂技三个类别均没有非遗项目入选的情况，按照我国从下至上的非遗项目申报流程，需要加强对与白族相关但未入选的项目类别的挖掘和研究，做好基础性辅助工作，以确保非遗项目后期的存续状况。像白族医药文化，根据地方志记载，其在南诏、大理国时期就已独具特色，存在于民众的日常生产生活实践中，是值得深入挖掘的文化宝库。但随着现代化潮流的发展，西医不断渗入，白族医药文化面临失传的危险，更要加快

---

① 《传承民族文化 保存文化基因——民族文化血脉的传承者认定命名历程回眸》，云南省非物质文化遗产保护中心网站，2018 年 4 月 13 日，http：//www.ynich.cn/view - 11411 - 3748.html。

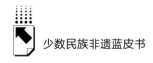
对与白族医药相关的资源的抢救、挖掘和整理工作，为扎实做好保护、传承白族医药文化工作打牢基础，争取将其纳入非遗项目名录，加大白族医药文化的生产性保护和传承力度。

（二）适度对非遗资源进行开发，共促各族群众文化发展

非遗重在传承和利用。但在非遗传承和利用过程中，需要把握好一个尺度，尤其是在非遗与旅游融合的开发策略上。在文化和旅游融合大趋势背景下，"非遗+旅游"大有可为，"非遗+旅游"既能把非遗的文化价值彰显出来，也能为旅游产业的发展注入更多活力，但需要更多的参与者和建设者。只有在非物质文化遗产历史动态延续中，在与民众生活的不断调适中，形成非遗与民众日常生活新的共生共融关系，才能确保广大群众共享非遗保护的成果。目前，非遗体验游、非遗研学游逐渐成为云南旅游发展的新模式，像鹤庆新华银器、大理周城扎染等特色非遗村的体验活动吸引了众多游客，开拓了乡村振兴与非遗融合的新途径。因此，在"非遗+旅游"中，可以围绕白族相关的非遗项目，开发文创产品，像当地的白族布扎、白族瓦猫等具有非遗特色的文创产品，将非遗与现代生活有机结合起来，使非遗逐步走进现代民众的生产生活，让这些优秀文化成为国家认同建构的象征性资源。

（三）坚持以人为本，培育非遗新生群体

人既是非遗最重要和最宝贵的载体，也是非物质文化遗产保护的主体。坚持以人为本原则，是非遗保护的根本。云南省级以上非遗传承人呈现明显的老龄化，而且出现了青黄不接的局面，需鼓励中青年群体加入非遗的保护队伍。首先，在非遗传承人认定评选上，对于技艺高超的青年人，在非遗传承人资格评定时，可适当放宽年龄要求，让更多青年传承群体加入。其次，加强非遗传承人建档记录工作，及早开展非遗传承人抢救性记录工程。非遗传承人建档是保护非遗的重要途径。云南省早就启动了非遗数字化工程。最后，可依托高等教育、职业教育培养青年非遗传承

人。有针对性地对非遗传承人进行培养，是使非遗资源得以有效保护和利用的重要前提。云南省可借力当地传习所、非遗生产性示范基地、博物馆等文化场馆开展非遗研学实践，努力打造非遗传承人培养的重要基地，培养非遗新生群体力量。

B.7

少数民族非物质文化遗产传承促进铸牢
中华民族共同体意识教育探索*

——以国家级非物质文化遗产巍山彝族打歌为例

普丽春　费洋洋　赵伦娜**

摘　要： 铸牢中华民族共同体意识是实现中华民族伟大复兴的重要思想力量，在新时代的旗帜下，铸牢中华民族共同体意识教育正逐渐常态化、系统化。铸牢中华民族共同体意识教育离不开文化之基，离不开文化传承互动带来的无尽滋养。习近平总书记多次强调要"传承和弘扬中华优秀传统文化"，因而在铸牢中华民族共同体意识教育过程中如何将中华优秀传统文化有机融入其中至关重要。本报告以国家级非物质文化遗产巍山彝族打歌为例，在分析其文化传承对铸牢中华民族共同体意识教育作用的基础上，提出非遗与爱国主义教育、民族团结进步教育、铸牢中华民族共同体意识教育相衔接的建议。

关键词： 中华民族共同体意识教育　巍山彝族打歌　学校教育

2019 年中共中央办公厅、国务院办公厅印发的《关于全面深入持久开

---

* 本报告系2022年云南省省院省校教育合作人文社会科学研究项目"民族地区中小学铸牢中华民族共同体意识教育的云南实践研究"（项目编号：SYSX202204）阶段性成果。

** 普丽春，博士，云南民族大学二级教授，博士生导师，研究方向为文化传承与教育；费洋洋，云南民族大学教育学院硕士研究生，研究方向为教育人类学；赵伦娜，中国人民大学教育学院博士研究生，研究方向为教育经济与管理。

展民族团结进步创建工作铸牢中华民族共同体意识的意见》明确要求，要切实努力推进，把民族团结进步创建工作的重心进一步下沉到学校、社区等广大基层组织单位，加强新社会形势任务下中华民族共同体意识教育，实现铸牢中华民族共同体意识的根本目标。铸牢中华民族共同体意识教育已逐步常态化和系统化。少数民族非物质文化遗产是中华优秀传统文化大集合的重要子集，所以在铸牢中华民族共同体意识教育的过程中研究如何挖掘非物质文化遗产至关重要。然而目前的研究主要集中在对其属性、特征、构成等本体方面的研究，缺少对非遗传承及弘扬的关注。巍山彝族打歌是第二批国家级非物质文化遗产代表性项目，作为一项民族特色艺术，凝聚了彝族人民的文明智慧，具有极大的文化价值；同时其以特有的艺术表现力，承载了巍山彝族人民在独特的文化场域所形成的民俗风情、生产生活方式、价值观等文化烙印。在新的历史起点和特殊的历史方位，探讨如何将巍山彝族打歌等少数民族非物质文化遗产有机融入学校的相关教育，反思探究其传承对铸牢中华民族共同体意识教育的内在价值功能，寻求当代有效的践行路径，不仅是对少数民族非物质文化遗产的有效保护和传承，更是大力推进铸牢中华民族共同体意识教育的时代要求和理论呼应。

一 非遗传承是铸牢中华民族共同体意识的重要载体

铸牢中华民族共同体意识教育是指力求通过特定的方法、途径让受教育者接受并建构中华民族共同体的知识结构和思想，达到增强中华民族认同和树立中华民族共同体意识的目的。[①] 尽管目前学界对铸牢中华民族共同体意识教育的具体范畴存在不同观点，但是铸牢中华民族共同体意识教育离不开文化之基，离不开文化传承互动带来的无尽滋养。

---

① 陈立鹏、张珏：《关于深入推进中华民族共同体教育的几点思考》，《贵州民族研究》2020年第 6 期。

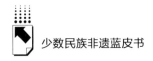
（一）铸牢中华民族共同体意识教育应围绕非物质文化遗产来开展

非物质文化遗产是培育共同体文化认同的源头活水，是开展铸牢中华民族共同体意识教育的珍贵"养料"。

首先，"文化是一个民族的魂魄，文化认同是民族团结的根脉"①。非物质文化遗产蕴含的道德教化、理想信念、情感皈依等文化内涵是共同体成员确认种族身份、唤醒民族情感、加强文化认同乃至国家认同强有力的催化剂。其中，文化认同是从个体最基本的精神层面入手，对中华民族共同体意识的"共性条件"进行最大主观效度的阐释和价值赋能，为铸牢中华民族共同体意识教育奠定坚实的心理基础。"四个共同"思想是文化认同强大的精神后盾，动态地呈现各民族人民在胼手胝足、守望相助共创的疆域共同体上，同舟共济创造灿烂文化、孕育伟大精神、谱写悠久历史，以辩证的过程论角度对"中华民族共同体"的"共同性"条件和特质进行了剖析。"四个共同"是中华民族共同体意识的核心，为铸牢中华民族共同体意识理论的深化提供框架向度。无论是中华民族传统文化、疆域缔造还是发展历史，乃至中华民族精神的培育都是"多元一体"的中华民族共同体发展的写照。②脱离中华民族优秀传统文化，铸牢中华民族共同体意识教育不免沦于"空泛虚无"的境地。

其次，文化是民族的一道胎记，是老祖宗留给子孙后代的宝贵遗产。非物质文化遗产是对各民族灿烂古老文明的再现，印刻着中华民族波澜壮阔、沧海桑田的历史记忆和各民族文化"美美与共"包容性的 DNA，是开展铸牢中华民族共同体意识教育丰厚的素材库。中华文化是各民族优秀文化的集大成者，中华优秀传统文化厚植于中华文化母体的肥沃土壤，两者之间存在

① 习近平：《在全国民族团结进步表彰大会上的讲话》，《人民日报》2019 年 9 月 28 日，第 2 版。

② 普丽春、子华明、赵伦娜：《边境地区学校铸牢中华民族共同体意识教育探索——基于中国边境云南段的调查》，《学术探索》2022 年第 1 期。

"共在性、共生性和共意性"的关系同构，[①] 共同构成了中华民族丰厚的"家底"。文化的最内层是价值观，最外层是符号，民族群体最为显现的文化形式就是直观可见的符号。[②] 文化符号集聚着各民族勤劳致富的生存智慧、虔诚坚定的团结信仰、抗侮御敌的爱国大义、革命建设的伟大探索、改革创新的振兴之作，流淌着红色基因，闪耀着各民族文化的夺目光芒。各民族手足情深，共同擘画出中华民族从"站起来"到"富起来"，再到"强起来"的卓越篇章，是我们讲好中国故事最强有力的底气与资本。

（二）非遗传承是铸牢中华民族共同体意识教育的重要载体

非遗传承是增强文化认同的有效方略，是铸牢中华民族共同体意识教育的重要活动载体和实践保证。文化具有多样形态，总结归类起来主要有民族文化、中华传统文化和马克思主义文化。[③] 民族文化是中华文化长河中的特色分支，非遗传承与文化认同之间具有紧密契合性，非遗传承是文化认同的内在固有属性，是文化认同最直观的外在行为表征，同时是文化得以实现创造性转化和创新性发展目标的必要条件。非遗传承为各民族交往交流交融构架起桥梁，能够勾连起各民族成员对集体记忆的追溯，加深人们对各民族文化的理解，增强人民精神领域文化认同感、民族自信心、国家归属感，成为强化民族团结进步与铸牢中华民族共同体意识教育的有力抓手。非遗传承铸就人们之间的联结，超脱于传统的血缘姻亲或者利益捆绑，是人们意识层面对"五个认同"的集中表达，是实现"各民族一家亲"心理认同幸福情境的行动引领。因此，充分挖掘非物质文化遗产资源成为当务之急，民族地区受历史惯性和现实语境的制约，更应该注重对少数民族非物质文化遗产的发掘。巍山彝族打歌是云南巍山彝族人民特有的历史文化瑰宝，对巍山彝族打歌少数民族非物质文化遗产资源的充分开发、利用与传承，将为学校铸牢中

---

① 范君、詹小美：《铸牢中华民族共同体意识的文化方略》，《思想理论教育》2018 年第 8 期。

② 〔荷兰〕G. 霍夫斯坦德：《跨越合作的障碍——多元文化与管理》，尹毅夫译，科学出版社，1996，第 8 页。

③ 王福革：《铸牢中华民族共同体意识之文化认同研究》，《学术探索》2019 年第 4 期。

华民族共同体意识教育的全面开展提供着力点，创设范式遵循。

首先，巍山彝族打歌为学校开展爱国主义教育、民族团结教育提供了具象的文化资源。巍山彝族打歌作为中华璀璨文化的重要组成部分，以活跃于各民族生活中丰富多样的文化形态，为发掘本土校本课程资源提供条件，为学校非遗传承提供介质，有力推动铸牢中华民族共同体意识教育活动的开展。巍山彝族打歌不仅是民族地域特色艺术的载体，更是中华民族文化血液中宝贵的活态基因，凝聚着彝族人的智慧结晶。在传承的过程中，巍山彝族打歌以其独特的方式为后代生动传递着彝族历史文化发展、生产生活方式变迁、宗教信仰等文化内涵，具有十分重要的教育价值。有关巍山彝族打歌传承的传习所、博物馆、相关校园活动、民俗节庆活动等都是开展文化传承教育、爱国主义教育和民族团结进步教育的生态窗口。

其次，巍山彝族打歌非遗传承是开展核心价值观教育的有效载体，极大提升了铸牢中华民族共同体意识教育的效果。弘扬核心价值观与铸牢中华民族共同体意识作为国家主流意识形态的重要社会工作，都以实现中华民族伟大复兴为主旨内容和价值依归，两者之间具有紧密的深层性关联，巍山彝族打歌非遗传承对于触发学生核心价值观的内化具有关键作用。核心价值观教育是德育教学的重要一环，习近平总书记高度重视德育工作，多次强调要全面落实抓好"立德树人"根本任务，要透彻学习领悟并立足"为谁培养人、培育什么人、怎样培养人"这一教育根本问题。[①] 巍山彝族打歌所蕴含的文化底蕴、民族情怀是进行德育的重要内容，长远激发学生"生逢盛世，不负韶华"的奋斗热情，树立以"青春之我"圆"青春中华"之梦的远大理想，勇担实现中华民族伟大复兴的重任。同时，巍山彝族打歌非遗传承不断形塑学生感受美、鉴赏美、表现美、创造美的能力，以期实现个体自由而全面的发展，让年轻一代拥有美的心灵和美的视野，去感知美的世界。透过巍山彝族打歌非遗传承这一微观生态切片，学生能够洞悉铸牢中

---

① 《培养什么人　怎样培养人　为谁培养人》，"人民网"百家号，2020 年 9 月 2 日，https：//baijiahao. baidu. com/s？id＝1676679795251496076&wfr＝spider&for＝pc。

华民族共同体意识教育的意义所在，并在潜移默化中将中华文化认同和非遗传承意识内嵌于心。

二 非遗传承推动铸牢中华民族共同体意识教育的价值导向

非遗传承是铸牢中华民族共同体意识的时代需要，为开展其教育提供了当代价值依据。巍山彝族打歌的非遗传承，映射出一个民族乃至一代族人心智发展的缩影，同时，它不断反作用于文化、民族和社会的进步与发展。在这种交替互促中，尽显非遗传承推动铸牢中华民族共同体意识教育的独特价值。

（一）增强民族自信心和认同感，促进各民族共同团结进步

激发中华民族认同是铸牢中华民族共同体意识教育的旨归。铸牢中华民族共同体意识是增进共同体成员对中华民族认同的重要手段，是强化"多元"与"一体"辩证关系以夯实我国民族关系持续良性发展的强效思想基质，铸牢中华民族共同体意识致力于激活共同体成员的强大信念——推动中华民族成为认同度更高、凝聚力更强的命运共同体。

民族文化自信来源于对自身民族生存状况、民族荣誉感、民族前途命运发展的深切关怀与关注。巍山彝族打歌作为中华民族优秀传统文化宝库中闪耀的明星，在传承过程中向中国和世界展现了中华文化的博大精深，有力彰显了少数民族优秀文化异彩纷呈，增强了中国人的民族自豪感和民族文化自信心。其在和其他各民族优秀文化不断碰撞与融合的过程中迸发出无限激情，引导人们将一腔热忱积极转化为实际行动，为实现我国民族大团结源源不断地注入新鲜力量。1987 年，巍山彝族农民业余打歌队应邀赴日本演出；2006 年，打歌队参加了央视举办的"中国民族民间歌舞盛典"展演；2008年，《打歌之乡——巍山音韵》节目在央视播出。打歌队每一次的精彩表现无不让人心潮澎湃。即使是对自身民族文化不太关注的当地居民，在看到巍

山彝族打歌登上世界舞台、深受各地民众认可和欣赏，并改变当地社会生活后，也不由心生强烈的民族归属感和认同感，一种要使其声名远扬的动力激励着每一位彝家儿女。巍山彝族打歌非遗传承有效地强化了各民族之间的情感交流，形成无坚不摧的强大凝聚力，共同建构成"你中有我、我中有你、谁也离不开谁的中华民族命运共同体"。①

（二）传承非物质文化遗产，促进各民族交往交流交融

加强文化认同是铸牢中华民族共同体意识教育的要核。共同创造的文化跳跃着新时代的强劲脉搏，聚合着各民族人民对美好生活的向往、凝结着各民族人民对伟大祖国的爱恋、根植起实现中华民族伟大复兴的强大信念。非物质文化遗产孕育出该民族独特的人文个性和生态特征，其有效传承为各民族之间的交往交流创造丰富的话语契机，助推实现各民族交融的美好愿景。文化认同离不开对文化的传承，非遗传承是少数民族非物质文化遗产保护和创新发展的重要措施，对于规范人们的思想观念、行为习惯、生活方式等具有强大的效力。巍山彝族打歌的非遗传承，为各民族之间交往交流交融搭建起一座共享的时空平台，不仅能促进彝族人民内部、彝族与各民族之间的交往，而且能增强国家之间的交流互动。在彝族文化漫长的历史沉积中，巍山彝族打歌文化悠远延绵，打歌既是对彝族人民日常生活的写照，也是彝族儿女信仰的载体，塑造着彝族人民豁达乐观、积极向上的民族性格，传达着彝族人民对生活的热爱和对美好未来的憧憬。在对巍山彝族打歌进行传承的过程中，那种真挚的情感和热情洋溢的性格也在不断感染各民族儿女，为人们之间的交往交流交融渲染炽热的氛围，有效强化了中华各民族儿女之间的情感交流。在各民族非遗传承交互的过程中，各民族的特色交相辉映，促使人们不断认识和把握各民族文化的共性与差异，并在此后文化的交融与发展中，形成增进共同性、尊重和包容差异性的文化自觉与思想认知。巍山彝族打歌传承不仅提升了民族之间的凝聚力，同时促进了各民族的和谐稳定与社会发展。

---

① 王福革：《铸牢中华民族共同体意识之文化认同研究》，《学术探索》2019年第4期。

（三）提升中华文化世界竞争力，强化意识形态领域主导权和话语权

政治认同是铸牢中华民族共同体意识教育的根基。习近平总书记指出："只有铸牢中华民族共同体意识，构建起维护国家统一和民族团结的坚固思想长城，各民族共同维护好国家安全和社会稳定，才能有效抵御各种极端、分裂思想的渗透颠覆，才能不断实现各族人民对美好生活的向往，才能实现好、维护好、发展好各民族根本利益。"① 中华民族共同体意识属于意识形态范畴，当今世界正在经历百年未有之大变局，中国要想屹立于世界民族之林，必须要加强和完善党的全面领导这一根本政治保证，在强化"硬实力"的同时，要充分兼顾和利用好中华民族共同体意识这一"软实力"。

中华文明源远流长，非物质文化遗产不仅可以为强化意识形态领域话语权提供丰富的语料资源，而且可以从文化角度切入逐渐解构西方中心主义，推动构建人类共享资源体系新时代。随着国家民族发展和文化传承相关政策的引导落实，巍山彝族打歌不仅走向了全国，而且成为我国对外沟通交往中的一张特色名片，在国际舞台上大放光彩并占有一席之地，大大提升了中国非物质文化遗产的世界竞争力和国际影响力。中国不仅以其负责任的大国形象赢得尊重，更以其瑰丽的文化惊艳世界。相对于文化本体的相对静态性，巍山彝族打歌非遗传承作为实践活动，能以更形象具体的方式立体地展示其文化内核，描刻中华精神面貌，春风化雨般地增强人们共命运的情感体验，为意识形态领域打造牢不可破的"心理铠甲"。此外，巍山彝族打歌非遗传承对于国际文化互动具有进阶性的助推作用，整个过程给人带来的视觉、听觉、触觉盛宴，鼓舞着世界各族人民跨越民族、种族等多种界限，有助于消减民族偏见，逐渐突破原有的文化障碍或隔阂心理，化解民族"刻板印象"。同时，巍山彝族打歌传承能够充分展现社会主义制度优越性，有利于营造"民族互嵌"社会和谐氛围和安全

---

① 《深刻认识铸牢中华民族共同体意识的重大意义——论学习贯彻习近平总书记中央民族工作会议重要讲话》，《人民日报》2021年8月30日，第1版。

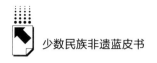

的文化心理环境，铸牢人们内心深处的共同体信念，增强我国社会主义意识形态的主导权和话语权。

三 非遗传承铸牢中华民族共同体意识教育的学校践行路径

铸牢中华民族共同体意识教育应该围绕优秀传统文化来开展，巍山彝族打歌是中华优秀传统文化的重要组成部分，其传承为学校开展铸牢中华民族共同体意识教育提供了一套鲜活教材。

（一）"扎根中国大地办教育"，形成学校开展爱国主义教育的有效衔接

以爱国主义教育为核心的铸牢中华民族共同体意识教育是维护国家统一和民族团结的重要举措。从维护国家统一和民族团结的角度推进学校开展铸牢中华民族共同体意识教育，需要深入持久地开展爱国主义教育、民族团结进步教育，使各族学生树立正确的国家观、民族观、历史观、文化观、宗教观，积极培育学生形成以爱国主义为核心的自觉维护祖国统一和民族团结、踔厉奋发的中华民族共同体意识。学校教育应立足中国大地的教育实情，在科学规律的指导下明确各学段的教学目标和课程内容，构建完善的教育课程体系，积极开展铸牢中华民族共同体意识教育，形成幼儿教育、基础教育和高等教育的有效衔接。

幼儿园和小学阶段是学生中华民族共同体意识发展的启蒙期，在此阶段应以学生学习简单的概念为主，将老师生动的讲解、多样化的活动、活跃的课堂氛围有机结合，培养学生学习的兴趣，让学生在耳濡目染中萌发对中华民族的热爱、对中华民族发展历程及中华民族共同体意识有初步的了解；初中阶段是学生中华民族共同体意识发展的成型期，在此阶段学校教育应以学生学习掌握基本概念、培养动机为主，教师在讲授中需增加与学生的互动交流，通过适当的引导和鼓励，激发学生的学习积极性、民族认同感和自信

心，不断深化学生对中华民族共同体意识的理解，并初步建构中华民族共同体意识的基本框架；高中阶段是学生中华民族共同体意识发展的强化期，在此阶段学校教育应以学生掌握基本理论、为学生创造实践条件为主，让学生在理论学习的基础上大胆实践与尝试，保持探索的热情，为大学阶段铸牢中华民族共同体意识奠定基础；大学阶段是学生中华民族共同体意识发展的铸牢期，在此阶段学校教育应以学生研究基本概念和理论、切身独立实践并提出策略为主，学校重在为学生提供先进丰富的教学资源、科研的机会和理论实践相结合的平台。多元的民族孕育了多样的文化形态，包括传统节日、传统歌舞、传统服饰等，为学校发掘本土校本课程资源提供了条件。民族地区学校应该充分挖掘少数民族地区优秀文化，积极开发巍山彝族打歌等特色校本课程资源，教师在多样化的教学实践活动中，让文化传承、民族团结进步、爱国主义生根于学生心中，使学生真正将铸牢中华民族共同体意识"入耳""著心""布行"。

（二）"邦畿千里，维民所止"，夯实学校开展民族团结进步教育的心理基础

促进民族团结进步教育是推进学校铸牢中华民族共同体意识教育的文化基石。2019 年中共中央办公厅、国务院办公厅印发的《关于全面深入持久开展民族团结进步创建工作铸牢中华民族共同体意识的意见》和 2021 年教育部等部门印发的《深化新时代学校民族团结进步教育指导纲要》都强调加强民族团结进步教育，推进铸牢中华民族共同体意识教育，传承和弘扬中华优秀传统文化，树立民族观、文化观、历史观、国家观，增强"五个认同"。这些政策都为铸牢中华民族共同体意识相关教育提供了鲜明进路标的。

民族认同意识为民族团结奠定坚实的心理基础，我国民族认同意识的多层次结构，实际上决定了我国民族团结也是多层次的有机统一格局。[①] 由此

---

① 左岫仙、巴拉吉、熊坤新：《边疆民族地区中华民族共同体意识的推进》，《黑龙江民族丛刊》2017 年第 3 期。

可见，我国民族团结不仅包括 56 个民族在认同共同的中华民族基础上所形成的中华民族团结，同时包括各民族在认同民族共生关联和血缘基因基础上所形成的各民族的内部团结，还包括不同民族向外链接所形成的集体性民族团结。在这当中，以中华民族身份为纽带的团结属于最高层次。中华民族团结进步的历史文化脉络不仅需要我们善于发掘和利用，更需要我们接续传承和发展。巍山彝族打歌等少数民族非物质文化遗产体现了对中华民族的认知，是民族团结进步教育的活教材，巍山彝族打歌进校园促进了各民族学生的交往交流交融，使学生在感悟中华绚烂文化的同时，增强文化认同感和民族自信心，促进学校铸牢中华民族共同体意识教育的有序开展。

（三）坚守笃行致远的实践精神，明确学校铸牢中华民族共同体意识教育的核心目标

以适当的形式将非遗融入学校铸牢中华民族共同体意识教育，需要将理论与实际两者相结合，并且注重实践落地。通过开发地方性知识课程，提升教师相关文化素养，推进媒体深度融合，开发"互联网+"微传播平台，依托公众号、远程教学等多种渠道开展传承教育。

首先，加强教师文化素养培训。一是加强教师的中华民族共同体意识相关知识培训。教师是教育事业发展的基础，是提高教育质量和办好人民满意的教育的关键。对全学科全学段教师进行培训，能够促进"思政课程"到"课程思政"的转变，保证中华民族共同体意识在各门学科中的有效渗透和各类隐性课程资源的开发，形成全方位育人的德育工作格局，助力"立德树人"目标的实现。二是对教师加强少数民族非物质文化遗产专业知识的相关培训。在我国师范体系中，暂未有针对某一非物质文化遗产专业师资的培养方案，具备高水平专业素养的教师匮乏。学校亟须开辟多种非物质文化遗产培训渠道，帮助教师深入文化发源地，争取和传承人学习地道的传统艺术，在"知行合一"中，提升教师民族文化专业素养，更新教学理念，创新教育教法，优化教学设计，将巍山彝族打歌等少数民族非物质文化遗产的意蕴精髓真正"讲深、讲透、讲活",帮助学生增强民族文化认同与非遗传承意识,为铸牢中华民族共同体意识添砖加瓦。三是加强对教师学习通用语的相关培训。教师通用语能力的提高,不仅对自身发展有益,更能帮助学生提高语言交流能力,更好地融入未来社会,以实际行动践行铸牢中华民族共同体意识。四是学校要贯彻实行"传帮带"教学管理组织形式,加强骨干教师的典型模范作用,增强新老教师之间的联动,帮助新教师更好地开展教学活动,促进新教师政治觉悟和思想认识更快地提高,不仅立志于成为"传道授业解惑"的"经师",也成为有涵养、有德行的"人师"。

其次,形成教育合力。教育在非遗传承与人才培养上始终发挥着基础性和关键性作用,当今社会对多样化人才的培育提出了更高的要求,要建立个体、家庭、学校和社会"四位一体"育人机制。一是个体要充分理解和认同本民族的非物质文化遗产,并且具备一定的政治素养和非遗传承意识,积极从事并配合学校、家庭和社会的相关工作。这里的个体不仅指学生、教师、家长,还指相关社会成员,尤其要充分发挥非物质文化遗产传承人的作用。巍山彝族打歌的代表性传承人茶春梅就多次进入学校进行表演和讲授,激发了学生对巍山彝族打歌的兴趣和热爱,更好地辅助学校非遗传承相关课程的开展。二是家庭要营造良好的学习氛围,充分履行好辅助学生成长、配合学校及社会工作的职能,建立家校社协同育人机制。巍山彝族打歌源于民间,如若家长自身素养不够,单凭学校教育来培养学生的非遗传承和中华民族共同体意识太过单薄。家庭教育能够使学生增进对本民族非物质文化遗产的理解与认同,从而科学地、自觉地做出文化选择。三是学校要结合多方优势形成资源互补,将中华民族共同体意识的铸牢贯穿于学生学习生活的各个方面。加快巍山彝族打歌非遗传承实践基地的建设,积极争取政策支持与财政帮助,集结"家校社"三方优势,促进中华民族共同体意识在家庭、学校和社会中的互助共建。依靠政府在新媒体如抖音、快手等大众平台上的号召力筹集资金,整合各种优质的社会教育资源,充分利用节庆活动大力开展基地实践和线上线下主题教育活动,增强学生的实践能力。四是社会有关部门要充分发挥上层建筑的领导角色和舆情指挥棒的作用,完善相关非遗的制

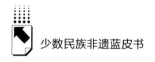

度保障，加大其宣传影响力度，积极营造"各民族一家亲"的校园氛围和社会风气，推动"四个共同"认识的深化。在政策和资金上给予学校相关决策充分的保障，让学校在落实各项教学活动时能有丰富的依据和坚强的后盾。此外，社会有关部门可充分利用"互联网+"模式，积极开展相应的公益宣讲活动，打造相关文化教育产业体系，持续更新家长的教育理念和思想认识，将对学校教育效果的保障落实到位。

总之，学校不仅是人才培育和非遗传承的场域，还是学生家国情怀奠基建构之所。巍山彝族打歌等少数民族非物质文化遗产传承不仅能够彰显中华文化的博大精深，更具备助推学生形成强烈的中华民族归属感、关怀感和使命感等独特价值。因此，在铸牢中华民族共同体意识的时代背景下，一定要充分认识巍山彝族打歌等少数民族非物质文化遗产的当代教育价值，探寻适宜的学校传承实践途径，通过学校相关教育路径的有效实施，使巍山彝族打歌等少数民族非物质文化遗产得以发扬光大，让铸牢中华民族共同体意识的种子埋进每一位学子的心中，引领其不断推陈出新、与时俱进，为实现中华民族的伟大复兴贡献力量。

B.8
论彝族（撒尼）刺绣传承的当代价值及其对铸牢中华民族共同体意识教育的作用[*]

费洋洋 赵伦娜 郑波[**]

摘　要： 少数民族非物质文化遗产是我国宝贵的精神财富，从教育人类学角度来看，少数民族非物质文化遗产传承不仅能促进人类的智力因素和非智力因素的发展，而且对铸牢中华民族共同体意识教育具有强大效力。学校作为教书育人的重要场所，成为铸牢中华民族共同体意识教育的主阵地。本报告以彝族（撒尼）刺绣为例，深入分析其文化传承的当代价值和对人的影响，认为彝族（撒尼）刺绣的教育传承，有助于传承民族优秀传统文化，促进各民族文化交往交流交融，培育"五个认同"思想，促进民族大团结，提升中华文化世界竞争力。

关键词： 中华民族共同体意识　彝族（撒尼）刺绣　文化传承

铸牢中华民族共同体意识是新时代中国特色社会主义理论发展的必然要求，是马克思主义中国化实践的突出理论成果，是我国特色民族发展工作理论的精髓。铸牢中华民族共同体意识离不开文化之基，离不开文化传承互动

* 本报告系 2022 年云南省省院省校教育合作人文社会科学研究项目"民族地区中小学铸牢中华民族共同体意识教育的云南实践研究"（项目编号：SYSX202204）阶段性成果。

** 费洋洋，云南民族大学教育学院硕士研究生，研究方向为教育人类学；赵伦娜，中国人民大学教育学院博士研究生，研究方向为教育经济与管理；郑波，云南民族大学艺术学院讲师，云南省民族研究所博士研究生，研究方向为民族学。

带来的无尽滋养。"每一种文化都是一种为更好地维护各个民族的独立和民族尊严以及为民族复兴奋斗的强大的精神支柱。"[1] 我国是统一的多民族国家，少数民族非物质文化遗产以其独特娟秀的姿态，为中华文化增添了浓墨重彩的一笔。国家级非物质文化遗产彝族（撒尼）刺绣作为一项民族特色艺术，凝聚了彝族撒尼人的文明智慧，同时以其特有的艺术表现力，承载了彝族撒尼人在独特的文化场域所形成的民俗风情、生产生活方式、价值观、宗教信仰等文化烙印，对其进行有效的传承，也将成为铸牢中华民族共同体意识不竭的动力源泉。

一 彝族（撒尼）刺绣及其非遗传承价值

（一）彝族（撒尼）刺绣的起源与发展

撒尼人是彝族的一个支系，主要聚居在云南省昆明市石林县。彝族撒尼人擅长刺绣，彝族（撒尼）刺绣也叫撒尼挑花，在彝语中被称为"拿窝"，意思为"未绣完的挑花"，在当地作为一项民间艺术广为流行。彝族（撒尼）刺绣是在羌氐人刺绣与华夏刺绣相互学习和借鉴的过程中孕育而生的。唐宋时期，彝族在保持古老服饰传统的基础上，又大量吸收了先进民族的文化和技术，出现了"锦衣绣服"。不同阶层的人穿着不同的服饰。彝族上层社会的"男穿袍服，女穿裙衫"的用料均来自其他民族，而且这个时期的刺绣工艺已经日臻成熟，出现了彝族《绣花女》的传说。[2] 明清两代彝族（撒尼）刺绣趋于成熟，彝族各个支系的服饰各有特色，刺绣用于装饰衣物。如今，彝族（撒尼）刺绣技艺主要流传在石林县的圭山镇、长湖镇、西街口镇、路美邑镇等乡镇，亦辐射到与石林县毗邻的泸西县、弥勒市、陆良县、宜良县、文山州丘北县等地。随着保护传承工作的不断深入，彝族

---

① 普丽春：《少数民族非物质文化遗产教育传承研究——以云南省为例》，民族出版社，2010，第43页。

② 钟仕民、周文林主编《中国彝族服饰》，云南出版集团公司，2006，第3页。

（撒尼）刺绣于 2008 年被国务院列入第二批国家级非物质文化遗产代表性项目名录。现在的彝族（撒尼）刺绣不单单是衣物上的装饰图案，也被广泛应用于秀展时装、挎包、家居和产品包装设计中。正所谓"民族的就是世界的"，彝族（撒尼）刺绣在时代的变迁中以其独特的顺应姿态与发展模式，日益迸发出蓬勃生机，极大地丰富了中华民族优秀文化乃至世界文化宝库。

（二）彝族（撒尼）刺绣传承的当代价值

1. 教育价值

彝族（撒尼）刺绣不仅是民族地域特色艺术的载体，更是中华民族文化血液中宝贵的活态基因，凝聚着彝族撒尼人的智慧结晶。首先，在传承过程中，彝族（撒尼）刺绣以其独特的方式为后代生动传递着其历史文化发展、生产生活方式变迁、宗教信仰等文化内涵，具有十分重要的教育价值。彝族（撒尼）刺绣的传习馆、博物馆、相关校园活动、民俗节庆活动等都是进行民族自信心教育、爱国主义教育和民族团结教育的活教材，在潜移默化中培育个体的身份认同、民族认同、文化认同，是铸牢中华民族共同体意识的生态窗口。其次，彝族（撒尼）刺绣非遗传承对学生乃至全体公民的素质教育发挥着重要作用。彝族（撒尼）刺绣的非遗传承活动是进行校园德育的重要辅助，其中所蕴含的文化底蕴、民族情怀是进行德育教育的重要内容。彝族（撒尼）刺绣非遗传承深刻塑造着学生知、情、意、行，促进学生品德发展矛盾的积极转化，激发学生将文化知识和民族热爱升华为实际行动，树立远大理想，并自愿投身中华民族的伟大复兴，在社会群体中形成巨大的凝聚力，夯实铸牢中华民族共同体意识。同时，传承彝族（撒尼）刺绣是学校进行美育的重要方式，有利于促进学生提高感受美、鉴赏美、表现美、创造美的能力，以期实现个体自由而全面的发展，让年轻一代拥有美的心灵、美的视野，去感知美的世界。

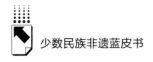
2. 艺术价值

撒尼女子自幼学习刺绣，技艺精巧，飞针走线之间不仅是对现实和理想的描绘，更传达着她们丰富的艺术内涵及真挚的情感。彝族（撒尼）刺绣按布纹的经纬运针走线，有挑花、堆绣、滚绣、疙瘩绣、剪空内贴绣等多种刺绣技法。刺绣的纹案主要有几何类、动植物类、人物类等，在准确勾勒图案的同时不乏精致与巧思。纹案的组合排布选用单个圆形、方形整体图案，或者是长条状连续图案，总体讲求对称工整、饱满密集。在作品颜色的选用上也极具艺术性，根据作品的意境选用不同的丝线进行组合搭配，或明或暗产生强烈的视觉冲击，给人以震撼的美感。彝族先民以黑为贵，认为黑色是万物本源，代表着大地，含有成熟、威严、主宰之意；而白色是纯净的象征，与污秽、肮脏、狡诈形成鲜明的对比；蓝色指代蔚蓝的天空，因为人们常以为黑色的大地与蔚蓝的天空是由"清"与"浊"相互配合后所发展出来的一对雌雄统一体，其中蓝色还蕴含着人心情舒畅、开阔和自然之意；红色与黄色不仅用于描绘鲜艳的花朵，也表现彝族人民豪爽、大胆的性格特征；草绿色则是指代山川湖泊及其周围生长的青幽草木。绣娘会根据作品不同的用途选择不同的技法、纹案及色彩搭配，具有诸多美学元素和多元美学特征，给人无尽的艺术享受。

3. 和谐价值

传承少数民族非物质文化遗产是对少数民族文化进行保护并加以创造发展的一种重要方式，其对于规范人们的思想观念、行为习惯、生活方式等具有强大的效力。同时，传承少数民族非物质文化遗产具有增进民族和谐的社会价值，是促进人与社会和谐、全面和平衡发展的重要力量。传承彝族（撒尼）刺绣能够增进彝族民众内部、彝族与各民族之间，甚者能加强国家之间的沟通与连接，进而丰富人们的精神世界。彝族（撒尼）刺绣既是对日常生活的写照，也是彝族儿女们信仰的载体，塑造着豁达乐观、积极向上的民族性格。另外，传承彝族（撒尼）刺绣能够为各民族优秀文化间的友好互动提供平台，促进各民族文化间的相互借鉴、沟通互助。彝族（撒尼）

刺绣的非遗传承有效地强化了中华各民族儿女之间的情感交流，加强了各民族之间的凝聚力，为社会和谐稳定发展做出杰出贡献。

4. 经济价值

彝族（撒尼）刺绣是民族珍贵的集体文化记忆，现已成为当地对外交往的一张亮丽名片。彝族（撒尼）刺绣伴随着阿诗玛文化的发展走进大众视野并逐步登上世界舞台。20 世纪 80 年代中后期，随着石林旅游业的日益发展，彝族（撒尼）刺绣作为商品深受国内外游客的追捧和喜爱，游客争相购买，有效推动了石林当地的经济发展。2017 年十九大报告提出的"乡村振兴战略"也为彝族（撒尼）刺绣的发展指明了方向，给当地经济发展带来了巨大红利。2018 年 5 月 15 日，彝族（撒尼）刺绣入选《第一批国家传统工艺振兴目录》，为其加大发展力度提供了保障。2019 年联合国教科文组织将彝族（撒尼）刺绣的照片制作成精美的贺卡，彝族（撒尼）刺绣向世界展现出"中国气派""中国风采"。撒尼妇女在当地旅游业的不断发展和刺绣商品市场的扩大过程中看到了商机，她们自愿投身刺绣生产或营销工作，增加收益改善生活。例如当地刺绣名匠普玉珍女士，通过开办雄冠彝绣厂，为城镇妇女提供了就业平台和机会。[①] 所谓"中国潮中国造，国货正当潮"，当地市场适时推出了特色国潮刺绣产品，刺激消费者纷纷为民族情怀与传统文化这一精妙融合的产品买单。无论是彝族（撒尼）刺绣家庭作坊还是流水线刺绣加工厂，都给群众带来了实实在在的经济效益，不仅让群众的腰板直起来、口袋鼓起来、日子好起来，也为地区经济的可持续发展奠定了坚实的物质基础。

二　彝族（撒尼）刺绣传承对人的影响

"民族文化传承是教育的重要内容和手段。因此，进行民族文化传承的

---

① 马永飞：《普玉珍的彝绣产业化实践及启示》，《今日民族》2020 年第 8 期。

研究，必须紧紧围绕文化传承对人有哪些影响来展开"。① 彝族（撒尼）刺绣以其独特的价值，贯穿于整个文化传承的天然场域中，成为支撑非物质文化遗产和中华文化发扬光大的活跃土壤。彝族（撒尼）刺绣具有丰富的文化内涵，是一个民族乃至族人心智发展的缩影，同时，它不断反作用于民族文化、社会和族人的进步与发展。这一环环的交替促进对人的智力因素和非智力因素都产生深远的影响。

（一）彝族（撒尼）刺绣传承对人智力因素的影响

智力因素指以抽象思维为核心的一般认知能力，主要包括注意力、观察力、记忆力、想象力和思维力等，是认识活动的操作系统，在后天实践活动中逐渐形成。彝族（撒尼）刺绣非遗在传承的过程中，对人智力因素的影响主要体现在以下几个方面。

1. 培养人敏锐的观察力和高度的注意力

彝族（撒尼）刺绣是一项传女不传男的手工技艺。过去，村中的女孩在七八岁时就会跟着母亲或者姐姐学习刺绣，从针法的学习到纹案的学习需要很长的时间。手工技艺的传授主要依靠口口相传和言传身教。女孩在学习之初，需要认真观察走针、挑花和构图的方式，从反复的示范中观察总结出一定的刺绣规律。同时，因为教授者刺绣技法熟练，所以在展示刺绣手法时，也会不自觉地加快速度，这就需要学习者心无旁骛、全身心投入其中仔细观摩。对于学习者来说，没有高度的注意力和定性很难发掘并真正掌握其中的奥秘。此外，一件完整的工艺复杂的绣品非常考验绣娘的功底，有些定制的绣品少则要花费三个月的时间，所以每一位优秀的绣娘，观察力和注意力都非常出色。

2. 增强人的记忆力和思维能力

每一幅刺绣都有其独特的走线和构图，技艺娴熟的绣娘绣制时无须在绣布上描线，也不需要模具，仅凭一双巧手在一针一线的穿插交错中，挑绣出

---

① 王军、董艳主编《民族文化传承与教育》，中央民族大学出版社，2007，第9页。

绚丽多彩的壮丽山河、繁花锦簇。有些传统图案流传至今，不仅靠刺绣成品这种显性物品的展现与传播，更靠绣娘强大的记忆力。即使某一天传统图案的参考物消失了，她们也能从记忆中提取相关图式，让一幅幅美丽的画卷重新跃然而出。刺绣的学习是一个意义建构的过程，绣娘在学习的过程中，除了要记忆那些技法、走线、图案、配色等，还要在头脑中对这些新旧内容进行加工和编码重组，以适应自身头脑中独特的思维和认知结构框架，在实际需要时可以随即调用。此外，刺绣纹案大都是对称花样，绣娘在没有描样的情况下也能通过良好的空间思维能力将纹案绣得饱满中正。所以彝族（撒尼）刺绣的学习和文化传承不仅是对记忆力的考验与增强，也是对思维能力的训练与开拓。

3. 提高人的想象力和审美能力

彝族（撒尼）刺绣经久不衰、生生不息，仅凭古老的技艺和传统的图案不足以满足进步的消费需求。因此，绣娘凭借着自身对自然的理解、对美的追求、对当下时尚潮流的把握和对未来的憧憬等，不拘泥于传统手工刺绣的禁锢，绣出很多极富想象力的新型花样，将古典纹案与潮流审美大胆融合。例如，她们在颜色的选用上极具个性，构图精妙绝伦，不仅带有鲜明的民族地域风情，也充满时代风韵，充分展示出绣娘的智慧才情、独具一格的审美和强大的艺术创造力。

（二）彝族（撒尼）刺绣传承对人非智力因素的影响

非智力因素一般是指人们对事物所持有的动机、兴趣、情感，以及人的意志和性格等，对人们的认知过程起着定向、引导、维持和强化的作用。在人的成长过程中，非智力因素也起着极其重要的作用。彝族（撒尼）刺绣非遗传承对人的非智力因素的形成与发展具有重要意义，主要体现在以下几点。

1. 增强民族认同感和自信心，加强民族凝聚力

彝族（撒尼）刺绣源于自然生活，创作中采用了变形、夸张、抽象、写实等手法，蕴含着独特的人文价值、历史文化、生产习俗、宗教信仰等文化底蕴和象征符号。中华文化是各民族文化的总和，各民族文化是中华文化

的重要组成部分，各民族文化是枝叶，中华文化是主干。文化从人们最根本的精神层面出发，能够唤醒人民心灵深处对自身身份的认同、对民族的认同和对文化的认同，勾连起人们对祖先的深切缅怀与追忆，以聚合之力实现民族团结进步目标，为民族认同感和自信心的增强奠定坚实的心理基础。非遗传承是实现有效文化互动的重要实践活动，能够为各民族文化互动提供空间场域，激发族人无限的热情，生发出民族认同感和自信心的强烈光环，加强民族凝聚力。彝族（撒尼）刺绣的传承是潜移默化扎根于彝族撒尼人民思想意识中的价值指引。

2. 培养顽强的民族意志，弘扬无私的奉献精神

姑娘经常在包上、挂件上绣上阿诗玛的抽象几何纹案。阿诗玛是与强权势力做斗争的代表，是不屈服于黑暗势力的象征。阿诗玛的形象根植于每一位撒尼人的心中，她与阿黑哥之间曲折动人的美丽爱情故事不仅向我们展现了一位美丽善良、勤劳勇敢的民族女性形象，更让我们体会到彝族撒尼人追求幸福、顽强斗争的民族意志，歌颂了彝族人民的勤劳智慧和反抗邪恶势力的斗争精神。刺绣作品中经常出现虎的纹案是由于彝族自视为虎的后代，对虎有着深厚的感情。相传，在一个彝族人聚居的地方，一场怪病席卷了整个村寨，村民相继病逝，这时有一只老虎突然出现，把村寨里的一对男女带上了山，上山后这对男女的怪病神奇地治愈了，两人组建了家庭，繁衍了一代代彝族人。因此，饰以虎纹图案的彝族（撒尼）刺绣不仅抒发着彝族人对虎的尊敬和崇拜，也传递着他们对虎救先人的款款恩情。同时，撒尼姑娘包头上的五道彩条，也为我们讲述了阿洼若兹和布达若舒忠贞不渝、誓死不屈的爱情故事，他们无畏狠毒土司的暴行，彼此坚定为爱牺牲，从此化为彩虹长相厮守。这一美好的爱情故事，不仅揭示了彝族人民对美好生活的追求，也饱含彝族人民面对困厄与霸凌不畏艰险的坚强意志和一往无前大无畏的奉献精神。

3. 塑造豁达乐观的民族性格，抒发对美好生活的向往

民族性格是某个民族的群体人格，是这个民族在相同的文化基础和特有的社会历史等因素构成下拥有的实际、持续、相同的看法和规律的行为特征。① 石林县大多是喀斯特岩溶地貌，人们以传统的农作物种植为生，每天的劳动量很大，所以衣服的衣角、手肘等部位的磨损率非常高。为了延长衣服的使用寿命，彝族妇女都会在易磨损的地方进行多次缝补。随着生产力水平的发展和人们审美能力的提高，刺绣便在这层层叠叠的缝补中应运而生，那些磨损后的不完美被精巧的刺绣取代，田间劳作的辛劳汗水也转换成衣袖间那安居乐业、美妙绝伦的生活愿景，从而塑造了彝族人民豁达乐观的民族性格。

一针一线之间，寄托着彝族姑娘深厚质朴的情感和虔诚的信仰，她们将头脑中的想法转化为"指尖上的艺术"。彝族（撒尼）刺绣中经常出现的太阳花，在彝族中就象征着彝族人民的忠诚、热情和好客的性格；小孩裹背上的虎头刺绣也有祈福驱邪、健康平安、勇敢健壮的美好寓意。几乎所有的刺绣都传递着彝族人民的情感，有对祖先和自然的崇拜，有对美的追求，还有对生活感慨的抒发和对未来的美好期盼。一件件刺绣艺品像是有了灵性，争相诉说着民族历史长河中那些动人的故事。在彝族（撒尼）刺绣非遗传承的过程中，我们能够感受其民族文明的璀璨，深切体会到彝族人民对生活的热情和对美好未来的无尽向往。

三 彝族（撒尼）刺绣传承对铸牢中华民族 共同体意识的作用

（一）传承民族优秀传统文化，促进各民族文化交往交流交融

在彝族文化漫长的历史沉积中，刺绣文化一直传承绵延。寓意深远、图案优美、色彩明艳的刺绣，凝聚了彝族民众的价值观以及对自身文化的认知，反映了彝族人民崇尚自然的审美观念，他们通过刺绣抒发对美好生活的

---

① 普丽春：《西南少数民族文化传承与教育研究——以云南省为例》，民族出版社，2016，第107页。

向往和对幸福未来的追求。对少数民族非物质文化遗产的传承，能够孕育出该民族独特的文化个性和性格特征，是实现少数民族非物质文化遗产保护和发展的重要举措，也是促进少数民族非物质文化遗产获得创新性发展的必要前提。"共同体的基本特征就是'共同'，共同体建设的首要任务就是共同体所有成员发现'共同性'、增进'共同性'、凝聚和认同'共同性'的过程。"[①]彝族（撒尼）刺绣的非遗传承，为各民族的交往交流交融在空间上架起了一座联动的桥梁，不仅能够拉近各民族人民文化交流的空间间隔，更缩短了各民族人民之间的心理距离，推动人们在各民族文化碰撞交互的过程中，不断认识和把握各民族文化间的共性和差异，并在此后文化的交融与发展中，形成增进共同性、尊重和包容差异性的文化自觉与思想认知。

（二）培育"五个认同"思想，实现民族大团结

2015 年 8 月 24 日，习近平总书记在中央第六次西藏工作座谈会上指出："必须全面正确贯彻党的民族政策和宗教政策，加强民族团结，不断增进各族群众对伟大祖国、中华民族、中华文化、中国共产党、中国特色社会主义的认同。"[②]认同是群体对某一特定对象的共同心理表征，是凝聚群体的重要思想基质，"五个认同"思想是加强民族团结的有力情感支撑。其中，"文化认同是最深层次的认同，是民族团结之根、民族和睦之魂"[③]。文化传承是文化认同的内在固有属性，是文化认同最直观的外在行为表征，是铸牢中华民族共同体意识的重要抓手，能够积极培育"五个认同"思想，从而"夯实我国民族关系发展的思想基础，推动中华民族成为认同度更高、凝聚力更强的命运共同体"[④]。彝族（撒尼）刺绣在传承的过程中，有力彰

① 万明钢：《教育是中华民族共同体的基础性工程》，《中国民族教育》2021 年第 10 期。
② 《六次中央西藏工作座谈会都谈了什么？》，人民网，2015 年 8 月 26 日，http：//politics. people. com. cn/n/2015/0826/c1001—27519975。
③ 《中央民族工作会议暨国务院第六次全国民族团结进步表彰大会在北京举行》，《中国民族》2014 年第 10 期。
④ 《深刻认识铸牢中华民族共同体意识的重大意义——论学习贯彻习近平总书记中央民族工作会议重要讲话》，《人民日报》2021 年 8 月 30 日，第 2 版。

显了我国少数民族的文化特色和中华文化的博大精深，培育和加深了"五个认同"思想，调动了人们的心灵归属感，引导人们将一腔热忱积极转化为实际行动，为实现我国民族大团结源源不断地注入新鲜血液，使各民族像石榴籽一样紧紧拥抱在一起，形成无坚不摧的凝聚力。共同构成了你中有我、我中有你、谁也离不开谁的中华民族命运共同体。①

（三）提升中华文化世界竞争力，增强意识形态领域主导权和话语权

习近平总书记指出："只有铸牢中华民族共同体意识，构建起维护国家统一和民族团结的坚固思想长城，各民族共同维护好国家安全和社会稳定，才能有效抵御各种极端、分裂思想的渗透颠覆，才能不断实现各族人民对美好生活的向往，才能实现好、维护好、发展好各民族根本利益。"②"一个民族的复兴需要强大的物质力量，也需要强大的精神力量"，③ 中华民族共同体意识属于意识形态范畴，当今世界正在经历百年未有之大变局，要想顺应时代发展趋势，必须要加强自身实力，在强化"硬实力"的同时，要充分兼顾和利用中华民族共同体意识这一"软实力"。少数民族非物质文化遗产不仅可以为提高国际话语权提供丰富的话语资源，而且可以坚定文化自信，激发无穷的勇气和智慧，从文化角度切入，可以逐渐解构西方中心主义，推动构建话语和思想多元化的时代。④ 中华文明源远流长，少数民族非物质文化遗产更是祖祖辈辈传下来的无法复制的明珠，研究彝族（撒尼）刺绣的非遗传承作为个案，不仅能够为我国少数民族非物质文化遗产的传承发展提供新的借鉴，更能为我国意识形态领域建筑一道不可攻破的"文化长城"，充分提升中华文化世界竞争力和国际地位。

---

① 《中华民族一家亲 同心共筑中国梦》，《人民日报》2015 年 10 月 1 日，第 1 版。
② 《深刻认识铸牢中华民族共同体意识的重大意义——论学习贯彻习近平总书记中央民族工作会议重要讲话》，《人民日报》2021 年 8 月 30 日，第 2 版。
③ 中共中央文献研究室编《习近平关于社会主义文化建设论述摘编》，中央文献出版社，2017，第 7 页。
④ 陈方刘：《运用中华文化提高国际话语权》，《人民论坛》2021 年第 29 期。

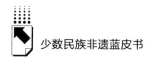

结　语

任何民族的教育都是与该民族的文化一脉相承的，民族教育是传承民族文化的途径，民族文化是民族教育的内容。[①] 学校作为民族教育的重要阵地，其对非遗传承的连续性和有效性起着至关重要的作用，在促进个体全面发展方面也扮演着举足轻重的角色。充分发挥学校教育效力，要在伟大的人类文明积淀中积极探索教育智慧和实施路径，不断汲取优秀文明赖以存续的精髓，潜心滋养具有民族文化传承情怀和民族大义的有志之士，从个体发散至社会建成强大的民族纽带和凝聚力，从而推动铸牢中华民族共同体意识。

---

① 普丽春等：《西南少数民族文化传承与教育研究》，民族出版社，2016，第83页。

B.9
民歌艺术与铸牢中华民族共同体意识[*]

——以甘肃河州"花儿"为例

马瑾荣　康春英[**]

摘　要： 河州"花儿"作为民歌艺术，文化内涵丰富，蕴含西北地区各少数民族的智慧。与时俱进的特点和强大的社会性功能让"花儿"传唱百年，经久不衰。"花儿"不仅是少数民族文化的具体内容，更是少数民族非物质文化遗产的重要组成部分。对"花儿"的保护与传承是铸牢中华民族共同体意识的体现。本报告从铸牢中华民族共同体意识的角度，厘清民歌艺术在当代的价值。在探索民歌艺术丰富的社会性功能的同时，结合社会实际情况，提出民歌艺术现代性转型策略，有效推动民歌艺术的保护与传承。在这一过程中，重点是不断增强"五个认同"，在转型中推动少数民族传统文化的创新性发展，铸牢中华民族共同体意识。

关键词： 中华民族共同体意识　中国传统文化　民歌艺术

---

[*] 本报告系中央高校基本科研业务费专项资金项目资助（Supported by the Fundamental Research Funds for the Central Universities）（项目编号：31920220082）阶段性研究成果。

[**] 马瑾荣，回族，西北民族大学马克思主义学院硕士研究生，研究方向为思想政治教育的理论与方法；康春英，回族，西北民族大学马克思主义学院教授、硕士研究生导师，研究方向为大学生思想政治教育。

《中华人民共和国国民经济和社会发展第十四个五年规划和 2035 年远景目标纲要》中明确提出："建成文化强国、教育强国、人才强国、体育强国、健康中国，国民素质和社会文明程度达到新高度，国家文化软实力显著增强。"实现中华民族伟大复兴的中国梦，就要以铸牢中华民族共同体意识为主线，把民族团结进步事业作为基础性事业抓紧、抓好。民歌艺术是中华民族优秀传统文化的具体内容，因此加强对民歌艺术的功能性研究和现代性转型研究，对于铸牢中华民族共同体意识具有重要的意义。甘肃河州"花儿"的传唱涉及东乡族、撒拉族、保安族、藏族、土族、裕固族、回族、汉族、蒙古族等多个民族。厘清"花儿"的丰富功能，探索"花儿"在铸牢中华民族共同体意识中的价值，推动"花儿"的现代性转型，在转型过程中不断增强"五个认同"，既是对民族"活化石"的传承与保护，更是铸牢中华民族共同体意识的有效路径。

一　河州"花儿"的概述

"河州"是甘肃临夏的古称，是人们公认的"花儿"发祥地。2004 年 10 月 19 日，中国民间文艺家协会授予甘肃省临夏回族自治州"中国花儿之乡"称号。对于河州"花儿"的发源时间，学术界尚未统一，但值得肯定的是，河州"花儿"产生的原因与多民族交叉聚居密不可分，"花儿"在各民族文化相互交流交融过程中演变而来。最初的"花儿"，可能兴起于明初的汉族移民，但它在发展过程中，也受到了附近其他民族文化的影响。[①]"花儿"不仅内容丰富，且积淀了独特的价值和审美，是西北地区特有的文化现象。河州"花儿"的曲令大概有 230 多种，其中传唱流行的有 70 多种，在和政县一带流行的有 30 多种，如河州大令、河州二令、河州三令、尕马儿令、三闪令、二梅花令、沙燕儿令、水红花令、小六莲令等，每个曲

---

① 柯杨：《"花儿"溯源》，《兰州大学学报》（自然科学版）1981 年第 2 期。

令都具有独特风格。"花儿"作为少数民族地区的一种民歌艺术，已经深深植入各族人民的精神文化生活之中。

"花儿"作为一种民歌艺术充满魅力，唱者如痴如醉，听者心旷神怡。"花儿"这种民歌艺术具有民族特色魅力，融入地域文化特色，整个"花儿"系列形成了独有的民族文化背景，在文化传承的进程中逐渐壮大，形成整体的艺术表现形态。在各族人民交流交往交融的过程中，"花儿"传唱的内容逐渐丰富。传唱者通过对社会生活的观察，结合心理体验，将一幅幅动态画面以"花儿"的形式表现出来，丰富多彩的民族地域特色，更有利于独特魅力的展示。

2009 年 9 月，"花儿"成功申报为联合国教科文组织人类非物质文化遗产保护名录项目。"花儿"使用方言传唱，因此在传播方式上，以口耳相传为主。"花儿"这种民歌艺术是对民族文化的沿袭和发展。"花儿"的内容大多是"随手"拈连的，随意但不随便，内容选择根据个体及其所处环境的变化而变化。方言为"花儿"贴上了西北地域的标签，突出反映了不同地域和不同民族文化的融合。"花儿"中保留着民族发展进程的基本信息，源于人们的日常生活，真实且细致，是民族文化结出的硕果，是民族文化繁衍的重要力量，更是坚定文化自信的依据。

二 发掘民歌艺术丰富的功能

（一）承载性功能

"花儿"具有承载性功能，听"花儿"和唱"花儿"能增强人们的归属感，进一步提升中华民族的凝聚力。"花儿"承载着多种多样的民俗文化，包括饮食、服饰、节日、节气等。更为重要的一点是"花儿"承载了人们对自己生活的这片土地的热爱。"花儿"之民俗事象是一个复杂的系统，可以说它无一方面不包容于民俗文化之中，无处不以非文字的形式制约

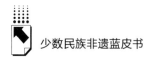

着人们的社会行为，也无处不显示出它浑厚的文化底蕴。[①] 例如，和政县"花儿"歌手马晓泉，将和政县古动物化石博物馆的事物融入创作，由此可见"花儿"传唱者对自己故乡的深厚情感。

（二）教化性功能

"花儿"具有教化性功能，民歌艺术是民俗文化，但"花儿"不是一种简单的民俗文化，人们学"花儿"和听"花儿"的过程其实就是教化与被教化的过程。"善歌者，使人继其声；善教者，使人继其志。"[②] "花儿"中包含对祖国的深情和对社会的真情，从个人发展的角度来看，它有教人处理人际关系和引人向善的作用。例如，《鸦片烟歌》中："乌路丝（俄罗斯）盘子十样景的灯，鸦片烟吃成瘾了。妹妹的好话哥不听，鬼门关离的不远了。""刀刀切了羊肉了，你把洋烟曷（曷：不要）逗了！""杆一根，两根杆，吃下洋烟的你没见！活活像个鬼一般。"[③] 这首"花儿"中的歌词，形象生动地反映了吸食鸦片的危害性，吸食鸦片让人失去健康的体魄，"像个鬼一般"，使家庭失去劳动力。一首如泣如诉的劝诫"花儿"，号召人民群众坚决抵制鸦片，为创造美好生活而努力奋斗，简单明了、通俗易懂。"花儿"的发展，需要取其精华，去其糟粕，从民歌艺术中汲取精神力量，不失时机地发展民歌艺术，为其注入新的血液，以其特有的感召力和号召力推动精神文明建设。

（三）交际性功能

"花儿"具有交际性功能，增进情感、促进沟通，有利于社会和谐发展，提升人与人之间的亲密度，加强各民族之间的团结。"花儿"以汉语为语言载体，以口耳相传为传承途径，从古至今依然保留着最原始的基本作用，无论是情感交流还是信息交流，都是一种艺术化的语言。音乐的主要使

---

① 张君仁：《"花儿"之民俗事象及其文化意蕴》，《民族艺术》2000 年第 2 期。
② 郭丹、程小青、李彬源等校注《四书五经·礼记》，中华书局，2019，第 705 页。
③ 张亚雄编著《花儿集》，中国文联出版公司，1986，第 117~119 页。

命诞生于人类的交际过程中，所以具有内在的交际功能，其交际特点在于将众人明确而正义的理想团结一致，音乐的这个特点在远古时代就表现出来了。[①] 如一段对唱"万物人真人是假，什么是你的我的"，在某种特定的场合，用唱"花儿"的方式表达兄弟之间不分彼此的情感；"仁贵征东不征西，没知道杨满堂反的，我心里没有丢你的意，没知道你丢下我的!"[②] 这句是男女对唱中的男子唱词，表达了男女之间的爱情。

（四）娱乐性功能

"花儿"具有娱乐性功能，有利于构建各族人民喜闻乐见的大众文化。大众文化是中国特色社会主义文化的重要组成部分，连接着生产与消费，具有文化传播与精神引领的社会功能。"花儿"作为一种群体性的娱乐活动是人们劳作闲暇之余的基本需要。"花儿会"是定期定点举办的"花儿"文化活动。和政县于每年农历四月二十六日开始，在国家级森林公园、省级风景名胜区松鸣岩举办"花儿会"，为期 3 天，参与人数众多。比"花儿会"更广泛的活动是民众自发组织的日常对唱活动。一些有相同兴趣爱好的人，自发地聚在一起对唱"花儿"，给民众带来欢声笑语，由此发挥"花儿"的娱乐性功能。如在农闲季节，一些"花儿"爱好者，提着便携式音箱，三三两两相约和政县龙泉广场对唱"花儿"，一些热爱"花儿"的居民，聚在一起对唱、交流、学习。

三 从铸牢中华民族共同体意识的角度看民歌艺术的当代价值

以"花儿"为依托的民歌艺术活动的影响是多方面的，在各民族交流互动、居民日常生活等多方面推动当地的民族团结进步事业。"花儿会"丰

---

① 戴明瑜：《音乐社会功能新论》，《交响》1994 年第 1 期。
② 张亚雄编著《花儿集》，中国文联出版公司，1986，第 119 页。

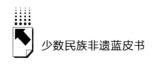

富多彩的活动促进西北各民族之间相互了解，相互沟通，促进民族团结。各民族之间的交往、交流、交融更加密切，民族认同和文化认同得到进一步增强，从而铸牢中华民族共同体意识。

（一）推动了各民族之间的相互交流

每年农历的四月二十六日至二十八日是和政县松鸣岩（国家 4A 级旅游景区）的"花儿会"，也被称为"四月八"。农历四月是和政县油菜花盛开的季节，人们趁着闲余之际，纵情于松鸣岩的山水之间，尽情享受原生态的"花儿"。"花儿会"场面盛大，人如潮，歌如海，其中"松鸣岩花儿会"是甘肃著名的三大"花儿"会场之一，来来往往的群众盘坐在会场边，将会场围成一个里三层外三层的圆形舞台。"花儿会"为各民族"花儿"歌手提供了展示、学习、交流的舞台，更为河州"花儿"孕育传播者和继承者，每年吸引了大批"花儿"歌手参加，周边地区如甘南藏族自治州、兰州市、定西市等前来参与的群众多达 10 万人以上，已然成为当地民间狂欢节。2021 年元旦，和政县"花儿"艺术家协会举办"舞动 2021 唱响 2022"庆元旦文艺演出，活动丰富，节目众多，60 多个节目接连上阵，男女"花儿"独唱、"花儿"对唱、大令、扇子舞等，一个个节目异彩纷呈，一首首"花儿"通俗易懂，一句句歌词积极向上，表达了中国共产党带领中华民族从站起来、富起来到强起来的奋进征程，体现了和政县各族人民对美好生活的感激以及对未来生活的憧憬与向往，强烈的视听效果和独特的感染力，赢得了观众的喝彩和掌声。

（二）增强了各民族的文化自信

除了"四月八"，还有康乐莲花山"花儿"旅游节，岷县的二郎山"花儿会"，青海西宁凤凰山"花儿会"、民和县峡门"花儿会"、乐都区瞿昙寺"花儿会"等。各地的"花儿会"是立足于"花儿"特色民歌文化的非物质文化遗产专场会演。不同地区的"花儿"也各不相同，按照地区可以分为"河州令""湟源令""川口令""循化令""互助令""西宁令"等，按照演唱民族划分为"土族令""撒拉令""保安令""东乡令"等，而大通县六月初六的老爷山"花儿会"是源于藏族的"长寿令儿"的"花儿"。各地的"花儿"都蕴含浓厚的西北民族风情。"花儿会"为各地的游客献上西北民族风情的音乐盛宴，让各族人民感受"花儿"文化的博大精深，树立了民族自信和文化自信。"花儿"是民族文化中的瑰宝，充分体现了民族交流、交往、交融的实录，展现了民族精神气质。"花儿会"等一系列以"花儿"为依托的旅游活动，既加深了当地人对民族文化的认知，也加深了其他地区的人对西北地域文化的了解。

（三）促进了各民族的文化认同

民族认同是一个民族发展的重要基础，是对本民族历史文化、风俗习惯的认同。"花儿会"这一民歌艺术活动促进了东乡族、撒拉族、保安族、藏族、土族、裕固族、回族、汉族、蒙古族等多个民族的交流交往交融，促进了各民族之间的文化认同。"花儿会"暨旅游节，通过一系列旅游活动，激发了各族人民群众参与文化传承的积极性，通过唱"花儿"、听"花儿"这一历史悠久的文化会演，唤起参与者对本民族传统文化的认知与认同。多姿多彩的"花儿"歌词，演绎数百年来的风雨历史和日常生活图景，"花儿"囊括了多民族的文化精华。"花儿会"旅游节期间，承载着悠远绵长历史记忆的临夏特色美食手抓羊肉、河州包子、黄河鲤鱼、河沿面片遍布会场，在传承和发扬民族文化的同时，加深了各民族对其自身文化的内在情感。"花儿"活动深受西北地区各个民族群众的喜爱。"花儿会"的定期举办，使各个民族的人民群众聚集在一起，相互了解，相互交流，使各民族日益成为相互联系、相互依存的文化共同体，促进了他们的中华民族认同。

（四）丰富了各民族的日常生活

"花儿"是人们表达思想、交流情感、记录叙事的一种方式。"花儿会"是一个内涵丰富的民族节日，举办期间四面八方的群众都会登山对歌，所唱歌词多为即兴创作，极具生活气息，是一种综合性的文化活动，活动包括拦歌、对歌、游山、敬酒、告别、竞技、游戏、饮食、物资交流、以歌为媒等形式，烘托了气氛，丰富了人民群众的日常生活，以群众文化活动的形式传扬"花儿"民歌文化，塑造品牌，形成持续的文化影响力。此外，社区也举办"花儿"活动，为社区活动增添新活力。傍晚的广场上不仅有"广场舞"，也有"花儿"爱好者的对歌活动。逐年增多的"花儿"活动吸引了各地游客，刺激了和政县的消费，拉动了旅游业的发展，带动了经济的快速增长。同时，以"花儿会"为中心衍生出更多的旅游项目，改善了当地人们的日常生活，在一定程度上缩小了各民族的经济发展水平差距，不仅减少了经济方面的社会矛盾，也有了更加充裕的资金和更加充足的力量去推动民族团结事业进步。

四　民歌艺术推动铸牢中华民族共同体意识的路径

甘肃"花儿会"作为一种民歌艺术活动，既是中国民俗文化的传承，也是中国特色社会主义文化的重要组成部分。只有结合本地区实际情况，对"花儿"进行创新性发展，才能使民歌艺术充分焕发勃勃生机，民歌艺术才能更好地传承发展。应在民歌艺术的社会性转型中探索推动铸牢中华民族共同体意识的路径。无论是从民歌艺术的保护传承，还是从文化旅游助力乡村振兴的层面考量，"花儿"应契合当地社会经济、文化发展的需要，既不能"过度"，也不能"限制"。现代性转型中的"花儿"越来越被地方政府部门重视，一方面，"花儿"与文化旅游相结合，带动了地方经济的发展，提高了"花儿"的知名度，打响了地方品牌。但另一方面，"花儿"被过度商业化，导致"花儿"的内容、形式、风格发生了变化，"即兴创作、即兴表演"被固定的舞台所替代，"花儿"失去了原有的魅力，被打上"电音""趋利"的烙印，这也是对民歌艺术的一种伤害。"花儿"的现代性转型过程中的这种现象，值得人们深思并做出改变。

党的十八大以来，以习近平同志为核心的党中央高度重视民族工作，重视培育中华民族共同体意识，创新推进民族团结进步创建工作，要铸牢中华民族共同体意识，把民族团结进步事业作为基础性事业抓好。做好民族团结进步事业，涉及各方面的工作，将"花儿"作为中国民族文化的重要组成部分看待，不断推进"花儿"的现代性转型，是对传统文化的创新性发展，是进一步加强中华民族共同体教育的有效措施，可以使少数民族认识自己的文化、认同自己的文化，从而不断增强"五个认同"。

（一）厘清"花儿"的来龙去脉和历史传承

中国是一个古老的国家，传统文化更是源远流长，通过溯源，可以提高各族人民对民歌艺术"花儿"的认知力，只有当各族人民群众真正了解了"花儿"的来龙去脉和历史传承后，才能真正认同"花儿"。"花儿"自诞生之日起，就随着社会的发展而发展，在传承中不断舍弃"旧内容"，接纳新事物、新现象。如过去的一首"花儿"中唱道："洋灰电杆高压线，白葫芦儿给的干三；包产到户好年景，一开心唱了个少年。"这是当时社会的一种写照，"花儿"与当时人们的生活联系十分紧密。现在的"花儿"多传唱当代社会，如"过去没水的干北山，穷山山，拉羊皮连草不沾；退耕还林的治荒山，这几年，南北山变了果园"。人们正在用"花儿"的形式，表现社会的各个方面，用"花儿"歌唱祖国，弘扬时代主旋律，增强各民族群众对伟大祖国的认同。

（二）进一步扩大影响力，彰显民族特色

"花儿"是一种"大融合"的艺术，有效增强了人们的民族认同感，进而推进对伟大祖国的认同、对中华民族的认同、对中华民族文化的认同和对中国特色社会主义道路的认同。要进一步扩大"花儿"的影响力，用创新理念促进"花儿"的发展，人民喜闻乐见的艺术，才是充满活力的艺术。同时，要结合新时代的内容，紧密结合新时代中国特色社会主义文化内容。不论是古代还是现代，"花儿"吸收了不同时代、不同地区和不同民族的文化，在传唱方面，以汉语为主，但同时糅合了回族方言、撒拉语、藏语等。在内容方面，体现了各地区各民族的文化生活现象，"花儿"传唱的内容来源不仅局限于西北地区，也反映了大量的其他地区的文化，如"花儿"中所唱："只要阿哥的心肠有，不要扯红绿的膝裤。"其中"膝裤"，又叫"筒筒"，是明代江南妇女绑在腿上的裤管，这体现了"花儿"对江南文化的吸收。在现实社会中，人们属于多种社会群体并拥有多重社会身份，而不同的群体身份间可能会具有上下包摄关系。[①]"花儿"深受各族人民的喜爱，其包含各个民族丰富的精神文化和物质文化，从而增进不同民族之间的亲近感，有利于民族团结，在各民族相互交流交往的过程中形成的民族认同，是国家认同的基础和前提。

（三）着重培养相关人才，打造文化品牌

民间艺术，从民间中来，到民间中去。"花儿"生在民间，长在民间，扎根在民间，灵魂在民间。民歌艺术传承人需要重点培养、分类培养，制定相应的人才计划，出台培养政策，以壮大民歌艺术人才队伍。不同的民族和地区都有自己的"名牌"，"花儿"也不例外。2006 年，宁夏"花儿"纳入第一批国家级非物质文化遗产代表性项目名录，同年在临夏回族自治州举行"中国'花儿'之乡"的挂牌仪式。临夏是中国两大类型"花儿"（河州"花儿"和洮岷"花儿"）的发祥地，是中国"花儿"的大本营。和政县被誉为"花儿之乡"。实地调研发现，目前"花儿"已纳入部分学校课堂。只有队伍壮大了，民歌艺术才能传承好、保护好，中国特色社会主义文化才会更加富有活力。同时要打造地方"名牌"，彰显中国特色，坚持文化自信，增强文化认同。

（四）创新民歌艺术的形式，打造民族特色产业

民歌艺术形式的创新不局限于"舞台表演"，创新形式要结合时代背

---

① 殷融、张菲菲：《群体认同在集群行为中的作用机制》，《心理科学进展》2015 年第 9 期。

景，依托乡村振兴，把民歌艺术真正地"盘活"，打造少数民族特色文化产业。首先，要促进政策和资源协调发展，充分利用少数民族发展政策，发掘民歌艺术的潜力。其次，要依托科技，互联网新媒体技术能够有效提高民歌艺术的传播速度，扩大民歌艺术的覆盖面。充分利用多媒体，创新传播方式，对"花儿"进行保存记录与传播。最后，要加大科研力度，密切联系高校，推动民歌艺术科研项目的发展，把理论成果转化为实践。"花儿"已经传唱了几百年，从当初"我亦龙华游胜会，牡丹听罢独徘徊"的龙华会盛景到今天的"松鸣岩花儿会""寺沟花儿会"等，从自娱自乐的休闲活动发展成了民俗文化艺术交流盛会，"花儿"盛会不仅是弘扬民族文化的最佳场所，还是带动地方经济发展的重要推力。"松鸣岩花儿会"每年参加人数超过十万人，带来旅游综合收入数亿元。打造少数民族特色文化产业，带动经济发展，让各族人民群众切切实实地感受到中国特色社会主义制度的优越性，从而增强各民族群众对中国特色社会主义的认同。

（五）多方发力，走多元化道路

从目前甘肃省的情况来看，民歌艺术的保护与传承，要走多元化道路，应从三个角度出发：政府、社会、家庭。政府层面，政府要明确自身的主导作用和保护职能，完善相关政策及措施。既要为"花儿"的保护传承提供便利条件，又要担负起指导任务。完善并落实各项保护措施，对"花儿"的保护工作进行跟踪调查，记录上报，积极组织开展"花儿"非物质文化遗产保护研讨会。社会层面，增强人民群众保护和传承意识，建立正确、系统、全面的符合社会主义核心价值观的传承机制。党和政府以政策鼓励民间艺术团体组织参加"花儿"活动。拓宽民歌艺术传承路径，推动自然传承、师徒传承、符号传承等多种传承方式共同发展，提高"花儿"保护与传承效率。家庭层面，家长积极培养孩子对传统文化的感情，引导孩子对民歌艺术产生兴趣。"花儿"中不乏简洁生动、教育性强的优秀儿歌，引导孩子正确认识民歌、了解民歌、学习民歌。进一步拓宽家庭传承、家族传承路径，提升孩子的文化认同感和民族认同感。在传承和保

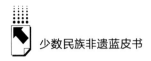

护民歌艺术的过程中，增强各族人民群众对中国共产党的认同，铸牢中华民族共同体意识。

结　语

总的来说，甘肃河州"花儿"是各族人民群众智慧的结晶，是中国传统文化的重要组成部分，是中华民族传统文化创新的重要范畴。但是一方面，其面临形形色色流行文化和外来文化的影响；另一方面，在经济发展过程中，"花儿"被过度商业化，失去了原生态颜色，参与人数慢慢减少，传承者后继乏人，甚至已经不是传统意义上的"花儿"了。为了少数民族文化的传承，为了中国传统文化的生生不息，为了铸牢中华民族共同体意识和推进文化强国的建设，应对民歌艺术进行创新性发展，结合实际情况，完成民歌艺术的现代性转型。

B.10
从历史到记忆：少数民族非遗与文化自信刍议

蔡达丽*

摘　要： 从固化历史到鲜活记忆的认知位移，是基于人类文化多样性保护理念的非遗保护实践与理论研究在当代语境中对地方传统文化所做出的关键省思。这种契合文明生态理念的价值观，将少数民族非遗的文化价值重新定位于活的生命机体及其能动发展的需求与权利，并将这种传统文化的当代活化重构实践，理解为多元文化主体借由参与对话、角逐、磋商的"承认运动"过程而最终导向建构互赏、互鉴、互通的人类命运共同体之自由实践。少数民族非遗作为民族自信之表征媒介，对重构多元艺术风格形式与情感交流机制共生共荣的全球文化新生态具有双重意义：其一，从文化内部视角观之，少数民族非遗是建构并维续文化持有者身份认同感与归属感的重要传统文化资源；其二，从文化交往维度上看，少数民族非遗日益成为文化持有者参与全球文化新生态建构实践的独特象征资本。

关键词： 少数民族非遗　文化自信　民族形象　身份认同　全球文化新生态

---

* 蔡达丽，文学博士，山东大学文艺美学研究中心博士后，主要研究方向为生态美学、非遗美学、审美人类学。

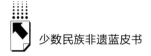

一 少数民族非遗与民族形象表征

作为活态传承的传统文化形态，非物质文化遗产（简称"非遗"）在现代性语境中经历了一个从"历史"到"记忆"，从"遗产"中心到"非物质文化"中心，从物质形态保护到文化内涵保护的深化拓展过程。尽管"非遗"概念涵盖口头传统、手工技艺、表演艺术、社会实践、自然宇宙观与其他类型人文知识等多样形态的文化表现形式，[①] 但其深层结构或曰文化精神内涵实则俱可归结为民族共同体想象并表征其集体自我的文化表象（结构）与意指实践（能动性）过程。少数民族非遗的精神内涵是族群共享的文化记忆，这种记忆的传承机制不是将族群历史进行惰性地固化封存，而是诉诸灵动鲜活、具体微妙、身心融贯的情感体验方式，在不断向前的当下境遇中反复唤醒、激活并强化文化成员的身份认同感。具体而言，少数民族非遗的文化内涵保护，依赖文化成员借由具身感知、参与实践与直觉感悟的心灵自由体验之径，自觉地内化该表征框架当中直观可感的民族形象。此类集体自我的视觉意象将民族共同体的抽象精神内涵予以具象化的表达，借用社会学之父帕森斯的表述即能够陶冶个体成员性情的象征化了的社会现实（the social reality symbolized），这种表现性符号系统的主旨在于以诉诸情感交流的方式将个体整合进集体。[②] 就此而言，少数民族非遗保护的关键问题之一是"人"的问题，亦即如何唤醒、凝聚、强化文化主体的认同感、归属感与责任感。

非遗之首要价值在于其"非物质"的文化内涵，亦即鲜活的文化记忆内涵，而非历史之物化形态或曰遗物、遗产。这些族群共享的文化记忆通过个体成员的身心参与感知实践，将民族精神载入个体的心性记忆当中，成为其主体身份认同感、归属感与文化自觉意识的滋养根源。叶芝将这种"种

---

① 王文章主编《非物质文化遗产概论》，文化艺术出版社，2006，第397页。

② See Talcott Parsons and Edward Shills eds. , *Towards General Theory of Action*（Cambridge：Harvard University Press，1952），p. 165.

族的记载"的伦理共同体记忆印记指称为"个体的记载"，指出这种个体身心承载的族群记忆内容之象征蕴涵，唯有借由直观幻象以溯回神话所指涉的"遥远的过去"之径方可得之解码。① 哈布瓦赫亦指出，尽管记忆的身体是个体之人，但其根本的心理框架却是社会的，这种记忆范式之旨趣不在于巨细无遗地再现历史事实，而是对集体记忆的内容进行筛选、润饰、完形，"赋予它们一种现实都不曾拥有的魅力"，以此凝聚、维续、强化参与交往个体的集体意识与认同归属感。② 康纳顿则试图从体化实践（incorporating practices）的角度，回答"群体的记忆如何传播和保持"的问题。③ 诺拉（P. Nora）力图跳脱"集体灵魂"与"客观头脑"的论辩框架，从"诉诸符号与象征"以进行自我保存、调整、延续的社会机体维度进入记忆研究。④ 扬·阿斯曼（J. Assmann）更是明确指出，文化记忆研究致力于阐释"不同的社会是如何回忆的，在回忆的过程中，它们又是如何进行自我想象的"，其涵括"特定时代、特定社会所特有的、可以反复使用的文本系统、意象系统、仪式系统，其'教化'作用服务于稳定和传达那个社会的自我形象"。⑤

　　少数民族非遗是民族形象表征的重要表现形式与文化空间，当中所蕴藉的文化记忆内容是族群身份认同建构的基础。民族形象，作为集体自我表征的视觉意象，是非遗代表作中活的精神内涵，其建构了民族连贯整合的理想形象，并不断地将历史感融入共时呈现集体表象，以此造成一种稳定连续的认同效果。作为文化持有者生产、交流与重塑民族形象的表征活动之媒介与

---

① 〔爱尔兰〕威廉·巴特勒·叶芝：《幻象——生命的阐释》，西蒙译，樊心旻校，国际文化出版公司，1989，第232页。

② 〔法〕莫里斯·哈布瓦赫：《论集体记忆》，毕然、郭金华译，上海人民出版社，2002，第93页。

③ 〔美〕保罗·康纳顿：《社会如何记忆》，纳日碧力戈译，上海人民出版社，2000，第1页。

④ Aleida Assmann, *Cultural Memory and Western Civilization*: *Functions*, *Media and Archives* (Cambridge：Cambridge University Press, 2012), p. 122.

⑤ 〔德〕扬·阿斯曼：《文化记忆》，金寿福、黄晓晨译，北京大学出版社，2015，第9页；〔德〕简·奥斯曼：《集体记忆与文化身份》，载陶东风、周宪主编《文化研究》（第11辑），社会科学文献出版社，2011，第10页。

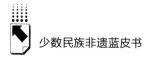

产物，非遗所蕴藉的这种伦理共同体意象，既根植于特定族群在历史上被模塑的对于合理事物与公共福祉的共同感觉，亦随着现实情境而不断发生嬗变。质言之，民族形象绝非单一、惰性、无差别的可感意象，相反，其关联于多元文化主体不断将历史感融入共时身份认同叙事的表征意指实践动态，是他们诉诸具身感知、参与实践与反思评价等特殊审美交流实践以不断重构的文化编码系统，关乎他们对于民族史诗、艺术造型、景观布局、仪式庆典等文化符号的同情理解与情感共鸣，是他们集体无意识与内在生命体验持续复写的传统"羊皮卷"。可以说，正是这种积淀着丰富历史蕴涵并同时发挥着现时社会结构功能的视知觉意象，赋予了非遗以历久弥新的活态文化价值，使之能够在族群砥砺前行的历程中恒葆文化的生命活力。在此族群审美经验重构与传统文化空间再生成的过程当中，非遗作为多元文化主体朝向"未来"的期许，在不断向前的"当下"时空视域中重阐"过去"的表征意指实践之产物，将抽象的民族精神予以感性化、直观化与审美化的表达。这种表达对内具有唤醒、激活、强化族群成员身份认同感、归属感与责任感的社会结构化功能，对外则往往成为主体间性交往的重要互识、互鉴、互赏媒介，能够贯通认知与道德、功能与价值、自然与自由之间的隔膜屏障。

二 少数民族非遗与文化自信

文化自信根源于主体的文化自觉意识与文化认同感受，非遗的活态传承保护实践之要旨在于，形塑主体对其所属文化之整体性与连续性的认同感与归属感，培养其积极主动的文化传承自觉意识。如果说，文化自觉意识指的是文化主体对其族群精神、世界观图式、原初乡土经验等集体无意识内容的主动内化与积极传承过程；那么，从文化自觉到文化自信的推进，则意味着文化主体对其集体记忆内容与民族精神内涵的表征意指实践，已然由"自在"形态转为"自为"形态。在此意义上，特定时空阈限中有机生长的非遗文化价值，即不再仅仅指涉划定族群认同边界的社会结构化功能价值，而是同时涉及多元文化交往情形中不同行动者对其民族自我形象的生产、表征、传播与重构的"文化的循环"过程，此过程必然涉及不同文化主体的互动交往情形。在后全球语境当中，少数民族非遗作为中华文明生生不息传承活力的具体实例，"对于延续历史文脉、坚定文化自信、推动文明交流互鉴、建设社会主义文化强国具有重要意义"①。当代少数民族非遗作为民族自信之表征媒介，对内激活、凝聚并强化成员从地域族群到"民族—国家"两个不同层次的文化认同感，对外则作为文化主体参与全球文化新生态建构实践的独特象征资本。

按照霍耐特的阐释，"自信"范畴最初是作为精神分析术语被爱利克·H.埃里克森偶然发现并加以应用的，意指主体对其自身需要之价值的最初安全感。主体借由间性交往而获得对其自身需求、判断、技能之肯定性评价的最初体验，自信、自重（self-respect）与自尊（self-esteem）作为三种积极的主体与自我的关系形式，其内在化的形成过程均离不开主体间性互动过程当中能够直接体验的承认行为。在此主体确认其能力价值的过程当中，"他们和自身（eigenen）拉开距离"，各自以否定其自我中心的欲望的行动来回应对方，将康德意义上的道德相互性经验"尊重"（achtung）引入这个崭新的行动场域当中，共同朝向一个平等对话、自由磋商、相互承认的"有普遍共享理由的世界"之构筑愿景而协同努力。②此即意味着，民族自信绝非苑囿于个体私隐性空间中的单声独白，相反，它是一种单称主体在进入公共话语领域之际，直面多元主体对话、磋商、角逐的"承认运动"过程，而薪望最终导向间性主体建构与谦逊空间生成的必要自我认同理念。这种理念期待他文化主体能够对自身做出肯定性评价，并以同样的标准自我要求。在文化内部，民族自信意味着文化成员对其所属共同体伦理价值观进行主动认同与自觉内化，意味着积极地介入其传统文化活态传承的体化实践当中，勇于承担这种责任，并以此为荣，亦即"认同"的议题。在文化交往

① 《关于进一步加强非物质文化遗产保护工作的意见》，中国政府网，2021年8月12日，http://www.gov.cn/zhengce/2021-08/12/content_5630974.htm。
② 〔德〕阿克塞尔·霍耐特：《我们中的我：承认理论研究》，张曦、孙逸凡译，译林出版社，2021，第3~19页。

情形中，民族自信意味着文化主体蕲望其民族形象的表征意指实践能够得到异文化主体的理解与承认，并以同样的道德标准要求自己对其他文化主体的民族形象做出同样的反应，亦即"承认"的议题。

在当代，少数民族非遗活态传承直接面对的难题，即如何激活被现代性存封起来的传统文化经验，重构具有当代价值的文化记忆空间。此问题的解决亟须修复少数民族已然遭到不同程度破坏的非遗文化生态，发掘非遗传统文化的当代价值，借此强化文化主体对民族共同体的认同感、归属感与自信心。在后全球化语境当中，少数民族非遗的现实文化生态已然不同程度地遭遇全球化、现代化、都市化进程的文化均质化篡改，其载录着诸边缘群体在此过程中所切身经历着的文化创伤、自我意识觉醒、意识形态抵抗与争取平等对话契机的承认运动过程。如诺拉所言，"历史"区别于"记忆"之处即在于前者乃是"无人栖居"的场域，在不同情境脉络的主流意识形态之通过阈限作用下，自发生成的记忆环境现今唯余残缺不全的记忆场所形态，当中藏储着亟须唤醒复活的记忆。这些"在活生生的记忆海洋退潮之后栖息在岸边"的贝壳，是临界于"鲜活"与"死亡"间的记忆原生形态之仅剩残余。① 这种亟待复活的场所记忆，亦即吉登斯所言指的被现代性逻辑所封存起来的族群传统经验。一方面是传统族群经验在当代唯余残缺的形态，另一方面是民族形象建构亟须依赖连续性的文化记忆叙事。如此，共同体经验记忆向民族自我形象转换生成的少数民族非遗活态传承实践，即成为唤醒文化主体认同感与归属感、培养文化传承自觉意识、重构民族自信的规范性实践过程。这种规范性实践融贯了"实然"价值与"应然"价值，使民族文化复兴、民族精神激活、民族形象再塑的当代非遗实践同时具有了真、善、美的价值质性。在此情境脉络当中，少数民族非遗进入公共话语空间的民族形象表征意指实践，又被赋予了不同以往的文化价值蕴涵，它同时兼容了"认同"的社会结构功能与"承认"的道德交往准则。

---

① 〔法〕皮埃尔·诺拉主编《记忆之场：法国国民意识的文化社会史》，黄艳红等译，南京大学出版社，2021，第12页。

所谓文化"认同"问题，究其而言乃是种在文化内部持续被建构的个体与群体的关系问题，这种关系受到具体时空阈限的整体文化生态关系之规约。此类将个体整合进群体的地方传统文化机制将社会的终极约束力转化为"习惯、虔诚、情感和爱"，将外在抽象的道德责任律法与主体追求快乐幸福的天性融贯于不假思索的习俗当中，"重建了个体和总体之间的关系，在风俗、情感和同情的基础上调整了各种社会关系"。由此生成一种抵抗专权强制、自我指认的主体，这种主体对于社会责任与归属感的体认是建立在其自由实践经验的基础之上的。①

如果说，"认同"的议题所致力于证明的是多元文化主体迥异、自我表述的独特性、边界性与合理性问题，那么"承认"的议题则着眼于论证这些多元主体彼此之间如何能够在保持自身差异的基础上达成道德上的社会团结问题。② 早在《精神现象学》中，黑格尔即已指明："一个主体只有进入与另一个主体的'承认'关系中，才能对他的'自我'有所'意识'。"霍耐特解释道，唯有借此互相依赖的参与经验过程，个体方才能够在他者的自我限制中同时满足自我意识施加的三个要求，即"感知到他用来创造（社会）实在的活动"、"把自己理解为一类中的一员"以及认识到"这一类之存在正是通过这种类型的互动而得以维持"。③

少数民族传统文化的非遗化意味着其进入公共文化的场域，被卷入了多元文化主体互动的交往当中。④ 此即意味着，少数民族非遗保护实践场域当中的主体是与他人共在的主体，而来自不同文化背景的伦理主体在对话交往中设若均各持己见，则必然导向无关正义的伦理冲突，化解这种冲突之径即要求每一伦理主体均舍弃一己私欲而主动与对方和解。在此意义上，谦逊空间（humility space）之生成与人类命运共同体之缔结，应当成为少数民族非

① 〔英〕特里·伊格尔顿：《审美意识形态》，王杰、傅德根、麦永雄译，广西师范大学出版社，2001，第8~9、17页。
② 蔡达丽：《冼夫人信仰的空间美学蕴涵》，《文化遗产》2020年第3期。
③ 〔德〕阿克塞尔·霍耐特：《我们中的我：承认理论研究》，张曦、孙逸凡译，译林出版社，2021，第3~19页。
④ 高丙中：《作为公共文化的非物质文化遗产》，《文艺研究》2008年第2期。

遗参与全球文化新生态构筑实践的自我要求与深层旨归。这种谦逊空间，将基于"交互主体性"（inter-subjectivity）与"对—话"（dia-logue）机制，并以"有普遍共享理由的世界"为理念而不断生成的去排他性、非中心主义与反霸权辖控的崭新行动场域。① 而一个多元文化平等对话、互赏互鉴、共生共荣的生态场景，即立足于人类命运共同体高度的世界文化多样性保护实践基于"关系"本位所构筑的全球文化新生态愿景。

三　少数民族非遗与全球文化新生态建构

明确立足于人类共同体高度对文化遗产进行多样性保护的实践，始自联合国教科文组织于 1972 年颁布的《保护世界文化遗产和自然遗产公约》，但彼时其对文化遗产价值之体认仍停留在物质形态保护层面之上，而对文化内涵保护的主张，至少要到 1989 年拟定并通过的《保护传统文化与民俗的建议》。在该建议中，民间文化遗产之文化认同价值与智力创造价值首次在公共话语领域得到肯认。自此以往，联合国教科文组织对人类文化遗产保护的理念开始自物质形态层面深拓至精神内涵维度，从活化共生而非固化封存的角度对文化遗产的当代价值与意义做出新的阐释。在某种意义上而言，对于非遗独特传承机制的重识、理解与肯定，是 19 世纪线性进化历史观在当代已然发生空间转向的重要现实表征。这种强调人性价值、情感投注、场域与惯习模塑的空间思维逻辑，从活化历史、唤醒记忆、重构心灵体验之场诸维提出了契合当代生态文明建设理念的非遗保护标准，即致力于构筑传承主体与分享主体良性互动的非遗保护实践场域，并最终导向多元文化互享互赏、共生共荣的健康、和谐、可持续发展的全球文化新生态。②

---

① Edwin George, "Interculturality: Some Philosophical Musings", in William Sweet eds., *What is Intercultural Philosophy?* (Washington D. C. : Library of Congress Cataloging-in-Publication, 2014), pp. 60-61.; Thomas S. Kuhn, *The Road Since Structure: Philosophical Essays, 1970-1993* (Chicago: University of Chicago Press, 2000), pp. 36-38.

② 高小康：《文化遗产传承与多元文化共生》，《遗产》2019 年第 1 期。

伴随着现代社会高度分化的科层机制组织模式之形成与确立，神圣遭受亵渎，坚实稳固嬗变为转瞬即逝，个体成员脱离开其与有机生长的传统经验及社群整体之关联而沦为陌生情境当中茕茕孑立的被抛此在，在"祛魅"后的世俗世界当中找不到自我认同的始源基点。更甚者在于，科学主义精神作为现代文明滥用的所谓"精髓"，终结了个体与社群之间的有机生态关联方式，而诉诸法律条文、暴力惩罚机制以及强制性组织形式以将现代人束缚在机械运作的社会整体之某个据点之上，共同体成员在想象性连带中很难寻觅到那种奠基于传统社区生活与亲昵交往经验的归属感，如此便弃绝了完满人性之实现契机。席勒恰如其分地描述了这种现代性的理性偏执对于完满之人的戕害："一方面，过分旺盛的想象力把知性辛勤开垦的地方变成一篇荒芜；一方面，抽象精神又在扑灭那可以温暖心灵和点燃想象的火焰。"① 在此情境当中，少数民族非遗成为传统经验阙如、伦理范导缺位、神性世界消匿的世俗当下场域里一种难能可贵的自由实践路径，其为重构契合我们时代生态文明理念的个体精神生态、族群文化生态、民族—国家文化生态与全球文化生态打开全新的践行场域。

《世界文化多样性宣言》明确指出，多元形态的文化生态呈现是时空阈限中人类有机体与环境互动模塑的产物，文化多样性作为交流、革新与创意之源泉，是人类共同的遗产，其价值应当从当代延及后世的可持续发展视角予以整体估量。② 少数民族非遗作为中华民族共同体传统文化的重要组成部分，体现着中华民族源远流长的文明基因与实践智慧，是五十六个民族情感共鸣与伦理共识的重要联结纽带，蕴藉着中华民族特有的精神价值、思维方式、想象力，③ 是维护我国文化身份和文化主权的基本依据，亦是世界文化多样性的重要代表作。从固着封存的物化历史到"有人栖居的"鲜活

---

① 〔德〕弗里德里希·席勒：《审美教育书简》，冯至、范大灿译，上海人民出版社，2003，第47页。

② 《世界文化多样性宣言》，联合国教科文组织网，2001年11月2日，http：//portal. unesco. org/en/ev. php-URL_ ID=13179&URL_ DO=DO_ TOPIC&URL_ SECTION=201. html。

③ 《国务院关于加强文化遗产保护的通知》（国办发〔2005〕18号），中国政府网，2008年3月28日，http：//www. gov. cn/zhengce/content/2008-03/28/content_ 5937. htm。

记忆，从落后闭塞的族群文化传统到人类文化多样性的创意代表作，是当代非遗保护实践与理论研究对少数民族非遗文化之内在价值与生态环链价值的重识与肯认。修复当代失衡的全球文化生态，应当倡导平等对话与互相承认的文化价值信念。这种主张，愈发彰显出曾长期被主流审美趣味与公共话语领域所遗忘了的少数民族非遗之重要在场价值。从某种意义上而言，少数民族非遗获得建构全球文化新生态的参与权本身即已表明，世界文化多样性保护实践出于反思，正尝试给予这些当代边缘族群文化以更多的伦理关怀。

一方面，其赋予了少数民族非遗以相对自主的发展决策权，肯定了这些边缘文化形态对于人类整体文化生态具有同等不可或缺的生态环链价值。少数民族非遗作为地方传统活态传承的文化生态壁龛，蕴藉着能够有效调衡"有机体—环境"互动模塑过程之矛盾冲突的生态合理性价值。其将旨趣殊异的文化表现形式关联于特定族群历史地形成的认知、情感与伦理思维方式，并积极能动地斡旋于"传统"与"现代"，"地方性"与"全球化"，"乡土经验"与"都市时尚"等多元审美趣味之间，勠力探寻契合文明生态理念的人类文化多样性发展路径。

另一方面，其从互动生成的关系视角，阐明了全球文化生态绝非某种已然从外部被给定了的既存之物，而是诸相对自治的文化生态壁龛间性互动关系的建构效果。这种能建构的秉性，既揭橥多元文化生态壁龛彼此之间存在可进行相互校检的交叉影响，亦在某种程度上为当前文化生态危机之化解指明了方向，即借由以冲突斗争为重要扬弃过程的承认运动而最终导向一种多元地方性文化并置共生、彼此承认、互赏互享的全球文化新生态，此中隐含着一种对他异性的尊重态度与伦理关怀的道德情感。如此，在全球化、现代化、都市化进程的跨文化交往情形中，少数民族非遗作为"小传统"或曰活的感性认知经验之重要文化表象与意指实践空间，即同时被赋予了维衡全球文化生态的、不可或缺的生态环链价值。

总之，在后全球化语境的公共话语领域当中，少数民族非遗作为中华民族认知、情感与道德能力的代表实例，应当被释读为人类文化多样性的重要表征形态，其契合审美规律的直观可感表现形式能够跨越时空阈限隔阂而在观者处唤起普遍可传达的审美愉悦感受，其文化价值内涵则在传统宗教—伦理信仰价值衰微的当代社会日益成为唤醒、激发与强化文化主体之民族自信与文化认同感的难能可贵的资源。

口头传统和表现形式篇

Oral Tradition and Forms of Expression

B.11
国家级非物质文化遗产项目武定彝族
酒歌的传承与发展研究*

郑 波 赵伦娜 费洋洋**

摘　要： 云南省楚雄州武定彝族酒歌历史悠久，是中华优秀传统文化的重
要组成部分，于 2008 年成功申报为国家级非物质文化遗产。本
报告在概述武定彝族酒歌起源、内容及功能的基础上，从个体、
家庭、社会和学校四个维度分析武定彝族酒歌的传承状况，指出
个人传承方面老龄化严重、后继乏人，家庭传承理念薄弱，社会
传承缺乏环境，学校传承执行不力等困境，提出重视培养彝族酒
歌传承人、鼓励家庭传承、加强社会传承、融入学校教育等
建议。

---

* 本报告系2022年云南省省院省校教育合作人文社会科学研究项目"民族地区中小学铸牢中华
民族共同体意识教育的云南实践研究"（项目编号：SYSX202204）阶段性成果。

** 郑波，云南省民族研究所博士研究生，云南民族大学艺术学院讲师，研究方向为民族学；赵
伦娜，中国人民大学教育学院博士研究生，研究方向为教育经济与管理；费洋洋，云南民族
大学教育学院硕士研究生，研究方向为教育人类学。

关键词： 武定彝族酒歌　家庭传承　社会传承　学校传承

酒歌是武定彝族生活中不可或缺的一部分，彝族人民以酒抒怀，喜则饮之，悲亦饮之，饮必歌之。武定彝族酒歌以其丰富的内涵和文化底蕴，于2008 年被列为第二批国家级非物质文化遗产。酒歌承载着武定彝族人民的社会生活、传统民俗，是武定彝族的重要文化象征，也是中华优秀传统文化不可或缺的重要组成部分。

一　武定彝族酒歌及价值功能

武定县地处云南省中部偏北，楚雄彝族自治州境内偏东，北隔金沙江与四川会理县为邻，西连元谋县，东南接禄劝县、富民县和禄丰县。武定彝族分为白彝族与黑彝族两个支系，武定酒歌多为文化底蕴十分丰富的黑彝族支系所流传。

（一）武定彝族酒歌概况

1. 武定彝族酒歌的起源

武定彝族多分布于坝区及山区，坝区彝民多种植水稻、大米等粮食，山区彝民因处于海拔高、气候差的寒冷山区而多种植荞麦、玉米、土豆等粮食，多食用苞谷面、苞谷饭等。彝族人每家都烤酒，多以苞谷、荞麦、高粱等为主材，配以山上采摘的草药酿造。因家中锅子很小，一次只可酿十几斤，此酒是武定彝族独有的"小锅酒"。朋友、客人来家里做客时，主人要先敬一碗烧酒，一是为了抵御寒冷取暖，二是为了加强感情交流。饮酒之余，好客的彝家主人便会唱起酒歌，小酒杯里载着彝家人火样的激情，他们通过歌声来表达对宾客的崇敬与欢迎之情。于是，便形成了有酒者必有酒歌、有歌者必有佳酿的传统。

武定彝族最崇高的敬酒礼仪为"三道酒"。每遇贵客到来，彝族同胞便

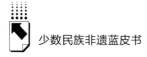

要演唱三道酒，即"拦门酒"，意指彝族人在寨门歌舞，手持装满小锅美酒的羊角杯恭迎宾客；"祝福酒"，贵宾享用丰盛的美味佳肴后，由主人演唱祝福宾客之词敬酒；"留客酒"，即乡宴散后，由主人送宾客至门口，邀请宾客饮下临别时最后一杯酒。

武定彝族酒歌以口头咏唱为主，迄今已有700余年的历史。彝族文字起源虽早，却一直未得到广泛使用。长期以来，它都是由毕摩所掌握，存在于宗教领域之内，生活生产上几乎没有使用。但彝族酒歌主要分布在广大劳动人民生产和生活之中，因此，多以口头传唱形式流传。随时代变迁、社会发展，生产生活方式不断发展改变，传唱者亦触景生情、随机应变，口头创作，进而充实彝族酒歌。彝族酒歌是彝族人民长期积累并自成体系的彝族民歌类型，但其与彝族民歌之间存在某种差异。或于劳作之余抒写劳作的艰辛，或于丰收之后抒写丰收的欣喜，多为亲友相聚之际，抒写欢乐场面，但都具有以酒作载体的共性。景泰《云南图经志书》载：彝民有"味酒"，这一风俗一直延续到今天，以敬酒、劝酒、喝酒、赞酒等为主题，通过吟诵表现彝族人民亲切直率、热情好客、热爱生命的特质！

2. 武定彝族酒歌的内容

武定彝族酒歌内容有挪衣、道嘎、起除挪衣八、命熬、起除、早除、南嘎、所稳切答除之分。挪衣指远古流传下来的歌，内容久远，多取材于历史、传说，属商调式；道嘎是用浅显易懂的文字演唱的小调歌曲，内容多属格言警句；起除挪衣八是把"嫁调"与"挪衣"结合在一起，曲调和谐动听；命熬中的"命"指诗词，"熬"指看到了什么，命熬即指唱起歌词如同亲眼所见一样，其内容多为山川河流、天文地理等；起除就是"嫁调"，它的曲调有140多首，歌词不固定，可即兴创编；早除是歌颂的调子，表示祝贺、赞美、恭维他人等；南嘎以对唱形式为主，有时也有齐唱；所稳切答除是对贵宾的敬酒调，它的曲调很多，有特定的歌词，给人以热情之感。

3. 武定彝族酒歌的分类

武定彝族人民重礼好客，每逢节日或喜庆之日，用酒歌助兴。迎客、宾朋相聚、留客时吟诵；歌词可为大众口耳相传或即兴创编、现编现唱的传统歌词。如今，各种新鲜事物层出不穷，婚嫁喜宴中都有酒歌。武定彝族酒歌按时间和场合划分，可分为日常待客酒歌、婚礼酒歌、贺新房酒歌、祝寿酒歌与节庆酒歌等。按内容和作用划分，大致可以分为迎宾酒歌、敬酒歌、劝酒歌与留客酒歌等几大类。①

（二）武定彝族酒歌的功能

武定彝族酒歌文化在漫长的历史长河中世代相传，歌词内容广泛，曲调种类繁多，是彝族人民精神寄托的一种表征。同时是最彰显彝族特色的区域性民族文化，已成为少数民族原生态民族歌舞舞台艺术展演的一面旗帜。马林诺夫斯基认为："艺术的要求，原是一种基本的需要，从这方面看，可以说人类有机体根本有这种需求""而艺术的基本功能，就在于满足这种需求……因此，我们能很感动地听那单调的野蛮人的大鼓，悼亡的哀曲……正因艺术有以上这种特性，所以，它渐渐和其他文化活动发生关系而产生了许多次要的功能。"② 武定彝族酒歌这一社会习俗与人们的思想、生活、情感等产生了作用，也发挥出其内在的功能。

1.传承文化

彝族文化底蕴丰富，现存很多珍贵的民俗文化，如创世史诗、民间传说、故事歌谣、道德规范、风俗习惯等，以口耳相传的形式传承至今。武定彝族酒歌是传承武定彝族文化的重要媒介，从酒歌内容上看，它传承了与其有关的历史传统、风俗习惯和生产生活，并表达出武定彝族的道德标准、审美取向和民族精神，这些历史文化潜移默化地传播到彝族酒歌文化当中。

2.凝心聚力

彝族酒歌作为广大人民群众相互了解、相互沟通与相互交流的最佳形式，可以加深情感，增进友谊，从而减少亲人间、邻里间、村寨间与族群间的冲突和纠纷，成为推动生产发展、构建和谐家园与保持民族团结的纽带。

---

① 肖惠华编著《中国彝族酒歌楚雄辑》，云南民族出版社，2007。
② 〔英〕马林诺夫斯基：《文化论》，费孝通译，中国民间文艺出版社，1987，第86页。

伴随着文化传播速度的加快，了解彝族酒歌的人越来越多，不仅有彝族人民演唱酒歌，还有其他民族愿意接受和主动演唱，彝族酒歌就像是连接各族同胞的精神纽带。

3. 教化育人

彝族酒歌作为武定彝族文化的重要内容，每一个时期都有特定的教化功能，对弘扬彝族传统文化起着重要作用。新中国成立前，彝族文化教育尚未普及，仅极个别群众有机会入校学习，道德知识和基本生活常识等由家中长辈教授。彝族酒歌的歌词内容或以历史传说、山川河流与天文地理等为主题，或以伦理道德、礼仪规矩与交际往来为主题，宣扬人世间美好的品质。武定彝族人自幼耳濡目染，由此得到了教化，并懂得一定的交际知识。

4. 审美娱乐

武定彝族酒歌感染性强，人们在聆听酒歌旋律时会情不自禁地参与其中，共同端起美酒，唱着歌曲，相互传递喜悦的心情，且不受地域、民族和身份的制约。与此同时，人在饮酒吟唱中所获得的轻松也调剂了原本单调而枯乏的日子，有利于减轻人的压力和负担。随着科学技术的进步，彝族酒歌已经得到了许多人的认可，并成为他们日常生活中的娱乐内容，如将其作为手机铃音、无线端观看彝族酒歌录像等。

二 武定彝族酒歌的传承状况

教育是人类社会文化传承的方式，在现代文明社会，学校教育是人类文化传承的主渠道。少数民族非物质文化遗产传承主体可以分为个体、家庭、社会和学校四个层面，各层面相互交融、重叠和互补，构成完整的少数民族非物质文化遗产传承的教育渠道。[①] 非遗武定彝族酒歌的传承情况主要体现在个体传承、家庭传承、社会传承、学校传承四个方面。

---

① 普丽春:《少数民族非物质文化遗产教育传承研究——以云南省为例》，民族出版社，2010，第52页。

（一）个体传承

1. 彝族酒歌传承人作用

武定彝族酒歌的非遗传承人有余学光、胡朝能、杨永祥与张先志等人。余学光为国家级彝族酒歌传承人，他 15 岁时随家人学彝族酒歌，22 岁时独立唱彝族酒歌，至今 30 余年。他常在演奏彝族月琴的同时演唱酒歌，彝族传承至今的百余首酒歌曲调，他均能演唱。武定县举办大型活动，或者开展民族节庆活动时，常能听见他为宾客敬酒的优美歌声。他每年培训学唱彝族酒歌弟子 3~4 名，截至 2022 年已培训有 18 名弟子，其中有些弟子已被评为州级、县级传承人。同时，他出版了一本《彝族酒歌》专辑，致力于让更多人聆听到来自武定的独特彝音。余学光还肩负着培育彝族酒歌传承人的使命与责任。武定县政府举办彝族彝语、彝文与古歌学习班，他每周都到学习班教授人们演唱武定彝族酒歌、民歌。他还常到学校为学生上课，教会他们认识和学习彝族歌曲。

武定彝族酒歌非遗传承人积极参加云南省和州级、县级非遗展示比赛。如胡朝能代表武定县赴省州级非遗展演，对外弘扬武定丰富多彩的民族文化；在省州县非遗展示比赛中，杨永祥获得"彝山百灵鸟"第三名，张先志获得优秀奖。

2. 民间艺人作用

除非遗传承人发挥的个体传承作用之外，民间艺人的作用也不可忽视。武定彝族酒歌比较典型的民间艺人李继雄、杨丽华等，都为彝族酒歌的保护和传承做出了积极贡献。李继雄，本科毕业于中央民族大学，现为武定彝学会副秘书长。其就读于中央民族大学时，译出《武定酒歌》第一辑。他于 20 世纪 80 年代来到武定基层，在劳动之余，走访了几位彝族老歌手并与他们一起学习演唱武定彝族酒歌，用彝文逐段、逐首记录，同时抄录、整理出大量武定彝族酒歌歌词和歌谱。杨丽华，武定罗婺部落的直系后裔，自 1989 年起一直在武定县民族艺术团工作，多年来坚持传承罗婺部落优秀的传统音乐舞蹈，传唱武定彝族歌曲近 30 年。她曾获得云南省原生态

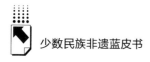

歌曲比赛金奖，并多次在楚雄州和武定县酒歌原生态歌曲比赛中获得冠军，她还是武定彝族非物质文化遗产酒歌专辑《武定酒歌》的领唱者。

（二）家庭传承

武定彝族酒歌涵盖的内容非常广泛，涉及彝族人民生产生活、婚恋、家庭风俗习惯与民族信仰诸多方面，也是全体彝家人民所必备的一项本领。家庭是人生最初的学校，父母长辈是生命成长的启蒙老师，人类文明的传承大多与家庭的熏陶和影响密不可分。彝家人幼儿时期耳濡目染，到适当年龄便能演唱酒歌，彝族酒歌和酒歌文化也因此流传至今。国家级传承人余学光从小就跟舅舅学习酒歌，是舅舅的口传心授、言传身教，让余学光掌握了彝族酒歌中绝大部分演唱曲调。又如罗婺·涛妮硕姿组合于2015年成立于昆明，共有15名队员，均来自罗婺彝家山寨。大多数成员未接受过专业音乐训练，都是从小受家庭的影响，潜移默化地受到彝族酒歌的熏陶。该组合以挖掘、整理彝族古老歌曲，传承彝族文化精髓为己任，以歌为媒，唱歌结友，为宣传彝族酒歌文化树立了很好的榜样。

（三）社会传承

1. 社会传承作用

武定彝族酒歌可视为大型群众性活动，同样依托社会而生存运作，其为彝族人民所喜爱，观众较多。在大型节日、祭祀与婚丧嫁娶等活动中，彝族酒歌始终是必须表演的节目。武定彝族酒歌过去只在村寨里演绎，当酒歌文化广泛传播时，酒歌便渐渐转至市区各类庆典大堂。以往酒歌只在十冬腊月婚宴酒席上上演，每年最多四五次，如今则全年上演。演绎的人由以前的一个村仅一两位老人到如今每个村子里一大群人，且老少均会唱。在生活水平不断提高的今天，人民群众的精神生活得到了改善，便利的交通和媒体科技的普遍应用，使彝族酒歌传承得到了迅速的发展。

2. 社会传承情况

自彝族酒歌 2008 年入选国家级非物质文化遗产代表性项目名录以来，武定县紧紧围绕打造民族强县这一奋斗目标，认真贯彻学习《中华人民共和国非物质文化遗产法》，推动非物质文化遗产彝族酒歌传承与保护工作。

首先，武定县出台多项新政策促进彝族酒歌的保护与传承。为更好地保护与传承这一国家级非物质文化遗产，楚雄州武定县文体广电旅游局编制了《武定县彝族酒歌保护与传承方案》，采取强有力的措施传承与保护武定县彝族酒歌；颁布《武定县非物质文化遗产项目代表性传承人评选命名办法》和《武定县非遗项目代表性传承人管理办法》等，逐步完善非遗项目保护目标体系。武定县文化馆也设立了非物质文化遗产展览室和非物质文化遗产项目与传承人数据库。其次，利用录音、录像、图片等现代媒体进行传承。武定县于 2008~2014 年摄制《武定酒歌》唱片，酒歌包括《迎客调》、《大家一起来》和《亲朋好友干一杯》，先后举办两届"中国罗婺酒歌大赛"和"民歌大赛"，开展了五期"武定彝族酒歌学习班"，并组织"酒歌表演队"参加 4 次省州举办的"酒歌比赛"。武定县新整理出 30 首酒歌为代表歌曲，并邀请专业队伍摄制《武定酒歌精选集》，支持非物质文化遗产传承人余学光摄制《罗婺酒歌》唱片。同时，武定县文化馆及白路、猫街、环州乡文化站共开办彝族酒歌培训班 97 期，参加培训人数达 4140 人次，乡文化站也请老一辈民间艺人及彝族酒歌传承人自办彝族酒歌培训班 44 期，受训人数达 1543 人次，爱好者先听懂再学唱，先学一句后学整首，循序渐进。全县人民千方百计抢救修复武定彝族酒歌，以便更多地了解、熟悉这一非物质文化遗产并将其良好地记录保存下来。再次，依托传习所开展保护传承活动。武定县在白路镇与环州乡罗婺人家与狮山华兴苑等建立彝族酒歌传习所，在 11 个乡推行"一乡一节"活动，开展丰富多彩的民族传统节日活动，搭建民族文化弘扬与传承的舞台。最后，举办武定彝族骨干酒歌培训。由县文化馆筹划、乡镇文化站主办、县艺术团选调培训师资，在白路与环州两个乡镇培训学员共 68 名，首先培养骨干，然后骨干分批到村委会、站所。通过培训、宣传与普及，武定彝族酒歌得到切实的保护与传承。

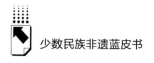

（四）学校传承

学校是武定彝族酒歌文化传承的重要途径。武定县政府部门组织有关专业人员和老师编写了《武定酒歌》教材，印刷了1000册发往一些中小学，进一步促进非物质文化遗产项目传承与发展。武定县组织彝族酒歌非物质文化遗产传承人进校开展专题讲座、现场教学等活动。其一，酒歌与课程相结合。从2012年起在武定县近城小学实施非遗项目武定彝族酒歌与音乐课程的有机结合，将国家级非遗项目武定彝族酒歌作为基本曲调，引领学生理解、参与文化传承，不断丰富校园文化的内涵，塑造师生人人皆知的学习氛围，增强民族自豪感及传承使命感。既丰富了同学们的课余活动内容，又培养了同学们对武定彝族酒歌及民族文化的浓厚兴趣，也为武定彝族酒歌的传承培养储备军，真正地做到培养民族文化传承的接班人。其二，非遗活动进校园。为了增强对非物质文化遗产的保护与传承意识，楚雄州定期组织非遗进校园活动。如2018年2月，武定县文化馆组织了非遗彝族酒歌专题活动，通过非遗彝族酒歌专题讲座、酒歌展板、酒歌展演与非遗传承人讲课等形式，猫街小学、猫街中学的1300余名教师不仅了解了独特的非遗彝族酒歌，而且增强了民族自豪感。其三，非遗酒歌上舞台。为传承国家级非遗彝族酒歌，楚雄州定期举办中小学生艺术展演。在2018年12月6日举行的第六届展演上，武定县青少年学生校外活动中心代表队演出了《彝族敬酒歌》，台上12位学生穿着华丽的彝族服装边弹彝族月琴边唱彝族酒歌，将武定彝族酒歌文化呈现在更多青少年面前，使彝族酒歌文化得到了进一步的推广。

三 武定彝族酒歌传承面临的问题及其原因

武定县政府在非物质文化遗产武定彝族酒歌的保护与传承方面做了很多的工作，给武定人民带来了民族自豪感和荣誉感。总体来说，武定彝族酒歌的传承情况较好，但也面临一些不容忽视的问题。

（一）个体传承方面

首先，据梳理材料来看，武定彝族酒歌传承人非常少。随着经济全球化和现代化的冲击，人们的人生观、世界观、价值观都有所变化，青壮年人群迫于生活和经济的压力选择外出打工，村里只有老年人和小孩。要挑选出一个会说彝语、声音好听、相貌出众、能够吃苦学习的优秀苗子是非常困难的，彝族酒歌传承人严重不足。

其次，据余学光老先生说，自己训练徒弟时，有些徒弟稍学了点皮毛，就因种种事而中断了学业，有些女徒弟则因要生孩子而停学，学唱酒歌的学员难以固定，传承影响力微乎其微。也有部分参加酒歌培训且获得州县两级酒歌传承人证书的学员，在初学演唱时虽然表现活跃，但只有国家级传承人才能够获得政府给予的补助，所以多数人仍然只能在外务工维持生计。

最后，通过对非遗武定彝族酒歌传承人李绍德的采访（见访谈1），了解到武定彝族酒歌传承面临困难的原因主要在于：一是专业学唱酒歌的人员匮乏；二是会唱酒歌的人年纪普遍偏大，传承断层现象严重；三是经费支持不足。

访谈1（传承人李绍德，彝族）

访谈时间：2021年3月20日

访谈对象：李绍德，男，楚雄州武定县插甸镇增益村党总支书记、中国少数民族作家协会会员、云南省作家协会会员、楚雄州作家协会会员。从事村委会书记37年，喜欢研究彝族文化和新闻创作。

问：李老师，请问武定彝族酒歌的传承人是如何传承酒歌的？

答：彝族酒歌有传承人，国家级非物质文化遗产彝族酒歌传承人是余学光，只要有喝酒的地方、有活动的地方、办喜事的地方，他都在唱都在传承。另外，武定彝族文化研究会（彝学会）每年举行培训班，有彝族文化培训、酒歌培训，余学光每年都举办酒歌彝族文化培训。还有武定县的白路镇，于2008年被国家文化部命名为"中国文化艺术之

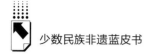

乡",白路镇就有个彝族文化传习所,传习所重点传习彝族酒歌,白路镇的彝族敬酒歌已经到香港、澳门、浙江、上海等地方演出过,武定酒歌唱到了北京,唱到了上海。

问:李老师,请问酒歌传承中遇到过哪些困难?

答:一方面,过去的彝族酒歌有一段时间与封建迷信联系在一起,受到了一些批判,酒歌这一风俗就不敢再继续传承,一直到党的十一届三中全会以后,党的民族政策进一步落实,各民族文化发扬光大,酒歌文化才开始传承。另一方面,武定传承彝族文化,一是从民俗方面传承,二是从彝族酒歌这方面来挖掘和整理,彝族酒歌才很好地传承下来。当时,一些彝族知识分子逐步老去,新的这一帮又不懂,武定县民宗局、彝族文化研究学会到民间专门挖掘整理这些酒歌,又进行传唱和培训,用这样的方式来补救,不然当时确实有段时间有失传的危险。此外,彝族文化的传承与发展离不开资金的支持,但武定目前在酒歌文化传承与培训方面能够投入的经费十分有限。

(二)家庭传承方面

其一,武定县共有 11 个乡镇 133 个村委会,各村寨的年轻人,除了在外上学的,大部分初中毕业就外出打工,年轻一代几乎不会唱彝族歌曲,酒歌传承严重断层。其二,家庭的彝族酒歌传承理念薄弱,在激烈的工作竞争中,多数家庭仅重视子女文化课的学习,寄希望于子女成长后能够找一份安稳的工作,酒歌文化的传承在父母眼里不那么重要。

(三)社会传承方面

其一,自武定彝族酒歌申报非物质文化遗产成功后,政府对其的关注度有所下降,比如以前可以买到的《武定酒歌精选集》,目前市面上几乎没有;包括节庆活动,火把节和牡丹花文化旅游节上也看不到与酒歌相关的活动。2019 年,牡丹花文化旅游节的活动流程只有文艺演出、游览狮子山景区、特色旅游商品展销、书画摄影展等。火把节的活动流程也只有祭火大典、篝火跌脚、撒火把、山歌对唱、民族服饰展等内容，没有与酒歌相关的文化活动。由此看出，武定县彝族酒歌对外界的传播是有所欠缺的，社会影响力也不大。其二，彝族酒歌本为饮酒时助兴唱的歌，自从国家出台"禁酒令"之后，喝酒的活动大范围减少，传唱彝族酒歌的机会自然也就少了。

（四）学校传承方面

武定县共有 15 所中学及 3 所小学，通过梳理资料发现，仅有猫街中学和近城小学对非物质文化遗产彝族酒歌进行了学习。尽管武定县政府组织工作人员编写了《武定酒歌》教材，印刷了 1000 册送到中小学，但大多数学校执行不力，没有真正落实到位。

通过访谈 2 可以看出，学校传承非物质文化遗产彝族酒歌存在问题的原因，一方面是受升学压力的影响，没有安排固定的时间来学习；另一方面，学校会说彝语的老师很少，在教唱方面就有一定难度。

访谈 2（学校传承人，普跃，彝族）

访谈时间：2022 年 3 月 4 日

访谈对象：普跃，男，武定县插甸中学校长（武定彝族酒歌爱好者）

问：普校长，请问插甸中学是如何传承彝族酒歌的？

答：酒歌这几年因为政策、形势很没有市场，也就慢慢地不那么盛行，在学校里边就更不可能传承。像现在的话，酒歌也是很少听见，不盛行了，因为酒歌必然会涉及喝酒等敏感的东西，插甸中学也就没有传承过。

问：武定酒歌非遗传承人是如何传承的？

答：现在做的事情比较少，传承人教唱酒歌的活动这两年都很少听说，之前县上还集中学过，现在都不经常开展了。

问：请问您唱的酒歌是去哪里学的？

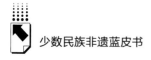
答：基本上是自学的，那几年县上集中整过，现在都不经常弄。武定酒歌这几年最主要是为了方便流传、扩散，录成视频、音频，其实武定酒歌在农村里边的话是一种即兴表达的东西。

问：最近几年是否有对酒歌进行很好的宣传或是举办比赛之类的？

答：这几年基本都没有，现在听不见唱酒歌了，那几年到处都在唱酒歌。这两年比较盛行的是一些自发的酒歌团队组织，他们以此作为谋生的手段，不管是城里还是农村里面，哪里办喜事都会邀请他们去唱酒歌。

问：导致武定彝族酒歌传承困难的原因有哪些？

答：第一是彝语使用场景少，彝语的传承出现一定的问题。第二，以前民间的老艺人慢慢地过世，留下的东西就比较少。第三，酒歌依托酒文化而存在，但是现在大家出于对身体健康的考虑，养生意识增强之后，酒歌可能就失去了载体，人们对酒的依附性不强，酒歌普及力度也会随之降低，也会失传。第四，就武定县而言，以前大家是发扬过宣传过彝族酒歌，但是这几年也不清楚是什么原因，大家都不提倡酒歌，酒歌的传唱也慢慢地减少。第五，学校现在还是以学科知识教学为主，没有充足的时间来开展酒歌文化教学，学生对酒歌文化也是一知半解。与此同时，学校老师大多不会说彝语，也无法进行纯正的彝族酒歌演唱教学。

四　武定彝族酒歌传承与发展的思路

武定彝族酒歌的传承和发展是一个复杂的系统工程，需要个体、家庭、社会和学校共同推进。

（一）重视培养彝族酒歌传承人

武定县政府应注重人才培养，充分发挥政府作用，协同彝族酒歌非遗传承人出谋划策，共同培养彝族酒歌的传承人。武定县文化馆可定期举办酒歌研讨活动，汇集各乡镇精通彝族酒歌的传承人、老艺人进行交流，发掘古老酒歌作品，同时加大酒歌新作的创作力度，对于创作出优秀酒歌的传承人及老艺人，政府应给予一定的物质奖励，以此激发民间艺人的创作热情。因此，当地可以通过海报宣传方式或者微信，征集热爱唱酒歌的人，招收学员后由武定彝族酒歌非遗传承人为学员分班级，由各传承人为其班级学员组建微信群，边培训边为其安排学唱酒歌任务，每周至少发送 1~2 次唱酒歌视频至微信群，由传承人通过微信为其提供指导，培训期限达 1 年以上者由政府给予年终奖励。由此培养出一大批能够教授酒歌技艺的传承人，进而通过他们来促进武定彝族酒歌文化的形成。

（二）鼓励家庭传承

家庭是抚育人成长的首要环境，父母的言谈举止，潜移默化地传递到下一代身上，并由此形成当地独特的文化。武定彝族酒歌亦是如此，家中能演唱酒歌者，不一定要宴请客人时才演唱，平时亦可唱几首酒歌调子，既对后辈进行耳濡目染的影响，又为家庭生活增添乐趣。武定县可借助"一乡一节"平台举办乡镇酒歌比赛。如各寨各户派代表到本村参加酒歌比赛，获得前 3 名的参赛选手可参加乡里的节庆酒歌比赛，各乡也可评选出唱得好的"酒歌歌王"等。

（三）加强社会传承

其一，规范酒歌学习制度。武定县政府应将彝族酒歌的学习规范化，制定在中小学推广彝族酒歌文化的相关文件、健全学校酒歌传承体系、实施规范化管理。如小学毕业时每名同学须能演唱 12 支酒歌、初中毕业时每名学生须能演唱 4 支酒歌；学校每年要组织开展一次"彝族酒歌艺术节"活动等。这样一来，武定彝族酒歌在学校里就会得到传承，即便是中学毕业后出去打工的年轻人，同样会唱自己家乡的酒歌。其二，加大酒歌宣传力度。武定县政府应加大彝族酒歌的宣传力度，以牡丹花文化旅游节来搭台，为彝族酒歌提供更大的展示空间。由政府组织酒歌比赛活动，彝族酒歌传承人负责制定具体的比赛方案，同时武定县联系省级机关、州级机关帮扶武定县的相关单位领导参加，邀请全国各地企业及客商代表、摄影代表、旅游团队等参加。从而有力地弘扬彝族酒歌文化，使更多人了解和认识武定彝族酒歌。还可以尝试在牡丹花文化旅游节上举行千人唱酒歌或万人唱酒歌的活动，实现人人唱酒歌的壮观场面。其三，酒歌与市场相结合。可以尝试将武定彝族酒歌引入市场，探索非物质文化遗产彝族酒歌与市场相结合的模式，以进一步提高其知名度。如将武定彝族酒歌与武定壮鸡特色菜相结合，开设具有彝族特色文化的餐厅，彝族姑娘们穿着靓丽的武定彝族服装，唱着彝家最有特色的敬酒歌，并可在周末使用武定彝族最崇高的敬酒礼仪"三道酒"来招徕众多宾客。这一方面可将彝族酒歌传承下来，使彝族酒歌这一国家级非遗项目有更多的展示空间，另一方面也能够满足广大人民群众日益变化的精神文化需求，使人们既能吃到美味的彝族佳肴，又能获得视听上的享受。开发利用好武定彝族酒歌市场，既可以拉动武定县旅游业发展，又可以有力地促进地方经济发展，同时有助于武定县乡村振兴工作的开展。

（四）融入学校教育

彝族酒歌传承应该从中小学抓起。武定县共有中小学 18 所，学生多且集中，有利于彝族酒歌传承。各学校应认真执行武定县政府颁发的彝族酒歌传承相关文件，并根据自身条件，拟定科学有效的学习计划，促进彝族酒歌在中小学的传承。一是让教师学会唱正确的彝族酒歌，学校选派部分教师参加非遗传承人组织的彝族酒歌培训活动，进行系统学习；二是学校确定每周学唱酒歌的固定时间，由参加过彝族酒歌培训的老师来教唱；三是学校定期邀请彝族酒歌非遗传承人到学校进行酒歌教学与辅导；四是每个学校安排"彝族酒歌艺术节"的比赛时间，以年级为单位进行比赛。

将武定彝族酒歌纳入高等学校音乐专业，促进酒歌文化的传承与发展。云南民族大学于 2000 年成立民族艺术系，2002 年更名为艺术学院，设有音乐系、舞蹈系、美术系，每年都聘请非物质文化遗产传承人或民间艺人到学校进行展演及教学。目前音乐和舞蹈类非遗项目有彝剧、梅葛、布朗族蜂桶鼓舞、傣戏、彝族海菜腔、彝族烟盒舞、大理南涧跳菜、傈僳族民歌、傣族孔雀舞等。高校艺术系音乐专业可以将酒歌传统唱法与现代民族声乐相结合,让学生进行系统、全面的学习,这不仅能使武定彝族酒歌得到传承和发扬,实现彝族酒歌在唱腔上的重大突破,还能增强高校办学特色。

结　语

总之,武定酒歌文化内涵丰富,旋律优美,不仅是彝族的民族文化瑰宝,更是中华优秀传统文化的璀璨明珠。武定彝族酒歌以其独特的艺术形式和音乐魅力成为旅游开发中的一大亮点,为当地旅游业带来了很好的经济效益。然而,随着岁月的流逝,能唱酒歌的人越来越少,祖先遗留下来的传统文化面临后继无人的窘境。只有当下不断促进武定彝族酒歌的传承与发展,才能让罗婺乡音在中华大地广泛传播,使武定彝族酒歌响彻神州大地。

B.12
侗族民俗音乐的历史轨迹
与文化品格[*]

吴远华^{**}

摘　要： 侗族民俗音乐是侗族文化的分支，也是中国音乐文化的组成部分。本报告取音乐史研究视域，以侗族民俗音乐为研究对象，基于史料整理分析立论，围绕侗族民俗音乐的生存时空、演进轨迹和文化品格展开探讨。研究表明，侗族民俗音乐的历史经历了唐代以前的孕育、唐宋元代的形成、明清时期的繁盛、民国时期的转型以及新中国成立以来的多样化发展阶段，并在历史的进程中凸显出侗族民俗音乐的自我认同与融化他者的文化品格。

关键词： 侗族　民俗音乐　非遗

在中华民族大家庭里，侗族是世居于贵州、湖南和广西毗连区域的少数民族之一。长期以来，勤劳聪慧的侗族人民不仅创造了弥足珍贵、熠熠生辉的物质文化，还创造了意涵丰富、多姿多彩的精神文化。侗族民俗音乐就是侗族文化的重要组成部分，也是中国音乐文化的分支部门。所谓侗族民俗音乐，是指与侗族民俗生活相互依存，"作为民俗传统的象征符号和民俗生活化的原生艺术，在岁时节令、人生礼俗、民间信仰、社会交际、衣食住行、消

---

* 本报告系2021年度国家社科基金艺术学项目"侗族音乐史研究"（项目编号：21BD058）阶段性成果。

** 吴远华，侗族，艺术学博士，贵州民族大学侗族文化研究院研究员，研究方向为中国音乐史、民族音乐学。

遣娱乐等方面广泛应用"① 的具有传承性、模式性和集体性特征的民间音乐样式。它不是一个自律自约的对象，而是集侗族自然地理、人文历史、生产劳作、语言习惯、宗教信仰、道德规范、审美追求等于一体的文化价值体系。本报告基于史料整理立论，对侗族民俗音乐发展历程进行"历史整体性"叙事和"文化联系性"阐发，呈现侗族民俗音乐的演进轨迹和文化品格，为补足中国音乐史学研究中侗族民俗音乐的缺失，进而深化侗族音乐文化史研究提供参考。

一 自然与人文生态：侗族民俗音乐的生存时空

自然与人文生态，不是脱离人类生活的纯粹客观存在对象，而是"各民族、各国度文化机体的构造成分"，是"在不同时间和空间范围内有可能为人类提供福利或造成阻难的物质和能量，是人类社会生活的有机组成部分。"② 其中，自然生态为文化的发生发展提供了多种可能性，而人文生态则是将可能性以某种形态转换为现实性的重要因素。如《文化地理学》指出："在人类社会历史的发展过程中，世界各民族生活的社会和自然环境有着明显的差异，在这不同的环境中，各民族形成了各自不同的生产、生活方式，形成了不同的语言、文字、心理、交往方式和风俗习惯，从而形成了不同的文化传统。"③ 侗族民俗音乐就是侗族人在自然与人文生态中，为满足自身的需要而创生和延续下来的文化样式。

在历史的长河中，侗族人世代栖居在如诗如画的侗乡，自由自在地创造美的音乐、享受美的生活、领略诗意的人生。不论是上山打柴、下田种地、婚丧嫁娶、节日庆祝，还是宗教祭祀、日常歇息，他们都有与之相匹配的歌舞戏乐相伴，形成了丰富的侗族民俗音乐样态。这些民俗音乐样态将侗族的

---

① 陶思炎等：《民俗艺术学》，南京出版社，2013，第 1 页。
② 冯天瑜、何晓明、周积明：《中华文化史》（上）（第 2 版），上海人民出版社，2005，第 17~18 页。
③ 夏日云、张二勋主编《文化地理学》，北京出版社，1991，第 59 页。

自然地理、人文历史、社会交往、生产劳作、传统习俗、道德规范、宗教信仰及各种喜好聚合于一体，并以特殊的音声方式沁润在侗族的社会交往、岁时节令、人生礼仪和宗教信仰之中，凸显出侗族灵魂的脉动和生存的智慧，彰显着侗族民俗音乐的丰富性和巨大的凝聚力。

二　历时与共时延展：侗族民俗音乐的演进轨迹

侗族民俗音乐的历史可追溯至远古时期，它是侗族人从生活中获得灵感、从自然中取材的精神创造。它以"易于感受"的音声方式参与侗族民俗生活的建构，"把最高级的内容传达给大众"①，又在侗族民俗生活的建构中与汉族等兄弟民族进行音乐文化交流互鉴，以及孕育、形成、繁盛、转型和多样化发展的历程中不断丰富自身。

（一）孕育：唐代以前的侗族民俗音乐

唐代以前，侗族处于原始社会时期，境内环境恶劣、生产力低下。侗族人民为了生存，将天地万物视为神灵，作乐祭祀，幻想求得安宁和健康的生活，创生了具有原始宗教色彩的歌舞——"耶"，有的地方称"多耶"，有的地方称"踩歌堂"。"耶"是融侗族诗歌、音乐、舞蹈于一体的综合艺术形式，是侗族产生最早、影响深远的原始歌舞。侗族多种多样的艺术形式，差不多都可以在"耶"这里找到"胚芽"。依据"耶"的内容及其表现方式的不同，可将其分为祭祀耶、劳动耶和起源耶。其中，祭祀耶是侗族人在巫术、祭典仪式活动中载歌载舞，祈盼得到神灵的帮助和恩惠，也借此对神灵的庇佑和恩赐表达感激的原始祭祀歌舞，如作品《打猎敬神词》等；劳动耶是侗族人在从事掘洞、拉木、抬石、狩猎等集体活动中创造的原始集体歌舞，如作品《拉木耶》等；而起源耶则是反映开天辟地、事物起源、人类起源等内容的原始起源歌舞，如作品《风公耶》等。原始社会时期，侗

---

① 〔法〕丹纳：《艺术哲学》，傅雷译，生活·读书·新知三联书店，2016，第41页。

族人民不仅创造了歌舞"耶"，而且还在此基础上创造了原始古歌，即一种用声律来唱诵反映古人开天辟地、万物起源及古代社会思想、生产生活等的韵文歌谣形式，如"开天辟地"的歌和"万物起源"的歌，开创了侗族民歌的先声。与此同时，侗族人民还通过想象的情节，表达对自然和人生的理解，编创了体现其音乐起源观念的音乐神话、传说与故事，如流行于广西龙胜、贵州肇兴侗寨的《找歌的传说》① 和流行于从江高增侗寨的《相金上天去买"确"》② 等。我们既能从中窥探到侗族人民在生产生活中对音乐的执着追求，也可以看到侗族民俗音乐的创生与宇宙万物及其他民族，特别是与苗族之间的密切联系。

此外，依据学术界的研究成果，《说苑》中的《越人歌》③、《魏书》中的"僚人乐舞"④、《晋书》里的"百姓歌应詹"⑤ 以及今侗族区域已出土的越人、僚人所用乐器镈、钟、钲、錞于和铜鼓，如邵东县毛荷殿乡民安村出土的商代四虎纹铜镈、芷江侗族自治县新店坪发掘的东周甬钟、岑巩县新兴第一小学出土的战国甬钟、镇远县涌溪乡出土的东周铜钟、靖州苗族侗族自治县出土的东汉虎纽錞于和战国桥纽錞于等，均可找到侗族民俗音乐文化的遗存和踪迹。

总体来说，唐代以前的侗族民俗音乐着重反映人与自然的关系，带有浪漫主义特质和神话色彩。但它们与侗族人民的谋生欲望、思维模式密切关联，是侗族人民朴素音乐自然观、音乐功能观的体现，是侗族民俗音乐文化发展的源头活水和母体胚胎。事实证明，唐代以前的侗族民俗音乐经过漫长的孕育阶段，初步呈现自身的民族风格特点，并将沿着自己的道路不断向前发展。

---

① 杨通山等编《侗族民间故事选》，上海文艺出版社，1982，第1~4页。
② 中国民间文学集成全国编辑委员会、《中国民间故事集成·贵州卷》编辑委员会编《中国民间故事集成·贵州卷》，中国ISBN中心，2003，第448~450页。
③ 庄叔炎编著《中国诗之最》，中国民主法制出版社，2016，第405页。
④ 王颖泰：《贵州古代表演艺术》，贵州人民出版社，2004，第46页。
⑤ 茅慧主编《中国乐舞史料大典·二十五史编》，上海音乐出版社，2015，第144页。

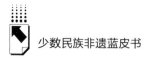

（二）形成：唐宋元代的侗族民俗音乐

唐宋元代，随着汉族封建政治、生产技术和文化教育等的渗入，以及侗族与周边民族交流的加强，侗族区域农业生产、手工业技艺、商业经济、文化教育事业等初获发展，对侗族民俗音乐产生了重要影响。中原戏曲、曲艺、乐器及佛教、道教等传入侗族区域，并逐渐融入侗族民间民俗生活之中。这一时期的侗族民俗音乐在延续唐代以前古歌、歌舞及音乐生活的基础上，得以进一步丰富。古歌领域出现了记载侗族先祖迁徙生活的"祖公迁徙"的歌和"祖公落寨"的歌，歌舞领域出现了反映侗族民众生活的"确耶"（多耶）和"确伦"（跳芦笙舞）两种形式，民歌领域产生了"款"歌、拦路歌、酒礼歌、吉利话歌、白话歌、玩山歌、坐夜歌、河歌、佛歌等，曲艺领域出现了代表侗族曲艺雏形的作品《妹道》《美道之歌》，戏曲领域产生了标志着宗教仪式剧滥觞的侗族傩戏等。此外，唐宋以来，笛子、木鱼、铜钹、洞箫及法曲、儒家雅乐、宴乐等随着佛教、道教传入侗族区域。紧接着又传入了奚琴、轧琴、曲项琵琶、箜篌、唢呐、月琴、三弦、渔鼓、方响等，并以方响取代了商周时代的铜编钟和石制的编磬，[1] 这些乐器被广泛应用于民间祭祀与娱乐表演。

唐宋元代的侗族民俗音乐，不论是在体裁形式、表现内容，还是在创作风格与社会功能方面，都有了新的突破。从体裁形式的角度来说，这一时期不仅歌舞、古歌有了进一步发展，开始出现反映侗族迁徙、社会交往、男女情爱、建设家乡等内容的音乐体裁，而且衍化出曲艺和宗教仪式剧体裁；从表现内容的视角来看，侗族民俗音乐从歌颂神灵转向颂扬英雄人物的功德；从创作风格的角度来讲，侗族民俗音乐由唐代以前的虚幻、浪漫主义转向实用主义与浪漫主义相结合；从社会功能的视角而论，侗族民俗音乐由祭祀、娱神为主，转为与娱人、记事并行等，标志着具有自身民族风格特色的侗族民俗音乐已初步形成。

---

① 郑流星：《怀化地区民间器乐探论》，《怀化师专学报》1995 年第 3 期。

（三）繁盛：明清时期的侗族民俗音乐

明清时期，各地区人员往来的频繁和各民族文化交流的深化，不仅带来了充足的劳动力，而且带来了先进的生产技术及文化，对侗族区域社会经济、文化发展起到了积极的推动作用。歌舞领域，汉族花灯舞、龙舞、薅秧鼓舞、鏊锣等在北部侗族方言区民俗活动中流行，逐步取代了该区域的多耶、芦笙舞，并具有了侗族的文化特质。而在侗族南部方言区的多耶、芦笙舞则保存较好，并延续至今。如，从江县高增乡一座清代墓葬中出土的一块侗族"踩歌堂"石刻中有四女在前，相互牵手为一队，男在后排，挽肩拉手歌舞的场景，① 刻于清乾隆三十八年的"小黄侗族风俗画碑"中有四男四女身着盛装，手拉手踩堂歌和三人驻足观赏侗族歌舞的场景，② 乾隆年间《芷江县志》（卷五）曰："迎娶不用花轿鼓乐，闺女出嫁，其亲戚邻里不论亲疏，俱携带男女咸来伴嫁，男女互相唱和，踩堂歌唱"③，均可推论出明清之际侗族多耶的状况。而邝露《赤雅》中说："侗亦僚类⋯⋯吹六管⋯⋯顿首摇足，为混沌舞"④，陆次云在《峒溪纤志》中描绘："笙节参差吹且歌，手则翔矣，足则扬矣，眜转肢回，旋神荡矣。初则欲接还离，少则酣飞畅舞，交驰迅逐矣。"⑤ 乾隆年间《柳州府志·瑶僮》云："侗人，所居谿峒，又谓之峒人，椎髻，首插雉尾，卉衣。善音乐，弹胡琴，吹六管，长歌闭月，顿首摇足为混沌舞，众歌以倚之。"⑥ 道光年间《靖州直隶州志》载："侗每于正月内，男女成群，吹芦笙各寨游戏。彼此往来，宰牲款待，曰跳

---

① 蒋英：《黔山遗韵——贵州音乐考古》，中国社会科学出版社，2014，第 129 页。
② 张子刚编撰《从江县文化志（1951-2005）》（内部印刷），2010，第 150 页。
③ 湖南省少数民族古籍办公室编《湖南地方志少数民族史料》（下），岳麓书社，1992，第 29 页。
④ （明）邝露：《赤雅》，中华书局，1985，第 58 页。
⑤ 应有勤、孙克仁编著《中国乐器大词典》，上海世纪出版集团教育出版社，2015，第 243 页。
⑥ 中国民族民间舞蹈集成编辑部编《中国民族民间舞蹈集成·广西卷》（下），中国 ISBN 中心出版，1992，第 1223 页。

歌堂，一日皆歌。中秋节，男女相邀成集，赛芦笙、声震山谷。"① 光绪五年《靖州乡土志》说："正月十六，七月十六日，合芦笙唱歌，以会男女。"② 靖州牛筋岭款碑记载："清光绪三十三年（1907），靖州正堂金蓉镜到牛筋岭观看芦笙场，赏赐上锹九寨银牌20块，以示鼓励。"③ 这些则反映了明清时期侗族芦笙舞的盛况。

侗歌领域，不仅出现了以"汉字记侗音"流传下来的手抄古歌歌本《嘎茫莽道时嘉》《东书少鬼》《从前我们做大款》等，而且产生了大歌、乐歌（有乐器伴奏的歌种，如琵琶歌、牛腿琴歌、侗笛歌、唢呐歌等）、礼俗歌、劝世歌、儿歌、劳动歌、佛歌等歌种及其代表作品。其中，大歌、乐歌主要流传于南部侗族区域，而其他歌种则在南北部侗族区域民俗活动中都广为传唱。此外，通道县大戊梁歌会、靖州岩湾歌场、天柱渡马七月二十莲花坪歌场是明清时期由当地侗族、苗族群众自发组织的玩山歌会活动。这些歌会，通常都有当地及周边的苗族、侗族和汉族群众参与，他们以歌会友、以歌传情。歌会在丰富群众业余文化生活、陶冶其情操、构建和谐社会建设、推动社会发展方面发挥了不可估量的作用。曲艺领域，南部侗族区域出现了君琵琶、君果吉、君老和君上腊等形式，而北部侗族区域开始出现汉族渔鼓、莲花落、道情等曲种。戏曲领域，中原汉族戏曲与周边民族的辰河戏、阳戏、汉剧、彩调、桂剧等流入侗族区域，并在此基础上创生了具有鲜明侗族特色的侗戏、傩戏和木偶戏等。与此同时，侗族文化人士开始用"汉字记侗音"的方式记录、传抄和创作侗歌，出现了"歌书"、芦笙谱字以及侗歌音乐审美理论成果《歌师传》与"歌养心"论等，也涌现出了吴传龙、陆大用、吴文彩、侯志过、吴朝向、张宏干、吴金随、吴朝堂、杨宗旺、乃告华、杨志太、杨固岚、石玉秀、杨发林、吴宗国、杨成旺、杨盛斌、吴昌盛、李发马、吴富浩等一批知名歌师、戏师。器乐领域，随着唢

---

① 应有勤、孙克仁编著《中国乐器大词典》，上海世纪出版集团教育出版社，2015，第243页。
② 《怀化大辞典》编辑委员会主编《怀化大辞典》，改革出版社，1995，第586页。
③ 湖南省靖州苗族侗族自治县县志编纂委员会编《靖州县志》，生活·读书·新知三联书店，1994，第679页。

呐、箫、笛、锣、鼓、钹等乐器逐步融入侗族北部区域节日、人生礼仪等民俗活动，与侗族南部区域芦笙、琵琶、果吉、侗笛等，以及新晃县林冲公社大坪出土的明代太阳纹铜鼓、榕江县出土的清代太阳纹铜鼓，《百苗图》记载的乐事，侗族南部区域留存的高传侗族芦笙谱、高硐侗族芦笙谱、评定芦笙谱、仁里芦笙谱等共同呈现了明清时期侗族器乐活动的景象。

值得指出的是，这一时期汉族歌舞、戏曲、曲艺和乐器等逐步被侗族北部方言区吸收融化后，呈现侗族的语言、风俗和审美特征，成为具有侗族特色的新音乐形式。它们与侗族民间原有的民俗音乐样式一道，成为明清时期侗族民俗音乐繁盛发展的标志。

（四）转型：民国时期的侗族民俗音乐

民国时期是侗族社会政治、经济、文化的转型阶段，也是侗族民俗音乐发展的转型时期。新文化运动发生、中国共产党诞生，以及国内革命战争、抗日战争和解放战争等都深刻地影响着侗族人民。尽管争战不断，地方匪患猖獗，加之连年灾荒，侗族社会生产遭到严重破坏，人民生活苦不堪言。但勤劳勇敢的侗族人民并没有悲观、消沉，他们一方面随节令时俗自发组织音乐活动，玩山走寨唱情歌、丧葬仪式唱丧堂歌、节日喜庆唱酒歌、朝山拜佛唱佛歌；春节期间跳花灯、舞龙耍狮、多耶、芦笙踩堂；民间酬神还愿多有傩戏演出，城镇大型宫祠、戏台常有戏曲曲艺表演等，热闹非凡。[1] 如民国时期，靖州芦笙界一带侗寨苗乡民众通过"聚众合款"的方式规定每年农历七月十五踩芦笙。芦笙界的"芦笙堂"立有一块石碑，碑文记载："春祈以应彩后而万物生发，秋报答神灵而五谷丰登，垂留于后世矣。余等效上古之德，以酹天地之恩……各寨不论贫富男女，务要赴芦笙场以笙歌舞……不失上古之礼。"[2] 这表明，侗族芦笙舞是"上古之礼"，有悠久的历史传统，同时"秋报答神灵而五谷丰登"则说明了芦笙舞表演的时间和功能，即秋收

---

① 《玉屏侗族自治县志》编纂委员会编《玉屏侗族自治县志》，贵州人民出版社，1993，第542页。
② 《中国民族民间舞蹈集成》湖南省卷编辑部怀化地区编写组《湖南民族民间舞蹈集成·怀化地区资料卷》，1984，第572页。

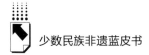

之后"报答神灵",祈求"五谷丰登",表露出芦笙舞的祭祀性。而《榕江县乡土教材》记载,"行歌坐月"仍然是侗族青年男女择偶的一种婚俗歌舞形式。[①] 另一方面,侗族人以高度的社会责任意识,投入革命的洪流之中,用音乐的武器揭露社会黑暗、描绘人民苦难生活、颂扬红军精神和革命精神,产生了《红军长征过郎洞》《盼望救星共产党》等革命歌曲。受战争时局的影响,特别是在抗战时期,许多汉族戏曲京剧、辰河戏、汉剧、桂剧、彩调、湘剧、花鼓戏、花灯等演出活动在侗族区域学校、社会逐渐活跃起来。尽管汉族戏曲活动不是侗族人民创造的成果,但许多侗族民众参与其中,增进了侗族与汉族的文化交流,也在促进侗族戏曲发展历程中产生了积极影响。这一时期,侗戏从贵州榕江、从江等地传入广西三江、龙胜等地,并在侗戏平腔的基础上,发展出哭腔、大歌腔等唱腔音乐;而明清时期传入侗族区域的渔鼓、莲花落等汉族曲艺,及唢呐、箫笛等汉族乐器多已融入侗族区域民俗文化生活,与君琵琶、君果吉、君上腊、君老等曲艺和琵琶、芦笙、果吉、侗笛等乐器共同发展,涌现出吴令、石美发、梁茂兴、陆美亮等歌师、戏师、乐器制作师和演奏艺人等。

此外,随着汉族文化教育的深入推进,以及一些外地学校迁入侗族区域办学,侗族区域学校音乐教育逐步实施,侗族民俗音乐引入幼儿园、中小学、师范学校教育,并取得初步成效。这一时期,侗族区域各级学校经常利用课余时间,开展歌咏、戏剧、舞蹈创作与表演,结合形势和节日、纪念日举办文艺晚会,组织文艺宣传活动,在激发民众爱国、救国热情的同时,极大地丰富了民众音乐生活。它们与民众的民俗音乐、社会音乐活动交相辉映,构成了民国时期侗族社会音乐活动的壮观景象,成为侗族民俗音乐文化转型的重要标志。

(五)多样化发展:新中国时期的侗族民俗音乐

新中国成立以来,党和国家政府非常重视民族区域政治、经济和文化发

---

① 黄家服、段志洪主编《中国地方志集成·贵州府县志辑(18)》,巴蜀书社,2006,第26页。

展。在"百花齐放，推陈出新"方针政策的引领下，民族文化工作深入推进，侗族区域各级文化事业单位纷纷建立，侗族民俗音乐文化与其他民族文艺一样，进入多元化发展的阶段。

侗戏的传播范围不断扩大，从广西传入湖南通道并扩散到靖州、新晃等地，侗戏音乐、表演程式、伴奏乐器和打击乐等进入改革发展阶段，逐渐形成了"客家腔""新腔"等，侗戏唱腔音乐得以完善。用果吉、牛腿琴代替二胡为侗戏主奏，运用侗族与汉族乐器混合的编制，增加了"过门锣鼓""气氛锣鼓"等打击乐，极大地增强了侗戏的表现力。除侗戏外，侗族一些文艺团体开始以侗族民俗音乐与外族音乐为素材设计剧目唱腔音乐的戏剧形式——侗歌剧。侗歌剧唱腔主要依据侗族民歌、民族器乐、侗戏音乐及汉族花灯、彩调等音乐素材进行改编、创作，表演使用中西乐器混合编制，极大地丰富了侗歌剧的艺术表现形式。这说明侗歌剧音乐的产生是侗族主动吸收汉族音乐文化，并将其融化为具有侗族审美习惯的艺术表现方式，而不是简单的硬搬照抄。这也彰显出侗族民俗音乐吸收、融化他者的生命张力。

在党的民族政策的光辉照耀下，一批侗家子弟如张中笑、杨秀昭、龙廷才、杨宗福、陈灵芝、吴永成、吴家金等从艺术院校音乐系（科）毕业，有的在文艺团体从事音乐创作，有的到学校从事音乐教育，有的在文化馆（站）从事群文音乐活动等。在专业音乐工作者和民间艺人的共同努力下，侗族琵琶、牛腿琴、果吉、侗笛等乐器制作及音乐改良取得一定成效，涌现出一些乐器制作师和演奏艺人，如潘申华、石国兴、胡汉文、姚茂禄、廖群金、石喜富、杨枝光、蒋步先、石威等。其中，石国兴对琵琶的改革"弥补了琵琶只注重节奏而旋律较不独立的弱点，丰富了曲谱的内容而不失原味，已成为部分地区侗族琵琶爱好者效仿的楷模"。[1] 吴申刚在上海民族乐器一厂的协助下，为侗笛"加长了管身，增添了音孔、音键，扩充了音域"，改用铜片制作的笛头吹口，在笛头和音孔之间的管体上增加调音铜套，增设喇叭口，并

---

① 黔东南苗族侗族自治州文学艺术研究室编《民间艺人小传》（内部印刷），1985，第108页。

将其他管乐器"抹""滑""打"等演奏技巧吸收到侗笛演奏中来，[1] 大大提升了侗笛的表现力和艺术价值。侗族聚居各县的歌舞团、文工队、合唱团、剧团等相继成立，各类音乐演出活动不断举办，涌现出黎平侗族民间合唱团、侗族大歌艺术团、榕江金蝉侗族少儿艺术团、贵州艺术学校侗歌班等音乐社团，及吴培信、吴玉莲、吴品仙等表演艺人，他们从事侗族音乐人才培训、创作和表演，将侗族民俗音乐搬上舞台、带出侗乡、走向世界。如1986年，吴玉莲、吴培焕、吴水英、吴义兰、吴培三、杨水仙、陆俊莲、石明仙、陆德英9名侗族青年歌手，代表中华人民共和国艺术团贵州省侗族合唱团，参加法国巴黎举办的"秋季艺术节"，他们的艺术表现，震撼了欧洲，轰动了世界，成为侗族大歌享誉世界的标志性事件。[2] 与此同时，侗族区域民俗音乐收集整理工作逐步深入，产生了一系列侗族文史与音乐资料、表演成就、理论研究、音乐创作和音乐教育成果，以杨林、陈国凡、吴宗泽、张勇、张中笑、杨秀昭、龙廷才、龙明洪、陈灵芝、吴定邦、杨宗福等为代表的侗族音乐理论家及其成果将侗族民俗音乐文化研究推向纵深；涌现出以梁少华、杨引娣、张文英、吴金松、朱德梅、杨老利、廖振茂、吴居敬、杨序山、龙子明、吴仕恒、潘老替、杨成林、赖声昭、梁普安、付正华、吴尚德、吴玉莲、潘萨银花、吴品仙、吴永勋、杨月艳等为代表的一批有影响的歌师、戏师及其口述史料成果和表演艺术成就；音乐创作初见成效，以吴永成、梁系刚、吴家金、石本忠、石庆玉、姚敦屏、潘大坤、吴远隆、陆禹光等为代表的一批有影响的侗族作曲家创作了多部彪炳侗族史册的作品，如吴宗泽编曲、龙燕怡作词的《侗歌向着北京唱》[3]，依据侗族琵琶歌调与侗族大歌的艺术表现形式提炼升华创作而成，旋律优美，较好地表达了歌词的思想内容，刻画出侗族人民载歌载舞的幸福生活景象，产生了广泛影响。音乐教育领域，在党中央和各级政府文化部门的领导下，侗族区域幼儿音乐教育、中小学音乐教育、师范音乐教育在原有的基础上有了新的发

---

① 何洪、杨秀昭：《侗笛》，《乐器》1983年第3期，第24~25页。
② 冀洲主编《侗歌在巴黎》，贵州民族出版社，1993。
③ 《侗歌向着北京唱》，人民音乐出版社，1977。

展，并且在各级学校音乐教育中逐步引入侗族音乐，为侗族音乐文化传承、侗族音乐人才培养等做出了积极的贡献。如 1956 年"黔东南苗族侗族自治州把民族民间音乐、舞蹈引进学校，芦笙、铜鼓、牛腿琴、吹木叶等苗侗乐器，苗族飞歌、侗族大歌以及各种民间舞蹈说唱等，均为学校文娱项目。丰富了师生的课余文化生活，培养了不少文艺人才。1958 年，黔东南州歌舞团成立，先后录用的歌唱演员肖洪亮，舞蹈演员潭萍、吴通美，乐器演奏员余富文、龙更才、杨光金、邻秀武等，就是各中学文娱活动的积极分子"。①

此外，新中国成立以来，也产生了一些在侗族民俗音乐研究领域有较大贡献的外族音乐家及其著述、文章，如薛良的《侗家民间音乐的简单介绍》②、方暨申的《侗族拦路歌的收集与研究报告》③、杨晓的《侗族大歌》④等，为侗族民俗音乐文化研究提供了多视角参照。

三 自我认同与融化他者：侗族民俗音乐的文化格局

作为一种既定的历史文化存在，侗族民俗音乐反映了侗族社会生活的各个方面，尤其集中展示出侗族人民独特的生命体验和诗意的生存艺术，展现出他们能歌善舞的审美生活和生存方式，体现出侗族人民的自我认同和融化他者的文化格局。

（一）自我认同：侗族民俗音乐的命脉

侗族是个能歌善舞的民族，歌舞在侗族人民的生活中无处不在。可以说，歌舞是侗族人民生活中不可缺少的部分，是他们生命的需要，"体现着他们的意志、人格和精神，表现了他们对生命的理解和态度，展示了他们豁

---

① 黔东南苗族侗族自治州地方志编纂委员会编《黔东南苗族侗族自治州志·教育志》，贵州人民出版社，1994，第 198 页。
② 薛良：《侗家民间音乐的简单介绍》，《人民音乐》1953 年第 12 期，第 40~44 页。
③ 方暨申：《侗族拦路歌的收集与研究报告》，《音乐研究》1958 年第 4 期，第 80~91 页。
④ 杨晓：《侗族大歌》，文化艺术出版社，2012。

达乐观，积极向上的生命意识……充溢着侗民的生命状态和生命韵律的跃动，是侗民的生命体验形式之一"。① 侗族民俗音乐中有反映劳动场景的"劳动歌"，有表达爱情生活的"玩山歌""坐夜歌"，有祭祀祖先神灵的"祭祀歌"，也有模拟动物的《斗鸡》《斗画眉》等作品，还有人神共舞的傩戏表演等。侗族民间流传有"不会唱歌难做人""饭养身、歌养心"等说法，说明音乐是侗族人民生命的一部分，是侗族乐天知命、与人为善、与自然和谐共生的生命意识和生存智慧的集中体现，包蕴着丰富的文化意涵。

首先，侗族民俗音乐文化体现了侗族农耕文化的特色。古歌《祖公之歌》、歌舞《多耶》、芦笙舞《舞春牛》、傩戏《跳土地》等以歌舞表演的方式再现了农耕生活形态。其次，侗族民俗音乐文化凝聚着浓厚的宗教文化气息。侗族是一个信仰多神的民族，他们通过图腾、祖先、神灵崇拜和宗教祭祀来寄托自己的追求和理想。宗教祭祀仪式多有歌舞相伴，而歌舞则是宗教祭祀的载体和表现形式。因此，侗族民俗音乐有浓厚的宗教色彩。不论是多耶、芦笙舞，还是侗戏、傩戏的表演，都要举行祭祀仪式。今存《祭天地神舞》《萨岁之歌》等作品都富有原始的宗教韵味。"这里，娱神变成了娱人，自演自娱自乐，安天乐命、从容达观的侗民族的生存态度与生命意识在舞蹈（歌舞）中得到淋漓尽致的体现。"② 最后，侗族民俗音乐文化富含侗族的风土与习俗。如《民俗学概论》中指出："各民族的居住、服饰、饮食、生产、交通、家庭、村落、人生礼仪、宗教信仰、道德仪礼等民俗活动，都有相应的民间歌唱和讲述相随。"③ 侗族民俗音乐与侗族民俗相生相伴，始终伴随着民俗活动得以呈现。在侗族春节、三月三、四月八、开秧门、喊天节、鱼冻节等民俗生活中，都有音乐。如芦笙舞中的《斗鸡》《舞春牛》，鳌锣中的《斗画眉》《斗牛》等民俗音乐作品表演，将侗族斗鸡、舞春牛、斗画眉、斗牛等习俗融入其中，既丰富了民俗音乐的表现内容，又传承了民俗文化。

---

① 朱慧珍、张泽忠等：《诗意的生存·侗族生态文化审美论纲》，民族出版社，2005，第197页。
② 朱慧珍、张泽忠等：《诗意的生存·侗族生态文化审美论纲》，民族出版社，2005，第194页。
③ 陶立璠：《民俗学概论》，中央民族学院出版社，1987，第292页。

此外，侗族民俗音乐活动不仅参与人数多、活动持续时间长，而且多以集体歌舞的形式呈现，譬如多耶、芦笙舞、龙舞、大歌、侗戏、傩戏等。通过民俗仪式的艺术化表达，将民族的和谐统一表现在民俗音乐的音声里，从而召唤侗族人民紧紧团结在一起，彰显出民族群体的力量和精神面貌。这种活动"将个体生命转化为群体生命、民族生命，使生命得到扩张和延续，体现了侗民族的群体生命观"，[①] 凸显出侗族的自我认同，内蕴着侗族的民族精神。

（二）融化他者：侗族民俗音乐的张力

侗族民俗音乐不仅具有强烈的自我文化认同的品格，而且具有开放、包容的生命张力。它在历史的进程中，不断吸收汉族等兄弟民族音乐来实现不断完善的目标。

自古以来，侗族聚居区就有汉族、苗族、瑶族、水族、土家族等兄弟民族杂居，侗族与他们和谐相处、相互交流。反映在民俗音乐文化领域，表现为侗族以开放包容的心态，积极吸收外族音乐文化元素，并将其融入侗族文化体系，赋予其侗族特色。这充分反映在侗族民俗音乐的发展历程中，唐代以前，已有侗族与苗族一同上天去找歌的传说；唐宋元代，中原汉族音乐文化传入侗族区域，并逐步融入侗族民俗生活。明清时期汉族花灯、龙舞、薅秧敬舞等歌舞，阳戏、辰河戏、汉剧、彩调等戏曲，唢呐、箫笛、锣鼓等打击乐器在侗族北部区域已形成侗族特色，并对侗戏、侗族曲艺、傩戏的生成发展、表演及侗族民俗生活产生了深远影响。如侗戏表演结束时要"跳加官"，侗戏中的汉族题材剧目《梁山伯与祝英台》、傩戏中的汉族题材剧目《单刀赴会》《古城会》等，就是最好的例证。民国时期，在汉族文化的影响下，侗族音乐学校教育、音乐创作、音乐表演及理论研究等领域都取得了重要成效。新中国成立以来，在广泛吸收国内外音乐文化优长的基础上，创生了具有侗族特色的侗歌剧艺术形式，音乐表演从民间走向舞台、走向世

---

① 朱慧珍、张泽忠等：《诗意的生存·侗族生态文化审美论纲》，民族出版社，2005，第199页。

界。他们"巧妙地吸收别人的长处，将其消融在自己的民族性和特性之中，因而在保持自己鲜明的民族特色的同时，又不断地丰富和发展了自身……以开放的心态、平等的姿态，以积极的态度吸纳其他民族的艺术，体现了侗族的开放宽容的民族情怀与生存智慧"，① 彰显出侗族民俗音乐融化他者的生命张力。

结　语

丰富的侗族民俗音乐寄托着侗族人民通神灵、合天地的愿望。它从远古走来，携带着各个历史时期的文化信息，穿越时空，经久不衰，形成了风格独特、意蕴丰富的一大价值体系。在侗族民俗音乐的生存时空中孕育、形成、繁盛、转型和多样化发展，其文化格局可表述为自我认同与融化他者的存在方式。一方面，侗族民俗音乐自创生以来就有自身的民族特性，形成了独特的音乐观、音乐行为和音乐思想，并以特殊的音声方式参与侗族民俗生活的建构。另一方面，在侗族民俗音乐发展中，侗族与汉族及周边民族不断进行文化交流，并吸收其他民族音乐文化的优长，将其他民族音乐融入侗族民俗生活，赋予其侗族语言、习俗和审美等文化特质，反映出侗族民俗音乐融化他者的生命张力。正是由于侗族民俗音乐的自我认同和融化他者的存在方式，成就了侗族民俗音乐独特的发展范式和文化品格。

---

① 朱慧珍、张泽忠等：《诗意的生存·侗族生态文化审美论纲》，民族出版社，2005，第200页。

B.13
中国西南少数民族乐器生存与数字化保护调查报告*

杨　琛**

摘　要： 西南地区是我国少数民族种类最丰富的地区。乐器是音乐文化的重要载体，通过对乐器的生存状况研究，可以更明确直观地认识少数民族音乐文化的传承状况和存在的问题。本报告以全面深入的田野调查为基础，认为中国西南少数民族乐器具有跨省界区域乐器资源丰富、呈区域性分布的特点，并按其发音原理、制作技艺、使用功能、表演形式等进行分类。西南少数民族乐器在发展方面，"新家族传承模式""源生坊传播模式"多种传承形式并存，民族乐器博物馆建设亦取得成效，然而面临传承人青黄不接的困境。西南少数民族乐器研究方面，相关高级别科研项目层出不穷，但系统性的田野考察、跨界区域少数民族乐器研究较为缺乏。

关键词： 数字化保护　少数民族乐器　民族乐器博物馆

引　言

西南地区是我国少数民族种类最丰富的地区。乐器是音乐文化的重要载

* 本报告系2019年度国家社科基金冷门"绝学"和国别史等研究专项项目"中国西南少数民族管乐器制作技艺数字化传承研究"（项目编号：19VJX159）的研究成果。

** 杨琛，博士，云南师范大学音乐舞蹈学院教授，中国音乐研究基地兼职研究员，主要研究方向为中国西南少数民族乐器。

体，通过对乐器的生存状况研究，可以更明确直观地认识少数民族音乐文化的传承状况和存在的问题。对西南各省份民间艺人以及乐器传承情况进行全面系统的田野考察，是获取第一手资料的重要途径。2016年以来，笔者借助南京艺术学院博士后研究工作和2019年立项的国家社科基金冷门"绝学"研究专项项目，对西南地区少数民族乐器进行了全面深入系统的田野考察，足迹遍及云南、广西、贵州、四川、重庆、湖北、湖南、海南等地的180多个少数民族村寨，行程总里程达74000公里以上，拜访各少数民族民间艺人200余人，收集各类西南少数民族乐器300余件，从而对西南各省份少数民族乐器生存与保护的状况有了全景性的认识。

一 中国西南少数民族乐器的分布与分类

（一）中国西南少数民族乐器的分布特点

1.跨省界区域乐器资源丰富

跨省界区域往往是各省相对偏远，经济不发达，但民族文化特色丰富的区域。这些区域由于距离各省份的行政文化中心区较远，其研究相对缺乏，然而也是少数民族乐器种类最为丰富的地区。以跨省界区域为例，湘桂黔交界的侗族、苗族地区，滇桂黔交界的广西隆林县苗族、布依族地区，云贵交界的布依族地区，云桂交界的壮族、彝族地区，川滇交界的苗族、彝族地区，湘鄂渝交界的土家族、苗族地区等，都属于跨省界乐器资源的富集区。然而，这些区域在各地分省份的少数民族乐器研究（如《中国民族民间器乐曲集成》各省份分卷）中却未成为研究重点，但是这些区域恰恰保留了相对完整的乐器资源。

中国西南地区与东南亚的中南半岛，以及南亚多国都有漫长的边境线，尤其是云南省、广西壮族自治区与东南亚多国山水相连，存在诸多文化相似性。在对云南、广西的乐器考察过程中，各地文化部门都不约而同地将研究方向指向了靠近国境线的少数民族地区。这些区域的民族音乐文化拓展了研究空间。

2.西南其他省份资源呈区域性分布

西南其他省份的民族乐器资源分布与其民族聚居区高度契合。四川省的少数民族乐器主要集中在南部的宜宾市、西部的凉山彝族自治州、甘孜藏族自治州、阿坝藏族羌族自治州等地；重庆市的少数民族乐器主要集中在东南部的石柱、彭水、酉阳、秀山四县；贵州省的少数民族乐器主要集中在中南部的黔西南布依族苗族自治州、黔南布依族苗族自治州、黔东南苗族侗族自治州三州；广西壮族自治区的少数民族乐器主要集中在北部靠近贵州的柳州市、河池市，西部靠近云南的百色市，西南部靠近越南的崇左市等地；西藏自治区则以藏族聚居区为主。由此可见，西南各省份除云南外，少数民族乐器的分布呈现区域性特征。

3.云南少数民族乐器资源尤为丰富

中国西南地区分布了30多个少数民族。其中云南一省就有汉族、彝族、白族、壮族等26个民族聚居，是我国民族种类最多的一个省。这里集中了西南最丰富的民族音乐文化资源，民族乐器也呈现各地均匀分布的特征，且各州各具特色。以大理白族自治州为例，白族主要分布于州北部的大理市以及剑川、鹤庆、洱源等县，而州南部的巍山、南涧等地则以彝族为主，且两县的彝族音乐文化差异较大。云南各州均存在类似的特征，因此同样具有较大的研究空间。

（二）中国西南少数民族乐器的分类

1.按乐器的发音原理分类

根据田野考察发现，民间艺人大都认可国际通用的"H-S分类法"[①]，但具体到二级、三级等更细部的分类层级，则存在偏差。部分民间艺人往往

---

① 德国音乐学家霍恩博斯特尔（E. V. Hornbostel，1877~1935）和萨克斯（Curt Sachs，1881~1959）于1914年创立了著名的霍恩博斯特尔-萨克斯分类法（Hornbostel-Sachs，简称H-S分类法）。该分类法按照乐器的发音原理，将世界范围内的乐器分为体鸣乐器、膜鸣乐器、弦鸣乐器和气鸣乐器四种（后增加了电鸣乐器），前四类乐器在中国西南少数民族中普遍存在。

对乐器的细部结构，尤其是振动状态认识不清，从而导致乐器命名上的谬误。例如，边棱音管乐器中将横吹类的"笛"和竖吹类的"箫"混用，将单簧类管乐器定名为"唢呐"（见图1），将放置在嘴唇上演奏的体鸣乐器口弦误认为气鸣乐器等。

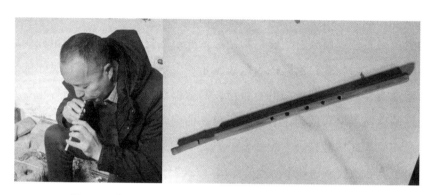

图1　湖南湘西苗族竹簧管乐器"该喽"被当地部分艺人
误称为"竹唢呐"（杨琛　摄）

汉字所具有的超强组词、表意能力与丰厚的中华乐器文化传统，中华音乐家所具有的博古通今、学贯中西、融会贯通等能力，促使我国在乐器命名上采用了极为系统化的本土定名策略。[①] 例如，对于形状接近但种类繁多的吹奏乐器，可以用"笛"（边棱音振动）、"管"（簧振动）、"号"（唇振动）将它们清晰地区别开来。

这些科学有效、通俗易懂的乐器命名原则，对于西南少数民族乐器的命名具有重要的指导作用。这样的命名不仅能够使广大少数民族群众对乐器有更全面系统的认识，也能够促进乐器的传承、保护与发展。

2. 按乐器制作技艺规范化程度分类

西南各省份少数民族乐器制作技艺的规范化程度和内地汉族传统乐器相比又存在差别，按规范化程度进行分类，可分为原生乐器、半产业化乐器、

---

① 韩宝强：《名正方能言顺——论乐器定名之重要性》，《中国音乐》2022 年第 2 期，第 112 页。

全产业化乐器三类。

　　所谓原生乐器，在本报告中特指乐器结构、制作工艺较为简单，演奏技术自由、音高音准比较模糊的乐器。这些乐器一般由民间艺人在山中就地取材制作而成，有些乐器演奏完之后直接可以丢弃。[①] 在云南，这类乐器种类最为丰富，四川和广西也有少量遗存（见图 2）。原生乐器制作技艺相对自由，因人而异、因"族"而异，同一类乐器在不同民族间往往在制作技艺细节和称谓上存在偏差，很难规范化。近年来，与此相关的研究较少，但原生乐器具有非常重要的研究价值。这些乐器往往分布在西南地区的偏远山区，生存和传承状况比较脆弱，但是乐器的制作流程、调音和演奏的过程却体现了民间艺人对音乐的基础性认知。对这些乐器制作与演奏的研究，可以使我们了解原始先民对乐器，甚至对音乐的原始认知状态。这对音乐起源问题和音乐考古学等相关领域的研究都具有重要的启发意义。

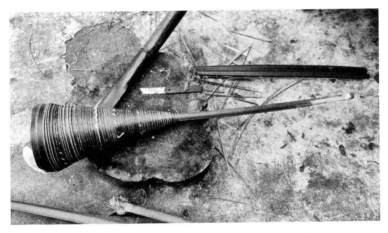

图 2　广西防城港市防城区板八乡大坑村艺人赵美仙
制作的瑶族原生乐器"喃哆喝"（杨琛　摄）

---

　　① 杨琛：《中国西南少数民族管乐器制作与演奏体现出的相关问题探讨》，《中国音乐》2021年第 6 期，第 101 页。

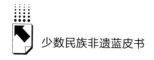

所谓半产业化乐器，在本报告中特指在乐器制作中已经初步运用现代技术，出现一些规范化雏形，并能够通过家族的传承实现批量化生产的乐器。这类乐器还未实现系统的专业服务和质量管理，也未能形成系列化与品牌化的经营方式和组织形式。

西南少数民族乐器中符合半产业化乐器标准的典型乐器类型就是苗族和侗族的芦笙和多民族的葫芦丝。云南、广西、贵州交界地区的芦笙和葫芦丝制作大都通过家族传承的方式进行，或兄与弟，或父与子；或形成"芦笙村"（贵州省黔东南州从江县贯洞镇今影村）或"葫芦丝之乡"（云南省德宏州梁河县勐养镇邦盖村）。他们制作乐器遵循传统的手工方式，有的芦笙调音方式采用传统的"芦笙种"（或"芦笙本"），① 有的则通过手机 App，可见其已对芦笙的调与音高有了明确的规范。他们的乐器有稳定的销售渠道，并提供售后维修服务。他们都具有将乐器制作成大中小多个型号的意识，但均未形成系列化和品牌化的经营方式，比如目前这些民间艺人尚未将自己制作的乐器冠以品牌或注册商标。

西南少数民族乐器中符合全产业化乐器标准的典型乐器类型依然是芦笙和葫芦丝。这些乐器大都在贵州、云南各地的乐器厂家。这些厂家可对乐器进行批量生产，也已形成系列化和品牌化的经营方式。

但是，尽管从形制上已经能够按照当地的样式制作出乐器，但乐器的全产业化却会带来地域上的"水土不服"。乐器音列结构和制作技艺的所谓"标准化"人为抹杀了地域特色，难以得到当地少数民族群众的认可，很多群众听到这样的芦笙音响后大呼"听不懂"，认为这样的音响不是他们需要的音响。这样的现象引起我们对乐器传承与发展、乐器标准化与乐器地域特色、乐器音色与音列结构等诸多问题的思考。

3. 按乐器使用功能场合分类

西南少数民族乐器的使用功能大致可分为三类：民间娱乐类、传递信号

---

① 滇桂黔地区芦笙制作常见的一种调音工具，形制类似芦笙笙苗，同为芦笙竹所制，装有簧片，管身标有刻度，以确定笙苗的长度和音高。

类、仪式类。青年男女恋爱过程中，可以通过演奏乐器增进情感；热恋中的男青年到女青年家门口时出于害羞，可通过演奏乐器的方式向恋人传递信号，呼唤恋人出门；劳作间歇，随手在竹林中砍下一段竹管制作乐器吹奏，也是一种自娱自乐的形式；节庆活动中，大家围坐在一起歌舞，用乐器为舞蹈伴奏；在各种仪式（如婚礼、葬礼、祭祀）中，乐器的演奏也起到烘托气氛、增强仪式感的作用，如彝族大号的吹响预示着新娘子即将出门，苗族芦笙的吹奏祈祷逝者安息等。这三类功能又与不同的场合相互交织，如传递信号的功能可能存在于仪式中，也可能在民间娱乐活动中出现，民间娱乐活动又伴随着仪式类活动。

4.按乐器表演形式分类

西南少数民族乐器按照演奏形式分类，可分为独奏、重奏、为舞蹈伴奏三类。合奏则较少，目前未发现分声部的乐队形态。西南少数民族乐器的独奏形式较普遍，这些曲调大都以散板为主，旋律自由。管乐器的演奏则是以复杂的波浪式旋律为主，而且因人而异。这种旋律可能起源于原生乐器制作完成后对乐器的试奏过程。[1] 根据考察，西南少数民族乐器的重奏形式也较为普遍，主要包括云南丽江纳西族白沙细乐、云南红河县垤施歌舞乐、贵州黔西南州"布依八音"、黔桂地区苗族芒筒芦笙重奏、侗族芦笙重奏等。这些重奏形式大多以由吹拉弹打"四大件"组成的多种乐器为主，也有以吹管乐器为主体的重奏形式，一般用于仪式活动。为舞蹈伴奏也是西南少数民族乐器的重要表现形式，乐器在这类形式中一般用来为舞蹈者确定明确的节拍。而在有的仪式舞蹈活动中，乐器的作用仅仅具有象征意义，这类乐器的音高关系、音列结构已逐渐不受重视，音乐性已逐渐弱化。例如，2022年2月笔者在云南大理州巍山县考察当地彝族元宵节的祭祀打歌仪式（见图3），葫芦笙的演奏已经被淹没在打跳声中，很难听到明确的旋律和节奏。

---

[1]　杨琛：《中国西南少数民族管乐器制作与演奏体现出的相关问题探讨》，《中国音乐》2021年第6期。

图3　云南大理州巍山县大仓镇小三家彝族村正月十五祭祖先
仪式中的葫芦笙演奏（杨琛　摄）

二　中国西南少数民族乐器的传承状况

（一）西南少数民族乐器非遗传承人的挖掘、培养问题

1. 老一辈传承人的挖掘与激励

我国非物质文化遗产保护传承制度已实施多年，非遗传承人的挖掘与认定是非常重要的基础性工作，对传承和保护少数民族传统文化具有重要作用。但基层依然存在一些非遗传承人挖掘与激励措施不到位的问题。例如，笔者曾拜访云南德宏州陇川县的景颇族艺人丁麻胖，老人能够熟练制作和演奏10多种濒临灭绝的景颇族传统管乐器（见图4），为申报县级非遗传承人付出了多年的努力。这些优秀的民间艺人应当得到基层文化部门更多的重视，并在相关材料的申报层面得到更多的指导。

而个别获得非遗传承人称号的民间艺人，接待大量专家并拥有多项荣誉之后，在心理上出现了"懒惰"情绪，不再坚持乐器的制作，或是频繁参加各种社会活动，不再从事基础的乐器制作行业，转而从事乐器演奏教学工作。这反而加速了乐器的失传。所以针对各地基层代表性传承人的现实境况，制定

图4 云南德宏州陇川县清平乡弄龙村艺人丁麻胖
演奏景颇族管乐器"勒绒"(谭春　摄)

切实可行的挖掘、激励和管理机制,是目前非遗传承工作的重中之重。

2. 对年轻人的支持与鼓励

在田野考察中,笔者见到多位年轻人,他们放弃在城市工作的机会,选择扎根农村,从事最基础的少数民族乐器的制作与传承工作。例如广西富川县的瑶族艺人徐维生,生于1995年,能够制作和演奏西南少数民族地区各个民族濒临失传的30余种乐器,现阶段成功复原了瑶族"卢沙""葫芦笙""牙掌""竹长筒""床头琴"等古乐器,并对其进行创新改良(见图5)。类似这样选择扎根基层,助力非物质文化遗产保护与传承的年轻人,应当得到文化部门更多的支持与鼓励。文化部门应建立更为人性化的认定和宣传机制,提供更多的精神与物质支持,以及配套实施相应的鼓励政策。

3. 省际经济差异与少数民族文化资源不相匹配的问题

我国西南各省份少数民族音乐资源在分布上呈现"以最西端的云南为中心,向北部、东部逐渐辐射开来"的状态。然而,近年来西南各省份的经济水平呈现从西部到东部逐渐提高的状态。这种反差导致省级经济差异与

图 5　广西贺州市富川县瑶族艺人徐维生制作少数民族乐器（杨琛　摄）

少数民族文化资源不相匹配的问题。即经济发达的省份有相对雄厚的资金投入更多非物质文化遗产的保护工作，而少数民族文化资源最为丰富的却往往是经济相对落后的边疆地区。如何打破非遗传承经济支持的省际界限，进行更合理的资源配置，借助"精准扶贫"的有效经验，在资金投入上实现细化到人，即建立更为精准的传承人保护与宣传制度，需要文化部门和财政部门进行更为深入的调查研究。

（二）多种传承形式并存

随着社会经济的快速发展，民间传承形式不断推陈出新。以云南为例，主要表现为以下几种类型。

1. "新家族传承模式"：基于政府主导

笔者在云南各地考察时，经常可以看到基层文化部门的工作人员为民族民间音乐文化传承所做的辛勤工作。笔者曾在西畴县文体局工作人员陈刃的带领下考察鸡街乡曼龙村的彝族葫芦笙，而陈刃来到曼龙村后的另一个任务就是向当地的省级彝族葫芦笙舞非遗传承人宗天仙老人发放补助金（见图6）。这笔补助金能够按时足额发放的条件是，艺人每年必须培养2名以上的徒弟。

图6 西畴县文体局工作人员陈刃给民间艺人发放补助金（杨琛 摄）

基层非遗保护依然存在很多问题。代表性传承人制度，有时反而会加速传承人的减少。① 部分默默传承技艺的艺人得不到文化部门的认可。这要引起相关政府部门的重视。

2. "源生坊传播模式"：基于民间集资

源生坊是云南具有一定影响力的民族音乐舞蹈文化保护与传承的民间组织。该组织主要依靠香港梦周文教基金会和社会各界提供的经济资助，以1993~2000 年田丰先生创建的传习馆为基础，吸取经验教训，进行了更为切合实际的民族音乐舞蹈传承实践，近年来在云南多次举办大型活动，尤其是2015年和2016 年两次成功举办"源生乡村音乐歌舞艺术节"，吸引了国内外大量音乐专家和民间音乐爱好者前来观看，获得在场观众的极大称赞（见图7）。

（三）政府、高校主导的西南民族乐器博物馆建设

1. 广西民族音乐博物馆

广西民族音乐博物馆始建于 2018 年，建设面积 2600 平方米，依托广西艺术学院建成。馆内展品的收集工作跨越 60 多年，藏有广西各民族的体鸣、膜鸣、气鸣和弦鸣乐器 200 余件（见图 8）。通过静态展呈、动态展演、多媒体影像等形式，精彩呈现了广西少数民族乐器的音韵与民俗风貌。②

① 杨琛：《云南少数民族音乐传承与传播模式的转型与创新》，《艺术传播研究》2020 年第 1 期。
② 广西艺术学院广西民族音乐博物馆馆长楚卓供稿。

图7　源生坊主办的"2016源生乡村音乐歌舞艺术节"开幕现场

图8　广西民族音乐博物馆广西特色乐器展厅一角（楚卓　摄）

2. 云南历史上四次重要的乐器展览

云南历史上四次重要的乐器展览均由云南民族艺术研究院吴学源教授组织筹办。

（1）"聂耳音乐周"的"云南民族乐器展"（1982年）

1982年2月，"云南省首届聂耳音乐周"举办期间，由省文化局音乐工作室与省博物馆合作的"云南民族乐器展"在省博物馆二楼展厅展出，展出了乐器实物230多件（其中含改革乐器20多件）、照片70多幅。展览受到了国内许多著名专家学者的高度评价。

（2）"云南首届民族艺术节"的"云南民族乐舞展"（1988年）

1988年9月，省政府举办"云南省首届民族艺术节"，由云南省民族艺术研究所与云南省博物馆合作举办。展品共计700件左右，其中民族民间乐器近500件，民族服饰与舞蹈道具近200件。展览得到参加艺术节的中外嘉宾的高度评价。展览还获得省政府艺术节组委会颁发的"展览奖"。

（3）云南省民族博物馆·乐器馆（1997年）

云南省民族博物馆始建于1995年，由吴学源教授担任"乐器馆"总设计。共展出乐器实物500多件、照片150多幅（见图9）。开馆展出以后，得到了国内外专家学者的高度评价，尤其是日本大阪民俗学博物馆的专家，其参观后拍摄的专家座谈会实况、对吴学源教授的采访等，曾在日本NHK电视台播出，对云南少数民族文化的对外宣传产生了积极影响。

图9　云南省民族博物馆乐器展厅一角（杨琛　摄）

（4）云南文学艺术馆·音乐展厅（2019年）

2019年，云南省文联创办云南文学艺术馆。馆内设有13个展厅，其中音乐展厅总面积1100平方米，共计9个展室，是目前云南最大的专题音乐展厅，共分为三大部分。民族乐器仅是传统音乐中的一个门类，共展出吹、拉、弹、打四大类乐器中的代表性乐器150多件，乐器与演奏照片214张，音乐门类丰富、地域特色和民族特色浓郁，有着鲜明的时代特征，受到了观众的热情赞誉。这是一个永久性展览，对宣传云南的传统音乐文化起到了积极的促进作用（见图10）。①

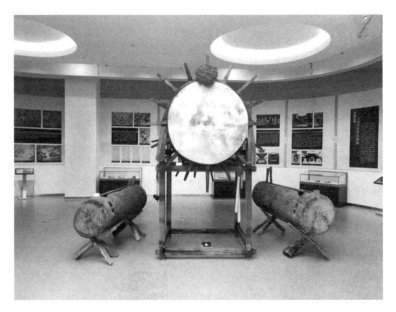

图10　云南文学艺术馆音乐展厅一角（吴琼　摄）

3. 贵州的民族乐器博物馆展厅

根据目前的考察，贵州的民族乐器展陈主要分布在贵州的各大博物馆和部分高校，以展柜的形式呈现。如贵州省博物馆、贵州民族博物馆、贵州省非物质文化遗产博览馆都有专门的少数民族乐器展区（见图11）。

4. 四川音乐学院西南少数民族乐器陈列馆

四川音乐学院西南少数民族乐器陈列馆始建于1993年，陈列馆集中展示了云贵川三省以及西藏、广西、重庆等地200多件具有较高学术价值的少数民族乐器，还收藏着100余盘珍贵的历史录音、录像资料，3000余张照片和50余册实地考察获得的文字、曲谱资料（见图12）。馆藏包括藏族、

———————————
① 云南民族艺术研究院吴学源教授供稿。

图 11 贵州省非物质文化遗产博览馆的少数民族乐器展区（杨琛 摄）

羌族、彝族、白族、苗族、纳西族等在内的 17 个少数民族的传统乐器，展现出少数民族能歌善舞的生活画卷。①

图 12 四川音乐学院西南少数民族乐器陈列馆展厅一角（张莉 摄）

① 四川音乐学院张莉助理研究员供稿。

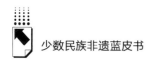

（四）西南少数民族乐器数字化保护的初步发展

1. 国家级非遗代表性传承人记录工作（以湖南省非遗中心为例）

2021 年，笔者有幸以学术专员的身份参与了由文化和旅游部部署、湖南省非遗中心组织实施的 2021 年度国家级非物质文化遗产代表性传承人记录工作"土家族乐器咚咚喹——严三秀项目"，负责项目的学术工作并全程实际参与项目的前期田野调查（见图 13）。2022 年 1 月，湖南省非遗中心聘请湖南龙马传媒公司的工作人员与笔者共同前往湖南省湘西州龙山县靛房镇，对传承人严三秀及其家人等进行了为期 3 天的访谈。笔者亲身体验到民间艺人对少数民族乐器传承保护的执着，体验到采录团队在工作上任劳任怨、一丝不苟的精神。访谈人物之全面、采录技术之专业、采录流程之精细、准备资料之翔实，充分体现了湖南省对非物质文化遗产保护的高度重视。这样专业性较高的传承人采录工作，必将是西南少数民族乐器数字化保护的重要基础。

图 13　2021 年度国家级非遗代表性传承人记录工作湖南"土家族乐器咚咚喹——严三秀项目"田野访谈（曹冰冰　摄）

2. 少数民族乐器的3D建模

为了对西南少数民族乐器的形制和材料结构进行全面的展示，将其构造进行数字化展示是一个非常有价值的方法。3D Max 软件可以对乐器的形制和细部结构进行 3D 建模，可通过动画或"爆炸图"等方式 360 度呈现乐器的所有零部件特点。

笔者从 2016 年开始尝试与从事设计行业的单位和个人合作，进行云南少数民族部分单簧类乐器初步的 3D 建模工作，截至 2022 年 4 月，已完成 30 余件乐器的 3D 建模工作（见图 14）。

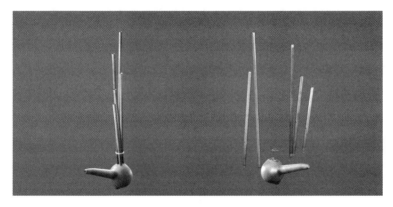

图 14 北京自由职业者周阳为笔者项目完成的云南德宏州盈江县傈僳族葫芦笙 3D 建模

3. 乐器博物馆的音视频等多媒体展示

根据目前的田野考察，西南各省份的乐器博物馆大部分还是以乐器实物展陈为主。能够实现多媒体数字化展示的以广西民族音乐博物馆的数字展厅最为突出。展厅创建于 2020 年 12 月，运用音乐地图、数字声音、空间感知、数字交互、数字典藏等新型展示路径，聚焦乐器藏品、展演、教学和科研，着力弘扬和传承广西民族音乐文化。展陈中发挥跨学科优势，借助音乐与舞蹈、美术学、影视传媒、设计造型、文化管理等多个学科力量，共同打造音乐与科技相结合的数字化展示平台，提升音乐博物馆的数字化程度。在乐器数字展陈方面，运用虚拟现实 VR 体验、AR 展示、全息影像等形式，融合听觉、视觉、交流互动多重感官体验，共同打造音乐与科技相结合的数字化展示平台，提升博物馆公共数字文化服务水平（见图 15）。

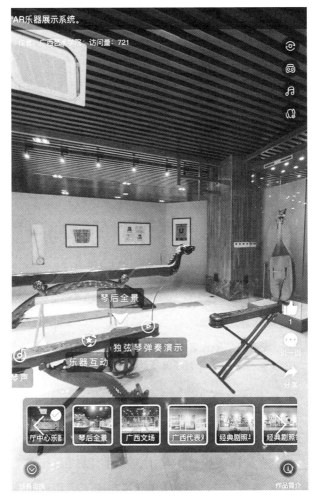

图 15　广西民族音乐博物馆 AR 乐器展示

三　中国西南少数民族乐器的学术研究现状

（一）相关高级别科研项目层出不穷

近年来，国内关于西南少数民族乐器的相关科研项目层出不穷。比较有影响力的是广西民族文化艺术研究院杨丹妮、黄羽完成的 2019 年度国家艺术基金"广西特色乐器制作工艺人才培养"项目。该项目旨在通过学习和研究民族特色乐器制作工艺和现代科学技术，面向全国培养从事民族特色乐器制作、维护保管、乐器调律、乐器改良和工艺研发等一系列工作的技能人才。项目录取了 30 名壮族、汉族、瑶族、苗族、侗族、京族、蒙古族等民族的学员，特邀乐器制作、工艺美术行业的 47 位专家组成教学团队，着重对铜鼓、会鼓、天琴、独弦琴等广西具有代表性的特色乐器进行制作工艺教授。此次培训时间共 90 天，在 60 天的理论学习后，学员分赴桂南、桂北、桂西等少数民族地区进行乐器制作实践。制作完成的乐器在广西民族音乐博物馆举办了"广西特色乐器制作工艺成果展示会"，在广西儿童剧院举行了"广西特色乐器专场音乐会"（见图 16）。

图 16 国家艺术基金"广西特色乐器制作工艺人才培养"项目成果音乐会

（二）系统性的乐器田野考察较为缺乏

近 10 年来，国内共出版关于西南少数民族乐器研究的专著 30 余部，相关学术研究论文 40 余篇。以区域乐器文化和乐器个案研究为主，且以乐器制作技艺的介绍和背后的文化背景特色为主要研究对象。深入的第一手田野资料的收集与研究相对较少，尤其是系统性的乐器田野考察较为缺乏。本报告认为，形成上述现象的原因复杂：西南少数民族多聚居在偏远、交通闭塞

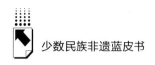

的西南边疆地区，学者难以到实地进行长时间广泛深入的田野调查。从对国内相关研究的梳理可知，部分成果论点较为模糊，文本多来源于第二手或第三手资料，缺少实地田野资料的支撑。

（三）跨省界、国界区域少数民族乐器研究较为缺乏

近年来，"跨界民族音乐文化研究"是国内民族音乐学界研究的重要兴趣点。2012年，时任中国音乐学院院长赵塔里木教授申报立项了国家社科基金重点项目"澜沧江湄公河跨界音乐文化实录"。以该项目为依托，国内大批民族音乐学家和青年学者将目光投向云南，从音乐人类学的视角，对云南多地跨国界的少数民族音乐文化进行了系统研究，获得大量学术成果。涉及乐器研究的主要有高嬿的《中国南方少数民族竹制乐器与越南各民族竹制乐器比较研究》《中越苗族芦笙比较研究——以中国云南文山与越南老街沙巴为例》，李纬霖的《中、老、缅、泰掸傣族群传统乐器的跨境比较研究——以"弹拨""拉弦"乐器为例》，初步云的《中缅"象脚鼓"乐器文化比较研究》等。

但是在西南少数民族乐器研究领域，国内学者的研究则大都以省为界，关注省内最具代表性的少数民族乐器。而跨省界、国界，尤其是跨省界的特色少数民族乐器研究则较为缺乏。这样的现象在《中国民族民间器乐曲集成》西南各省份分卷中有明确的体现。这些地区的少数民族族群种类都非常具有特色，且具有跨省界的共性特征，而又往往会被学术界忽视。因此这些地区少数民族乐器，可作为未来田野调查和学术研究的重点对象。

结　语

中国西南少数民族乐器资源丰富，由于西南地区多山地的自然地理特征，历史上交通不便，缺乏对边疆少数民族民间艺人和研究型人才的挖掘，和我国其他地区相比，在民间艺人的宣传、乐器的保护与传承、乐器博物馆的建设、相关学术研究等多方面，西南各省份都存在较大差距，也具有较大

的研究空间。因此，在前人研究的基础上，对西南各省份少数民族乐器制作与演奏的民间艺人进行广泛深入的实地调查，能够弥补前人研究的不足，获取第一手研究资料。这些资料包括民间艺人制作和演奏乐器的全过程、对民间艺人的访谈录像，以及乐器实物等。这样就可以对乐器的制作与演奏习惯进行深入探索，并就同类乐器在多个田野点的共性和个性、形制和音响特性进行深入研究，乐器实物则可作为乐器博物馆的重要展陈物品，也可作为数字化传承的重要实物依据，对于保护和宣传濒临失传的少数民族乐器具有重要价值，也具有重要的社会教育意义。

B.14
新疆少数民族民间文学 IP "阿凡提" 动漫化传承路径研究[*]

米高峰 卢娅阁 李 昂[**]

摘 要: 作为少数民族民间文学的经典 IP,"阿凡提"已成为国人认识新疆、体验少数民族风情的重要载体,在民族文化交流中发挥着重要作用。动漫媒介赋予了"阿凡提"全新的艺术活力,也为民间文学 IP 的活态传承与创新发展拓宽了路径。在新时代背景下,进一步厘清"阿凡提"民间形象来源与动漫化传承形式,对探索其未来的动漫创意产业开发具有重要意义。本报告认为"阿凡提"在动漫媒介的助力下,已经在中、青、少年群体中树立了艺术形象,今后应建立完整的少数民族民间文学资源库、完善以动漫媒介为开发核心的产业链,促进非遗 IP 创新发展,实现文化遗产的活态传承。

关键词: 少数民族 民间文学 阿凡提

* 本报告系国家社科基金重大项目"新时代中国动画学派的重建与民族文化传播研究"(项目编号:19ZDA333)阶段性成果、四川省社会科学重点研究基地四川动漫研究中心资助项目"新疆少数民族 IP'阿凡提'文化创意产业开发研究"(项目编号:DM202051)阶段性成果。
** 米高峰,陕西科技大学设计与艺术学院教授、博士生导师、副院长,"一带一路"文化 IP 开发与设计研究中心主任,研究方向为视觉艺术与媒体设计、丝路文化与艺术传播;卢娅阁,陕西科技大学设计与艺术学院设计学博士研究生,"一带一路"文化 IP 开发与设计研究中心研究员,研究方向为视觉艺术与媒体设计、丝路文化与艺术传播;李昂,陕西科技大学设计与艺术学院设计学硕士研究生,研究方向为丝路文化与艺术传播。

作为"一带一路"的重要对外窗口，民族非遗丰富、地域特色鲜明、传统与现代交汇的新疆，拥有异彩纷呈的民间文学资源，如民族神话、传说、史诗、叙事诗、谚语、小戏、谜语等，它们既是艺术创作无限的创意素材宝库，又是"文化+"异质化产业发展的秘钥。[1] 在新疆本土文化的长廊里，民间文学类非物质文化遗产"阿凡提故事"是最为绚烂的一颗珍宝，2014 年，其入选第四批国家级非物质文化遗产代表性项目名录，被誉为少数民族民间口头文学中的一颗明珠，其文本内容蕴含了深刻的叙事主题，拥有丰厚辽阔的再阐释空间，值得进一步设计开发与创新延展。在出版书籍、电视荧幕、戏剧舞台等各类大众媒介中，我们都可见到"阿凡提"这一民间文学 IP 的创作改编身影。而动漫作为新时代下颇受青少年受众欢迎的艺术传播媒介，已广泛应用于人民生活和社会生产之中，也成为当下民间非遗资源转化的重要方向，动漫艺术工作者也理应担当起对非物质文化遗产的传承使命。对民间文学 IP "阿凡提"的动漫化开发，是促进少数民族优质非遗资源现代化保护与传承的重要尝试，值得进一步探讨。

一 "阿凡提"形象溯源——倒骑毛驴的维吾尔族民间智者

据史料记载，"阿凡提"最初的故事版本源自 16 世纪小亚细亚半岛民间流传的"纳斯尔丁笑话"，[2] 伴随着古丝绸之路的民族交融与文化交流，"纳斯尔丁笑话"不断东传，并在新疆地域各少数民族中不断发展演变，最终演变成为我们今天耳熟能详的传奇故事。

（一）"阿凡提故事"的由来

霍加·纳斯尔丁的笑话，长期以来流传于丝路少数民族民间口头文学之

---

① 米高峰等：《互联网语境下新疆少数民族动画创作研究——以〈图瓦人的四季〉为例》，《湖南包装》2020 年第 3 期。

② 冯翔鹤：《"阿凡提"形象：生命、文化、审美的符号》，《新疆师范大学学报》（哲学社会科学版）2007 年第 2 期。

中，由于其特有的机智幽默风格，在民间一直传诵不衰，且影响十分广泛。它的产生和流传基本呈现三个阶段："朱哈"笑话、"纳斯尔丁笑话"、"阿凡提故事"。早在公元 10 世纪，巴格达著名学者纳迪姆就将阿拉伯人"朱哈"的逸闻趣事编入了他所著的《图书目录》；[①] 公元 13 世纪，"朱哈"笑话流传到土耳其，经过多年的发展和演变，与土耳其流传的"纳斯尔丁笑话"融合。古丝绸之路的崛起，贯通了东西方经济、文化、贸易的密切交流，在时代更迭下，"纳斯尔丁笑话"博得了沿线各族人民的喜爱，尤其受到开放包容、兼容并蓄的中华文明的影响，在新疆地域各族人民世世代代的口传中，不断被打磨、充盈、延伸，最终演变成了独具少数民族风格特色的"阿凡提故事"。

（二）"阿凡提故事"的文化内涵

1. 宗教文化

新疆地处我国西北地区，是"一带一路"倡议中连通欧亚大陆的重要西北门户，也是我国陆地面积最大的省份。季羡林先生指出，新疆是四大文明交汇之地，全世界再没有一个这样的地方。[②] 可见新疆各民族的历史、文化、社会习俗等几乎凝聚了各大文明的精华，而中华文明成为其汇集其余三大文明的重要母体。"阿凡提故事"中，蕴含着浓厚的伊斯兰文化气息。

作为一个从阿拉伯流传而来的民间传说，伊斯兰宗教文化构筑了"阿凡提故事"的原生内核，在潜移默化中通过物质、制度、精神三个文化层次得以呈现，这也正是"阿凡提故事"极具魅力和鲜明异域格调的深层原因。宗教类的文化色彩，赋予"阿凡提"虔诚、真挚，而又充满大智慧的精神品格，这是其能够在阿拉伯世界获得大众喜爱的基础，也是在丝路经久传诵的原始动力。它从古老的远方而来，最终在东方文明的融合下，以全新的样态踏进丝绸路上的千家万户，其诙谐风趣又富于哲思的故事深受中亚地

---

① 李竟成：《西域少数民族机智人物的代表"阿凡提"》，《西部学坛》1994 年第 4 期。
② 季羡林：《佛教与中印文化交流》，江西人民出版社，1990，第 15 页。

区乃至全世界人民的喜爱。

2. 民族文化

百里不同风，千里不同俗。在历史的长河中，乐观豁达、勤劳勇敢的少数民族与阿尔泰山、昆仑山、天山、塔里木盆地、准噶尔盆地等"三山夹两盆"的地理分布，共同构成了新疆独特的民俗风情和社会环境，成为"阿凡提故事"成长的沃土。其中，新疆的饮食文化、歌舞文化与服饰文化是典型。新疆的饮食文化源远流长，在全国闻名遐迩。比如，新疆地区仍以馕蘸水表示男女新婚时同甘共苦的希冀，馕不仅是日常生活中的主食，也是当今社会习俗的一种象征。此外，"阿凡提"作品中还展现了烤羊肉串、手抓饭、烤包子等除馕之外的新疆特色美食与葡萄、哈密瓜、甜瓜、李子等各种本土水果，流露出浓厚的民族饮食文化气息，让人们在了解文化的同时体会到智慧、勤恳的劳动人民对美好生活的向往与追求。这些愿景也正是"阿凡提故事"的精神内核所在。

不仅如此，"阿凡提故事"与新疆维吾尔族的民族歌舞艺术也有着紧密的联系，人们通常以优美的舞姿与神情来进行情感的传递，表达忠贞的爱情、传递游牧丰收的喜悦、歌颂劳动人民的辛勤，再用转脖子、翻手腕、弹指头等细微动作调整润饰，令维吾尔传统舞蹈形成了别具一格的艺术色彩与民族风韵，如著名的"十二木卡姆""萨玛舞""赛乃姆"等。"阿凡提"还将各民族的歌舞艺术与文化风情运用到舞台剧的演出中，新疆杂技团出演的大型音乐剧《你好，阿凡提》，在书写民族文化自信的同时，尝试吸收多种艺术表现手法，将维吾尔族服饰特色、舞蹈动作语言与魔术、杂技、现代乐舞元素进行糅合，在对本土民族文化进行艺术化传承的同时，实现了其现代化演绎。[①]

3. "阿凡提故事"的特色

"阿凡提故事"的特色彰显于其系列故事表达的始末，集中体现在四个

---

① 阿布来提·阿布力米提：《阿凡提故事的艺术特征研究——以艾克拜尔·吾拉木的〈阿凡提故事大全〉为例》，硕士学位论文，西北民族大学，2020，第25页。

方面：首先，简洁意明的故事内容；其次，喜剧性的故事情节；再次，讽刺诙谐的对话语言；最后，独具哲理的故事内涵。于故事内容而言，不仅对话语言较为简洁，故事篇幅也简短精练，它运用最为简明直接的对话方式，批判封建主义的统治势力，拆穿上层社会的愚昧无知、贪得无厌、唯利是图，谴责假仁假义，将不屈不挠的反抗精神、机智勇敢的民族智慧、淳朴的民风民俗一一展现在大家面前。不同于宏大的战争语境，也不同于悲壮的史诗叙事，这种简洁幽默的表述方式成为"阿凡提故事"鲜明的叙事特色。

于故事情节而言，喜剧性是"阿凡提故事"系列的核心特征。在喜剧性故事笑话中，大多存有两类喜剧人物：一类是被讽刺的反面人物（巴依老爷、官员、国王等），另一类是进行斗争的正面喜剧人物（阿凡提）。对"阿凡提故事"的喜剧性表达构成（归谬法、曲解法、反语巧计法、结局高潮法）进行分析可以发现，喜剧性的根基在于"阿凡提"身上独有的民族大智慧，也是民族文化自信的一种间接体现。在故事的发展过程中，"阿凡提"始终作为事件参与的主体，以正面喜剧人物身份，面对诸多民族生存生活难题、压迫阶级的恶意刁钻，他融汇多种异于常理却又合乎情理的机智谋略，斗智斗勇。

于对话语言而言，"阿凡提故事"的讽刺性主要体现在三个方面：其一，对达官贵族的讥讽，为保护人们的利益不被损害，对封建强势力展开彻底的批判；其二，对不正之风的遏制，通过辛辣的言语来讽刺在民间时有发生的懒惰、偷窃、小肚鸡肠、贪婪无度等种种不良的社会风气；其三，对自身不足的自嘲。为了维护孩子们的童心，他甘愿做一名愚人来逗乐他人。[1]

于故事内涵而言，"阿凡提故事"中蕴含着深刻的人生哲思，在文本叙事中处处可见"阿凡提"对人生观、世界观、价值观的深度思考，这既是"阿凡提"个人视角的灵魂追问，也是一个民族价值体系形成的缩影，这种哲思是民族智慧的核心体现。《继承智慧》中"阿凡提"的儿子曾提出一个懊

---

[1] 阿布都外力·克热木：《论阿凡提及其故事中的审美特征》，《中国民族博览》2018年第9期。

恼的问题，如果父亲离世，他可以继承怎样的财富。思索片刻的"阿凡提"慨叹道："孩子，我既没有财产，又没有土地。但即便如此，你也不要沮丧，当我去世后，你便继承我的智慧。"看似空泛的回答，却向儿子讲述了脚踏实地的耕耘才是硬道理，不能抱着靠继承家产虚度光阴的幼稚思想。这种类型的故事文本不计其数，既讲述了精彩生动的内容，也蕴藏着乐观积极的精神内涵，所以"阿凡提"的故事成为动漫媒介创造转化的重要素材来源。

二 "阿凡提"动漫化改编——中、青、少年 艺术形象重塑

木偶动画系列片《阿凡提的故事》，作为我国首部以民间传说"阿凡提故事"为原型改编而来的动画作品，自问世以来，先后获得文化部优秀美术片奖、中国电影"百花奖"最佳美术片奖、中国少数民族题材电影"腾龙奖"等多项国内大奖。同时，在国际动画影坛博得诸多荣誉，先后获奥斯卡最佳动画短片奖提名，美国第六届芝加哥国际儿童电影节动画短片一等奖等，受到国内外观众的热烈追捧，成就了"阿凡提"经典动漫形象的华丽转身，也使得其成为少数民族民间文学机智人物题材中的一个代表性 IP。随后，三维动画《少年阿凡提》（2012 年）、二维动漫《老小阿凡提》（2014 年）、动画大电影《阿凡提之奇缘历险》（2018 年）等主题动画作品相继问世，不断丰富并推动着"阿凡提"这一民间文学 IP 在动漫媒介中的延伸与创新。

（一）对抗腐朽势力的民间智者：中年勇士——《阿凡提的故事》

20 世纪 80 年代，由上海美术电影制片厂创作发行的木偶动画系列片《阿凡提的故事》共有 13 集，每集讲述一个短小故事，时长约 20 分钟，采用大幅度的艺术夸张手法来塑造人物的造型和动作，木偶定格的创作方式使人物形象更加生动、幽默、富有表现力。虽然每集中的"阿凡提"都以维吾尔族中年男性的形象示人，但其身份却各有不同：他，时乃云游四海的潇洒郎，时逢下地劳作的农民汉，时而变身近臣与国王智斗。在角色赋予的多

种使命下，他敢于遏制不正之风、同剥削阶级做斗争的精神，以及思维敏捷、机智多变的智者形象未曾改变。故事情节叙事的矛盾冲突主要源于两个对立阵营，一是以"阿凡提"为代表的平民百姓阵营，二是以"巴依老爷"为首的封建地主阵营。每一次冲突的产生，"阿凡提"总会站在弱者一方，巧用智慧，不卑不亢地对强权阶层进行抨击，最后拯救群众于水火，成为人们心中的英雄。在木偶动画《阿凡提的故事》中，他是一位敢于对抗腐朽势力的勇士形象。

（二）青春叙事中的奇幻传奇：热血青年——《阿凡提之奇缘历险》

在市场化环境下，民间文学题材作为我国动画电影创作的核心素材，催生了基于"阿凡提故事"新编的《阿凡提之奇缘历险》，这是上海美术电影制片厂"阿凡提"系列中，第一部登上现代银幕的电影级作品。该作品是传统经典与当代受众之间的审美碰撞，在叙事层面较多采用青春叙事手法来重述"阿凡提故事"；在形式层面则是以年老的"阿凡提"讲述自己年轻时候的奇缘历险，形成传奇的"去历史化"重构；① 在人物建模的过程中，也在保留原木偶质感的前提下追求角色的传承与创新。剧中"阿凡提"摇身变成了年青萌帅、机敏过人、颇受观众喜爱和认可的青年形象。面临考验人性、错综复杂的重重危机，"阿凡提"义无反顾地扛起重担，用智慧和勇气直面困境，保护心爱之人，不负百姓所托。另外，影片巧妙地将浪漫爱情元素融入其中，使整个影片的叙事格外生动饱满，更是在时代语境下，迎合了观众的审美趣味。

（三）技术迭代中的智者形象建构：纯真少年——《少年阿凡提》

为迎合新时代受众群体的审美爱好，掀开民族记忆的新篇章。动画片《少年阿凡提》将定格动画的木偶形象与三维 CG 影视技术相结合，人们记忆里那个骑着小毛驴、留着络腮胡、身着花袷袢的"阿凡提"，华丽变身为

---

① 李飞：《〈阿凡提之奇缘历险〉：青春叙事与传奇的重构》，《当代动画》2019 年第 1 期。

英俊潇洒、善良顽皮、伶牙俐齿的少年"阿凡提"。在先进的动画制作手法加持下，不断赋予其符合时代审美和社会价值的全新面貌。三维 CG 技术使影片更加具有表现力，丰富了故事的延展性，它与传统意义上的三维动漫技术相比，不同之处在于该革新技术可以打破传统审美可视化，使角色表现更为生动立体。在毛发抖动、肌肉颤动、衣物飘动等细节处理上格外出彩，展现镜头无法捕捉到的精彩，其强大视觉冲击力，极大地丰富了观众的视觉体验，使古老的民间故事焕发新生，让年轻受众群体在充满欢声笑语的观影之中，领略经典民族文化的精粹，为成长之路添一抹异域色彩，也使"阿凡提"在不断丰富创作的过程中，融合更多时代流行元素，延续了民间文学古老而弥坚的无穷魅力。

三 "阿凡提"动漫化创意开发策略
——非遗 IP 创新发展

在历史的长河中，文化不断传承、经典得以重现。经过千百年的流传演化，"阿凡提"已经成为一个家喻户晓的经典 IP，其已不再单指简单的人物角色，而是一种饱含民族情感与文化积淀的精神标识，是少数民族非物质文化遗产的重要部分。2014 年，由喀什地区文化馆申报的新疆维吾尔族民间文学"阿凡提故事"入选第四批国家非物质文化遗产代表性项目名录，它在民间的传承发展也由此开启了新的时代篇章。借助"阿凡提"这一经典 IP 前期构筑的庞大粉丝群体，在当代数字动漫技术开发形式的多样模态介入下，"阿凡提"创意开发未来更具发展潜力。

（一）建立完整的少数民族民间文学资源库

"阿凡提故事"作为第四批入选国家非物质文化遗产代表性项目名录的项目之一，其系统而完整的资料库的建设至关重要。要建立完整的"阿凡提故事"资料库，就必须深入了解和研究"阿凡提"背后的民俗文化传统，摸清家底，将图片、音乐、影像、书籍等多种艺术形式进行整理分类，对非物质

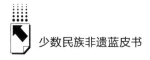

文化遗产做到全面的整理与挖掘，建立健全完整的少数民族民间文学资源库。

1. 建档立卡式的资料收集与研究

其一，加强对"阿凡提"系列民间口头故事素材的收集。走访喀什、吐鲁番等"阿凡提故事"传播较为集中的地区，对当地人进行走访问询，对口头形态的"阿凡提故事"进行全方位收集整理，利用录音、录像或记录的方式，将其加工整理为口述档案库。其二，整理转化现有的文字资料，实现立档保护。将现有的绘本、漫画、文学作品等出版物分别归档为传记类、故事类、小说类等相关类型。在这几种类型下，再按照文字语言进行细分，如汉文、维吾尔文、蒙古文、哈萨克文等，便于后期翻阅加以开发利用。其三，强化对现有影视资料的学术研究。《阿凡提的故事》《纳斯尔丁·阿凡提》《你好，阿凡提》《阿凡提之奇缘历险》《老小阿凡提》等电视剧、动画片、舞台剧、电影等不同媒介艺术，在创造转化中均形成了自身特色，在塑造中产生了不同的艺术效果，使"阿凡提"在不同媒介中一直保持生命与活力，有必要进一步进行学理化的分析研究。

2. 数字化档案建设

我国已经发展成为互联网大国，面对日趋增长的网民数量和不断扩大的阅读规模，纸质版的文学档案数字化转型迫在眉睫。同时，这一举措也是国家档案现代化管理的重要环节。搭建互联网数据共享平台，将"阿凡提"相关文献资料进行文字和多媒体的归类，并将数据信息上传至网络平台，不但可以有效地提升读者的使用效率，而且可以方便后期数据的资源整合。在未来，数据平台将会随成果的累积而不断地丰富，及时准确地将数据电子信息上传，平台开放后，将有助于用户进行检索。对"阿凡提故事"资料的档案化建设，是少数民族民间文学档案化的大胆尝试和全新探索，能为其他民族文化资源的优化整合开辟新思路，真正实现资源互享。①

（二）完善以动漫媒介为开发核心的产业链

自 1979 年木偶动画《阿凡提的故事》播出至今，动漫艺术家们依旧孜

---

① 阿米娜：《阿凡提故事资料的档案化建设的浅析》，《兰台内外》2018 年第 6 期。

孜不倦地对"阿凡提"进行开发，以动漫媒介为中心，延伸其文化创意开发的产业链条，能够进一步拓展其市场化的运营模式，提升其 IP 品牌影响力。现阶段，"阿凡提"动漫媒介转化与创新发展模式过于单调，仅依赖对民间文学作品的改编，在数字游戏、文旅产业协同、衍生品生产等方面还未能形成有效合力，因此尚未实现预期的社会经济效益和文化传播效果。未来，在逐步确立和完善"阿凡提"产业链条的发展态势下，还需以国内其他呈现动漫发展脉络的作品作为参照样本，进而构建以动漫媒介为开发核心的文化产业链。

1. 以"阿凡提"为核心，打造民间文学 IP 动漫产业链

民间文学作为动漫故事创作的源泉，以其生动的内容丰富着动漫的言说方式。目前，以"阿凡提"为创作蓝本的原创动漫作品有影视动画电影一部、系列动画作品 3 辑和系列漫画作品 5 辑。作为较早开发且知名度极高的原创民族 IP，现有数量显然不足。因此，如何在现有的"阿凡提"动漫作品的基础上持续深耕挖掘，成为目前亟待解决的问题。需重新进行内容的定位和架构，以及对"阿凡提"自身所蕴含的独特性进行解读，力求对以往作品取其精华、去其糟粕，还须在时代背景下，进行以弘扬少数民族文化、传播社会价值、展现"阿凡提"英雄特质和铸牢中华民族共同体意识为导向的艺术创作。

结合近年来国家对动漫开发战略的实施，以专业铸造经典为艺术使命，积极投身动漫的创作实践，用数字文化话语将民族审美气度与人民群众的生活相契相适，创作出深受人民喜爱的经典作品。与此同时，还要不断加强动漫人才的培养和引进，提升本地区动漫的学科教育，培养一批能够进行优秀动漫作品创作的专业人才，从根本上解决少数民族地区行业人才紧缺的问题，确保"阿凡提"原创作品可以更好地转型升级。另外，在进行动漫作品的开发时，也要重视受众的需求层次，以具有此特点的《熊出没》为典型案例，其为适龄儿童量身定制了动画三部曲：阶段一是面向 1~3 岁幼儿群体的音乐益智类动画；阶段二是面向 3~6 岁幼童群体的普识类动画；阶段三则是面向 6~12 岁儿童的探险类动画。以此为参考样本，在进行"阿凡

提"IP 的动漫化开发中，需要对受众群体进行准确的划分。加之创作内容自身所独具的主旋律价值和英雄主义特质，可以作为课堂教育的内容进行推广，也可以不局限于少儿群体，尝试分析中青年人群的文化需求，持续细化和精分，为动漫产业链的打造创造更多的可能。

2. 以内容优化为目标，建构动漫产业新布局

时至今日，向着新时代全速挺进的动漫产业除了以头部 IP（书籍、玩偶、手办、文具、服装等）为动漫产品开发的设计创新外，已经逐步演变为以线下服务衍生为主体的动漫周边开发，如动漫主题公园、交互 App 设计、主题游戏开发、动漫体验餐厅等。简而言之，线下服务衍生的动漫周边开发就是时下的 ACGN 复合型行业，即由 A（动画，Animation）、C（漫画，Comic）、G（游戏，Game）、N（小说，Novel）四个行业所组成的新型产业，迪士尼在衍生品的开发中属于巅峰者。在获得高票房收益的同时，其动漫衍生开发强势推进，"Disney+"移动端上线仅一天，就取得了注册超越 1000 万次、衍生周边收益近 400 亿美元的成绩。在迪士尼的动漫产业链中，电影票房和动漫衍生一直维持着 1:4 的产业经济收入比例，也成为其经久不衰的重要原因。此外以位于腾讯榜首的经典手游《王者荣耀》为例进行分析，其除了游戏内部的不断开发，更在游戏解说、上分秘籍等动画视频方面持续更新，游戏衍生品也在市面上随处可见。从儿童到中年人群都可能成为"王者荣耀"IP 的忠实粉丝。因此在对"阿凡提"进行动漫产业开发时，要与时俱进，和线上影视、线下衍生周边结合起来，这样既能实现票房收益，也能开辟更加广阔的市场平台。

3. 坚持"走出去"的发展战略

长期以来，"阿凡提"题材转化的相关主创群体在动漫开发中始终坚持与国外一线动漫企业的交流互鉴，以及文化的"走出去"模式。现在，在"一带一路"时代机遇下，新疆更应该发挥自身的区域优势、政策优势及民族文化优势，积极寻求更具国际视野、更具民族特色、更具产品竞争力的产业发展机会，利用好"文化润疆""非遗保护""中华传统文化传承发展"等诸多政策红利与产业重心倾斜，将"阿凡提"打造成新疆"走出去"的文化名片，让"阿凡提"真正成为中国动漫经典品牌。

（三）"IP+文旅"追迎新疆文化旅游新时代

《文化部"十三五"时期文化产业发展规划》中明确提出"文化+"的发展战略，这无疑也为文化产业语境下的 IP 开发附加了新的时代底色。而极具特色的少数民族文化 IP，又成为文化创意产业的重要领域，尤其是在多民族聚居区，是文旅创新与文创开发新的增长点，进而"特色文化+"模式成为新热潮。[①] 激发文化旅游持续发展的主要动力有二，即以游客为主探求新知的外向驱动力和来自特定地缘环境的内向吸引力。新疆地处偏远，远道而来的游客对这一片陌生的土地充满探知欲，在对自身精神世界的满足心理驱动下，产生了外向驱动力；而对于"阿凡提故事"而言，其最大的魅力在于得天独厚的民族文化气息与自然地域特征，而这种强大的内在吸引力，激发着"阿凡提"成为新疆文旅发展核心 IP 的无限潜力。

近年来，新疆文旅厅致力于打造民间文学 IP 品牌项目，助力产业升级提档，为游客带来全新的文旅体验。例如，在新疆国际大巴扎景区，一家以"阿凡提故事"为主题打造的和田烧烤乐园成为游客的新兴打卡地。该乐园位于步行街 A 区入口旁，以"一剧一宴一市集"为设计定位，集特色美食、非遗文创、娱乐演出、特产商城于一体，随处可见"阿凡提"元素：村落院墙上晾挂的葡萄架独具异域风情，集市中的民族手工艺品、特产、地域美食等应有尽有。近年来，随着短视频行业迅速崛起，"阿凡提故事"短小精练的特点再次成为其创作的一大热点，依托短视频、自媒体等平台，以"阿凡提"为载体，来介绍新疆自然风情、人文特色、民族风貌，拓展大众对当代新疆的再认知，勾起大众对大美新疆的探索欲，并依托"阿凡提"长久以来积累的知名度与粉丝群体，将有效助力掀开新疆文旅产业发展由"高原"跨向"高峰"的新局面。

---

① 米高峰等：《互联网语境下新疆少数民族动画创作研究——以〈图瓦人的四季〉为例》，《湖南包装》2020 年第 3 期。

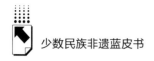

结　语

少数民族文化中蕴含的独特民间风情与丰厚的非遗资源，承载了民族珍贵的历史文化记忆。无论何种艺术创作，只有扎根于这些民族记忆，才能创作出生生不息、被大众代代传诵、广为流传的作品。在数字媒体技术急速发展的浪潮下，"阿凡提"动漫化传承在电影、游戏、戏剧、展馆、旅游等领域也在不断探索新的优质路径。面对瞬息万变的流行文化更迭，经典 IP 打造固然不易，未来发展更需要文艺工作者加倍努力，需要国人不断地探索与创新，只有紧跟时代步伐，以现代审美意识与技术形式对传统文化进行再次延续与重构，才能实现文化遗产的活态传承，只有焕发新生活力，才能诞生更多优秀作品，使得更多源自民间文学的经典 IP 实现"青春永驻"。

表演艺术篇
Performing Arts

B.15
来凤县地龙灯文化实践现状、困境与路径选择

邱颖 饶燕 陈烁至*

摘 要： 湖北省来凤县"地龙灯"作为土家族民间灯舞，是汉文化、楚文化与巴文化交融整合的艺术结晶，于2011年入选国家级非物质文化遗产代表性项目名录。将地龙灯置于"多元一体"文化视野下，追溯其起源、演变和表征形式，挖掘其社会功能，具有重要的现实意义。在来凤县地龙灯传承发展的过程中，存在着仪式主体缺失、仪式空间式微、价值认同缺乏等问题，因此激活非遗传承人进行非遗保护的文化认同，强化传统村落的"原真性"保护、做好地龙灯民间仪式与文化展演异质性组织结构等相关工作迫在眉睫。

* 邱颖，硕士，湖南城市学院教师，湖南师范大学2023级博士研究生，研究方向为民族舞蹈学；饶燕，硕士，武汉体育学院艺术学院副教授，研究方向为民间舞蹈文化；陈烁至，湖南大学公共管理学院硕士研究生，研究方向为区域发展与治理。

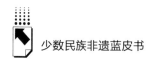
关键词： 来凤县　地龙灯　非物质文化遗产　传统舞蹈

来凤县地龙灯起源于农耕社会，是汉文化、楚文化与巴文化交融整合的艺术结晶。改革开放后，现代化进程的不断加快推动着农村社会的快速发展，民间艺术面临着实践主体缺失、传统村落空间逐渐解体、集体文化"失忆"等诸多问题。地龙灯作为来凤县国家级非物质文化遗产，近年来在传承保护方面取得了重大进展，并存蓄了一定的经验。主要表现为：一是注重挖掘优秀传统文化，保护民俗文化仪式活动，如地龙灯于 2011 年被认定为国家级非物质文化遗产；二是强化共同体意识，通过在当地的文武学校成立地龙灯传承基地，引领学生进行本土知识和地方性伦理知识的学习；三是从社会角度，提升村民对本民族文化的自信和认同，进而自发地保护相应的文化空间。本文的写作建立在翔实的地方志、恩施文史资料及来凤文史资料的基础之上。调研团队于 2020 年 11 月至 2021 年 7 月两次前往来凤县进行田野调查，调查内容主要涉及地龙灯的历史发展与当代沉淀，并以多元一体文化理念为指导，积极探索当地实现文化传承的可行性路径。

一　来凤县地龙灯的历史考察与表征形式

关于来凤县地龙灯的起源，学界尚无定论，但可以确定的是地龙灯最早流行于湖南省龙山县与湖北省来凤县卯洞交界处。乾隆年间来凤县志《艺文篇》记载"四灵石龙、凤，矫首奋翼半入上空，查渺之乡龙尾摇曳五六尺、屈曲蜿蟠具飞天势，凤尾扇开有云仪千仞之意"[1]，描述了古代该地龙凤呈祥的场景，1862~1874 年，上九日至元宵，城乡有龙灯之戏，杂以狮、象、麟、鱼诸灯，或扮童子，连袂踏歌、箫鼓争喧、爆花竞放，观者填衢达旦。[2] 地龙

---

① （清）林翼池等修、浦又洪等纂《来凤县志·乾隆二十一年刊本》，成文出版社有限公司，2017，第 215 页。

② 《中国地方志集成·湖北府县志辑（同治来凤县志）》，江苏古籍出版社，2013，第 466 页。

灯作为汉文化、楚文化与巴文化交融整合的艺术结晶，以模拟龙腾凤舞的信仰崇拜在节庆仪式中延续，且有着丰富的象征内涵。其艺术特征满足了民众生活实践的各种象征性需求，因此在历史的源流中地龙灯的结构功能也在不断发生变迁。

民国时期，在频繁的革命运动中，地龙灯成为战争年代融聚组织的手段。民国九年（1920），鄂西靖国军第三师驻扎来凤、咸丰一带，在第一次国共合作和北伐胜利的形势下，板沙界爆发农民起义，张昌岐、刘岳生带着当地农民自卫军，利用地龙灯表演之机，在高洞、旧司、三胡一带宣传革命理念。① 新中国成立之时，当地百姓在共产党的组织下打土豪、斗地主、分田地，以舞地龙灯迎接新中国成立。村落社会和共同的生活知识、农事知识、经验规律、传统记忆和历史文化，滋养了村民共同的宇宙观、生命观与信仰世界。其审美表征符号并非静态僵化的，而是动态的、主动的情感性活动渗透于历史空间的角角落落，在广大老百姓的日常生活中发挥着非常重要的文化审美功能。新中国成立以来，村民在牛王节等土家人特有的节庆中，通过玩地龙灯传达对神灵祖先、自然的崇拜，主要包括迎春接福、焚香祭拜、家中清扫、舞龙酬神等活动。1949 年至 20 世纪 80 年代，稻谷长虫，人们认为应该请先生来打蝗虫、烧香烧纸，于是便在山野田间耍地龙灯、打蝗虫乞求晴雨丰收。每年夏季闹蝗灾时，村民们便汇聚在田间，提篮执草标，祭时将挂有彩条的牌子插在田中。此时人们敲锣打鼓、凤跟随，地龙灯队伍从邓家大屋出发，围绕田间巴地梭（地龙灯）着走。传承人回忆自己小时候："玩地龙灯祭拜菩萨（可以祈求）风调雨顺、国泰民安。打的太平鼓和清平锣，天干雨旱，可以救苦救难。"② 1978 年前，来凤县还流行一种天王庙祭祀、村民请愿的民俗活动，村民逢年过节到庙里乞求神灵，以招财、五谷丰登、六畜兴旺……并将龙作为媒介，以加强祈福效果。道士（法人）头藏杨柳枝，手执法杖，敲木鱼。念着"请龙王，龙王太子，龙子

---

① 《来凤地龙灯》，来凤县文化馆内部资料，2018，第 13 页。
② 访谈人：邱颖。访谈对象：邓斌。访谈时间：2020 年 11 月 10 日。访谈地点：邓斌女儿家中。

龙孙，龙公龙母，把那些兵将，鱼兵虾将，麒麟狮象全都请来"的咒语。①
其后是 9 人身披龙衣，跟随 4 个打架势（锣鼓），乞求菩萨保佑，出门平
安、六畜兴旺。

在这一时期的民间仪式中，地龙灯的道具制作工艺具有强烈的标识性表
征。这种审美习俗不仅从审美的角度表征着某种文化类型的习俗特性，代表
着某种艺术表达、物质生活和审美偏好，还表征着习俗享有者特定的身份和
审美品位与消费属性。② "龙、凤、白虎、鱼、虾、龟"是民间场域内龙凤
信仰、白虎信仰、菩萨信仰衍生而成的。大岩板村一带崇龙文化深厚。据国
家级非物质文化遗产传承人邓斌口述，龙道具制作，"最开始制作道具框
架，竹篾使用的竹子要上山去砍南竹，晒干糊三层。并且画'龙头'，（龙）
舌头要撩（动），像金龙吐火，眼睛要溜，带有两个圈圈。龙角要画九节，
并分为阴阳，那个角长（的龙），是阳，阴龙柔和点，阳龙威武些。龙扎完
之后还要开光，一般在大年三十开光，菩萨放出去"③。这种手工缝制地龙
灯的技艺，凝聚着对图腾信仰的敬畏，也承载着独特手工艺品制作的集体记
忆。这种标识符号体系不仅表征着审美习俗的欣赏者或实践者特殊的文化身
份，也代表着自然物图腾制作过程中独有的传统工艺和审美习俗。

20 世纪 80 年代后，随着城乡一体化，村落间的壁垒被打破，地龙灯艺人
从地龙灯与经济资本的互动中获得了部分收入。表演地龙灯的艺人在外出演
出前，都会去龙王庙进行祭拜，在烧纸烧香献祭的同时，还需挂一条"万年
红"，这是因为玩龙需得到菩萨的应允，这也是保佑艺人出门在外平安、不出
差错的重要方式。民间仪式作为一种地方文化类型，根据民众而产生自觉变
迁，使得民俗具有自我变化性和适应性。④ 在这种习惯性记忆中，人们用自

---

① 访谈人：陈烁至。访谈对象：万健全。访谈时间：2020 年 11 月 7 日。访谈地点：万健全
家中。
② 王杰：《审美人类学》，人民出版社，2021，第 127 页。
③ 访谈人：邱颖。访谈对象：邓斌。访谈时间：2020 年 11 月 9 日。访谈地点：邓斌女儿
家中。
④ 黄应贵：《农村社会的崩解？当代台湾农村新发展的启示》，《中国农业大学学报》（社会科
学版）2007 年第 2 期。

己的身体和语言重复仪式行为中的适当模式。① 这一时期的地龙灯艺人通过集中性、展示性、象征性的文化符号展演，向外界展示族群的文化标识。

1983 年初夏，地、县相继成立民间文艺搜集整理小组。来凤县文化馆组成搜集整理民舞集成专班，对地龙灯等民间舞蹈进行系统搜集整理。1995 年，地龙灯收入《中国民族民间舞蹈集成》（国家卷）；2005 年，县民间文化领导保护小组积极开展民间文化保护工作。此后，地龙灯于 2011 年成功入选第三批国家级非物质文化遗产名录。为了进一步明确地龙灯文化遗产保护工作原则，来凤县积极推荐邓斌、李英、万健分别为国家级、省级、县级传承人，同时将农村学校设置为非遗传承的重要场所，以旧司乡小学、圣德文武学校为重点传承场域，并在圣德文武学校挂牌"来凤县非物质文化遗产传习所"，周记天校长为传承人。这种民间民俗仪式与学校技巧表演的异质性组织合作关系，是地龙灯形成稳定关系网络的关键。

二 来凤县地龙灯文化实践的现实困境

城镇化、现代化的浪潮不可避免地使民族经济互嵌依存，地龙灯在民族地理环境、生产方式的相互影响中，出现了传承主体缺失、乡村文化认同弱化、传统村落文化空间式微、保护机制不完善等问题。

（一）传承主体缺失

村民作为非物质文化遗产的实践主体，其个体主体性和自我意识表达成为影响个体生存和社会整体发展的重要因素之一。正如格尔茨所说，文化与社会是从同一现象中抽象出来的不同方面，前者是行动者行动的意义结构，后者是社会互动本身。② 由于文化模式与社会结构的不统一，文化与社会之间存在着内在的分离与断裂，这种因素即文化主体存在的需求整合模式。这

---

① 景军：《神堂记忆——一个中国乡村的历史、权力与道德》，福建教育出版社，2013，第 115 页。
② 〔美〕克利福德·格尔茨：《文化的解释》，韩莉译，译林出版社，1999，第 198~199 页。

种文化与社会的不协调性，导致的主体需求与文化意义之间的不协调是文化变迁的根本原因。

来凤县地龙灯以传承人为主体形成内生动力，在传统的经验文化模式中，大多数人按照经验、常识、习性自发参与。自发生之初，传承主体在传承与发展中就起到了决定性作用。其主体能动性涵盖实践再造、行为选择、思维与认知三个层面。前者是地龙灯艺人提炼地方性知识，使对象发生合目的性、合规律性的变化，抢救和保存了民间丰富的文化资源；中者是主体行为活动的自觉发生，通过比较优势选择地方性知识的商业化；后者涉及实践主体对客体价值效用的认知缺失。主体的需求随着社会整合的变化而变迁，主体的需求整合是社会整合的因变量，并试图建立一种动态的、功能色彩的互动模式。主体行为需求主要有以下三种。

其一，每年春节和端午节，地龙灯于街头、坪坝或住宅的堂屋、庭院等场所进行表演。地龙灯队游舞四乡，遇到人潮涌动、鞭炮齐鸣的欢迎场面，便会停下来开始表演。2008~2009年，县文化馆文保中心深入开展全县非物质文化遗产普查工作，对地龙灯项目产生的历史渊源、时代背景、艺术特色、传承现状、发展态势，做了深入细致的调查和分析。同时传承人邓斌及其徒弟万健将地龙灯规整并编创为12种动作元素，即"龙出水（龙出洞）""龙抢宝""龙飙滩""龙盘饼""之字拐（龙走太极图）""龙卷饼""龙困滩""扣扣（龙显爪）""龙抬头""凤骑龙背（飞凤凰）""三星岩""龙盘树（龙上树）"。通过后期普查资料的补充，以及相关政府部门的努力，来凤县土家族地龙灯于2011年入选国家级非物质文化遗产代表性名录。2012年10月，地龙灯传承人邓斌经申报被评定为第四批国家级非遗项目代表性传承人。现今，地龙灯第四代传承人都已去世，12种高难度动作花样也逐渐消失淡化，大多数地龙灯队只有"龙抢宝"一种玩法，地龙灯面临着青黄不接的传承困境。

其二，1980年以来，社会经济结构开始走向城市化和市场化，农村农业经济渐趋衰弱。地龙灯作为农耕文化的重要产物，因能够在婚丧嫁娶的节日活动中转换经济资本的特性而得以流传至今。据《来凤县志》记载，从正月初三开始（也有的按正月初九出灯）到元宵节结束，凡是请完灯的人都可以到府上拿红包并用膳。[①] 随着城乡一体化浪潮的推进，地龙灯艺人会在四川、湖南、重庆等周边地区进行商演，他们往往通过加大表演难度，添加三棒鼓、三把斧等民俗项目的方式，以期获得更多的经济收入。如今大板岩村、板沙界村人口更迭、流动频繁，青壮年常年外出务工、求学，村内留守的老弱群体难以担负组织相关民间文化活动的重任，导致民间文化仪式活动衰微。

其三，村民思维认知发生变化。改革开放前，农村社会以集体生活方式为基础，村民享有同等的经济和政治身份地位，他们接受、参与并共享单一的文化资源，即共同的乡村文化资源。改革开放后，农民在由传统向现代的过渡中发生了分化，这使得农民的精神文化需求变得多样化。生产经济对农村民间文化生活和文化消费的渗透，改变了村民的文化习性和商业选择，年轻人更愿意接受和模仿城市人的文化消费行为，逐渐弱化了对自身文化习俗的认同。乡村原有公共文化空间的解体和公共文化形式的衰落，削弱了村民学习和传承传统民俗文化的积极性。

（二）文化空间式微

在某种意义上说，"文化空间"就是人类学概念中的"文化场所"。在联合国教科文组织《宣布人类口头和非物质文化遗产代表作条例》中，"文化空间"被定义为非物质文化遗产的重要形式。它是民间传统文化活动的集中场所，也被认定为具有一定周期、季节或某一事件的一段时间，这种时间和自然空间的存在是由于空间中传统文化表达的存在。[②] 费孝通先生曾提出"中国的乡村社会是'熟人社会'"[③]，人们经常性的、面对面的交流逐渐形成了一个交流空间，这样的交流空间大多基于公共空间，乡村公共文化空间存在几个要素：一是历史悠久的某种文化活动的地点，其范围是相对固定的公共场所；二是在活动时间上具有岁时性、周期性、循环性的特征；三

---

① 来凤县地方志编纂委员会编纂《来凤县志》，湖北人民出版社，1990，第42页。
② 冯骥才主编《中国民间文化遗产抢救工程普查手册》，高等教育出版社，2003，第219页。
③ 费孝通：《乡土中国》，北京大学出版社，2012，第41页。

是参与人数众多的公共活动；四是仪式性的、传统的、为人们熟知的文化活动在这个公共场域举行。依照这四个基本要素，地龙灯公共文化空间也具有以上多方面的内涵。但随着我国社会转型的快速发展，外加复杂的社会背景与现实情况，以民间信仰为精神支撑的地龙灯文化空间也逐渐式微，主要表现在以下几个方面。

1. 乡村人口空心化，公共文化空间功能弱化

对于农村来说，城镇化带来的最大变化是农村人口的流动。人口结构的变化导致农村"空心化"。原本邓家大堡前的凉亭是地龙灯祭祀祈福的固定场所，由于文化主体需求的变化，乡村公共文化活动对公共空间的需求也发生了变化。在布迪厄看来，场域是一个争夺的空间[1]，民间文化在断裂的文化空间中，开始寻求重新表达的另一种表征形式，并将其从日常生活语境中抽离，塑造为超越地方的文化遗产[2]。这些民俗活动最初是他们仪式生活中重要的组成部分，往往与最原始的精神状态，如交感和互渗巫术等扭结在一起，表演者和观看者都有着情感化、仪式化、魔幻化的功利性审美目的。如今，原本的仪式信仰需求发生变化，民间文化活动成员流失严重，文化活动难以开展，农民文化娱乐方式从公共领域退回到私人需求空间，农村公共文化空间失去应有的效用，文化功能逐渐被其他功能所占据并逐渐萎缩。

2. 传统文化活动"青黄不接"，仪式文化空间转移

村庄在区域空间与社会历史上的双重性，使其在稳定的地域内形成经济往来和社会交流的封闭性和独立性，且作为独立的文化、社会单元而存在。[3] 公共文化空间作为民俗文化仪式的重要载体，在中国传统的农村社会，寺庙、祠堂、村委会，甚至凉亭、田间、集市都是村民交流的公共空间。来凤县地处鄂湘渝三省市交界，西南邻重庆，东南临湖南龙山，区域内

---

[1] 〔美〕皮埃尔·布迪厄、华康德：《实践与反思——反思社会学导引》，李猛、李康泽译，中央编译出版社，1998，第133~134页。

[2] 刘晓春：《谁的原生态？为何本真性——非物质文化遗产语境下的原生态现象分析》，《学术研究》2008年第2期。

[3] 刘守英、王一鸽：《从乡土中国到城乡中国——中国转型的乡村变迁视角》，《管理世界》2018年第10期。

部有着基于内部文化传统、信仰价值的社会结构,地龙灯在不同的历史时期对于村民公共文化活动的向心力与凝聚力都有着显著的作用。在现代化进程中,村落封闭性被打破,"空心化"使得传统的地龙灯文化活动艺人群体逐渐解体,原本地龙灯专属的文化空间,诸如龙王庙、凉亭、乡野田间、邓家大屋前等地的文化活动难以开展。区域间的联系带来文化空间结构的关联与文化形式的变迁,民间艺人也由于生活的压力想将地龙灯转化为经济资本,于重庆酉阳县的兴隆、麻旺、甘溪、酉酬,湖南湘西及本县各个集镇进行商演活动。然而当地的村落社会并没有存活的文化空间,随着地龙灯主体转移,地龙灯文化空间也发生了转移。

三 来凤县地龙灯文化发展的实践路径

文化传承既是一种文化存续与承接的行为方式,也是文化内部成员的主体性文化选择,它强调文化本源的"复制"和文化的"内化"及重建能力,并在此过程中实现文化的延续和自我认同。[1] 地龙灯在传承自身文化的过程中,不仅促进民族文化的交往交流交融,也促进不同地区间的交流、传播、互融和互通,因此将学校作为主要阵地,培养非遗传承人具有重要的现实意义。

(一)价值认同:推动乡村传统文化的传承性发展

学校是人们接受教育的主要阵地。在农村地区,学校教育要充分开发和利用当地各种文化资源,提升村民的文化素质水平,成为实现乡村文化认同的重要抓手。当前农村学校教育建设存在大量问题,即城乡教育存在差距、乡村基础教育存在质量问题、教师建设缺乏稳定性。城镇化浪潮带动农村人口向城市流动加剧了农村教育的困境。家庭教育支持

---

① 张应华:《传承与传播:全球化背景下贵州苗族音乐研究》,人民音乐出版社,2014,第96页。

不足，许多村民迫于经济压力外出务工，导致许多留守儿童被寄养在亲戚家，父母忽视了对子女的教育。农村学校的教育支持有限，缺乏政府相应的机制保障。近年来，为了促进地龙灯的传承发展，来凤县政府设置旧司乡小学、圣德文武学校为传承场域，并由来凤非物质文化遗产保护中心在圣德文武学校挂牌"来凤县非物质文化遗产传习所"，周记天校长为地龙灯的传承人。政府设有专项经费支持，从中央、省级财政拨款到县非遗中心，每年都有 5 万元经费作为学校教育教学、道具设备上的资助。学生生源主要为来凤、咸丰、湖南龙山的留守儿童。学校在教学管理上分为 9 个年级，每个年级招收 30 个学生，从小学到初中以武术课程为主，学生最开始接触基本的武术套路，再系统学习地龙灯。老师通过编排具有技巧性与表演性的地龙灯作品，带领学生参加少数民族传统体育运动会、非遗宣传系列活动。

文化价值的凸显与凝聚力的体现是通过主体行为实现的，地龙灯是民族精神与民族历史的标识，是产生民族认同感、归属感的关键。圣德文武学校传承基地是民族文化相互交融的重要纽扣，而在这个传承链中最关键的人物是学校的学生。首先，学生在幼年的时候被送来学校学习地龙灯传统舞蹈，在被动接受与自我整合的过程中，其他的个体也会经历同样的过程，汇聚成一套由常规、制度化和合理化组成的系统，最终将这个客观现实内化。按伯格的说法，在人类社会中，个人内化的过程以及由此产生的常规、制度化和合理化系统体现了个人经验的外化过程，这种外化过程与内化过程的开始同时发生。[1] 通过在学校的相互作用，地龙灯的传承人完成了自身内化与外化，加深了对于地龙灯文化的价值认同。此外，政府充分保护与传承非物质文化遗产地龙灯，在同一空间场域形成了文化交互共同性，通过学校教育与公共设施建设，加强师资力量、鼓励和扶持学校举办文化活动，推动非物质文化遗产保护；向学校提供地龙灯道具、文化书籍资料，传授思政教育、心

---

① 〔美〕彼得·伯格、托马斯·卢克曼：《现实的社会建构：知识社会学论纲》，吴肃然译，北京大学出版社，2019，第 163 页。

理教育等各类知识，使留守儿童不断增强文化认同感。此外，圣德文武学校充分加强民间文化普及，通过广泛宣传激发周边县、乡（镇）居民对于文化遗产的责任感和使命感，以系统化训练提高学生传承与参与地龙灯保护的热情，通过地龙灯民间文化活动，促进学生的文化价值认同，只有他们以自己的兴趣、经验、学识、专长来保护和发展优秀传统文化，才能为乡村文化传承提供坚实的基础。

（二）激活文化空间：强化传统村落的"原真性"保护

《中华人民共和国国民经济和社会发展第十四个五年规划和2035年远景目标纲要》明确指出，要加快村庄规划发展，科学布局乡村生产生活生态空间，推进分类建设，保护传统村落风貌和乡村特色。传统乡村文化包括农民的理想、情感、价值观、风俗习惯、生活方式、行为规范等，[1] 它是村民长期积累创造形成的精神文明的总和。传统村落空间是中国传统文化传承的载体，以乡村文化的"文化诠释""价值重构"来引导当代村落文化的健康发展。[2] 政府部门对文化空间进行规划性发展，构建"城市—村落群—传统村落"文化空间有序交换系统。传统村落文化空间作为一个共同体，在保护好绿地、山水、田园、民居、祠堂、街道、宗庙等的基础上，深入发现其中的美学价值、科学价值、艺术价值，并将其转化成生态景观和文化体验场所，有利于传统村落的保护。

来凤县政府历来重视文化空间的保护工作，县人民政府办公室印发的《武陵山区（鄂西南）土家族苗族文化生态保护实验区（来凤县）建设工作方案》明确提出文化空间保护与利用，实施重点区域和文化空间保护工程，启动土家族文化核心区和文化核心小镇项目。确定族群内与族群间舞蹈文化交互、渗透、融合的共生关系，汉族、苗族、土家族等多民族舞蹈文化之间在此场域中发生密切的文化互动。将非遗文化的精

---

① 朱启臻主编《农村社会学》（第二版），中国农业出版社，2007，第124~125页。

② 汪瑞霞：《传统村落的文化生态及其价值重塑——以江南传统村落为中心》，《江苏社会科学》2019年第4期。

神内核和价值理念应用到村民社区的日常生活中，唤醒文化认同意识，才能赋予村落生活凝聚力和方向。① 因此，传统村落要回归村民乡风的本真，激活文化空间，以各民族村落文化群互动为方向引领，以打造原真性村落传统文化空间为主要导向，增强村民的空间认同感和凝聚力，让游客感受传统公共文化的历史与价值，进而解决传统村落文化价值缺失问题。

（三）仪式与展演：空间重构与集体记忆再生

地龙灯文化传承存在着异构交织的局面，即实施民间仪式信仰与文化展演、竞技比赛。涂尔干认为群体只有在血缘的亲和力、对故土的眷恋、对祖先的崇拜以及共同的习惯等共同信仰的文化观念形成以后，共同行动才能被组织起来。② 地龙灯文化传播在渗透过程中呈现同源异流，也就是差异化的样态。

通过祭祀仪式，"用于特定场合的一套规定好了的正式行为，……是对神秘的（或非经验的）存在或力量的信仰"③。通过舞蹈的身体展示神秘的信仰力量，重新激活乡村集体记忆。为了地龙灯民间文化的进一步延续，学校开始成为地龙灯传承的重要基地。圣德文武学校在政府指导下，对地龙灯技术进行创新，以参加大型比赛、文化展演为主，展演不是以仪式的"神圣性"为主要特征，而是以一种视觉性——以图像运动和表演吸引观众。民间的地龙灯依然以"原生态"的仪式风格为主，较好地保存了乡土文化。这种娱"神"与娱人、村民与学校演员、祭祀与表演、仪式与展演并构，并没有改变任何人的身份而是加强彼此之间的团结意识，在唐·汉特曼看来，仪式和展演包含着完全不同的文化逻辑，此处分

---

① 〔日〕吉野耕作：《文化民族主义的社会学：现代日本自我认同意识的走向》，刘克申译，商务印书馆，2004，第41页。
② 〔法〕埃米尔·涂尔干：《社会分工论》，渠东译，生活·读书·新知三联书店，2000，第235页。
③ Turner Victor. *From Ritual to Theater and Back: the Human Seriousness of play*. PAJ Publications, 1982: 79.

别将它们称为转化和展现。①

地龙灯以身体为媒介，体现仪式功能与文化展演两种不同的表演路径。无论是民间仪式还是文化展演，其营造方式主要分为两种：其一，空间思维，玩地龙灯很大程度上依赖大部分被空间特点和关系建构的对象、人和事件的概念。不同的文化对有意识地塑造身体自身，及其在空间中的定位给以不同程度的强调。② 民间仪式在特定场域表达的是一种民俗信仰，而在学校场域的传承失去了娱神的使命和意义，演变成了表演与竞赛的动力。其二，集体记忆与情绪，时间性的观念潜在于舞台表演艺术，并且时间性的知觉与情绪紧密相连。

鲁道夫·阿恩海姆表明"情绪"与知觉和认知相互纠缠在一起。③ 在这里，无论是文化仪式抑或是文化展演，这种认知是对演员所负载的情绪张力的知觉。无论是文化空间的重构还是集体记忆的回溯，都是让身体同感同受，唤醒乡愁的有效途径就是让人重新体验。从个体身体实践到集体参与的身体实践，能够使人在无形中进入集体欢腾的状态，④ 在这个过程中调动文化记忆中的体化实践元素，可以唤醒乡民沉睡的乡情。"体化实践"构成社会记忆。⑤ 因此，充分激发政府、社会及农民、师生等文化主体的文化自觉和文化自信，将会推动优秀传统乡村文化的资源优势转化为驱动力，从而为乡村文化的发展提供动力。

结　语

来凤县地龙灯作为土家族民间灯舞，是汉文化、楚文化与巴文化交融整

---

① 车延芬：《从舞谱到舞蹈——文化复兴中的文本、表演与身体记忆》，中央民族大学博士学位论文，2010。
② 〔美〕埃伦·迪萨纳亚克：《审美的人》，卢晓辉译，商务印书馆，2004，第158页。
③ 〔美〕埃伦·迪萨纳亚克：《审美的人》，卢晓辉译，商务印书馆，2004，第147页。
④ 〔法〕埃米尔·涂尔干：《宗教生活的基本形式》，渠敬东、汲喆译，商务印书馆，2011，第492~494页。
⑤ 〔美〕保罗·康纳顿：《社会如何记忆》，纳日碧力戈译，上海人民出版社，2000，第6页。

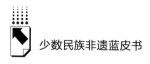

合的艺术结晶。本文探讨地龙灯的多元一体格局，从单一民族舞蹈体认形成区域性多民族舞蹈文化认同，这"多元一体"成为推动民族文化认同的重要因素。通过对地龙灯起源、文化表征的阐释，分析文化变迁过程中存在传承主体缺失、文化空间式微、价值认同缺乏等困境，由于经济与信息交流的频繁，本民族与他民族的文化接触与实践选择，在"多元一体"的文化自觉意识下，通过加强非遗传承人非遗保护的内生动力、激活文化空间、强化传统村落的"原真性"保护，做好地龙灯民间仪式与文化展演异质性组织结构建构，为乡村传统民间仪式的延续提供契机，传承和弘扬地龙灯文化。

B.16
非物质文化遗产视野下
藏族传统舞蹈的保护与发展*

——以错高梗舞为例

安婧娅　周毓华**

摘　要： 梗舞是藏族传统舞蹈中的一种，在藏民岁时节庆、祭奠仪式等文化空间中发挥着重要作用，具有历时性和共时性价值。近年来，梗舞保护工作受到西藏自治区政府及社会各界的高度关注，但在保护和传承的过程中还存在一些问题。本文将在田野调查的基础上，梳理梗舞的形成和发展脉络，分析梗舞在传承和保护过程中存在的数字化成果转化程度低、政策执行持续性不明显、资源转化缺乏内生动力等问题，提出应重点完善数字化信息、落实保护措施、加快产学研联动的对策。

关键词： 藏族传统舞蹈　错高梗舞　非物质文化遗产

梗舞是工布藏族民间广为流传的一种具有消灾祈福功能的传统舞蹈，是西藏非物质文化遗产的典型代表。近年来，梗舞的保护工作受到西藏自治区政府和社会各界的广泛关注，然而，因理念与方式方法的不同，传承主体在传承与保护的过程中存在着一些问题。为传承、保护好优秀民族传统文化，

* 本文系西藏民族大学研究生科研创新与实践项目2022年"藏族传统技艺类非物质文化遗产保护研究"（项目编号：Y2022045）的研究成果。
** 安婧娅，西藏民族大学民族研究院在读研究生，研究方向为非物质文化遗产保护与开发；周毓华，西藏民族大学教授，研究方向为非物质文化遗产保护与开发。

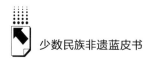
使其融入时代性特色，并在传承、保护中发挥新的时代价值，本文以错高村为田野调查点，对梗舞进行深度的调查研究，试图从"非遗"的视角，阐述梗舞的文化内涵及价值，分析其在传承保护过程中存在的突出问题，并提出相应的解决措施。

一 传统藏族梗舞的由来

梗舞又称"梗羌姆"，发源于西藏自治区林芝市工布江达县错高村，广泛流传于当地村民的日常生产劳动、岁时节令、婚丧礼仪以及宗教信仰等活动中，于每年藏历正月十五或五月丰收时节进行表演，祈求粮食丰收、保佑身体健康、祝愿家庭幸福。梗舞的形成、发展离不开错高村独特的地理环境、文化底蕴以及宗教信仰。

（一）山水相依

错高村三面环山、一面临水，自然地理条件封闭，直至 2019 年才修通公路。长久以来较为封闭的生态环境，使得错高村村民的生计方式、生活习惯紧紧围绕着山水而展开。因此祭祀山神、湖神，祈祷风调雨顺便成了错高村村民的一项特别的民俗活动，也是在此基础上，形成了当地独具特色的民俗舞蹈——梗舞。

（二）神话相传

相传，天神刚登腾布父子目睹了凡间的疾苦，不忍百姓再继续受煎熬，决心要造福生活在苦难中的人类，"于是刚登腾布向三界（指天、水、凡三界）中的各位神仙发出邀请，请他们显身凡间表演舞蹈，并请来人间的英雄达哇亚俊和龙宫的仙女娜乍为舞蹈者敬酒助兴"①。据说，如果生活在苦难中的人们观看了整个舞蹈，来年他们就会得到神灵庇佑，化解一整年的灾

---

① 工布江达县地方志编纂委员会编《工布江达县志》，中国藏学出版社，2008，第486页。

难。依托该传说故事，梗舞逐渐成为错高村村民日常生活中不可或缺的组成部分，这也充分反映了村民对美好生活的向往。

（三）信仰相染

藏传佛教作为藏族生活中不可或缺的重要组成部分，是藏族在日常生产生活中不断演化而来的。藏传佛教派系林立，其中错高村主要信仰宁玛派（红教），宁玛派又可分为远传经典、近传伏藏和甚深净相三大法脉传承体系，较为全面地吸收了吐蕃时期的教法仪轨，并不断充实和完善，最终形成了独具一格的教派。围绕宗教信仰，村民们会在特定时间举行一系列宗教仪式活动，其中梗舞扮演着重要的角色。随时间推移，梗舞作为一种宗教活动逐渐褪去神秘色彩，走进大众生活，演变为民俗舞蹈，为人们所熟知。

二　梗舞的发展历程

梗舞承载了工布藏族的社会文化特征，包含着工布藏族民众的情感内涵与价值诉求。随着社会的发展以及生产力水平的提高，梗舞的内涵与形式也得到了不断的丰富，呈现一些新的特征。

（一）孕育期——"生产生活型梗舞"

仲措沟和拉扎沟由阿玛觉姆达增、拉嘎颠雪峰和杰青那拉嘎布三座山峰的积雪融水和降水汇合而成，而两个河沟的水最终将汇入巴松错。错高村就在巴松错的最北端，大面积的冲击滩涂和河流阶地使得村里田地开阔平坦、土壤肥沃，并在村落南部形成了大片水草丰富的湿地，为当地农牧业的发展提供了得天独厚的条件。早年，祈求风调雨顺是错高村村民日常生活中的一项重要活动。当时民众都自发穿着节日盛装，戴上面具，这是因为民间相传，如果人们泄露长相或者偷看，将邀请不到天上的神仙。这也是为何人们在表演梗舞时需要佩戴面具的原因。由于神话传说的演绎与传播，梗舞成为美好寓意的代名词，对于错高村村民来说，欢跳梗舞，祈求平安健康、五谷丰登，也就成为生产生活中必不可少的活动。梗舞作为一种地方民众在日常劳作中形成的舞蹈艺术，有着较为固定的节期与表演空间，通常农耕前后、丰收时节都是人们欢跳梗舞的重要节点。据错高村村民所言："在远古时期，几乎每个人都擅长梗舞表演，因为在他们看来梗舞兼具娱乐和实用功能。"①

（二）形成期——"宗教型梗舞"

梗舞作为一种宗教舞蹈，在表演时需要演员 8 人，表演者都是寺庙里的年幼僧人。其中，6 人左手握长柄鼓，右手持鼓槌，颇梗、姆梗中各有一个领舞，双手握钹，除鼓与钹外还使用铜钦（长筒号）、唢呐等进行伴奏。在宗教场所表演的梗舞分为五段，分别为索窝、吹青、谐归唐布、谐归尼巴以及谐夏，其中第三段和第四段宗教意味浓厚，需要表演者边诵经边做动作，届时表演者动作缓慢，以诵经声为伴唱，头戴高帽，动作沉着、稳健，其演出服装五颜六色，格外鲜艳。随着时间的推移，梗舞的主要舞步与形式逐渐趋于固定，流传至今的梗舞形态也多在这一时期形成。

（三）发展期——"民俗型梗舞"

民俗型梗舞是牧民为了迎接新客、祈求安康而举行的仪式性活动。为了彰显隆重，跳梗舞的主角会由该村资格较深、德高望重的人或高僧来担任。除表演人员有特殊要求外，"一般在每隔 3 年的藏历正月十五日进行，地点在错高村的多热（大院）或羌姆热（舞场），表演时间 1 天"②。民俗型梗舞表演人数无严格规定，约 18 人，且必须有 3 人为男性，"其中，娜乍戴用布或毡鲁做的面具，岗堆戴木质面具，无正规的表演和动作，即兴表演。担

---

① 田野调查访谈，受访人：平措朗杰。受访地点：错高村茶馆。受访时间：2021 年 7 月17 日。
② 田野调查访谈，受访人：省级非物质文化遗产代表性传承人——巴珠。受访地点：仓央精品民宿。受访时间：2021 年 7 月 20 日。

任'岗堆'的演员必须会说、能唱、能跳，而且有一定即兴哑剧的表演才能"[1]。岗堆在梗舞中主要起到维持秩序和幕间逗乐观众的作用。民俗型梗舞的基本特点是稳健大方，欢快热烈。"基本步伐是平步走、抬眼跳步、跨腿转、反跨转、吸腿转等。基本鼓点有五鼓点，咳略、咚咚、咚，九鼓点，咚、咚咚、咚咚、咚咚、咚、咚，队形变化有龙摆尾、圆圈、两排交叉、两人对舞等。"[2] 据走访了解，错高村梗舞活动除在藏历新年、正月十五举行外，还在牧场搬迁和丰收之前进行，以祈求一切顺利。梗舞是在当地文化环境中衍生出来的，代表着错高村村民对生存环境的独特理解，是民俗节庆中不可或缺的一项表演艺术。民俗型梗舞也逐渐成为错高村的一个文化名片，每年慕名前来观看梗舞的游客不在少数。

（四）弘扬期——"演出型梗舞"

梗舞于 2004 年被选为工布江达县的非物质文化遗产代表性项目，2010 年 3 月被选为自治区级非物质文化遗产，政府拨付非遗保护资金 20 万元，用于错高梗舞保护开发。2014 年 3 月，梗舞传承人巴珠获得西藏自治区非物质文化遗产保护"年度传承人"称号。由此，错高梗舞也进入了成熟期，表演形式更趋于舞台化。演出型梗舞是在原有梗舞基础上，将梗舞表演形式进行创新，使之更加适应现代化发展，更有利于文化的传播。近年来，梗舞已进行数次大型演出。而表演场地已不仅局限于错高村，"最大型的一次演出，光是表演人数就达到数百人"[3]。梗舞作为错高村乃至工布江达县传统表演艺术的典型代表，它代表的不仅是一场舞蹈，更代表着错高村村民对于自身文化的自信，对于舞蹈中所蕴含的深刻文化内涵的认同。

---

[1] 工布江达县地方志编纂委员会编《工布江达县志》，中国藏学出版社，2008，第 586 页。

[2] 田野调查访谈，受访人：省级非物质文化遗产代表性传承人——巴珠。受访地点：仓央精品民宿。受访时间：2021 年 7 月 20 日。

[3] 田野调查访谈，受访人：省级非物质文化遗产代表性传承人——巴珠。受访地点：仓央精品民宿。受访时间：2021 年 7 月 20 日。

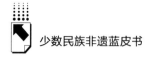
三 "非遗"视角下梗舞的历时性价值与共时性价值

在非物质文化遗产的众多价值中，梗舞根据特质具有历时性价值以及共时性价值，历时性价值即梗舞的历史价值、文化价值，共时性价值即梗舞的艺术价值与社会价值。

（一）历时性价值

1. 历史价值

在藏族民众的生活中，舞蹈作为祭祀、祈祷等宗教民俗活动的重要组成部分，深刻影响着民众的生产生活。梗舞从孕育到弘扬都蕴含着错高村村民对生态环境以及民族文化的独特认知，反映了村民生产生活的历史状况，为全面了解工布藏族文化提供了"活历史"。

2. 文化价值

一个地区的文化是该地区在漫长的历史过程中为适应自然与人文环境所创造出的生产生活方式以及衍生出的精神信仰。梗舞是错高村村民面对恶劣的自然环境，将对美好生活的向往寄托于神灵而演化形成的，是民族文化多样性的表现，也是工布地区文化独特性的真实写照。梗舞作为传统舞蹈，所承载的民俗文化，能够促进社会主体之间的相互交流，能够使村民感到安稳祥和，从而提高社会文化的和谐度，产生社会文化的包容性。其表演过程更是凸显了人与人、人与自然和谐相处的理念，是一个地区民族文化的缩影，代表着这个民族看待自然与人类社会的生活哲学与观念。梗舞是帮助游客及研究者更好认识藏族文化的有效载体，具有传播该地区独特文化的功能。

（二）共时性价值

1. 艺术价值

梗舞的产生反映了工布藏族地区人们对于审美的特别追求，而梗舞不同时期所表现出的不同特征，也代表着该场域人们在不同时空环境下审美观念的发展和变迁。不同场域下表演者的服装、舞蹈动作以及歌唱形式都有所不同，展示着不同时期人们审美观念的演变，具有较高的艺术价值。

2. 社会价值

随着时代的发展，梗舞逐步演变为蕴含着美好生活寓意的节庆表演，在政府举行的各类民俗活动中，都能捕捉到梗舞的身影，梗舞已经成为错高村甚至是工布江达县的一个文化名片。对本民族而言，梗舞的传承与发展有利于增强本民族的民族认同感，有助于增强民族凝聚力、促进民族团结与社会稳定。

除上述价值外，梗舞作为藏族传统文化的代表之一，其品质之优秀、所承载信息之丰富、原生程度之高、本民族认同程度之普遍、所代表文化之独特以及生存传承情况之濒危都是保护其发展的重要因素。

四 "非遗"视角下梗舞传承保护工作的困境及路径

梗舞具有丰富的历时性与共时性价值，挖掘其文化内涵，实现创新性保护与传承，对于构建和谐西藏、保护民族文化多样性等具有重要意义。近年来，虽然政府与民众的保护意识不断加强，但梗舞在传承保护过程中仍然存在诸多问题亟须解决。

（一）梗舞传承保护工作中的困境

1. 数字化成果转化程度低

舞蹈作为一种表演艺术，口传身授是其最重要的传承方式，梗舞也不例外。自治区级代表性传承人巴珠之所以被认定为传承人，是因为其既能熟练掌握梗舞的传统动作，也能诠释梗舞的表演意义，但目前他的传承也局限于口传身授。虽然政府有梗舞大型演出的录像资料，但根据本文田野调查结果，这些数字化资料获取渠道单一，想要学习或者了解梗舞的学者以及民众难以获取此类资料。目前，传统舞蹈类非遗数字化信息没有统一规范的网站可供查询，且资料不尽全面、对错难分。像传承人巴珠已年过花甲，对于数

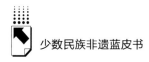

字化传播了解甚少，也没有专业人士进行指导，尽管可以拍摄，但拍摄内容不专业，难以达到传承、传播梗舞文化的程度。

2. 政策执行持续性不明显

近年来，随着国家及西藏自治区政府在非物质文化遗产保护方面出台了一些政策和采取了有效措施，梗舞的传承与保护取得了显著成效。但地方政府对于非物质文化遗产的重视程度还不够，一些非遗传承人还没有固定的传授基地和社会保障，直接或间接影响了传承人的积极性，不利于梗舞的传承发展。

3. 资源转化缺乏内生动力

错高村背靠巴松错国家5A级景区，当地群众为了发展旅游产业，带动经济社会发展，满足游客猎奇的心理需求，也会定时、不定时地进行梗舞表演。这种形式的表演脱离了传统节日的文化空间，随着老一辈传承人的离去，年轻的表演者很容易忘记传统舞蹈的文化内涵与历史价值。梗舞的文化价值在于其对藏族文化的发扬与传播，然而，作为一种表演的梗舞，其文化传播功能逐渐被娱乐功能所代替。随着经济社会的快速发展及旅游业的兴起，梗舞演出由原来的数个小时逐渐压缩到了几十分钟。因此，如何在实现旅游业与非物质文化遗产传承保护共赢方面寻找一个契合点，是我们亟须解决的问题。

4. 文化传承人培养力度不足

当前，梗舞传承方式还停留在师徒传承的原始阶段，影响力与传承范围有限，除官方认定的传承人外，能够熟练表演梗舞的表演者寥寥无几，大多数村民虽能跟随表演进行舞动，却不能够精准掌握所有动作，对其文化内涵以及价值一知半解。传承人巴珠目前收徒也较为有限。长久以来单一的传承方式阻绝了梗舞爱好者的学习之路，也是梗舞大范围、广领域传播的阻力。

5. 文化宣传及影响力不足

错高村于2013年成功入选第一批中国传统村落，于2014年入选第六批中国历史文化名村名录，成为西藏自治区首批入选该名录的村落之一，同年又入选中国十大最美乡村。但这些荣誉称号给错高村带来的经济效益并不突出，对促进梗舞的传播和影响力提升作用不足。这反映了即使梗舞入选省级非物质文化遗产，但因宣传力度不大，其影响力仍局限于村落与县城之间。此外，巴松错景区内关于梗舞的介绍宣传较少，宣传手段保守，宣传内容单一，未能形成有效、广泛的宣传体系。

（二）梗舞传承保护的路径

梗舞作为传统表演艺术，在传承和保护过程中还存在一些问题，基于这些问题，我们需要优化保护政策，提出积极有效的对策，对梗舞这一代表地方文化的传统舞蹈进行保护、传承以及开发与利用。

1.完善数字化信息，多途径保存资料

梗舞作为表演艺术，除以征集实物方式进行保护外，获取大量录音录像资料以及口述资料也是较为有效的方式，因为这类资料可以完整记录表演过程。表演艺术除道具、行头及布景外，没有多少实物能够传承，但"它真正精华的部分并不在于简单的道具行头，而是表演或制作的整个过程"[1]。对于这类表演艺术，没有全程不间断的录音录像是无法完整记录下来的。除录音录像外，还应该对梗舞涉及的音乐文本资料进行整理，舞蹈图谱的记录也是有效的保护方式。多手段、多形式地记录有利于舞蹈爱好者对梗舞进行了解。建立数字化存储系统也是推广梗舞、扩大梗舞影响力的有效手段与途径。

2.落实保护措施，注重传承保护实效

在制定相关传承保护政策过程中汲取各方意见，将政府工作人员、科研人员、村民等传承主体的意见相统筹。细化实行细则，明确保护对象、范围和特点，做到各个部门协同履责、各司其职。在传承过程中要切实做好保障激励，按照传承人数、项目级别、补助金额等情况做出科学裁定。就目前梗舞保护情况分析，指定传承人年龄普遍偏大，应加强对传承人生活的保障，如帮缴养老保险、医疗保险等。除物质保障激励以外，精神嘉奖同样必不可

---

[1] 苑利、顾军：《非物质文化遗产学》，高等教育出版社，2009，第54页。

少，政府部门可提出相应政策，给予传承人相应的荣誉称号、表彰等奖励，以此提高他们的社会地位，形成社会及民众对该职业的尊重，切实做好梗舞传承人的各项保障工作，激励其对梗舞传承、保护做更多贡献。

3. 加快产学研联动，促进创新性发展

相关学者应加强对梗舞的系统化、全面化研究，对相关音乐乐谱、舞蹈图谱等文本资料进行整理。政府应加大知识产权保护的宣传力度，提升传承人的产权意识，将梗舞的知识产权明确化，对与梗舞相关的产品如面具、衣服、乐器等进行商标注册。政府应设立"梗舞传承保护基地"，依托基地对梗舞相关产品进行试点推广，积极引进人才和非物质文化遗产保护的新技术，将现代科技与梗舞传承保护相结合，带动产、学、研全面发展。

4. 优化传承模式，促进良性发展循环

培养传承人是非物质文化遗产传承的基础。政府应鼓励开办梗舞传习班，鼓励各级各类学校聘请梗舞传承人作为授课老师，面向全社会招生，吸引愿意学习梗舞的人进行系统的学习。据了解，梗舞传承人目前也在招收学徒，固定跟随学习的有 12 人，而由于梗舞特殊的要求，传统梗舞的表演者必须是年轻的成年男性，这对梗舞传承产生了一定的限制。故此，为保障梗舞的有效传承，应扩大传承队伍，对适龄青年进行普及，对感兴趣的学员进行相关的教学。

5. 加大宣传力度，形成文化竞争力

政府部门应在传统宣传方式的基础上，利用视频、音频、图片等形式记录梗舞的表演过程、展演方式，并充分运用抖音、快手等新媒体平台广泛宣传，还应搭建传统舞蹈的交流平台，促进梗舞多角度宣传。教育部门应当辅助宣传，推进当地中小学生对梗舞的学习、了解，促进"非遗进校园"等活动的开办，加强学校宣传，与传承人进行沟通，邀请相关人员进校宣传梗舞，使中小学生拥有了解与学习梗舞的渠道和途径。鼓励相关学者对梗舞的文本资料进行出版宣传，将梗舞的传承过程等编辑成书，为社会公众了解梗舞提供新渠道。各部门协调宣传，深度合作，做到多角度、多方位宣传，将

梗舞与各类文化宣传项目紧密结合，以期在宣传梗舞的同时对中华优秀传统文化进行有效宣传。

结　语

作为西藏自治区级非物质文化遗产的梗舞是藏族传统舞蹈的一种，在藏族岁时节庆、祭奠仪式等文化空间中发挥着重要作用，具有丰富的历时性与共时性价值。梗舞的形成离不开特定的地理环境，其在形成过程中深受地理环境、宗教信仰、生产方式等因素影响，经历孕育期——"生产生活型梗舞"、形成期——"宗教型梗舞"、发展期——"民俗型梗舞" 和弘扬期——"演出型梗舞" 四个发展阶段，已经成为藏族传统舞蹈的典型代表。其独特的历史、文化价值，使其成为新时代研究当代藏族审美以及社会生活的重要载体，对于构建和谐西藏、保护民族文化多样性等具有重要的社会意义和价值。

B.17
少数民族传统体育、游艺与
杂技类非遗抢救性保护研究[*]

——以维吾尔族达瓦孜为例

陈传志　米高峰　吴婧雅^{**}

摘　要： 维吾尔族达瓦孜是少数民族传统体育、游艺与杂技类非遗中极具代表性的项目，它兼具体育与杂技双重特色，在民族传统文化中占据独特地位。由于高难度、高危险性表演要求，以及传统表演市场的极度萎缩，达瓦孜面临严峻的保护与传承双重困境。近年来，在党和政府关怀支持下，社会各界针对达瓦孜实施一系列抢救性保护策略，给予其再次发展的生机活力。本文以达瓦孜为典型案例，认为维吾尔族达瓦孜具有内在的表演特色与历史文化价值，从非遗文化生态保护的区域协同、数字媒介的创造转化与传播、地域文旅产业体系化发展探索等方面提出保护建议。

关键词： 少数民族传统体育、游艺与杂技　抢救性保护　达瓦孜

---

* 本文系四川省社会科学重点研究基地四川动漫研究中心资助项目"新疆本土时事漫画艺术创作研究"（项目编号：DM202046）、陕西省教育厅重点项目"5G 时代陕西优秀文化对外传播与文明互鉴研究"（项目编号：21JZ018）、国家社会科学基金重大项目"新时代中国动画学派的重建与民族文化传播研究"（项目编号：19ZDA333）的阶段性成果。

** 陈传志，陕西科技大学设计与艺术学院博士研究生，"一带一路"文化 IP 开发与设计研究中心助理研究员，研究方向为视觉艺术与媒体设计、丝路文化与艺术传播；米高峰，陕西科技大学设计与艺术学院教授、博士生导师、副院长，"一带一路"文化 IP 开发与设计研究中心主任，研究方向为视觉艺术与媒体设计、丝路文化与艺术传播；吴婧雅，陕西科技大学设计与艺术学院硕士研究生，研究方向为丝路文化与艺术传播。

传统体育、游艺与杂技类非物质文化遗产，具有民间参与性、仪式性、竞技性等特点，是少数民族极具地域生活特色的民俗项目，也是各民族传统民俗文化多样性的直接体现，见证了各民族漫长曲折的生存发展历程，具有重要的人文价值与传承意义。然而，随着经济条件的改善、传统生活模式的转变，以及由于项目展演条件限制等因素，一些传统杂技项目面临传承人新生力量缺乏、传承范围有限、与人民现代生活难以有效融合等难题，尤其是达瓦孜作为富有少数民族文化特色的非遗项目，本身就具备较高的挑战性与危险性，对传承人身体条件、年龄范围、心理素质等有着极高要求，面临着更为紧迫的抢救性保护与传承困境。新时期，相关政策的持续关注与落实推进，为少数民族传统体育、游艺与杂技类非遗抢救性保护带来新的发展契机。在此背景下，本文以维吾尔族达瓦孜为个案，系统分析其所面临的传承危机与抢救性保护现状，对于研究少数民族传统体育、游艺与杂技类非遗项目具有重要的参考价值，尤其是厘清项目背后的历史文化、民族特色、地域生态、传承模式等，可为完善少数民族传统体育、游艺与杂技类非遗资源的抢救性保护与传承发展提供案例参考。

一 维吾尔族达瓦孜的表演特色与历史文化价值

达瓦孜是流传于我国新疆维吾尔自治区民间的一种高空走绳表演艺术，主要集中在英吉沙县、莎车县，以及哈密市、和田市、吐鲁番市等地，其中英吉沙县作为古代丝绸之路的重要驿站——南疆八大重镇之一，被誉为"中国达瓦孜之乡"，曾保留仅存的民间表演艺术团，具有悠远厚重的民间表演历史传统与民俗文化底蕴，也是当前达瓦孜非遗保护的核心地域。

（一）达瓦孜的表演特色

达瓦孜在维吾尔语中的意思为"高空走绳"，也被称为"走索""踏软索""高原祭"等。为体现其挑战高空的表演魅力，达瓦孜一般都露天进行，虽然后期也有部分专业团体将其移至场馆之中，但已然失去了原有的民

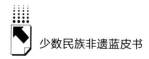
间特色。在露天表演中，达瓦孜项目需要一块约 100 米长、60 米宽的开阔场地，且在场地中间还需扎有桁架，也被称为"牌楼"，一些艺人还在牌楼顶部挂起迎风飘扬的彩旗，以吸引观众注意。牌楼主杆高度一般在 20~30 米，横杆处挂有吊杆与吊环，供艺人到达最高处时表演使用，牌楼外侧有两组副杆支撑加固，并形成三段斜度不一的绳索，最后一组副杆与地面连接的绳索，形成约 45 度的俯角，这一段也是艺人表演走绳的初始路径。传统达瓦孜表演一般分为地面与高空两个部分展示，兼具体育与杂技的双重特点，而且具有浓郁的民间仪式感。地面演出主要节目有翻筋斗、空翻、弹板、月牙弯刀术、飞刀，以及其他维吾尔族传统武术①，传统表演团队一般还会有简单的民间乐器伴奏，主要是苏尔奈（新疆唢呐）、纳格拉鼓等维吾尔族传统乐器，不仅可以吸引人气，围拢观众，还可以烘托气氛，提升观众临场体验感。

达瓦孜最精彩之处便是高空表演部分，艺人在没有任何保护措施之下，需手持约 6 米的平衡杆沿第一段斜绳而上，此段步伐稍快但稳，是艺人适应高绳的初始阶段。随后，艺人登上第二段坡度较缓的绳索，开始表演蹦绳（双脚蹦起，突然跌坐在上下颤动的大绳上）、跳绳（跟随节奏在上下颤动的绳索上跳舞）、盘腿坐索、双手倒立等，当进入第三段 6~7 米平直横绳部分时，艺人开始表演高难度的杂技动作，如蒙眼走、过杆走、绑盘走、高空吊杠、吊环等一系列惊险绝技的展示。当表演进入高潮之时，会有另外一位艺人再次走上绳索，与第一位艺人开始表演双人项目，如双人换位、双人头顶倒立以及叠罗汉等，在离地 20 余米的高空，"它是力量、耐力、灵敏、平衡以及技巧的角逐，也是智慧与胆识的考验"②，所有节目表演完成后，艺人并不原路返回，而是由吊绳将其落至地面，体现了维吾尔族人民勇往直前、坚韧拼搏的民族意志力。

自 1953 年起，达瓦孜成为全国少数民族传统体育运动会的特色表演项

---

① 伍晴晴、覃琛编著《杂技与竞技》，贵州人民出版社，2017，第 116 页。
② 李建疆、亚力坤、范磊：《达瓦孜运动发展研究》，《体育文化导刊》2011 年第 1 期。

目之一，至今已历时十一届。伴随时代发展与各民族之间文化交流，其表演内容也不断与其他优秀杂技、体育和游艺项目借鉴融合，焕发出新的艺术生机。一些经过创新发展增加的项目有骑独轮车、站椅子、劈叉、顶碗舞、转健身圈等。达瓦孜高空表演的惊险性也为这些现代杂技增添了极大的挑战难度，使其兼具娱乐性、竞技性与观赏性，成为一项极为精湛的民族杂技艺术，不仅深受国内各族人民的喜爱，还走出国门，受邀在东南亚、中东、北美、欧洲等地区演出，受到国外观众好评，被称为来自中国的"高空绝技"，享誉世界。

（二）达瓦孜的历史文化价值

达瓦孜具有悠久的传承历史，在漫长发展历程中积淀了浓厚的历史文化底蕴与民族精神气质。在历史文献中，东汉刘昭的《汉仪》与张衡《西京赋》都曾记载宫廷表演高空走索的精彩过程，并指出了高空走索在宫廷百戏中的重要地位。在 11 世纪维吾尔族学者麻赫穆德·喀什噶里所著的《突厥语大辞典》中，明确提到"高空走达瓦孜"的记录，至此，"达瓦孜"一词正式出现在历史文献中，成为呈现民族精神内涵的重要标识、体现民俗文化传统的重要载体，以及见证民族交流交融的历史标本。

1. 呈现民族精神内涵的重要标识

达瓦孜体现了维吾尔族人民征服自然、征服高空的英雄信仰，是不畏艰险、勇往直前民族精神的呈现。新疆师范大学学者阿力木江·依米提·塔尔肯和多里坤·阿布里克木结合新疆自然、人文、历史及民族宗教信仰等文献综合研究，推断出达瓦孜起源为约公元前 15 世纪的西域青铜器时代，是当时社会制度、物质基础、生产力水平与族群精神信仰的综合产物。[①] 青铜器时代是人类认识自然，并尝试冶炼工具改造自然的重要阶段，也是人类集体生存与民族意识觉醒的时代。在众多关于达瓦孜

---

① 阿力木江·依米提·塔尔肯、多里坤·阿布里克木：《新疆维吾尔族传统体育项目达瓦孜的起源时代问题研究》，《山东体育科技》2012 年第 3 期。

起源的民间口头文本中，大部分都与征服自然有关，无论是英勇少年搏斗高空妖魔，还是乌勃利沙拉打败三个恶巫婆，鲜活的民间传说处处体现了维吾尔族先民在恶劣自然环境面前，顽强生存、繁衍生息的民族意志。在人类力量尚为渺小之时，维吾尔族达瓦孜便展现出敢于牺牲自我、搏击高空的民族气魄，其表演的高危险性，不仅需要极强的身体平衡能力，还需要过硬的胆识与心理素质，表演过程中虽时有艺人伤亡事件发生，但达瓦孜传承从未中断，一直延续至今，逐渐成为彰显民族精神内涵的独特文化标识。

2. 体现民俗文化传统的重要载体

达瓦孜在民族传统信仰与民俗文化传承中，不断凝聚族群成员之间的原生情感，成为构筑民族共有精神家园的重要载体。达瓦孜的传统表演常伴随生产劳动、岁时节令、祭祀礼俗等重大活动，它生长于民间，游走于民间，是民俗活动的重要组成部分。在维吾尔族迎接新春的诺鲁孜节，人们穿上民族盛装聚会欢饮、载歌载舞。此时的达瓦孜表演恰好增进节日氛围、缅怀先人，也是在新的一年动员春耕生产、提振民族精气神的盛大节目。在肉孜节、古尔邦节、麦吾鲁德节等一些宗教性节日中，达瓦孜还具有神圣的象征意义，其高高耸起的主杆牌楼，与北方少数民族对天神腾格里的祭祀与崇拜密切相关。在规模较大的大巴扎集市中，达瓦孜表演更注重歌舞特色与杂技新、奇、美的吸引力，在满足民族节日祈福、强身健体和精神信仰的同时，逐渐发展为人们市井生活之余的一项民俗娱乐活动。

3. 见证民族交流交融的历史标本

汉朝张骞"凿空西域"以来，丝路贸易极大地促进了中原与西域各国的文化交流，也促进了民族之间的大融合。达瓦孜这种高空走索艺术的兴起，也从侧面反映了丝路沿线各民族文化艺术"百花齐放、百家争鸣"的鼎盛场景，达瓦孜成为见证各民族之间交往交流交融的"活态"标本。明代文献学家王圻父子在《三才图会》中记载，"百戏起于秦汉，有弄瓯、吞剑、走火、缘竿、秋千，如前高緪（絙）等类不可枚举。今宫中之戏亦如之，大率其术皆术西域来耳"①。清代赵翼在《檐曝杂记》中不仅详细记载了达瓦孜表演过程，还对比了汉人走绳与达瓦孜之间的异同，反映了各民族之间关于走索技艺切磋借鉴的交流融合。② 此外，据唐代王玄策在《中天竺行记》中的记载，显庆四年（659）其在婆栗阇国（今印度达班加北部）曾见五女戏绳伎表演，"腾虚绳上，著履而掷，手弄三仗刀楯枪等"，足以可见达瓦孜不仅在中原地域传承发展，"很多达瓦孜艺人还曾沿着古丝绸之路到达印度、巴基斯坦、阿富汗、埃及等地进行表演，成为一枝绽放在古丝绸之路上的民族艺术之花"③，深刻体现了达瓦孜背后不同民族文化之间的交流互鉴。

二 维吾尔族达瓦孜的传承危机与抢救性保护策略

传承后继乏人一直是制约少数民族传统体育、游艺与杂技类非遗项目传承发展的重要瓶颈，在学者肖远平、王伟杰关于少数民族非遗项目传承人的调查分析中，杂技与竞技类传承人占民族传承人比重最低，不足2%④，足可见其在非遗传承中的危机性与紧迫性。近年来，地域经济发展与现代生活方式的冲击，严重挤压了民间杂技艺术的市场生存空间，消费社会与全球化市场经济的崛起，使得成长起来的新一代年轻群体，越来越倾向接受泛娱乐文化的审美，传统民俗表演已很难引起他们的关注，进而导致达瓦孜的表演市场不断萎缩，面临传承与发展双重困境。

（一）达瓦孜的生存困境与传承危机

随着地域经济改善与生活水平提升，民间团体依赖达瓦孜谋生的表演动

---

① （明）王圻、王思义编集《三才图会》（中册），上海古籍出版社，1988，第 2139 页。
② （清）赵翼、姚元之撰《檐曝杂记竹叶亭杂记》，中华书局，1982，第 21 页。
③ 陈传志、唐济川：《新疆维吾尔族非遗"达瓦孜"技艺数字虚拟体验开发》，《湖南包装》2020 年第 3 期。
④ 肖远平、王伟杰：《中国少数民族非遗名录及传承人统计分析》，《西南民族大学学报》（人文社科版）2016 年第 1 期。

力已不存在，只有极少数艺人依然在继续坚持传承这门古老技艺。学者刘洋等在英吉沙县的田野调查①发现，当地达瓦孜表演专业团队主要有四大班社，分别为吾守尔·木沙班社、阿西木班社、奴拉洪班社、艾山江班社，但仍活跃在大众视野中的只有吾守尔·木沙班社，目前已传至第七代，而其余三个班社最多的传承到了第四代，最少的仅传承一代便解散了（见表1）。在当地一些民间业余达瓦孜团体中，表演艺人大多为当地农民或手工业者，他们往往在生产之余参加表演，由于专业水准与整体实力差距，仅作为地方民俗旅游或节庆活动中的客串展示。在表演内容与质量上，也难以达到承续民族传统技艺精髓与文化内涵的标准，而且随着传统演出市场的流失，该类团体也逐渐淡出了舞台。

表1　英吉沙县已解散达瓦孜班社的传承谱系

班社名称	传承代数	传承人	传承方式
阿西木班社	4代	泰外库力（第一代）、热合木图拉（第二代）、阿西木·热合木图拉（第三代）、司迪克·阿西木（第四代）	第一代为师徒传承，其余为家族传承
奴拉洪班社	2代	奴拉洪（第一代）、卡米力·艾力沙（第二代）	第一代为家族传承，第二代为师徒传承
艾山江班社	1代	艾山江	家族传承

资料来源：刘洋、邸慧君、李梦园《达瓦孜田野调查报告》，《体育文化导刊》2015年第11期。

极高的技能要求与表演的危险性，是导致达瓦孜传承人短缺的核心因素。达瓦孜被认为是世界上最为危险的杂技艺术，在数十米高空中，没有任何保护措施下的表演，一丝一毫的疏忽与失误都会危及艺人的生命，它是真正的生命极限挑战，也是名副其实的高空绝技。要成为一名合格的达瓦孜艺人，必须经历"炼狱"般的考验，只有在高强度的体能训练下，艺人才能真正在高空中把握住身体平衡，确保动作的准确流畅与自身安全。所以，达瓦孜对

① 刘洋、邸慧君、李梦园：《达瓦孜田野调查报告》，《体育文化导刊》2015年第11期。

表演者身体条件要求非常高，且训练极为苛刻，一般艺人 3~5 岁时就必须跟随家族长辈或师傅练习走绳技能与基本功底，锻炼身体柔韧性、平衡力、耐力与毅力等。除了掌握传统技巧之外，幼小的达瓦孜学员还要学习其他杂技与舞蹈等项目的表演技能，以达到一技多能的要求，在未来艺术生涯中才能尽量使自己不被市场所淘汰。艺人成才之路上的艰辛磨难与生命风险，令平常家庭的孩子望而却步，而高空表演的危险性，也让一些传统家族式班社的父母不忍自己子女再继续从事该类职业，导致达瓦孜的民间传承路径逐渐走向没落。

（二）达瓦孜的抢救性保护策略

针对达瓦孜突出的传承危机问题，党和政府、民间协会、社会团体等各方力量实施了一系列抢救性保护策略，在一定程度上有效缓解了当前困境。在民族复兴与传统文化回归的时代背景下，社会各界对民族非遗传承的关注意识也不断提升。针对传承人、专业团体、学校教育等的传承体系建设工作得到有效开展，逐步构建更为科学化、专业化、系统化的保护体系。

1. 传承人制度保护

作为不断发展的民族杂技艺术，达瓦孜的核心载体是人，发展的关键也在于人。所以，加强对现有代表性传承人与传承体系的保护建设，不断拓展优化其传承路径，以政策性保障与相应资源倾斜，提升传承人传道授业的主动性与积极性，是开展保护工作的首位目标。2006 年，阿迪力·吾休尔入选首批国家级非遗项目达瓦孜的代表性传承人，享受了相关政策保障与资源扶持。为进一步鼓励和支持国家级非遗代表性传承人的传习活动，2008 年，文化部发布《国家级非物质文化遗产项目代表性传承人认定与管理暂行办法》，传承人认定、传承体系建设与管理等工作更为规范化、系统化与科学化。2021 年，新疆维吾尔自治区相应推出区、市、县级传承人的认定与管理办法，从政策制度层面强化了达瓦孜传承队伍的建设与发展，一定程度上缓解了其面临的传承压力。

2. 专业团体传承保护

以更为人性化、专业化、正规化的艺术团体替代传统家族式、师徒式的班社表演，既是在时代语境中对传统民间艺术的一种制度创新，也是为其传承保护提供了一个更为广阔的发展平台。1953年，达瓦孜入选全国少数民族传统体育运动会特邀表演项目之后，英吉沙县一直保留着仅存的达瓦孜团，其中就包括阿迪力、艾山江等一批优秀表演艺人。1990年，新疆杂技团整体吸纳了英吉沙县达瓦孜团，组成专业表演队，以区级团体优势保存了其传承血脉。1994年，艾山江从杂技团退休后，又发挥余热，组建了达瓦孜民间艺术团，继续传承表演事业。① 此外，随着自然观光、民俗体验、非遗展演等旅游热度递增，越来越多的专业艺术团体开始组建达瓦孜表演队伍，促使了更多民间优秀艺人再次走向舞台，如吐鲁番葡萄沟景区在每年5~10月旅游旺季，每天向游客展示达瓦孜表演4次，其中克拉玛依市独子山大峡谷达瓦孜表演团队，还曾代表新疆队在第十二届少数民族传统体育运动会中获得表演项目一等奖。

3. 学校教育传承保护

学校教育既是达瓦孜传承队伍建设的重要基础，也是民族非遗文化传播的首要阵地，对于实现达瓦孜系统化、长久化的传承发展至关重要。传承人的队伍建设是一个长期的过程，需要专业老师、场地、硬件设施等系统支撑，既要保证专业的训练，也不能忽视其他文化课程的学习，加之达瓦孜对表演者综合条件的极高要求，也需要一个连续、长期、稳定的培养周期，专业化的学校教育是极有必要的。2011年，作为国家级代表性非遗传承人，阿迪力在英吉沙县创办了达瓦孜艺术传承中心，以专业学校体制强化青少年专业人才培养，首批22位学子目前也已经陆续登上舞台，展现了较高的技艺水平，也验证了学校教育传承的重要价值。达瓦孜作为少数民族非遗中极具特色的传统表演项目，在民族文化认知与交流中也具有重要的教育功能。2019年，在浙江大学举办的"中华优秀传统文化进校园暨第二十一届研究生体育文化节"开幕式上，阿迪力率新疆艺术团达瓦孜队为师生献上精彩

---

① 赛买提·艾散：《何为"达瓦孜"》，新浪网，2003年7月17日，https：//news.sina.com.cn/c/2003-07-17/16321363222.shtml。

绝伦的传统达瓦孜表演，拓展了高校大学生对新疆少数民族文化与民族非遗传承的认知感悟。

三　维吾尔族达瓦孜传承发展的未来前景

在多重传承保护体系构建中，达瓦孜传承仍面临诸多难题。如何将传统民间技艺与当代流行文化有效融合，是传统民间技艺未来发展的重要根基。传承转化与创新发展是非遗保护工作重心的一体两面，传承是创新的基础，创新是传承的动力。在未来发展中，达瓦孜不应只注重保护传承工作的开展，更应主动融入民俗文化生态保护的区域协同，最大化地展现民间艺术的原生面貌。有效借助数字媒介的创造转化，提升达瓦孜的文化传播效应，并结合地域旅游资源特色，探索由点及面、见人见物见生活的文旅产业创新发展模式。

（一）非遗文化生态保护的区域协同

作为"达瓦孜之乡"的英吉沙县是少数民族非遗资源大县，拥有各类非遗项目 37 项，其中国家级非遗项目 4 项，除达瓦孜之外，还有英吉沙小刀、土陶烧制、木戳印花布工艺等，共有的民俗文化土壤孕育了技艺精湛的民族非遗。深入挖掘地域民俗特色，实现不同非遗项目文化生态保护的区域协同，是实现其长久传承发展的关键要素。2022 年，《喀什地区文化和旅游发展第十四个五年规划》指出，"支持塔什库尔干县、莎车县等创建国家级文化生态保护区，喀什市、麦盖提县、英吉沙县等创建自治区级文化生态保护区"。借助国家文化产业的重要布局，以及地方政府文旅发展的未来规划，以文化生态保护为核心，注重地域之间的区域协同，发挥英吉沙的特有优势，将过去碎片化、重复化的非遗资源进行集约化、系统化整合升级，以文化生态保护区建设实现达瓦孜等民族非遗项目回归民间生活传统，厚植民俗文化土壤，深化非遗项目真实性、完整性与原生性的传承发展模式。

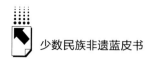

（二）数字媒介的创造转化与传播

在互联网时代，数字媒介崛起使得大众之间的信息传播、交流、互动更为迅捷便利，一些新兴的数字媒介形式也令传统文化焕发新的生机，尤其是动漫、游戏、网络媒体等成为吸引年轻受众群体的重要流量阵地，也为扩大达瓦孜等民间非遗文化的大众传播提供了极佳的媒介平台。在未来创新发展中，应充分利用数字媒介对非遗项目的创造转化与传播优势，挖掘达瓦孜内在的民族文化特色与精神内涵，推动达瓦孜与大众流行文化有效融合。随着数字国潮文化的兴起，民族非遗也成为大众关注的热点话题，许多年轻达瓦孜艺人开始被网络媒体所关注，并推出系列报道，如达瓦孜艺人挑战吉尼斯世界纪录、非遗纪录片、网络综艺节目展示等，借助新闻类、娱乐类、体育运动类、文化类等互联网门户终端，将达瓦孜绝技非遗文化送至更为广泛的网络群体之中。除此之外，许多影像艺术也将民族非遗作为传统文化表达的重要符号融入作品，如 2018 年上海美术电影制片厂推出的三维动画电影《阿凡提之奇缘历险》，就将达瓦孜技艺融入动画叙事，极大拓展了非遗传承的艺术形式与受众接受渠道，获得了较好的社会反馈。

（三）地域文旅产业体系化发展探索

传统达瓦孜表演市场一直未能形成较为成熟的体系，在媒介宣传、内容创新、体验提升、产业转化中不具备明显的竞争力，使得少数民族精湛绝技的市场价值与经济效益未能充分体现。结合非遗文化区域保护的协同规划，以及数字媒介资源的有效推动，积极探索产业体系化的市场运作模式，将政策红利、非遗资源、地域特色转化为强劲的经济动力，推动更多民俗艺术的传承发展。围绕达瓦孜的艺术表演特色，通过建立民俗非遗文化综合体验园区、线上虚拟体验展馆等，打造具有少数民族特色的民俗文化品牌，以产业体系化发展探索少数民族非遗资源的经济效益转化。在文化润疆政策号召下，2021 年由山东省援建的英吉沙鲁疆达瓦孜非遗演艺中心启用，该中心集合了达瓦孜表演馆、博物馆、体验馆、马戏团、民族餐饮等多业态体系化服务，形成一个融通文艺表演、民俗艺术体验、民族风情展示的少数民族文旅品牌综合服务园区，有助于进一步凝聚达瓦孜内在历史、文化、民俗、艺术等人文价值，形成产业体系化的运营模式。

结　语

少数民族非物质文化遗产是中华传统文化的重要组成部分，也是中华民族共有的精神财富。在民族复兴历史征程中，从体育竞技到民族非遗、从抢救性保护到创新转化、从民俗文化呈现到地域文旅产业发展，达瓦孜传承的时代意义与社会价值仍在不断深化与外延，每一次传承模式的阶段性变革，都是达瓦孜在民俗传统与现代社会之间不断探索融合转变的重要尝试。2023年，第十二届全国少数民族传统体育运动会将在海南举办，新一代达瓦孜艺人将在这场全国赛事中再度呈现民族传统技艺的非凡魅力，其征服高空、突破极限的顽强意志对于国民大众而言，不仅是一种具有特殊意义的精神慰藉，也是以民族非遗同构中华民族共有精神家园的内涵呈现。在党和政府的关怀支持下，达瓦孜在新时代民族非遗传承中必将迎来更具发展活力的未来前景。

传统知识和实践、
传统手工艺篇

Traditional Knowledge and Practice, Traditional Handicrafts

B.18
传统医药沙疗的创新性发展研究

李美艳　饶誉珍*

摘　要：　沙疗是维吾尔族在长期的生产生活中创造出来的一项宝贵的文化遗产。随着经济社会的发展、物质生活水平的提高，人们越来越注重养生，因此沙疗的传承创新发展尤为必要。文章概括了沙疗有益于身体健康、费用少且疗效好的特性，总结其温热、矿物质等方面的作用机理，分析其借助科技的发展机遇，逐渐从室外转至室内并逐渐市场化、规模化的发展现状，提出应积极推进非遗技艺与康养产业的协同发展、延伸产业链和增强产权保护意识、促进传统遗产向现代化产品转化等建议。

关键词：　沙疗　传统医药　康养产业

---

* 李美艳，硕士，贵阳人文科技学院教师，研究方向为民族学；饶誉珍，贵州珍暖健康服务有限公司负责人，研究方向为康养产业。

党的十九大报告指出，要推进传统文化的创造性转化和创新性发展。沙疗作为中华优秀传统文化的重要组成部分，推进传统沙疗的创新性发展是适应社会文化市场发展的需求。沙疗作为一项国家级非物质文化遗产同样面临着传承和可持续发展的问题。传统沙疗受季节交替、场地限制等因素的影响，传承困难。沙疗作为宝贵的康养资源，探索其现代化转型的路径对于文化传承、产业发展具有重要的现实意义。因此，本文在梳理沙疗发展历程的基础上，总结沙疗产业发展现状，从产业融合、适应市场、科技融合的角度，探讨沙疗的创新性发展、创造性转化路径，以丰富康养产业体系。

一 沙疗的起源与特征

（一）沙疗的起源

很多人认为沙疗是现代人们创造出来的一种养生产品，其实不然，沙疗早已存在，且具有悠久的历史。沙疗是维吾尔族的一项文化遗产，是在历史的发展过程中维吾尔族民间传承下来的一种传统医疗保健方法，亦是维吾尔族医学的重要组成部分。当地人民使用该医疗手法历史悠久，经过历史的长期实践检验，已经形成系统的理论体系，有着较丰富的诊疗经验。唐代的医学著作中就有关于"西域埋沙热，除祛风寒诸疾"的记载。明代著名中医李时珍在其著作《本草纲目》中也谈到"六月取河沙，烈日暴令极热，伏坐其中，冷即易之"，他得出的观点是沙疗方法可以祛病。沙疗实则是埋沙疗法的简称，是除去头部之外将整个身子埋在沙中，由于沙子本身富含大量的热量，通过沙子的热能传递、自然按摩等多重协同作用，调节人体的代谢功能。[①] 沙疗是疗养治病的新疗法，是维吾尔族一种传统的医疗方法，也是世界传统民族医学的重要组成部分。

---

① 阿不都沙拉木·赛都拉、吾斯曼·牙生、沙塔尔·库尔班：《埋沙疗法的特点和机理》，《中国民族医药杂志》2011年第9期。

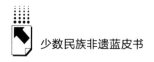

（二）沙疗的特征与功效

沙疗又被称为沙浴，是一种特殊的健康疗养方法，它可以代替人一定的运动量，对人类身体具有极大的益处。如今，沙疗深受人们的青睐，这主要是因为沙疗有着与其他疗养法不同的特征。一是沙子的特性。沙疗中的沙子具有较强的吸热力，吸收热量较快，将外部热量传递至人体内使人排出汗液，这是人体排汗排毒的最佳方法；沙子中富含多种矿物质，传统沙疗的沙子为黑灰色，含有钾、钙、铁、镁等多种矿物质，还含有部分微量元素。此外，沙疗的沙子要求较高，必须颗粒大小均匀，需要经过不断的打磨、筛选、清洗、烘干、消毒等程序。由于每一粒沙子的大小基本一致，并且都是圆润而饱满的，因此，不管在任何场所开展沙疗以及使用沙疗工具，都不会出现尘土飞扬的现象，最大限度减少了室内地面、空气等的污染，从而给沙疗馆创造了舒适、健康、清新的优良环境。① 二是治疗范围的整体性。沙疗是除头部之外，将人的整个身体埋在沙中，能够使人体全身心得以治愈，相比于足浴等其他局部疗养方法，沙疗具有治疗范围整体性特征。三是有益于身体健康。沙疗通过沙子中产生的热量、所含矿物质、放射性元素以及外界自然阳光照射、红外线等的作用，对人体有益，得到了众多人的认可。四是费用少、疗效好。沙疗是集热力、压力、磁力、按摩等于一体的综合性传统疗养法，费用相对来说较少，疗效较好，具有针对性、综合性等特征，是一种疗养的优质方法。

沙疗作为一种综合疗养法，传承历史悠久，具有强身健体的功效。其疗养机理为通过天然热沙中的矿物质发挥效应作用于全身，起到舒筋活络、活血化瘀、增强免疫力的作用。当今人们生活节奏、工作节奏加快，压力较大，越来越注重健康、养生的生活方式，对相关养生产品及服务的需求提升。沙疗作为一种传统养生方式，因操作简单且功效显著，与当代人的养生

① 《沙疗》，个人图书馆，2016 年 6 月 30 日，http：//www.360doc.com/content/16/0630/22/156610_572041003.shtml。

需求相契合，越来越受到消费者的欢迎。在此背景下，对传统沙疗进行改良的沙疗床应运而生。沙疗床突破了季节、场地、天气等自然条件的限制，逐步融入现代康养体系。

（三）沙疗的作用机理

沙疗的作用机理较复杂，综合性较强。一是温热作用，对于室外沙疗而言，沙子吸收了太阳热能，可以直接作用于人体表皮，将热能传输到身体内部，使得人体的温度加速提升、促进血液循环，调节人体代谢功能，再通过人体自身的体温进行调节，毛细血管得以扩张，促进汗腺分泌汗液，控制体温不断上升，热量再被热沙吸收。二是磁疗作用，人体在沙疗的过程中，会受到地球磁场的作用从而产生微弱的磁场，同时沙子中也富含磁性物质，相互作用下，将影响体内微量元素的流动，细胞活性增强，促进物质代谢。三是沙子的机械作用，当人体被沙子覆盖时，沙子和身体接触会产生摩擦力、压力和热力，因此对身体起到按摩的作用。四是光疗的作用，在阳光的作用下，人体皮肤不断吸收红外线和紫外线，增强细胞活力，起到调节新陈代谢的作用。

二　传统医药沙疗的发展现状

近年来，传统医药沙疗经历了从室外转至室内的演变。随着沙疗的医学、养生功能不断被挖掘，传统沙疗逐渐走向市场化、规模化，其传统技艺也逐渐借力现代科技得以长远发展。

（一）从室外自然沙疗到室内沙疗馆的转变

沙疗这一传统的疗养方法起源于吐鲁番，维吾尔族以得天独厚的自然地理环境和气候条件创造出独特的传统沙疗。沙疗方法简便易行，一般是在6~8月进行。在干燥的沙堆上挖出一个深10~20厘米、长1~1.5米、宽70~80厘米的沙坑，疗养者将身体埋入沙坑，再将10厘米左右厚度的热沙子覆盖于身体上。① 疗养者需要根据自身身体状况和承受能力不断调整治疗的方法，通常情况下需要 30 分钟左右做一次调整，每天进行沙疗不能超过 3 个小时。在进行沙疗的过程中，由于需要排出大量的汗液，疗养者身体会产生缺水现象，因而需要及时补充一定量的水分（或者淡盐水）。沙疗每年最多治疗一个疗程（10 天左右），疗养者坚持治疗 3～4 年的时间，再服用适当的药物辅助治疗，可以达到较明显的效果。这种沙疗方法也称为自然沙疗法。从自然沙疗（室外沙疗）的过程以及特征可以看出，自然沙疗存在一定条件的局限性，例如地域限制、气候条件等的制约，患者只有去吐鲁番沙堆地点并且需要在夏季治疗才有效。随着沙疗越来越受人们的关注，传统沙疗传承人吾斯曼·牙生关注到这一问题：沙疗是利用沙子所带的天然热力，将疗养者埋入沙子，通过热力、光照、磁力等的综合作用，达到祛寒活血的功效，因此，疗养者只能在夏季的时候进行沙疗，难以满足疗养者的四季沙疗需求。为了突破季节限制，吾斯曼·牙生在开展沙疗研究的过程中，推出了室内沙疗的四季疗法。这一疗法与室外自然疗法略有差异，室内疗法主要是运用吐鲁番的黑沙作为主料，利用自主研发的沙疗控制仪控制壁挂炉、光源热能、热风扇，使沙疗达到 42 度的最佳温度，极大地解决了当前沙疗季节单一性的问题。

室内沙疗与室外自然沙疗相比，不受地域和季节的限制，只需要把沙子运输到室内场所，把沙子以及房间的温度等条件设置达到夏季沙疗标准便可进行沙疗。室内沙疗有利于对沙子进行有效的保护，也有利于满足疗养者四季沙疗的需求，无论春夏秋冬、白天昼夜皆可进行。随着社会经济的发展、人们消费需求的变化，疗养者对沙疗的需求也在不断增加。因此，室外沙疗向室内沙疗转型将成为发展趋势。沙疗加速发展，众多企业家意识到了沙疗养生这一商机，于是运用市场化手段对传统沙疗进行开发利用，纷纷开办沙疗馆，开发沙疗的商业价值。现今，沙疗大多以沙疗馆为主，全国各地都能够看到沙疗馆的影子，一方面沙疗馆的开办弥补了室外沙疗的不足，另一方

---

① 杨丽华：《独具特色的吐鲁番沙疗》，《新疆地方志》2000 年第 3 期。

面有利于传统沙疗的传承创新，适应市场发展需求，促进传统沙疗的现代化转型。

（二）传统沙疗市场运用规模化

沙疗是维吾尔族在长期的生活实践中创造出来的一种传统医疗手法，在当地得到了民众的认可并广泛应用。随着现代化进程的加快，传统沙疗等文化遗产在传承过程中面临着可持续发展问题。由于沙疗具有较强的疗效，因此越来越多的人意识到传统沙疗的价值作用，充分挖掘了沙疗的文化价值和经济价值，将传统沙疗与医院、养生企业、美容院等结合，传统沙疗得到广泛的推广和传播。沙疗所（馆）也成为沙疗创新发展的主要途径，室内四季沙疗的推广为人们提供了更加便捷、安全、优质的服务，突破了地点、时间、环境等条件的制约。如今，室内四季沙疗在全国各地得以全面传播和发展，目前全国各地有300余家沙疗门店。① 传统沙疗的市场化运用、规模化发展，不仅使沙疗传统文化得以广泛传播，而且使传统沙疗走向市场，充分展现经济价值，让更多的人了解、体验并认可传统沙疗，共同学习传统文化、体验传统文化、传承保护传统文化，增强了各族人民的文化自信心和自豪感。

（三）传统沙疗技艺与现代科技并存

现今，随着科学技术发展速度的加快，传统技艺的传承与发展将面临巨大的挑战。沙疗非遗项目具有极大的经济价值，应有效利用沙疗的文化价值创造经济价值，将文化资源转变成文化资本，这是传统文化遗产得以有效传承和发展的重要战略举措。对此，传统沙疗技艺需要进行现代化转型，与现代科技融合发展，促进传统沙疗的创造性发展，传统沙疗与现代结合不代表取代传统，而是把传统与科技糅合，利用现代科技传承传统，

---

① 《全国开了300多家吐鲁番沙疗店》，"人民资讯"百家号，https://baijiahao.baidu.com/s?id=1707081257701313935&wfr=spider&for=pc。

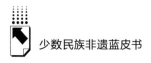

使用科技进行服务。传统与现代并非二元对立形态，而是并存形态。

沙疗有室外沙疗和室内沙疗两种类型。随着室外沙疗向室内沙疗转变，虽然室内沙疗满足了疗养者四季沙疗的需求，但是室内沙疗缺失了自然阳光的条件，这就需要借助现代科技以达到室外条件，如现代沙疗床的打造融入现代科学技术。室内沙疗通过加热装置将沙子加热以达到夏天沙子的温度，从而进行沙疗，在室内营造出室外沙疗的环境。目前，部分公司企业创新研发四季沙疗床，通过远红外线辐射来给沙疗床加热，科学地控制沙子的温度，按照传统沙疗的高标准环境要素，在各方面模拟微气候环境，以此达到沙疗的最优效果。为了确保沙疗的优质效果，还对沙子进行提炼、加工。传统技艺与现代科技的高度融合，提高了沙疗的效果，促进了沙疗的现代化发展。

三 传统医药沙疗的创新性发展路径

在当前国家重视中华优秀传统文化创造性转化、创新性发展的新时期，传统医药应积极推进非遗技艺与康养产业的协同发展，延伸产业链和增强产权保护意识，促进传统文化遗产向现代化产品转化。

（一）产业融合：推进非遗技艺与康养产业协同发展

沙疗作为一项传统医疗项目属于疗养产业，具有极高的开发价值，与当下发展火热的康养产业融合将是传统沙疗创新性发展的重要途径。推进传统非遗技艺与康养产业融合发展，能够更好地适应市场需求的变化，有利于有效整合资源，使得产业之间相互补充、相互促进发展成为可能。近年来，人们生活水平不断提升，消费水平和精神文化需求也随之提升，对养生较为重视，注重身体的疗养，这成为康养产业发展的一大市场。沙疗是集热疗、放疗、光疗、磁疗及按摩于一体的综合性疗养方法，对诸多慢性疾病具有独到的治疗效果，沙疗所用的原材料沙子干净、毫无混杂物质，这为养生保健沙疗提供了得天独厚的资源，且沙疗治疗的时间较为灵活，疗养方法也较为简单，能够满足消费者的消费需求。[①]

随着医疗制度改革的推进和人口老龄化，建设健康中国已经成为国家战略，健康产业将成为今后经济发展的后发优势，其中，康养产业则是促进健康中国建设的重要产业之一。[②] 康养产业正面临快速发展的大好机遇，沙疗作为民间传统的医疗保健方法，是民族医药的一大组成部分，也是地方独特的中医药疗法。因此，传统沙疗技艺与康养产业结合成为大势所趋，将沙疗引进室内，如足浴店、康复院、美容院、疗养院、休闲度假村、医院等休闲养身会所，对康养会所来说是一项具有市场竞争力的项目。实际上，在任何营业场所增加沙疗这一新项目，均将成为该场所的主要竞争力，能够满足消费者多样化的消费需求。

（二）适应市场：延伸产业链和增强产权保护意识

随着沙疗市场的蓬勃发展，消费者对沙疗的消费需求也在不断提高，传统沙疗的发展已经从室外自然沙疗转向了室内四季沙疗，满足了消费者一年四季沙疗的需求。依据马斯洛需求层次理论，人的需求是在社会发展中不断提升的，当满足基本的物质需求后会上升到更高的需求。这时沙疗市场也需要及时更新升级，否则将不能满足消费者的需求。另外，若沙疗市场守旧传统，将不能适应市场的发展需求，只有与时俱进、不断创新，才能在竞争激烈的市场环境中立足。这就要求传统沙疗适应市场，延伸产业链。传统沙疗治疗功效较多，可以与相关的行业结合发展。例如与当下发展火热的休闲旅游相结合，全面发展养生旅游，在休闲旅游景区打造沙疗疗养体验馆，以供消费者体验学习传统沙疗文化。资源共享，合作共赢，沙疗馆可以与景区合作，打造户外养生基地；与旅行社合作，创新研发相关养生旅游产品，既延

---

① 尼牙孜·艾山：《新疆吐鲁番沙疗治疗风湿类疾病的研究》，《中国民族医药杂志》2002 年第 1 期。
② 王丽丽：《全域旅游背景下吐鲁番沙疗健康旅游发展路径研究》，《克拉玛依学刊》2018 年第 6 期。

伸沙疗产业链，推出沙疗衍生品，又充分展现传统沙疗的社会、经济和文化价值。由于沙疗的特殊疗效，沙疗高速发展，如今室内沙疗馆遍地开花，几乎走到每个地方都能够看到沙疗的身影，品牌各异，但这折射出来的是品牌意识和产权意识问题。应该注重树立传统沙疗品牌意识，品牌是一个店的门面，只有树立良好的品牌形象，才能有效推广、传承、发展该品牌。此外，知识产权保护意识有待加强，传统沙疗商业化的发展，接踵而来的是产品专利保护问题，应增强产品的知识产权保护。

（三）科技融合：促进传统遗产向现代化产品转化

沙疗床是适应室外转至室内消费需要，融合现代科技打造而成的，实现了传统沙疗的创造性转化。目前的沙疗床产品能够立足市场并得到众多消费者的认可。沙疗衍生品是未来传统沙疗创新发展的主要路径，但目前的沙疗产品较为单一，因此，需要利用科学技术，推进传统沙疗技艺的现代性转化。产品的研发需要针对消费者市场以及目标群体，否则生产出来的产品将无人问津。一方面，注重中老年市场，这个年龄段的群体具有丰厚的经济收入。另一方面，注重年轻人市场，繁忙的工作致使他们没有充足的时间进行疗养。这类群体非常渴望找到一个养生休闲馆，由此，沙疗馆等相关养生产品发展成为必然。应利用科技载体，科学化开发沙疗衍生品，依托沙疗的传统技艺资源，借助相关国家专利，打造具体的沙疗相关设备仪器，例如沙疗机、能够传导热效应的沙疗带、远红外沙疗加热装置等衍生产品。还可以研发类似暖宝贴的沙疗贴，可以直接贴在身体疼痛部位，方便携带，这既能带动相关产业的加速发展，还能使沙疗养生在时间上更具弹性。[①]

结　语

沙疗这一传统埋沙疗法历史悠久，通过阳光、红外线以及沙子中所含矿

---

① 刘俊梅、田晓霞、闫敏：《基于 RMIP 模式的吐鲁番沙疗养生旅游资源开发研究》，《市场论坛》2012 年第 12 期。

物质的综合作用，对人体表皮、体内组织系统等起到疗养功效。沙疗是一项宝贵的文化遗产，具有较大的文化价值和经济价值，其经济价值具有间接性特征，需要在文化价值上体现。若对沙疗进行静态保护，那么其经济价值将难以显现，将阻碍传统沙疗的有效传承和可持续发展，而这就对沙疗的创新发展提出新要求。在沙疗的传承发展过程中，部分企业看到了沙疗的经济价值，抓住市场发展需求，开发出系列文化产品，促进沙疗遗产向现代产品转化。总而言之，推进沙疗的现代化转型将成为大势所趋。沙疗具有疗养功能，这与当今康养产业的发展高度契合，促进传统沙疗与康养产业的结合发展是未来沙疗创新性发展和创造性转化的重要途径。

B.19
现代化进程中甘肃省肃北蒙古族自治县蒙古族服饰的保护及传承研究

刘卫华 李 蓉*

摘 要： "蒙古族服饰"入选国家级非物质文化遗产代表性项目名录，是蒙古族人民在漫长的历史发展中创造的宝贵财富，具有丰富的文化价值，是蒙古族宗教信仰、生活变迁、文化生活的生动写照，也是蒙古族文化传承的重要载体。本文认为，随着现代化进程的不断加快，传统服饰的传承发展受到民族传统文化淡化、应用场景减少、传承后继乏人等现实的冲击，应从政府引导、发动群众、创新发展等方面着手，充分发挥政府政策引导作用，重视对肃北蒙古族服饰进行广泛记录和传播，推动肃北蒙古族服饰与旅游融合发展，深度挖掘服饰文化内涵，以更好地促进民族服饰的保护与传承。

关键词： 蒙古族服饰 传统文化 文化内涵

甘肃省肃北蒙古族自治县（以下简称"肃北县"）地处河西走廊西段，分为南北两部分，是甘肃省唯一的蒙古族自治县、唯一的边境县，全县面积6.67万平方公里。肃北县有汉族、蒙古族、回族、藏族、土家族、维吾尔族等17个民族，常住人口15093人，其中汉族人口占比70%，蒙古族人口占比26%。[①] 祁连雪山下，受地域环境和社会环境影响，肃北的蒙古族先

---

* 刘卫华，甘肃省非物质文化遗产保护中心主任，研究方向为非物质文化遗产保护政策与实践；李蓉，酒泉市文体广电和旅游局科长，研究方向为非物质文化遗产保护与传播。

① 《肃北县第七次全国人口普查公报》，2021年5月31日。

民在传承保留蒙古族传统文化的同时，接受了不同成员的地域文化，使原有的蒙古族文化更加丰富多彩，肃北蒙古族服饰、方言土语、长调、祝赞词等都有别于其他聚居区蒙古族，形成了不同于草原蒙古族的雪山蒙古族文化。

一　肃北蒙古族服饰历史沿革

肃北蒙古族是一个富有传奇色彩的古老群体。随着民族的发展演变以及地域环境等多方因素影响，肃北蒙古族早在清朝时期便形成了多个部落，并在蒙古族信仰体系下形成了具有各自特色的文化，服饰便是反映其差异的重要体现。

（一）肃北蒙古族服饰的特征

聪慧的蒙古族人民为长期的游牧生活设计了"昼为常服、夜为寝衣"的蒙古袍和保暖结实且方便骑行的长筒靴，这成为蒙古族穿戴的普遍特征。作为蒙古族的重要分支，由于地处偏远、人口稀少，肃北蒙古族具有较强的独立性，形成了具有各自文化的小圈子。肃北蒙古族服饰不仅类别繁多，品种齐全，同时形成了一套保存完整、流传至今的服饰文化。他们在长期的传承实践和社会生活中积极适应生产生活环境的变化，不断吸收融入青海西部蒙古族、藏族、裕固族等其他部落民族服饰的元素和设计，但在款式、边、领、图案、工艺、穿戴方法等方面又保持了自身独有的特点，最为突出的是"三长"，即无袖长袍、女人长发辫套、帽子长红缨。

（二）肃北蒙古族服饰的古代发展史

服饰是民族发展的镜子，不同时期的政治统治、经济发展、文化交流都会影响民族服饰的发展。蒙古族的生活环境历经森林和平原，生活生产也由游牧向半农半牧的方式转变。服饰也经历了由粗糙简单的单衣，到利用动物皮毛制作衣、帽、靴，用丰富面料、金银珠宝制成符合当下生活方式和审美情趣的精美服饰等阶段。13世纪，成吉思汗统一蒙古各部，蒙古族在政治、经济、军事、文化等方面均有了长足的进步。蒙古族服饰作为社会物质文明的标志，得到了前所未有的发展，甚至具有了显示身份等级的作用。

明代以后蒙古族西迁，蒙古族服饰的发展受到政权更迭和物资紧缺的限制。清代为巩固政权，运用怀柔政策对蒙古族进行文化渗透，蒙古族服饰出现满族化倾向。同时，为削弱蒙古族势力，加强对其的统治，清朝统治者对蒙古各部"分而治之"进行隔离管理，各部落逐渐形成了各自的文化特色和具有一定辨识度的服饰风格。

（三）肃北蒙古族服饰当代发展

20世纪60年代以前，肃北蒙古族逐水草而居，畜牧兴旺、生活相对富裕、文体活动丰富繁荣，服饰、饮食、住行与习俗等世代相传。20世纪80年代以来，随着社会经济迅猛发展和人们对传统文化的重新认识，肃北地区各民族兴起了穿戴传统服饰的热潮，不仅蒙古族群众拥有多场合穿戴的多套蒙古族服饰，其他民族特别是汉族群众也喜欢穿戴具有蒙古族服饰风格的服装。2008年，肃北蒙古族服饰入选第二批国家级非物质文化遗产代表性项目名录。肃北人民以此为荣，为进一步传承和弘扬绚丽多彩的肃北蒙古族服饰文化，促使民族服饰日常化、社会化，当地确定每周星期三为"民族服饰日"。这一天，全县人民群众穿着蒙古族服饰，在彰显民族特色的同时成为街头一道亮丽的风景。① 目前，肃北有6家专门缝制蒙古族服饰的店铺，并在保留传统服饰制作的基础上进行时尚设计和改良，尽可能满足人民群众的个性化需求和对高品质生活的向往，使蒙古族服饰在肃北当地广受欢迎。

2008年被国务院列入第二批国家级非物质文化遗产代表性项目名录

---

① 刘玉桃、乌仁花：《甘肃肃北蒙古族服饰生活化逐渐成为"新"时尚》，中国新闻网，2015年10月30日，https://www.chinanews.com.cn/df/2015/10-30/7598263.shtml。

以来，肃北蒙古族服饰的保护工作先后 4 次得到国家级非物质文化遗产保护专项资金支持，文化和旅游部、财政部共计下发保护经费 140 万元，为肃北蒙古族服饰的保护传承和创新发展提供了有力保障。肃北县文化部门、统战部门、妇联及部分社区经常性举办蒙古族服饰培训班，深受蒙古族人民的欢迎，每期培训班都因参与人数众多而分批开班，掌握基本裁剪、缝制技能的妇女也随之逐年增加。目前，肃北蒙古族服饰已公布非物质文化遗产代表性传承人 7 名，其中国家级 1 名、市级 4 名、县级 2 名。

二　肃北蒙古族服饰制作与应用

肃北蒙古族居住于河西走廊西端祁连山高原地区，气候寒冷，因常年积雪不化，又被称为"雪山蒙古族"，历史上主要以游牧为生，其服饰具有较强的防风、御寒作用，便于骑乘的长袍、坎肩、皮帽、皮靴成为他们日常生产生活中的基本服饰。

（一）肃北蒙古族服饰制作工具和材料

随着社会的发展，现代服饰制作中测量、裁剪等专用工具的使用已较为普遍，但肃北蒙古族的制衣能手还是习惯用先辈们流传下来的肢体测量和运动丈步方法量体裁衣，习惯使用传统原材料缝制服饰，从测量裁剪到使用，都充分体现了肃北蒙古族人民群众的生活智慧。例如，大拇指第一节到指尖的长度约为 3cm，绕大拇指的长度约为 6cm，单脚往前迈动的距离约为 50cm。他们还会选择一些充满智慧的裁剪和熨烫手法，例如，用扣碗标记的方式裁剪衣领、用炉火里高温的石头压衣缝等。此外，肃北蒙古族人民在长期与自然界和谐共存中深谙家畜皮毛的各种用途，例如，雨雪天气皮袍毛外穿不渗水，风寒天气皮袍毛内穿防风保暖等。

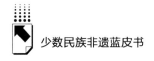

（二）肃北蒙古族服饰制作工艺

镶边和刺绣工艺是肃北蒙古族尤为看重的缝制技艺，也是考验制衣人技艺的关键。镶边装饰工艺将服饰装点得极尽繁缛华丽，在美观的同时是对服装的加固，充分体现当时人们追求精致的审美取向。镶边一般选用与服饰基本色相适应的彩色绸缎、布料，在冬季服装上也会选用动物皮毛进行镶边。刺绣技艺是肃北蒙古族服饰制作的重要内容，一衣之贵大都花费在此，其工艺之复杂、形式之多样最能体现制衣人的技艺和审美水平。绣娘们会在服饰上用彩色丝线绣出喜欢的"回纹"等具有吉祥寓意的图案，为服饰增添丰富的色彩，也使服饰更具有辨识度。

（三）肃北蒙古族服饰常用色彩和纹样

肃北蒙古族喜欢用白、蓝、红、绿、黄与金银色等鲜艳的颜色作为服饰的主色，一方面体现出他们对大自然的热爱和敬仰，以及雪山蒙古族热情豪迈的民族性格；另一方面则是在地广人稀的雪地、草原，人们一旦发生意外，鲜艳的颜色更容易被发现。花纹选择上偏爱"卍字"纹、"回字"纹、"彩虹条"和象征花草、山河的图案，常用金银和珠宝装饰帽子和发辫套。

（四）肃北蒙古族服饰造型

肃北蒙古族服饰根据着装人性别、年龄、身份的不同，在穿衣风格上有所区别。如蒙古袍，男装较女装宽大、长度较女装短、领子长，女装领子短、身子偏长。年轻人服饰颜色较为鲜艳，喜欢选择质地较好的绸缎、布料与皮毛做主料，配饰也相对齐全。老人和孩子制衣材料较为普通，颜色多以暗色为主。女性会以婚否为界在服饰上体现差异。此外，未婚女性会将头发编成许多小辫子，再合在一起；已婚女性编两条辫子，再戴上发辫套。佩戴饰品方面，男士较为注重腰带，喜在腰带上佩戴荷包、碗袋、蒙古刀与火镰等美观又实用的工具；女士则会在腰带上佩戴针线包、女式蒙古刀与铜钱等用具。

（五）肃北蒙古族服饰应用场景

肃北蒙古族服饰分为日常装束、节日盛装和表演服装。日常生活中，人们较为注重服饰的实用性。蒙古袍的设计初衷是服务高海拔游牧民族生活环境和生活习性，在日常生活中深受肃北蒙古族，特别是牧区群众的喜爱。传统节日是传承一个民族优秀服饰文化的重要载体。肃北蒙古族讲究礼俗，在新年、婚礼、剪胎发仪式、那达慕盛会等重要的场合，参与的蒙古族人都会选择穿上节日盛装，以示对仪式活动的重视，烘托节日氛围。此外，肃北蒙古族能歌善舞，随着生活水平的提高，人们有了充足的时间从事文化创作，对服饰制作提出了新的需求。为弘扬本民族文化，制衣能手们结合演出需要，对传统服饰进行了创新，设计出了适合舞台演出的蒙古族演出服装。

（六）肃北蒙古族服饰摆放保存方式

服饰是肃北蒙古族人身份地位的象征。对于肃北蒙古族男人而言，帽子、袍子和腰带最能体现其气势和身份，一般摆放于高处，且不能随便外借。肃北蒙古族服饰摆放保存方式为领口、裤腰朝上，因其服饰多为成套着装，因而程序性较强，叠好后须按从下到上（鞋、裤、衣、帽）的穿戴顺序逐一存放，一方面便于穿脱，另一方面体现上身衣物的尊贵。在服饰保存上，肃北蒙古族人将本地采摘的·些草药，缝制成布袋放在箱了里，每年农历六月初六将衣物、被褥等拿出来晾晒通风，防止衣物生虫。

三　肃北蒙古族服饰保护传承中面临的问题

近年来，从国家到民间，文化自信空前坚定，传统文化再次繁荣，但在此进程中，由于受到城镇化、生产生活环境、传承人老龄化严重等方面的影响，肃北蒙古族服饰需求量仍然呈现逐年下降的趋势，传承实践活动和规模也在不断减少。

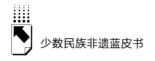

（一）受社会城镇化影响，民族传统意识逐渐淡化

民族服饰的土壤是民族文化。肃北蒙古族的传统文化流传至今，基于经济社会的发展、职业的多样化以及生态保护的需要，相比于原来条件艰苦的游牧生活，越来越多以游牧为生的蒙古族人离开了雪山、草原，选择在生活更为方便的县城安居乐业。走出雪山和草原的蒙古族人为更快适应新的生活、融入新的环境，改变服饰习惯成为第一选择。曾经在雪山、草原上充满智慧、美观实用的蒙古族服饰不再具有实用功能。就业方式的多样性，让新生代蒙古族人有了更多的选择，年轻人选择了外面的世界，离开肃北前往大城市生活奋斗，民族传统文化意识的淡漠已不可避免。

（二）受社会生产生活环境影响，服饰应用场景逐渐减少

随着草原沙化的加重，国家推行保护草原的相关法规和政策，这些政策在营造良好草原生态、贯彻可持续发展理念的同时，加速了蒙古族生活、生产方式的转变。长久以来服务于雪山、草原生活的肃北蒙古族服饰在城市中失去了原有功能，宽大厚重的蒙古袍与城市的新工作不相适应。曾经在广袤雪山草原举行的仪式、活动，受到了物理空间的限制而不再隆重，原本程序繁复的仪式也因生活节奏的加快而简化。伴随游牧生活、仪式节庆活动的盛装，能够亮相的机会逐渐变少。

（三）传承人老龄化严重，年轻人学习技艺的兴趣已减弱

肃北蒙古族服饰的完整制作需要经验丰富的制衣能手，从设计、选料、量体裁衣、缝制、镶边、刺绣装饰，到靴、帽、腰带、发辫套、配件制作等，全方位掌握制作流程和工艺，且需要耗费大量的智力、精力甚至体力。肃北蒙古族服饰样式复杂、配饰繁多，能独立完成整套服饰制作的制衣能手少之又少，而且往往年事已高。虽然现在可以借助缝纫机、熨斗等现代工具，但依旧耗时耗力，且随着现代教育的普及，肃北蒙古族青少年均已进入学校接受正规教育，能安心学习制衣技艺的人少之又少，愿意学习全套内容

并懂得相关礼仪习俗的人更是稀缺。对肃北蒙古族服饰需求量的不足，也使当地经营服饰的公司把主要精力放在维持现有状态上，难有能力和实力继续学习现代设计，并主动开展转型升级。

四　现代化进程中肃北蒙古族服饰保护传承的路径

在我国现代化进程中开展肃北蒙古族服饰保护，不仅要尊重遗产持有者的主体地位，更应在不阻碍经济发展、不降低本民族生活质量的基础上，找到其与现代生活的连接点，使其适应时代的变迁，在新的时代焕发新的光彩。而在文化和旅游融合发展的当下，通过放大文旅产业综合效应，在更多场景让人们对肃北蒙古族服饰产生更为多元的需求，从而扩大肃北蒙古族服饰的生产实践活动，让更多的人愿意深耕民族服饰行业，参与创造性转化和创新性发展，这将是有效传承发展肃北蒙古族服饰的重要路径。

（一）充分发挥政府政策引导作用，增强传统文化保护意识

现代化背景下，许多少数民族传统文化或被动或主动远离了滋养自身的土壤，与此同时，政府和民众的力量又在推动其重构和发扬。但从肃北蒙古族服饰的传承实践情况来看，仍有许多可以完善的地方：可持续动员当地群众穿戴民族服饰，成立蒙古族服饰保护协会，制定行业规则，鼓励制衣企业开展创新设计；引导蒙古族服饰进入校园，制作普及教材，鼓励传承人参与学校授课和教学科研，探索现代学徒制；修订《肃北蒙古族自治县非物质文化遗产条例》，强调国家级非遗项目的保护传承和合理利用，制定出台相关鼓励政策；打造节庆、赛事、展会品牌，举办服饰大赛、服饰展览，在那达慕等当地大型活动中扩大服饰展示、展销内容；鼓励和支持肃北蒙古族与其他聚居区蒙古族开展服饰交流活动。

此外，当地政府应重视引导对肃北蒙古族非遗的整体性保护，建设肃北蒙古族文化生态保护区。传统服饰类项目在非遗保护领域被列为民俗类保护项目，这就要求对肃北蒙古族服饰的保护，不仅涉及服饰的制作技艺和服饰

本身，更重要的是保护传承好其所蕴含的民族文化和与之相呼应的民族精神。肃北蒙古族服饰的原材料多取自草原牲畜，良好的草原生态是服饰传承的保障。同时，服饰的发展还较为依赖文化环境，肃北蒙古族服饰具有特殊的装饰功能与生活属性，饱含人们的祝愿、信仰，体现着装人的气概、性格和民族认同。保护好、传承好、利用好民族服饰，首先要对其赖以生存的自然环境和人文环境进行整体性保护，应充分考虑肃北人民对社会经济发展和本民族文化保护的需要，积极开展肃北蒙古族文化生态保护区建设，通过优美的自然环境和丰富的民族文化活动，营造浓厚的应用场景，为肃北蒙古族服饰创造良好的文化和生态生存环境。

（二）对肃北蒙古族服饰进行广泛记录和传播，扩大民族服饰影响力

有效的传播能够推动民族服饰的传承。应对肃北蒙古族服饰相关的文字、图片、影像进行收集和记录，完善其档案资料，提高资料的权威性，建立肃北蒙古族服饰元素素材库，方便社会合理利用。在新媒体广泛覆盖的信息时代，应发动群众力量广泛开展社会记录，支持和鼓励对记录成果的传播和利用。

借助当地文艺院团的力量展现民族服饰风情，也是一种便捷的宣传展示手段。肃北乌兰牧骑是肃北县专业文艺院团，多次获评省、市民族团结进步示范单位，所创作的节目多以雪山蒙古族民俗文化为题材，贴近肃北群众生产生活，深受当地群众喜爱，已成为展示肃北蒙古族文化的重要窗口，在省内外的演出广受赞誉。肃北乌兰牧骑演出着装均为经过艺术加工的蒙古族服饰，每次演出就是一场完美的服装展示，能给观众留下深刻的印象。作为肃北蒙古族服饰展示的"流动展馆"，应支持肃北乌兰牧骑发展演艺产业，积极创作更多的民族类表演节目，争取各类演出机会，不仅要在本地旅游业发展中增加演出场次和频次，更要注重创造赴外演出机会，让肃北绚丽的蒙古族服饰产生更高的可见度，吸引更多的关注，特别是青年人的关注。

（三）推动肃北蒙古族服饰与旅游融合发展，在创造价值的同时带动就业

随着社会经济的发展、物质水平的整体提高，人们转而对精神生活有了更高的需求，希望在逐渐雷同的生活中寻求惊喜。实践证明，民族风情是重要的旅游吸引物。肃北蒙古族服饰的独特性让文化差异有了最直观的体现，不仅景区、景点，穿着肃北蒙古族服饰的旅游从业者也是草原旅游中吸引游客的一个特色旅游产品，让游客亲身体验肃北蒙古族服饰更是肃北旅游业的重要消费产品。要高度重视提高游客参与感和体验度，通过让游客设计、制作、穿着肃北蒙古族服饰，参与当地日常生活，在赏雪山、品美食、游牧草原中，打卡肃北风情，感受民族文化，为游客创造沉浸式体验效果。应充分利用近年来国家出台的有关文化遗产保护利用、基础设施建设的政策，结合文化和旅游融合发展放大文旅产业综合效应的现实需要，建设集展示、展演、传承、体验、教育、旅游等于一体的肃北蒙古族服饰传承体验设施，为开展传承培训、研学旅行、服饰表演、理论研究、设计创新提供场所支持和保障，确保肃北蒙古族服饰通过创造性转化和创新性发展，在文化传承、文旅融合、产业带动中产生更多的社会价值和经济价值。

（四）充分挖掘利用服饰文化内涵，促进肃北蒙古族服饰现代创新

肃北蒙古族人民在千百年的服饰传承实践过程中，围绕蒙古族服饰总结了许多生活智慧，如徒手丈量服饰尺寸，使用在盐水里浸泡过的皮革制作皮靴、皮带等用具（会使其结实耐磨有光泽），有与之相关的谚语俗语，"说话要明，针脚要暗""装束要舒展，干事要爽快"等。蒙古族服饰的颜色也有着文化寓意和精神寄托，如尖顶红缨帽的面子一定得是红、黄色布料，象征着太阳和阳光等。肃北蒙古族还有贺新衣、送新衣的习惯，他们用衣物传递美好祝福和情感、巩固人际关系，祝贺服饰的祝赞词也普遍存在。肃北蒙古族围绕服饰的文化现象不胜枚举，应对其进行进一步整理发掘并充分利用，鼓励传承人进一步提高技艺和精细度，创作更多馆藏精品、收藏品、文

创产品和旅游商品。肃北蒙古族服饰国家级代表性传承人娜仁其其格尝试将肃北蒙古族服饰的镶边、刺绣等工艺用在抱枕、包袋、围巾等生活用品和配饰物品上，推出更契合时代特征的服饰和产品，受到了众人的欢迎。

同时，应持续推动肃北蒙古族服饰创新性发展，积极与时尚接轨，顺应时代需求删繁就简，并在保留传统文化中实现合理利用。肃北蒙古族服饰的创新，首先就是要实现服饰本身的创新，应将其置于城市背景中加以考量，通过化繁为简、方便穿着和符合当代审美，使其更能适应现代社会的需求。可将原本适宜草原生活的长袍、高筒靴改为短衫、简易筒靴，让人们在适应城市快节奏的同时找到一种亲切感和文化认同。另外，具有蒙古族"淡元素"（具有样式、扣袢、刺绣、穿衣风格等其中一种元素）、能够日常穿着、容易搭配现代服饰的民族服装也会受到当地其他民族群众的欢迎。

肃北蒙古族服饰和围绕服饰的传统文化来自肃北蒙古族人民日常生活，只有让服饰和其传递的文化、精神重归现代生活才能更好地服务人民、服务社会，发挥它巨大的价值，也只有回归民间才能让服饰文化永续流传。

结　语

肃北蒙古族的先民在漫长的历史长河中，曾转战多地，在生活和生产实践中，发挥自己的聪明才智，以开放包容的民族品质创造了不同于其他聚居地区蒙古族、具有自己风格特征的精美服饰，为蒙古族乃至整个中华民族服饰文化增添了绚丽的色彩。蒙古族服饰作为充分体现肃北蒙古族人巧夺天工服饰制作技艺的物质结晶，还凝结着他们精妙绝伦的艺术构思、富有诗意的生活情趣、具有创造力的经验与智慧，以及想要通过服饰传递的思想和情感，而这些无形的元素才构成蒙古族服饰厚重而深刻的灵魂，使得服饰文化生动丰富、源远流长。随着我国现代化进程的加快，许多滋养少数民族文化的空间逐渐消解，各民族的文化边界逐渐模糊，但新纪元也带来新发展，相信坚持保护传承与合理利用相结合的发展理念，将进一步推动肃北蒙古族服饰融入现代生活，弘扬其当代价值，促进其创造性转化和创新性发展。

B.20
传统手工艺类非物质文化遗产的遗产特征[*]

——以贵州省为例

王月月[**]

摘　要： 传统手工艺是由民间艺人代代相传而流传下来的以手工制作为特点、制品兼具实用性和审美性的手工劳动，是非物质文化遗产的重要组成部分。传统手工艺之所以被称为"遗产"，在于其技艺的无形性与产品的实体性使传统手工艺在时间维度、空间维度、形态方面围绕相对稳定的核心技艺不断变化。传统手工艺类非物质文化遗产传承历史悠久，其物质载体成为技艺的重要表现形式，并作为重要的文物被各级各类博物馆收藏；其核心技艺则通过传承人世代相传，在多种文化空间形式中活态传承。因此，传统手工艺类非遗无论是在时间维度，还是在空间维度，以及物质形态方面，都具有鲜明的遗产特征。

关键词： 传统手工艺　非物质文化遗产　贵州省

传统手工艺具有重要的文化价值、科学价值、艺术价值和经济价值，成为当代社会的重要历史记忆。目前，学界多数非物质文化遗产领域的学术成

---

[*] 山东工艺美术学院引进人才科研启动项目"从遗产到资源：传统手工艺类非物质文化遗产的乡村角色研究——以贵州省为例"的阶段性成果。

[**] 王月月，博士，山东工艺美术学院讲师，研究方向为非物质文化遗产保护。

果着眼于遗产如何保护和发展，少量成果关注了遗产史的梳理。然而，非物质文化遗产保护作为一个体系，厘清其"前世"与发展"今生"同样重要。因此，本文从梳理非物质文化遗产的"前世"入手，以贵州省为例，从时间维度、空间维度和物质形态三个方面，分析非物质文化遗产之所以称为"遗产"的内在原因，为传统手工艺的当代传承与发展提供历史借鉴。

一 时间维度：世代相传且历史悠久

非物质文化遗产植根于传统文化，是传统文化的精髓所在。传统手工艺同样历经世代传承至今，代表着历史时期的高超水平。贵州地区的手工业在隋唐五代时期已经有了初步发展，如唐代陆羽在《茶经》中记载了贵州茶叶产区："黔中，生思州、播州、费州、夷州。"[①]

（一）传统手工艺核心技艺的世代相传

从考古和传世的实物资料来看，遗物（人工制作的物品）是重要的古代人工遗存，有助于探究古代各种手工业的工艺技术和过程，特殊物品及其内容也是考古学的重要研究内容。[②] 贵州存有较多的传统手工艺类非遗项目的物质载体，以实物资料的形式展示贵州传统手工艺的悠久历史。宋代，贵州地区的蜡染、刺绣技艺已经十分娴熟，制作服饰精美，图案清晰，如现存贵州省博物馆的宋代鹭鸟彩色蜡染褶裙是贵州蜡染、刺绣技艺历史悠久的典型代表（见图1）。该裙于1987年出土于平坝县棺材洞，其蜡染纹样的上半部分以鹭鸟为主，下半部分纹饰似流云，刺绣工艺多次使用挑花绣[③]，图案模取了早期铜鼓纹样、漆器纹样。[④] 另外，长顺天星洞出土的点绘弩纹蜡染褶裙，也为

---

① （唐）陆羽：《茶经》，李勇、李艳华注，华夏出版社，2006，第56页。
② 栾丰实、方辉、靳桂云：《考古学理论·方法·技术》，文物出版社，2002，第7页。
③ 《宋代鹭鸟纹彩色蜡染褶裙》，贵州省博物馆官网，http：//www.gzmuseum.com/dl/gzjx/lr/。
④ 贵州省地方志编纂委员会编著《贵州省志·文物志》，贵州人民出版社，2003，第571页。

宋代制品，其纹样与宋朱辅《溪蛮丛笑》所记载的"点蜡幔"相符。① 贵州蜡染至今仍然在安顺、镇宁、黄平、丹寨等地广泛流传，这些地区也享有"蜡染之乡"的美誉。蜡染的核心工艺、用料、色彩、图案等传承至今并无较大变化。据载，清朝贵州花苗"裳服先用蜡绘花于布而染之，既染去蜡而花现"②，当代蜡染核心工艺与记载基本相符（见图2）。因此，贵州申报的"苗族蜡染技艺"入选第一批国家级非物质文化遗产代表性项目名录。

图1　宋代鹭鸟彩色蜡染褶裙（贵州省博物馆官网）

图2　当代蜡染技艺制品（作者摄）

---

① 贵州省地方志编纂委员会编著《贵州省志·文物志》，贵州人民出版社，2003，第571页。

② （清）爱必达：《黔南识略》卷1《贵阳府》，光绪三十二年刻本，第17页。

苗族服饰、侗族服饰、布依族服饰、彝族服饰等民族服饰在图案选择、色彩搭配、刺绣纹样等方面各有特色。因民族服饰技艺传承历史悠久、手艺精湛、文化色彩浓厚，苗族服饰、布依族服饰、侗族服饰先后入选国家级非遗代表性项目名录。其中，布依族的传统服饰目前在镇宁、普定、关岭、六盘水等区域还有较为完整的保存，多采用青色、蓝色和白色。贵州省非遗中心主办的"礼制衣承——布依族服饰展"于2021年11月23日开展，展示了贵州省布依族的传统服饰，其中一套由对襟上衣、长裙和头帕组成的"普安县布依族女性服饰"为清代末年的服饰遗物，上衣为蓝色，领口、袖口、前后摆处均以刺绣装饰，纹样为花卉、几何纹，裙中间则以一道黄色刺绣横纹装饰，[①] 上衣的系带为蜡染技艺制品，代表了清代布依族服饰的制作技艺、民族审美等特色。这件服饰为贵州省非遗中心向普安县青山镇七田村的一位摩公[②]借用展示。贵州传统民族服饰多以刺绣作为装饰，常见的刺绣如苗绣、水族马尾绣、侗族刺绣已经入选国家级非遗代表性项目名录，常见的绣法如平绣、挑花绣等在上述服饰中均有体现。

（二）传统手工艺的典籍记载

从典籍记载来看，贵州的传统手工艺在多部文献典籍中均有相关记载，记录了传统手工艺的发展、演变及主要特征等。纺染织绣方面，明代（嘉靖）《贵州通志》记载，大程番司"男惰耕，女勤织"，上马桥司"女勤纺织以供赋税"，中曹司"腹下系五彩挑绣，方幅如绶"[③]；清代（乾隆）《镇远府志》记载，黑苗"妇人绾长簪，耳垂大环，银项圈，衣短，以色锦缘绣""女子更劳，日则出作，夜则纺织"[④]。清代《黔书续黔书黔

---

① 《礼制衣承——布依族服饰展将于11月23日在贵阳开幕》，"澎湃新闻"百家号，2021年11月21日，https：//m.thepaper.cn/baijiahao_ 15477617。
② "摩公"，布依语称"卜摩""报摩"，是布依族祭祀活动的主持者、扮演者。
③ （明）谢东山删正、（明）张道编纂（嘉靖）《贵州通志》，张祥光、林建曾、王尧礼点校，贵州人民出版社，2019，第136、143页。
④ （清）蔡宗建修、龚传坤等撰（乾隆）《镇远府志》卷9《风俗》，贵州省图书馆，1965年油印本，第6页。

记黔语》记载，"锦用木绵线染成，五色织之，质粗有文采。俗传武侯征铜仁蛮不下，时蛮儿女患痘，多有殇者，求之武侯，侯教织此锦为卧具，立活。故至今名之曰'武侯锦'""黎平之曹滴司出铜锦，以五色绒为之，亦有花木禽兽各样，精者甲他郡……又有诸葛洞锦出古州，皆红黄绵纱所织，甚粗，不可用"①。劄佐司"多不务农，以赶毡为业"，水东司"男子戴毡帽"，乌撒卫"牧羊为产，土人多牧胡羊，岁两取其毛以为毡，而资贸易焉"②。清代《贵阳府志》记载，"葛布：旧出贵定，甚粗""苗布、苗锦：俱出贵定"③。

文房四宝制作方面，《贵州省志·文物志》记载，思州石砚源远流长，早在唐朝天宝年间（742~755）便已名传于世。④ 清代《黔书续黔书黔记黔语》记载，"思州石有银理，琢之可研磨。黔工不精，故砚形不佳""思州之架溪潭庐石，有金银点者可琢为砚，唐秀才源以一枚馈""石阡纸极光厚，可临帖"⑤。

器具制作方面，清代《黔书续黔书黔记黔语》有关于芦笙的记载，"每岁孟春，苗之男女，相率跳月，男吹笙于前以为导，女振铃以应之……长管之上冒以匏，短管之中置以簧。簧用响铜为之，恒用火炙，亦古制也"⑥。《贵州省志·文物志》也有关于芦笙的记载，丹寨县排牙村相传为元代末年排牙先民举火把，带芦笙顺清水江来此形成村寨，该村吹奏芦笙历史悠久，改良的十五管、十八管芦笙远销国内外。⑦ 玉屏地区则产"箫"，据《黔书续黔书黔记黔语》记载，"去玉屏十五里，曰羊坪，产美竹。有郑氏，辨其

---

① 《黔书续黔书黔记黔语》，罗书勤、贾肇华、翁仲康、杨汉辉点校，黄永堂审校，贵州人民出版社，1992，第117、224、225页。

② （明）谢东山删正、（明）张道编集（嘉靖）《贵州通志》，张祥光、林建曾、王尧礼点校，贵州人民出版社，2019，第136、150页。

③ （清）周作楫：《贵阳府志》卷47《食货略》，咸丰二年刻本，第26页。

④ 贵州省地方志编纂委员会编著《贵州省志·文物志》，贵州人民出版社，2003，第677页。

⑤ 《黔书续黔书黔记黔语》，罗书勤、贾肇华、翁仲康、杨汉辉点校，黄永堂审校，贵州人民出版社，1992，第118、225页。

⑥ 《黔书续黔书黔记黔语》，罗书勤、贾肇华、翁仲康、杨汉辉点校，黄永堂审校，贵州人民出版社，1992，第111页。

⑦ 贵州省地方志编纂委员会编著《贵州省志·文物志》，贵州人民出版社，2003，第462页。

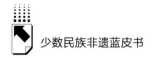

雌雄，制为箫材，含吐宫徵，清越微妙，是以天下之言'箫者，必首郑氏'。郑氏世守其业，名为平箫，值亦倍常箫焉"①。

食品制作技艺方面，《黔书续黔书黔记黔语》记载了制茶技艺，黔之龙里东苗坡及贵定翁栗冲、五柯树、摆耳诸处产茶，而出婺川者名高树茶，蛮夷司鹦鹉溪出者名晏茶。色味颇佳，近俱不产，而大吏岁以为问，有司咸买他茶代馈之。②清代（道光）《贵阳府志·食货略》中关于茶的记载为"食物之属则有茶，山园中间有种者，谓之丛茶。谷雨前采取，善于制造者匀细而香美，近时种之者弥众"③。（嘉靖）《贵州通志》记载，独山州"治近都匀，其地产茶，多以茶为货"。④

酿酒技艺的记载方面，《黔书续黔书黔记黔语》也有较为详细的记载，"黔之苗，育女数岁时，必大酿酒……味甘美，不可常得，谓之女酒。又有窖酒，色红碧可爱……问诸人，言此酒用胡蔓草汁溲也""夹酒，初用酿烧酒法，再用酿白酒法，乃成""咂酒，一名重阳酒，以九月贮米于瓮而成，他日味劣。以草塞瓶颈，临饮注水平口，以通节小竹，插草内吸之，视水容若干征饮量。苗人富者以多酿此为胜"⑤。也有关于茅台酒的记载，"茅台村隶仁怀县，滨河，土人善酿，名茅台春，极清冽""长寨人多以蓼花入曲酿酒""刺藜酒，色碧，味微甘，特不醽耳"⑥。清代《贵阳府志·食货略》记载，"酒，有水酒、甜酒二样。糯米作者为上，晚米作者次之，近人多用包谷为之，其味辣而不养人，又有以茨藜掺糯米造酒者，味甜而能消宿

---

①《黔书续黔书黔记黔语》，罗书勤、贾肇华、翁仲康、杨汉辉点校，黄永堂审校，贵州人民出版社，1992，第391页。

②《黔书续黔书黔记黔语》，罗书勤、贾肇华、翁仲康、杨汉辉点校，黄永堂审校，贵州人民出版社，1992，第221页。

③（清）周作楫：《贵阳府志》卷47《食货略》，咸丰二年刻本，第26页。

④（明）谢东山删正、（明）张道编集（嘉靖）《贵州通志》，张祥光，林建曾，王尧礼点校，贵州人民出版社，2019，第142页。

⑤《黔书续黔书黔记黔语》，罗书勤、贾肇华、翁仲康、杨汉辉点校，黄永堂审校，贵州人民出版社，1992，第222、261、262页。

⑥《黔书续黔书黔记黔语》，罗书勤、贾肇华、翁仲康、杨汉辉点校，黄永堂审校，贵州人民出版社，1992，第390页。

食"①。关于节日的饮用酒,(嘉靖)《贵州通志》记载,"乌饭。四月八日,取南木茎叶捣烂,渍米为饭,染成绀青之色,谓进一合,可以禳灾延年。饮菖蒲酒。是日,取菖蒲细切,拌以雄黄,谓之续寿酒"②。关于调味品"醋"的记载,有《贵阳府志·食货略》,"醋,人家以法制成者色黄赤而味香,谓之米醋。又市中用酸酒作醋,谓之酒醋"③。《黔南识略》亦载,"聚马牛鸡犬骨以米糁和之作醋,以酸臭为佳,称富积者曰蓄醋"④。

家具制作方面,主要是对贵州传统"干栏式"建筑物及其营造技艺的记载。据《黎平县志(1985~2005年)》记载,述洞独柱鼓楼始建于明崇祯九年(1636),迄今已有380多年的历史,为纯木结构,是侗族地区现存的唯一一座鼓楼雏形。⑤ 现今,侗族木构建筑营造技艺仍然代代传承,是重要的活态遗存。

二 物质维度:物质载体成为文物

文化遗产有两种存在形态,即物质文化遗产和非物质文化遗产。⑥ 无形性是非物质文化遗产区别于物质文化遗产的重要特征。传统手工艺同样是看不见、摸不着的一种经验性积累的手工活动,但其需要物质载体来体现手工技艺的高超、精湛。从技艺本身来讲,它具有非遗的无形性;从技艺的精湛程度来讲,它也包含其物质载体作为重要的组成部分。因此,传统手工艺品作为物质载体在博物馆收藏的文物中占有重要的位置。⑦ 贵州虽然于明朝初期正式建省,但境内各民族的活动早已有之。贵州境内各族人民在历史长河

---

① (清)周作楫:《贵阳府志》卷47《食货略》,咸丰二年刻本,第26页。
② (明)谢东山删正、(明)张道编集(嘉靖)《贵州通志》,张祥光、林建曾、王尧礼点校,贵州人民出版社,2019,第137页。
③ (清)周作楫:《贵阳府志》卷47《食货略》,咸丰二年刻本,第26页。
④ (清)爱必达:《黔南识略》卷1《贵阳府》,光绪三十二年刻本,第18页。
⑤ 黎平县地方志编纂委员会编著《黎平县志(1985~2005年)》,贵州人民出版社,2009,第79页。
⑥ 王福州:《时空相异古今通融——文化遗产形态研究的价值意义》,《中国非物质文化遗产》2020年第1期。
⑦ 方李莉主编《从遗产到资源——西部人文资源研究报告》,学苑出版社,2010,第72、73页。

中创造了灿烂的手工艺文明，其遗留的物质载体也作为文物被各级各类博物馆收藏，成为传统手工艺传承史的重要见证。

纺染织绣工艺遗存。鹭鸟纹彩色蜡染褶裙为宋代制品，其核心工艺为挑花、刺绣、蜡染，图案采取的是早期铜鼓纹样（翔鹭）、人物、走兽等，1987年出土于平坝县棺材洞，现藏贵州省博物馆。现藏于黔南布依族苗族自治州民族博物馆的清代苗族彩绣百鸟大花衣、苗族鸡毛背带等，都体现了清代时期贵州苗族的刺绣、服饰制作技艺的高超水平。苗族彩绣百鸟大花衣为清代制品，由上衣、裙和围胸组成，衣下连有10条白鸡毛坠的带裙，是苗族男子节日所穿的牯脏服。从刺绣工艺来看，该裙采用了平绣的绣法，选用了鸟、龙身鸟、蝴蝶、八角花等图案。苗族鸡毛背带则来源于三都水族自治县都江镇，长80厘米、宽61厘米，内层以皮纸作衬，外层用刺绣装饰，刺绣图案有苗族常见乐器铜鼓、苗族图腾崇拜的蝴蝶等，反映了苗族的民族信仰及高超的刺绣技艺。[1] 可见，清代贵州的纺染织绣工艺已经较为成熟。

服饰制作工艺遗存。藏于贵州民族婚俗博物馆的三都苗族婚服鸡毛衣裙，为清代苗族女性盛装，也是苗族姑娘的出嫁婚服，1989年征集于三都县。藏于黔东南苗族侗族自治州民族博物馆侗族男古装，为清代制品，布料采用湖蓝、群青、柠檬黄三色的自织布，图案有花草纹样，刺绣为平绣工艺，为侗族每5年祭祖"萨"时穿戴。藏于贵州民族婚俗博物馆的布依族戏服同为清代制品，系贵州布依族服装的古老式样，长衣右衽，高岔，下摆为鱼尾形。[2] 贵州清代服饰已经有了明显的功能，有祭祀服、婚服等，且技艺精美。

编织扎制工艺遗存。现藏于黔东南苗族侗族自治州民族博物馆的苗族棕编鞋为清代制品，长28厘米，宽10.5厘米，木底高4厘米，帮高6厘米，

---

① 贵州省地方志编纂委员会编著《贵州省志·文物志》，贵州人民出版社，2003，第571、574页。

② 贵州省地方志编纂委员会编著《贵州省志·文物志》，贵州人民出版社，2003，第577～579页。

鞋面为棕绳编织而成，为山区苗族先民阴雨天气所穿的鞋具。① 清代贵州的棕编工艺已在日常生活中广泛存在。

雕刻塑造遗存。安顺地戏面具现藏蔡关屯地戏博物馆，为明代制品，采用白杨圆木雕刻而成，配以龙、凤、星宿、吉瑞等图案镂空雕刻装饰，是地戏表演时取代化妆的道具。铜仁傩面具现藏贵州傩文化博物馆（原铜仁傩文化博物馆），152面，为明清两代木质雕刻装饰品，原材料为白杨或柳木，名称有唐氏太婆、开路将军等。② 可见，明代时期安顺地戏已经有了完整的形制，且面具雕刻工艺成熟。

陶瓷烧造、家具建筑遗存。"干栏"建筑模型为西汉陶制品，分为上下两层，上层为住房，底层为杂物间，四角立方柱四根，是《华阳国志》《后汉书》中"土人好楼居"南方山区干栏式建筑的形象体现，1978年出土于赫章县，现藏贵州省博物馆。③ 可知，西汉时期贵州境内已有制陶工艺、干栏式建筑营造技艺。

金属加工遗存。贵州银饰制作技艺精湛且历史悠久，如现藏于黔东南苗族侗族自治州民族博物馆的灵芝银耳环，为南宋时期的银制品，其形制与今剑河境内苗族女性所佩戴的银耳环基本相同。安龙布依族的定情信物——银牌制作于清代，由兴义市贵州民族婚俗博物馆于1989年在安龙县征集而来，该银牌为圆形，背面铸花，正面采用阴刻的方式刻有情歌，是女方与男方私定终身时所用的信物。④ 可知，早在南宋时期，区域内的银饰制作技艺已经应用到饰品中。

文房制作遗存。活动镇纸架为清代青铜制品，重130克，由四块铜条组成，刻字不多但字体多样、制作精良，出土于从江县大塘村，现藏于从江县文物保护中心。⑤ 荔枝飞蝠端砚为清代老坑端石制品，外形如荔枝，砚池中

① 贵州省地方志编纂委员会编著《贵州省志·文物志》，贵州人民出版社，2003，第570页。
② 贵州省地方志编纂委员会编著《贵州省志·文物志》，贵州人民出版社，2003，第559~560页。
③ 贵州省地方志编纂委员会编著《贵州省志·文物志》，贵州人民出版社，2003，第545页。
④ 贵州省地方志编纂委员会编著《贵州省志·文物志》，贵州人民出版社，2003，第542页。
⑤ 贵州省地方志编纂委员会编著《贵州省志·文物志》，贵州人民出版社，2003，第535页。

有 6 只蝙蝠，雕刻工艺精湛，现藏于贵州省博物馆。① 可见，清代时期贵州砚台制作、镇纸架制作技艺精良。

漆器髹饰遗存。朱绘夔纹海潮纹漆饭盘、朱绘雷凤纹漆耳杯均为汉代制品，均因为同类漆器中铭文记事完备而弥足珍贵，由于原件未脱水已有不同程度的损坏，现复制品都藏于贵州省博物馆。刻制纹饰漆盒为清代制品，以黑色、朱色、黄色勾线，以雕填工艺刻制纹饰图案，现藏于毕节市博物馆。② 根据现有信息，尚无法断定该制品是否为贵州地区制作，但可以说明汉代时期贵州地区已有漆器。

器具制作遗存。蜡染技艺工具遗存——蜡画刀于平坝县棺材洞出土，为宋代制品，现藏于贵州蜡染文化博物馆。它由圭形竹柄和斧形铜刀组成，长 8.7 厘米，是古代先民用来制作蜡染的主要工具，③ 该形制的蜡画刀仍在贵州地区沿用。苗族木鼓为清代木质乐器，长 125 厘米、直径 75 厘米，整体为圆木挖空制成，两端鼓面为黄牛皮制作而成，主要用于苗族重大节日庆典，现藏于黔南布依族苗族自治州民族博物馆。④ 可见，贵州蜡染技艺在宋代便已经存在，民间乐器制作技艺在清代也已存在。

传统手工艺所依托的物质载体历史久远，成为各级各类博物馆的珍贵藏品。传统手工艺物质载体静态展示其历时久远性，然其核心技艺在当代仍然通过传承人群代代传承，成为特殊的"活态遗产"。因此，从物质维度看，传统手工艺的物质载体作为文物被收藏、被展示，亦是其历史悠久的重要证明。

三　空间维度：文化空间作为存续环境

非遗范畴的"文化空间"是指建立在时间、空间双重维度上的，用以

① 贵州省地方志编纂委员会编著《贵州省志·文物志》，贵州人民出版社，2003，第 674~675 页。
② 贵州省地方志编纂委员会编著《贵州省志·文物志》，贵州人民出版社，2003，第 568~569 页。
③ 贵州省地方志编纂委员会编著《贵州省志·文物志》，贵州人民出版社，2003，第 533 页。
④ 贵州省地方志编纂委员会编著《贵州省志·文物志》，贵州人民出版社，2003，第 694 页。

呈现民间、传统文化活动（或事件）的一类实体性场所。[①] 目前，我国文化空间主要有文化生态保护区、传统村落、历史文化名村、民间文化艺术之乡、生态博物馆等整体性保护形式。当然，其中也包括传统手工艺类非遗的保护，如生态博物馆的"六枝原则"中规定，必须保护传统的工艺技术和材料。[②] 传统手工艺作为非物质文化遗产的重要类别，在区域性整体保护工作中占有重要分量，主要体现在文化生态保护区、传统村落、历史文化名村、生态博物馆等的相关保护工作中。

（一）文化生态保护区

文化生态保护区是国家对非遗传承区域采取的重要保护举措。《国家级文化生态保护区管理办法》指出，管理机构"应挖掘区域内传统工艺项目资源""推动传统工艺振兴"。黔东南民族文化生态保护实验区是贵州省首个国家级生态文化保护区，境内包括传统技艺在内的非遗资源富集，拥有传统手工艺类国家级非遗代表性项目 20 项，其中传统美术类项目有苗绣、剪纸、泥塑、侗族刺绣 4 项；传统技艺类项目有苗族蜡染技艺、侗族木构建筑营造技艺、苗寨吊脚楼营造技艺、苗族芦笙制作技艺、苗族银饰锻制技艺等11 项；传统医药类项目有瑶族医药（药浴疗法）、苗医药（骨伤蛇伤疗法、九节茶药制作工艺）、侗医药（过路黄药制作工艺）3 项；民俗类项目有苗族服饰、侗族服饰 2 项。文化生态保护区的设立，为传统手工艺的保护及传承提供了重要的文化空间。

（二）传统村落

传统村落是传统手工艺的主要生存场域，也是重要的非遗文化空间。中国传统村落的评选指标中非物质文化遗产遗存占有重要地位，如住建部等部

---

① 黄永林、刘文颖：《非物质文化遗产文化空间的特性》，《华中师范大学学报》（人文社会科学版）2021 年第 4 期。

② 〔挪威〕达格·梅克勒伯斯特（Dag Myklebust）：《从挪威观点看贵州省生态博物馆项目》，张晋平译，《中国博物馆》2005 年第 3 期。

门印发的《传统村落评价认定指标体系（试行）》指出，中国传统村落的传统建筑评价指标有工艺美学价值、传统营造工艺传承。目前，贵州省共有724个村寨入选中国传统村落保护名录，数量之多为全国之首。例如，黎平县肇兴乡堂安村为第一批中国传统村落之一，寨内传统手工艺类非遗项目十分丰富，包括以下五个方面。一是侗族木构建筑营造技艺。侗族的房屋建筑多以木结构为主，为典型的传统榫卯结构，如鼓楼、房屋等。其中，鼓楼一般是侗族民众举行各种活动的重要场所，在侗族人民的生活中发挥重要作用。二是侗族服饰制作技艺。侗族人民大多自制侗布，多以青、紫、白、蓝为主。在现代社会，侗族人民一般在开展重要活动时身着侗族传统服饰，日常生活中通常身着现代服装。三是靛染制作技艺。侗族人民较早地使用蓝靛染布，经过浸泡、晾晒染成布料，制作服饰及其他日用品。四是饮食制作技艺。寨内村民大多自制米酒，供节日饮用；传统美食有乌米饭、牛瘪、酸汤鱼等。五是侗医药。侗族聚居区多山区，山上常年生长草药供人们采摘。据调研，目前寨内仍有年长者会上山采草药，但年轻人很少跟随上山学习草药的辨别知识、采摘经验，且草药采摘多为家传或师徒传承，面临后继乏人的困境。[①]

（三）历史文化名村

历史文化名村是指文化底蕴深厚，至今优秀文化遗产仍保存完好或优秀传统文化仍广为流传的村落。历史文化名村中也不乏非物质文化遗产，成为非遗赖以存在的文化空间。2008 年，国务院公布《历史文化名城名镇名村保护条例》，规定的历史文化名村申报条件中"能够集中反映本地区建筑的文化特色、民族特色"与传统手工艺联系密切，涉及传统建筑营造技艺。据 2010 年住建部、国家文物局发布的《中国历史文化名镇名村评价指标体系》，"非物质文化遗产"作为单项指标，根据传统节日，传统手工艺的数量、等级等赋分。[②] 非物质文

---

① 采访时间：2020 年 7 月。采访地点：堂安村某餐馆。受访人：餐馆经营人员（村民）。
② 《关于开展国家历史文化名城、中国历史文化名镇名村保护工作检查的通知》，中国政府网，2011 年 2 月 28 日，http://www.gov.cn/zwgk/2011-02-28/content_1812883.htm。

化遗产在中国历史文化名镇名村的评价中主要从非遗项目的数量和等级两方面影响分值，最高分各占3分。其中，传统手工艺也是重要的赋分指标。

目前，贵州省有16个国家级历史文化名村。从入选批次来看，各批次间入选数量差异较大，第六批入选数量最多，5个；其次为第四批入选4个；再次为第五批入选3个；第三批入选2个，第二批、第七批各入选1个；第一批则未有村庄入选。从地区分布来看，各区域入选村庄数量亦存在较大差异。黔东南苗族侗族自治州入选数量最多，共7个；其次是贵阳市、安顺市、遵义市、铜仁市，均为2个；最后是黔南布依族苗族自治州，入选1个。其中，镇山村位于贵州省贵阳市花溪区石板镇，是贵州省文物保护单位（1995）、中国与挪威政府共建的生态博物馆（2000）、中国历史文化名村（2018）。镇山村始建于明朝万历间（1573~1620），村内有传统民居建筑、屯墙、武庙、石巷等历史古迹。该村居住民族以布依族为主，村内布依族文化丰富，其中，传统手工艺主要有木构建筑营造技艺、布依族服饰、纺染织绣、酿酒等。

结　语

传统手工艺作为一种活态的非物质文化遗产，具有悠久的发展史。其历时久远性的考证与物质文化遗产不同，物质文化遗产一般通过可移动文物、不可移动文物的形式展现出来。而非物质文化遗产由于其无形性难以直接通过文物呈现，技艺的物质载体能够以可移动文物的形式流传，被各级各类博物馆收藏，静态展示其悠久的历史。传统手工艺的体现又需要物质载体，与物质载体密不可分。非物质文化遗产的"非物质性"是核心技艺经验积累的无形性，并非指其物质载体。传统手工艺物质载体的历时久远性亦是传统手工艺悠久历史的重要体现。传统手工艺并非独立发展的，而是在一定的文化空间中依靠传承人群代代传承的。文化生态保护区、传统村落、历史文化名村、民间艺术之乡等都是传统手工艺传承和发展的重要文化空间，离开了乡土的手工艺则失去了"传统"的韵味。之所以设立文化空间保护措施，

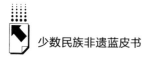
就是因为传统手工艺随着传统乡村的消失而衰落，体现了文化土壤培育的重要性。因此，文化空间的设立也是传统手工艺作为"遗产"的重要体现。因此，传统手工艺之所以被作为"遗产"进行保护，主要在于其在时间、空间上具有鲜明的遗产特征。从历时性来看，贵州传统手工艺历经悠久历史的积淀，成为流传至今的宝贵遗产；从形态来看，部分出土的传统手工艺物质载体被收藏于博物馆，供社会公众参观、研究；从空间来看，其存续的生态空间作为文化赓续的重要土壤，也同样得到了社会各界的保护与关注。总之，传统手工艺类非遗无论是从时间维度、空间维度还是在物质形态上，都具有鲜明的遗产特征。

B.21
花瑶传统手工艺助推当地乡村振兴的内在机理与实践路径[*]

肖宇强**

摘　要： 花瑶传统手工艺融入挑花刺绣、织带盘帽、服饰制作等形式，具有构建民族身份认同、维系民族社会关系、展现民族文化性格与审美特质的作用。花瑶传统手工艺中蕴含宝贵的技能、文化、艺术、经济、生态因子，这些价值因子的挖掘与乡村振兴的驱动力具有内在的契合性。通过制定保护传承政策、运用科技手段、组织社会力量共同参与，将花瑶传统手工艺与文化创意产业、旅游产业、特色村寨建设相结合，既能实现创造性转化与创新性发展，又能推动乡村的多元振兴。

关键词： 花瑶　传统手工艺　非物质文化遗产　乡村振兴

"民族的就是世界的"——民族文化的保护、传承与创新一直是我国和世界文化政策的主旋律。手工艺是民族文化的代表，是民族民间世代相传的非物质文化遗产类型。但随着技术理性主义的发展、物质资源的丰富、消费社会的形成，一些现代化的生活方式、消费观念随着城市化的扩张渗入了相对封闭的乡村，致使一些传统手工艺作业方式及其承载物品失去了生存的土

* 基金项目：本文系国家社会科学基金青年项目"乡村振兴战略下花瑶传统手工艺的保护传承与创新发展研究"（项目编号：19CMZ022）的阶段性成果之一。
** 肖宇强，博士，湖南女子学院美术与设计学院副教授，研究方向为民族手工艺的保护、传承与创新。

壤。甚至有越来越多的人逐渐放弃了这一古老技艺，开始投奔城市，寻找新的工作——一些传统手工艺形式就在这样的背景下逐渐消逝。基于此，对传统民族手工艺的保护、传承迫在眉睫。特别是在乡村振兴战略导向下，要实现传统手工艺的创造性转化与可持续发展，就必须通过社会各界力量协同合作，挖掘传统手工艺蕴含的经济、文化、艺术、生态等价值，激发其内生动力，进行社会创新。用创意与创新思维对接乡村振兴，助推以手工艺为依托的乡村产业、人才、文化与生态协同发展。

一　花瑶传统手工艺的价值

花瑶聚居于湖南省邵阳市隆回县境内，主要分布于虎形山乡、小沙江镇、大水田乡、麻塘山乡等地。由于花瑶并无自己的文字，语言和手工织绣就成为其传达信息、表达情感的方式。在世世代代近乎与世隔绝的深山密林中，花瑶将对于自然神灵的崇拜、对美好生活的向往融入手工艺活动，形成了别具一格的风俗——花瑶女性将红黄色丝线编结成带，盘踞成花帽（见图1）；将制作的黑色坎肩、蓝色外衣、白色内衬穿戴于身（见图2）。其中，最负盛名的则是花瑶女性穿戴于下身的挑花筒裙，裙上密密麻麻地用针挑绣着花鸟虫鱼、飞禽走兽等纹样（见图3）。当地人穿戴此服装行走在山间田野，犹如一朵朵向日葵，鲜艳夺目，因此被外界称为"花瑶"。沈从文先生就曾称赞花瑶挑花是"世界第一流的挑花"，国画家陈白一先生亦评价挑花为"具有国际水平的艺术"。如今花瑶的"讨念拜""讨僚皈"等就是为了纪念其在历史上反抗封建王朝镇压的三次血战而举行的盛大节日活动。在这些节日，男女老少都会穿着盛装出席，政府还会举办挑花竞技赛事，评选出最巧挑花能手。可以说，在挑花、织带、服饰等手工艺制作中，浸润着花瑶艰苦卓绝的发展历史，融入了花瑶团结友善、向往美好的精神，展现出这个古老部族最为辉煌耀眼的艺术精华。

图1　用于盘帽的织带

图2　花瑶女性服饰

图3　筒裙上的挑花及图案

二　花瑶传统手工艺助推当地乡村振兴的内在机理

民族传统手工艺是中华各族人民在长期的社会生活实践中创造出来的宝贵财富，蕴含着中华民族的文化价值观、先人的经验和智慧，是重要的非物质文化遗产。这类非物质文化遗产虽然是无形的，但却可以推动有形文化的发展。如民族传统手工艺及其制品所带来的生活方式与状态更为人性化，更富于适度的节奏感，能提供人格化的生趣，这恰是其相较于机械化、批量化产品最为核心的优势。[1] 从乡村振兴的角度来看，《决胜全面建成小康社会　夺取新时代中国特色社会主义伟大胜利》《中共中央　国务院关于实施乡村振兴战略的意见》《乡村振兴战略规划（2018—2022年）》等报告、文件中均提出了乡村振兴的战略部署和实施导向。沿着这一方向，将传统手工艺的创造性转化与乡村振兴战略相结合，能激发传统村落资源的内生性发展动力，推动以手工艺振兴为代表的乡村产业、文化、生态振兴，促进当地民众的就业、创业。

---

[1]　吴南：《本源生活：对中国传统手工艺现代转化的再认识》，《中国非物质文化遗产》2021年第6期。

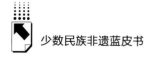

（一）对花瑶传统手工艺的保护、传承就是对中华优秀传统民族文化的继承与发扬

近年来，城镇化的扩张以及村落不断被开发，导致众多民族传统手工艺受到了不同程度的损害。如在目睹了村外世界的繁华之后，许多花瑶民众逐渐放弃了坚守多年的传统手工技艺，到城市中打拼；许多女孩不愿学习和继承这一繁复的手工技艺，穿戴传统民族服装的人也少了，该项手工艺的发展与传承遇到了困境。事实上，花瑶传统手工艺是世界上独一无二的，这也正是花瑶区别于瑶族其他部族的独特标志，如果失去了该项传统手工艺，花瑶将不再独特。作为一项非物质文化遗产，花瑶挑花等手工技艺理应得到有效保护与传承，对传统民族手工艺的保护、传承亦是实现文化自信与文化大繁荣的要求。

（二）振兴传统手工艺是实现乡村特色发展的有力举措

传统手工艺是一个民族维持生存、生活的必备技能，是民族独特文化与艺术形式的表征，是中华优秀传统文化中的瑰宝。党的十八届五中全会就曾提出推进文化建设、坚持文化创新、加快文化发展、建设文化强国的要求。《中华人民共和国国民经济和社会发展第十三个五年规划纲要》也提出"加强非物质文化遗产保护与传承，振兴传统工艺"的具体目标。2017年，中共中央办公厅、国务院办公厅联合发布的《关于实施中华优秀传统文化传承发展工程的意见》和《中国传统工艺振兴计划》更是将保护、传承优秀传统文化和手工艺振兴提升到了国家政策的高度。总而言之，对传统手工艺的振兴亦是对传统文化的一种升华与提炼，其对于中华优秀传统文化的传承、保护和创新发展具有极大推动作用。① 花瑶传统手工艺融入了祈福求善、细致入微、孜孜不倦的精神，这正是中华民族优秀工艺和工匠精神的缩影，它集真、善、美于一体，闪耀着智慧的光芒。是故，振兴地域传统手工

---

① 牟晓林：《振兴传统手工艺的高端化发展探索》，《中国非物质文化遗产》2021年第4期。

艺是推动当地乡村特色发展、内涵式发展的有力举措，对于少数民族地区经济、文化的发展具有积极的现实意义。

（三）传统手工艺的创造性转化作为乡村振兴的发力点，能大力推进以手工艺为特色的乡村产业、文旅与生态振兴

随着经济与社会的发展，个性化与品质化的生活正成为大众追求的目标。传统手工艺不仅包含民族传统造物智慧、审美意识、技术能力、伦理观念，也具有农业、工业和信息经济内涵叠加的产业功能。[①]"新手工艺""重拾手作传统"等概念正在引领当下消费市场的潮流，融入传统手工艺技法及元素生产的新型日用品和文创产品越来越受到大众的青睐和市场的欢迎。2022年3月，文化和旅游部、教育部等六部门印发了《关于推动文化产业赋能乡村振兴的意见》，意见中囊括了实施文化产业赋能乡村振兴的八大重点领域，分别为：创意设计、演出产业、音乐产业、美术产业、手工艺、数字文化、其他文化产业、文旅融合。该意见在手工艺赋能的内容中提出，鼓励非遗传承人、设计师、艺术家等参与乡村手工艺创作生产，加强各民族优秀传统手工艺保护和传承……推动手工艺特色化、品牌化发展，培育形成具有民族、地域特色的传统工艺产品和品牌。在此背景下，推动传统民族手工艺对接现代创新设计从而完成创造性转化是实现文化创意产业内涵式发展和乡村振兴的有效途径。如可将花瑶特色手工艺及其产品作为开发对象，创建绿色环保手工艺产业集群，设计、生产民众特需的生活用品，同时，坚持以市场为导向，围绕"生产供给"和"文化服务"主题，深化落实乡村经济的供给侧结构性改革——从社会创新、文化创意产业、文旅融合等角度探索更多的手工艺创新发展模式。值得注意的是，从传统手工艺的传承创新及未来发展来看，传统手工艺既要突出自身的个性特色，又要避免陷入单纯的工艺追求，还要兼顾当前的社会时代背景。[②] 因此，需组织社会多方力量，强

---

① 潘鲁生：《乡村振兴与手工艺价值回归》，《美术观察》2020年第5期。
② 陈聪：《城镇化背景下手工艺发展的新向度》，《山东工艺美术学院学报》2021年第6期。

强联手,开展协同创新,让无形的制作技艺与有形的创意产业融合共生,让传统手工艺中蕴含的技能、文化、艺术、经济、生态因子成为推动乡村产业、人才、文化、生态等多方面振兴的强大动力(见图4)。

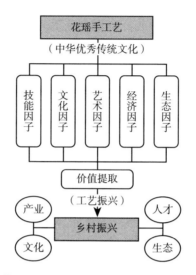

图4　花瑶手工艺助推当地乡村振兴的机理与模式

三　花瑶传统手工艺助推当地乡村振兴的实践路径

"乡村振兴"不是一句口号,而是一种实实在在的需求。民族传统手工艺中蕴含宝贵的工匠精神、艺术因子、经济价值,如果能提炼这些价值因子,转化为新的驱动力,并通过创造性转化与创新设计,是可以推动以手工艺为依托的乡村振兴与发展的。正如方李莉所言,以非物质文化遗产为代表的民族文化传统,正成为一种人文资源,被用来建构和产生在全球一体化语境中的民族政治和民族文化的主体意识,也被活用成当地文化和经济的新的建构方式,不仅重新模塑了当地文化,也成为当地新的经济增长点。① 但目前传统

---

① 方李莉:《论"非遗"传承与当代社会的多样性发展——以景德镇传统手工艺复兴为例》,《民族艺术》2015 年第 1 期。

手工艺助推乡村振兴的实践研究还处于起步阶段，需要学界群策群力。近年来，《国务院关于推进文化创意和设计服务与相关产业融合发展的若干意见》《设计扶贫三年行动计划（2018—2020 年）》等文件陆续出台，为我们利用传统手工艺助推乡村振兴的实践提供了导向。一般来说，乡村振兴主要包含产业振兴、文化振兴、人才振兴、生态振兴、组织振兴五大方面，传统手工艺助推乡村振兴即可从这几个方面进行对接。

首先，要研究花瑶传统手工艺的发展历史、主要类别、表现形式、制作方式及其与特需生活用品之间的关系，这是挖掘文化内涵、民族特色、产业与经济价值的基础。

其次，要探究当下花瑶传统手工艺的存续情况和手艺传承人的生活状况。作为"第一群体"的传承人是"非遗"保护和传承的核心力量。① 要运用新理念、新方法、新技术手段来实施相应的保护传承计划，并通过非遗进校园、培养传承人和接班人，重建手工艺传承人和学习者的民族自信与文化自信。

再次，要挖掘花瑶传统手工艺制作中包含的技术要素，归纳手工艺制品中蕴含的造型、色彩、图案、材质等艺术与审美因素，这是提炼其艺术、美学基因，实现文化创意与设计创新的关键。

最后，可探索花瑶传统手工艺中蕴含的生态环保作业方式，提出建设和发展乡村生态手工艺产业的有效途径。手工艺作为一种无污染、绿色环保的工艺作业形式，将其打造成手工艺创意产业集群后，需在选料、设计、制作、销售等各环节保持这种生态环保与绿色经济的特性，为乡村的生态振兴做出贡献。

此外，还可将花瑶手工艺与当地旅游产业相结合。如开发不同题材的花瑶工艺文化创意产品和旅游纪念品，让其在现代人的生活中得到更广泛的应用，满足人民群众消费升级的需求。在当地乡村旅游文化建设中，也可开发

① 孟凡行：《非物质文化遗产保护、传承的"第一群体"及其生态扩展》，《民间文化论坛》2021 年第 1 期。

以花瑶手工艺为主题内容的体验活动、文旅项目，让游客亲自参与富有特色的花瑶手工艺活动——以少数民族地区独特的文化资源为依托发展旅游产业，能在整合民族文化资源的同时充分调动地方人力、物力、技术等要素，优化旅游产业结构。① 总的来说，要发掘和运用花瑶传统手工艺中包含的技术理念与文化艺术元素，通过科技创新、设计创新实现创造性转化与创新性发展，开展民族特色品牌建设，为实现"一村一品"的特色文化旅游创意产业模式提供智库支持。

四 传统手工艺助推乡村振兴可能遇到的问题及解决方案

以传统手工艺助推乡村振兴是一个新的尝试，在其实施过程中可能会遇到各种难题。如在部分民众眼中，传统手工艺是劳神费时的事情，跟不上时代的快速发展，不值得推广和传承。特别是年轻一代都在外打工，他们不一定能回到乡村继续从事此项工作，在人力、物力等资源相对不足的情况下该如何实施？目前，我国传统手工艺的保护工作多以政府为主，广大社会力量的参与度不够，未能形成全民自觉的保护潮流。如何让保护传统手工艺的理念融入大众生活，号召社会力量共同参与、多方合作，以手工艺振兴来推动民族地区的乡村振兴，也是不可忽视的问题。此外，如何确立花瑶传统手工艺在文化创意产业、旅游消费产业中的载体和形式，即怎样开发符合市场和大众所需的生活必需品、创意产品，并着力推进手工艺旅游体验和特色生态村镇建设、塑造民族品牌文化亦是一个重要议题。

若要解决上述问题，或许应抓住几个关键点。第一，如何在秉承原生态传统、不失其本的前提下，实现现代科技与传统技艺的有机结合，即运用新理念、新技术、新方法实现对花瑶传统手工艺的保护传承与推广传播，以革

---

① 顾瑶、伊全胜：《乡村振兴背景下巴尔虎蒙古特色历史文化与旅游融合发展研究》，《黑龙江民族丛刊》2021 年第 5 期。

除民众固有的偏见；第二，如何最佳地提炼花瑶传统手工艺中的技能、文化、艺术、经济、生态因子，促成它们在当下的创造性转化与创新性发展，以对接文化创意产业、旅游产业，最终开发出满足大众实际需求和精神审美的生活用品及发展文化旅游新业态；第三，要合理引导当地手工艺人、民众、设计师、企业、高校等社会力量共同参与手工艺的保护、传承与创新，并通过"创意+工艺"的人才培养模式，以非遗创新人才的振兴推动乡村多方面的振兴与可持续发展。

对此，笔者提出以下方案，仅供参考。

（1）从政策制定、社会保障、经费投入、教育宣传、人才培养、组织实施等方面深入开展对花瑶传统手工艺的保护、传承策略研究。同时，通过借助科技手段、创建非遗手工艺数据库、引导社会组织参与等方式，统筹协调，推进保护、传承方案落地与实施。

（2）坚持市场导向，紧随时代步伐。运用新思维、新理念、新技术驱动花瑶传统手工艺转型升级（包括技术革新、材料改进等）与创新发展，实现新时代花瑶传统手工艺的创意产业化、旅游互动体验化，打造民族特色品牌文化，助推乡村产业、生态与文化振兴。

（3）构建"传统工艺—保护传承—创新发展—乡村振兴"的理论与实践应用体系。开展花瑶传统手工艺技能培训与工匠人才培养项目，特别是借助互联网、电商和信息技术，整合社会力量，将花瑶传统手工艺打造成为时尚创意产业的素材资源库，积极推进"一村一品"彰显特色的地域性手工艺振兴与乡村振兴协同发展。

如果上述理论与实践应用体系得以实现，我们还可将此模式和经验进行推广、分享。具体来说，有关该研究成果的对策建议可以以报告的形式提供给相关职能部门、文化机构、高校、艺术场馆等，为其提供保护、传承非遗手工艺，创新人才培养模式，推动文化振兴与乡村振兴的可行性方案及策略；实践应用模式可推广到不同的民族村镇、文化部门和企业，作为手工艺带动乡村民众创业就业、推动乡村振兴的实践应用案例，让更多的少数民族地区参照分享，共同繁荣。

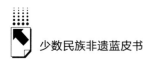
结　语

花瑶传统手工艺是制作花瑶特需产品（如服饰、器物、生活用品）的重要工艺形式，具有实用与审美的双重价值。其中，挑花技艺已被列入国家级非物质文化遗产代表性项目名录。精细繁复的技艺、自然崇拜的图案、绚烂多姿的色彩是花瑶手工艺制品的主要特征，该手工艺亦是维系个人民族身份、塑造民族文化认同、体现民族审美特征的重要内容。花瑶传统手工艺中蕴含宝贵的技能、文化、艺术、经济、生态因子，其与乡村创意产业、文化、生态建设具有内在的契合性。运用设计创新思维、理念对该手工艺进行创造性转化，对接文化创意及旅游产业，能为传统手工艺的传承、创新和推动乡村振兴提供智库支持。

借 鉴 篇
Learning Experience

B.22
日本濒危非物质文化遗产的
保护经验与启示*

胡 亮**

摘 要: 本文以传统工艺、民俗艺能为例,分析日本针对濒危非物质文化遗产所采取的保护措施。日本传统工艺濒危是由于市场规模缩小、传承人不足,而民俗艺能濒危则是由于缺乏传承人。日本从政策支持、资金支持、人才支持三个层面对传统工艺采取了生产性保护措施,对民俗艺能采取了抢救性保护措施。通过研究,可知日本的经验如下:在政策支持层面,中央政策与地方条例相互协同;在资金支持层面,政府补贴与民间资助互为补充;在人才支持层面,保护主体与传承主体各有侧重。日本的经验启示我们:在制度设计上,需要处理好宏观政策与微观条例之间的关系;在发展理念上,需要处理好传承与创新之间的关系;在管理

---

* 本文为天津社会科学院东北亚区域合作研究中心课题研究成果(课题编号 DBYLW2307)。

** 胡亮,天津社会科学院日本研究所副编审,研究方向为日本文化史、日本文化遗产。

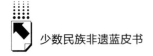

体系上，需要处理好保护主体与行业协会之间的关系。

关键词： 日本　濒危非物质文化遗产　传统工艺　民俗艺能

　　日本非物质文化遗产（以下简称"非遗"）①包含无形文化财与无形民俗文化财②，无形文化财指戏剧、音乐、工艺技术等具有很高历史价值或文艺价值的文化载体，简言之，指传统工艺与传统艺能；无形民俗文化财指风俗习惯、民俗艺能、民俗技术。在日本，保护非遗的法律是由文化厅制定的《文化财保护法》，该法在 1950 年制定之初，保护对象倾向于在第二次世界大战中陷入濒危境地的非遗，之后逐渐向历史、文化价值较高的非遗倾斜。近年来，随着人口老龄化、少子化等问题凸显，日本越来越多的非遗处于濒危境地。如日本传统工艺由于市场萎缩与传承人不足而陷入低迷，而民俗艺能则主要是人口老龄化、少子化、都市化而导致传承人不足。由于《文化财保护法》无法涵盖越来越多的濒危非遗，因此，日本采取多部门联动，多层面、

---

① 日本的非遗与我国的非遗所指范围不同。《中华人民共和国非物质文化遗产法》第二条规定：非物质文化遗产，是指各族人民世代相传并视为其文化遗产组成部分的各种传统文化表现形式，以及与传统文化表现形式相关的实物和场所。包括：①传统口头文学以及作为其载体的语言；②传统美术、书法、音乐、舞蹈、戏剧、曲艺和杂技；③传统技艺、医药和历法；④传统礼仪、节庆等民俗；⑤传统体育和游艺；⑥其他非物质文化遗产。而日本的《文化财保护法》中无形文化财指戏剧、音乐、工艺技术，以及其他无形文化财所产生的对于日本来说具有很高的历史价值或文艺价值的文化载体。民俗文化财是指关于衣食住行、生产、信仰、节日等反映风俗习惯、民俗艺能等方面的活动，以及这些活动所使用的服装、器具、房屋等，是认识日本国民生活的承袭和发展不可欠缺的文化载体。民俗文化财又分为有形民俗文化财，如服装、器具、房屋等，无形民俗文化财，如风俗习惯、民俗艺能、民俗技术。由两部法律可以看出，《中华人民共和国非物质文化遗产法》中的①、②、③、⑤相当于日本《文化财保护法》中的无形文化财，④相当于无形民俗文化财，或者可以说中国语境中的非遗包括日本语境中的无形文化财和无形民俗文化财。
② 日本学者在表述时注意区分使用"无形的文化财"与"无形文化财"，"无形的文化财"包含无形文化财、无形民俗文化财以及文化财的保存技术。而日本学界一般认为文化财的保存技术是为了保护文化财而不可缺少的传统技术或者技能，并不是文化财本身，因此，日本非遗包含无形文化财和无形民俗文化财。参考拙文《日本非物质文化遗产概念述评》，《自然与文化遗产研究》2020 年第 7 期。

多维度保护非遗的措施。对于濒危的传统工艺，进行生产性保护；对于濒危的民俗艺能，则进行抢救性保护。鉴于日本对这两类濒危非遗的保护具有一定的代表性，本文详细阐述其保护措施，总结其特点，并提出对我国的启示。

一　濒危传统工艺的保护措施

第二次世界大战后至日本经济高速增长时期，日本传统工艺产业的环境变化显著，主要表现在以下六个方面。第一，由于技术革新、工业材料革命及大众传媒的发展，确立了大量生产、大量消费的经济构造。第二，重化学工业化导致农村经济衰退，依附农林业的传统工艺产业基盘开始动摇。第三，随着道路、港湾建设等的推进，木材、竹材、石材、陶土等原材料的获取变得困难。第四，产业的重化学工业化导致劳动力从农林业向矿工业转移，以农村低廉劳动力为基础的传统工艺产业人手不足。而且，年轻人的高学历化使其劳动观发生变化，传统工艺简陋的工作环境对于年轻人的吸引力日益低下。第五，生活方式西方化，尊重传统生活方式的人开始逐渐减少。第六，国民对于生活用品的意识发生变化，对于传统工艺品的关心程度日益降低。但进入 20 世纪 60 年代，日本出现了回归传统工艺产业的风潮。首先，日本政府认为，传统技术或技法面临消失的危机，一旦传统工业基盘崩溃，复兴则变得极为困难。其次，传统工艺产业在地域经济发展中发挥了巨大的作用，传统工艺低迷对地域经济的影响不容忽视。为此，日本政府从多角度提供支持拯救处于濒危境地的传统工艺产业。[①]

（一）政策支持

1. 中央层面的《传统工艺品产业振兴法》

日本政府认为，《文化财保护法》虽然保护濒危或价值较高的传统工

---

① 伝統的工芸品産業振興協会編集『現代に生きる伝統工芸』ぎょうせい、1998、第 27～31 頁。

艺，但相关法规数量有限，而传统工艺在地方经济发展中发挥的重要功能亟须得到保护。为此，1974 年，日本通商产业省制定《传统工艺品产业振兴法》（以下简称《传产法》），实施传统工艺产业振兴措施。该法律通过指定"传统工艺品"的品目、认定传统工艺士等举措，保护地方濒危的传统工艺。[①]

《传产法》主要由传统工艺品的指定条件、基本方针、振兴计划、活性化计划、支援计划等内容构成。经济产业大臣将满足以下条件的工艺品指定为传统工艺品：一是与日本人的生活密切相关、日常生活中使用的物品；二是主要工艺是手工艺；三是通过传统技术或技法制造的物品；四是使用传统原材料制造的物品；五是当地有大量人员参与制造或者从事制造行业。获得认定的传统工艺品产地需要制订 5~8 年的产地振兴基本计划。计划包括项目名称、内容、效果、所需资金、预计项目开展时间、资金筹措计划等内容，同时一并记载产地状况、生产现状、原材料确保现状等。[②] 该法律将符合要求的传统工艺产地纳入支援范围，从政策和资金层面支持其全面发展。

2. 地方层面的支持条例

除了中央层面的《传产法》，各地方纷纷制定本地的传统工艺保护条例。最早制定条例的是冲绳县（1973 年）。1972 年冲绳急于振兴观光产业，因此率先关注传统工艺品的保护。其他大部分都道府县都是在 20 世纪 70 年代至 90 年代制定纲要。制定条例或纲要的都道府县在指定条件方面与《传产法》不同，都道府县的指定条件比《传产法》更为宽松，具有补充、完善《传产法》的作用。[③]

以京都府和京都市为例，京都府于 2005 年制定《京都府传统与文化的产品制造产业振兴条例》，规定指定工艺品的条件为：第一，主要以手工业的方

---

① 日本制定《传产法》后，分别于 1992 年、2001 年修订，最终形成了目前的基本框架。
② 《伝统的工芸品産業の振興に関する法律施行規則（平成十三年経済産業省令第百四十六号）》，2019 年 7 月 1 日，https://elaws.e-gov.go.jp/document? lawid=413M60000400146。
③ 前川洋平·宮林茂幸·関岡東生「伝統的工芸品産業に関する都道府県条例等整備の現状と課題」『林業経済』第 67 巻第 6 号。

法或者通过手工业的方法制造物品；第二，通过传统技术或技法制造物品；第三，使用的原材料为传统原材料，或者使用传统设计制造物品。隶属于京都府的京都市于2005年制定《京都市传统产业活性化推进条例》，在条例中规定传统工艺品的认定条件如下：第一，使用传统技法及技术；第二，产品与日本的传统文化及生活样式紧密相连；第三，在京都市内策划、生产。京都府和京都市通过认定本地的传统工艺品，提高本地工艺品的知名度。

在条例制定后，为了推动日益衰落的传统工艺产业化发展，京都市分别于2006年、2010年、2015年制定共三期的"传统产业活性推进计划"。第一期提出开拓市场，强化基盘、促进流通，继承与革新技术；传播价值与魅力；继承、创造日本特有的传统文化四大理念。第二期提出推进市场创造、提高传统文化及传统产业价值、推进不同行业间合作三大战略。第三期提出"传统产业×创新""传统产业×文化·观光""传统产业×使用者"三大视点。

"传统产业活性推进计划"以创新为核心，支持京都市各产业通过生产创新性产品拯救产业危机。著名的西阵织工艺曾用于和服制作，随着穿着和服的人数逐年减少，西阵织产业受到冲击。为了保护西阵织工艺，从业者利用西阵织的核心技术生产化妆包、口罩、抱枕等日用产品，尽管价格不菲，但由于工艺精湛，作为高端产品也占据了一定的市场份额。① 除此之外，京都著名的烧制技术"京烧"从业者利用核心技术生产具有科技感的咖啡杯、水杯等创新性产品。② 这种理念即在坚守核心技术的情况下，不断研发、创新，从而生产符合当下趋势、满足当代人生活需求的产品，通过生产性保护，京都的传统工艺保持着一定韧性。

（二）人才支持

人才支持指日本政府给予传统工艺从业者的各种精神与物质奖励。精神

---

① 《地域伝統ものづくり産業の活性化調査》，2018年7月，https：//www.dbj.jp/topics/region/industry/files/0000030626_ file2.pdf。
② 『京都市産技研·第一工業製薬（株）共同特許出願中の技術移転·実用化』京都市産業技術研究所広報資料、平成30年8月27日。

奖励指传统工艺士制度。日本传统工艺士是传统工艺品产业振兴协会（以下简称"传产协会"）对技艺高超的传统工艺从业者认定的荣誉称号。传统工艺士负有提高传统工艺品制作技术以及向后代传承技术的义务。截至2020年2月，被认定的传统工艺士数量为3900人，占全部从业者的7%左右，可谓优中选优。除此之外，传产协会还制定"功劳者褒奖事业"项目，对在传统技术水平的提高、传承人培养等方面对传统工艺振兴做出贡献的人进行嘉奖。每个产地的传统工艺协会将候补者推荐给传产协会的功劳者褒奖委员会，每年有80人获得一定数量的资金奖励。

除了中央层面的传统工艺士制度外，地方也可认定本地优秀的传统工艺从业者。例如《京都府传统与文化的产品制造产业振兴条例》中的工艺士制度规定，京都府可以认定本地的工艺士，认定工艺士的条件是：生产指定工艺品的从业者；在指定工艺品制造方面，经验与技术丰富。除此之外，该条例还规定可授予特殊贡献者"名工"称号。中央与地方通过双重认定提高传统工艺从业者的地位，使其获得职业荣誉感与价值感。

（三）资金支持

经济产业省的资金支持主要集中在硬件与软件的建设上。硬件建设主要指设施建设，如建设地方的传统产业会馆、交流支援中心等。此类中心主要由公益法人负责，用于培养人才，推进从业者与消费者的交流。软件建设主要指人才培养、扩大需求、提高产品附加价值等。如针对人才培养补助讲师费、教材费。扩大需求指记录传统技术与技法、收集资料、制作PR目录、调查研究原材料、举办展示会等；提高产品附加价值指支援项目研发。

除此之外，地方传统工艺从业者团体在融资和税制上也享有一定的优惠。如果地方传统工艺从业者团体的振兴计划得到经济产业省的认定，该团体可以从中小企业事业团、中小企业金融公库及国民金融公库融资。并且，国家对传统工艺从业者采取税制上的特别措施。

（四）行业支持

日本政府基于《传产法》设立传产协会，传产协会从 1975 年开始开展活动，其作用主要是指导产地振兴传统工艺，同时准确把握各产地、各行业的情况，向传统工艺从业者提出指导意见，并加深一般消费者对传统工艺品的了解。主要活动内容如下：一是以日本"全国传统工艺品大会"为中心开展各种展示活动，除了举办比赛、展示会，在各类媒体进行宣传外，还指导产地制定振兴计划、开展调查研究等；二是掌握消费者对工艺品的意见及消费者需求并将消费者信息反馈给产地；三是传产协会认定传统工艺士、表彰功劳者、支援传统工艺产业支援中心建设、开展传统工艺品影像推进项目。①

除了国家层面的传产协会之外，以地域为单位的协同组合或者以产业为单位的行业组织林林总总，形形色色。由于传统工艺产业从业者多为个人或中小企业，势力单薄，为此各地传统工艺从业者常以团体的形式抱团取暖。例如京都府有西阵织、京漆、京烧等 30 余种传统工艺的协会，协会内部定期召开研讨会，交流信息，协会之间也会召开会议，探讨合作模式。行业协会运行多年，结构完善，一直是传承人的坚强后盾。

二 濒危民俗艺能的保护措施

对于民俗艺能，第二次世界大战前日本就已经举办"全国民俗艺能大会"加以传承。自 1964 年开始，日本每年持续举行"民俗艺能大会"以保护地方的民俗艺能。20 世纪 90 年代以来，由于地方产业凋敝和人才外流，日本乡村经济停滞，地域社会衰退，为了对处于衰退危机的民俗艺能、风俗习惯等提供政策支持，1992 年，运输、通产、农林水产、文部等五省共同提案通过《关于利用地域传统艺能等资源、实施各种活动以振兴观光产业

---

① 《伝統的工芸品産業をめぐる現状と今後の振興策について》，https：//www.meti.go.jp/committee/summary/0002466/006_06_00.pdf。最后访问日期：2022 年 5 月 10 日。

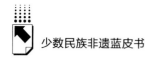

及特定地域工商业之法律》（以下简称《节日法》），以期通过与旅游产业的融合振兴民俗艺能。

除了政策支持之外，日本政府对于民俗艺能也提供了一定的资金支持。对民俗艺能的资金支持与传统工艺资助体系不同，传统工艺支持特定的个人，而民俗艺能以人数不等的地域保护团体为资助对象。而且资金支持并不限于《文化财保护法》中指定的民俗艺能，也包含未指定的民俗艺能。因此，其资金支持的特点是日本政府并不评判优劣，所有的民俗艺能都有资格成为资助的对象。①

尽管日本政府从政策和资金角度致力于民俗艺能的传承与发展，但是人口的不断流出阻碍拯救濒危的民俗艺能，地方的民俗艺能仍然处于后继无人的尴尬境地。据《民俗文化财保护行政的现状与课题来自第一线的报告》，以群马县为例，855 项民俗艺能中，已有 197 项中断、23 项消失；祭祀类活动共有 846 项，其中 26 项濒危、11 项中断、36 项消失。而造成民俗艺能濒危或消失的原因中，第一个是传承人不足问题。主要是传承人老龄化导致后继无人，有的地区虽然降低了传承人的门槛或者依赖返乡人员参与民俗活动，但仅是暂时渡过了危机。第二个是"人才"不足问题。报告指出，一些地区之所以能够成功"复活"民俗文化，是因为这些地区有对民俗文化传承不遗余力的"能人"。他们责无旁贷地肩负守护、传承、活用的责任。这类"能人"在民俗文化的传承中是最为重要的。第三个是资金问题。有的乡村因没有预算而无法举行祭祀活动，有的乡村因为合并、补助金减少等而中止民俗活动。②

由此观之，确保传承人才充足是拯救濒危民俗艺能的关键，为了改变这种状况，日本各地积极开展各种实践以图自救。③

---

① 大島暁雄「続・無形の文化財の保護をめぐって無形の文化財の一体的な把握と記録選択制度の検証」『無形文化遺産研究報告』、東京文化財研究所、2007。
② 板橋春夫「守る・伝える・育てる—群馬の伝統文化継承事業の試み—」『第 835 回談話会発表要旨』2008 年 12 月 14 日、https：//www. fsjnet. jp/regular ＿ meeting/abstract/838. html。
③ 以下内容来自小川直之「祭り・芸能の継承と地域社会：各地の取組（1）」『週刊農林』、2021 年新春特集号。

（一）保存会的法人化

日本各地的民俗艺能成为《文化财保护法》中的无形民俗文化遗产后，参与保存与活用的团体被称为保存会。保存会一般是任意团体，由传承人组成，为了使保存会的活动具有可持续性，个别地方将保存会发展成非营利组织（NPO）。

广岛县川东地区的"壬生的花田植"保存会就是这一形式的代表性案例。"花田植"是一种田乐，之前由保存会保护该项民俗活动，入选联合国教科文组织非物质文化遗产名录后，"壬生的花田植"保存会申请成为 NPO。成为 NPO 后，该保存会具有法人资格，组织架构如下：北广岛町商工会壬生地区区长为理事长，地区的自治会长、田乐团长、壬生地区振兴会会长等为理事会成员，还有事务局的行政人员、正会员、赞助会员。该组织负责整个壬生地区民俗活动的保护与传承。

由于保存会不是任意团体，是 NPO，承担保护、继承整个地区民俗活动的责任，在收入、支出等资金方面需要具有一定的透明度，有向官厅报告活动内容、收入与支出情况的义务，并需要在网站上公开。保存会作为法人化组织，需要召开理事会、总会等会议。保存会成为 NPO 后可以较为容易地获得外部资金资助、接受项目委托等，在加大保护民俗活动的力度方面具有一定的优势。

（二）相关人员的参与

1.返乡者的参与

在偏远山区，由于人口减少、老龄化等问题，民俗艺能的传承变得困难，一些偏远乡村举行民俗活动时主要依赖流出人口参与，而且不仅是流出人口的第一代，也包括第二代。如果没有这些人的参与，一些地区就无法举办民俗活动。例如，冲绳县竹富岛户数约 170 户，人口 370 人左右，在竹富岛的"种取节"上，该岛出身的人组成"乡友会"，以团体的形式参加，第二代、第三代等流出人口也积极参与。乡友会分布在石垣岛、冲绳岛、大阪、东京

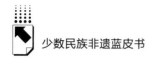

等地，东京竹富乡友会在 2015 年迎来成立 90 周年。由于每个乡友会有固定的表演节目，当地出身者与其后代不断练习，保证了民俗活动的本真性。

除了团体参与外还有个人参与，例如宫崎县各地举行神乐活动时，居住在距离宫崎县椎叶村 100 多公里外的返乡者会参加当地的神乐活动，由公共资金资助旅费。这些返乡者从练习到活动正式举办约有一周的时间在故乡停留，也可以借此探亲访友等。

2. 邻近乡村流出人口的参与

一些人并非远赴他乡，而是居住在可以当天往返故乡的邻近地区，这些人也参与故乡的民俗活动。例如宫崎县椎叶村埚尾地区现有 15 户居民，埚尾神乐保存会有会员 16 人，其中 6 人在当地居住，其他人则住在日向市及宫崎市等邻近地区。神乐保存会的会长曾在电视上说："没有神乐，村庄将衰败"，地区的存续与神乐的继承具有密切关系。因此，为了地域文化的传承，住在邻近地区的流出人口积极参与神乐活动，有时居住在东京的流出人口也会利用休假参与活动。

3. 志愿者的参与

当地人作为主体参与祭祀、艺能活动，而志愿者则负责准备事项、收拾杂物等。宫崎县的尾八重神乐及日之影町的大人神乐等就是由宫崎县的"偏远山区活跃队""宫崎地域守护队"等志愿者队伍帮助完成的。

（三）企业的支援

濒危民俗艺能的传承关键不仅在于资金的多寡，更在于人员参与。如果在举办民俗活动之际，当地企业鼓励员工参与，参与的员工则会因为获得假期而积极参与当地的民俗活动。之前企业的支援主要是资金支援，而长野县南信州地域振兴局设置了"南信州民俗艺能合作企业制度"，这是日本唯一的企业员工参与制度。南信州 1 市 3 町 10 村中，4 个村庄的人口在 1000 人以下，预计今后人口会进一步减少，为了维持地域活力，地域振兴局与南信州广域联合中心成立"南信州民俗艺能继承推进协议会"，并设置了伙伴企业制度，截至 2019 年 11 月共有 82 家企业入会。2016 年制度制定之初，7

家公司成为合作企业，企业员工负责停车场的维护、拍照记录、制作味噌汤等。这种企业合作制度开始受到日本各地的关注，预计今后会在日本全国推广。

（四）培养年轻的传承人

为了继承民俗艺能，多年前日本各地尝试改变之前的传统做法，开始敦促各地的儿童积极参加祭祀活动。例如宫崎县的山间地区，20 年以前就采取"山村留学制度"①，中小学校接收都市的儿童。西都市银镜地区的传统艺能是银镜神乐，当地的小学、中学一贯制学校"银上学园"有 16 名学生，其中 13 名是山村留学的儿童。在山村留学时，这些儿童加入神乐组织，之后每年都会参加神乐活动。同样，木城町的"中之又"神乐积极推动教师负责民俗活动，在山村留学的学生也参加神乐活动，这些人也会邀请自己熟识的外地年轻朋友参与。

由于农村儿童减少，山村留学的儿童开始发挥重要作用。这些儿童不仅对民俗文化的传承具有重要作用，对于地域的存续与繁荣也具有重要意义。

三　日本濒危非遗传承的经验与启示

（一）日本濒危非遗传承的经验

综观日本濒危非遗的保护历程与特点可知，不同类型的濒危非遗面临的问题各异，传统工艺由于市场萎缩与传承人不足而陷入濒危境地，而民俗艺能则主要存在传承人不足问题。因此，为了"对症下药"，日本的中央与地方、保护主体与传承主体分别发挥不同的作用，以形成互补态势。

1. 在政策支持层面，中央政策与地方条例相互协同

20 世纪 50 年代，日本政府制定了《文化财保护法》，保护具有重要价

---

① 山村留学是日本的全国山村留学协会发起的教育活动，城市的中小学生在自然资源丰富的农山渔村的中小学学习一年，体验当地的自然风光，感受集体生活。

值以及部分濒危的非遗，但是随着越来越多的非遗陷入濒危的境地，除了《文化财保护法》之外，日本不同省厅出台了相应的保护措施。针对传统工艺，通商产业省出台《传产法》，致力于普通传统工艺的保护。针对民俗文化则由运输、通产、农林水产、文部等五省共同出台《节日法》，以期通过传统民俗与旅游相结合的形式促进民俗文化的保护与振兴。各省厅分别保护重要的非遗与普通的非遗，形成了互补的态势。

除了中央层面的《传产法》《节日法》之外，地方也制定了条例，积极保护本地的特色非遗。针对传统工艺，各地基于本地的实际情况制定传统工艺保护条例，推动传统工艺规模化、产业化及可持续发展。针对民俗艺能，各地注重传承人的保护与培养，多管齐下，不拘一格地挖掘、培养民俗艺能传承人。中央与地方的政策相互协同，中央政策发挥指导作用，地方政府基于本地实际积极探索，制定符合本地发展方向的条例等。

2. 在资金支持层面，政府补贴与民间资助互为补充

对于传统工艺，日本的资金支持特点是注重"输血"，但也关注"造血"功能。政府除了常规的资金支持外，还有各种项目支持，各地方组织可以通过申请项目获得资金补助。但这些资金补助一般为 3~5 年，政府在前期扶持非遗的发展，后期则需要非遗传承人或民间组织寻找可持续发展的方式，使自身具备"造血"功能。而对于民俗艺能，由于本身不具有商业价值，因此除了政府补贴之外，保护团体还需要申请民间组织的资助。如保护团体通过法人化等形式接受项目委托或者申请企业资助等。政府补贴与民间资助共同保护濒危非遗。

3. 在人才支持层面，保护主体与行业协会各有侧重

为了不使非遗随着人口减少而陷入濒危的境地，日本政府极为重视人才的培养。在传统工艺方面，中央设定传统工艺士制度，从全国选拔优秀的传统工艺从业者，给予荣誉奖励与资金支持。在地方，各地评选代表本地区特色传统工艺的传统工艺士，给予一定的资金支持，并由这些传统工艺士引领地区传统工艺的发展以及传承人的培养。但保护主体仅是从众多的传承人中优中选优还不够，为了使本地的传统工艺得以传承，还需要依赖各地的行业协会培养传承人。民俗艺能方面则主要由保护团体进行人才的保护与培养。

（二）日本经验对中国的启示

解决濒危非遗的问题，需要具体问题具体分析，尽管我国濒危非遗面临的问题与日本不同，但是其中的一些理念值得我们借鉴。基于对日本的分析，本文认为在濒危非遗的保护上需要处理好以下三对关系。

1. 在制度设计上，需要处理好中央政策与地方条例之间的关系

我国于 2011 年出台了《中华人民共和国非物质文化遗产法》，2012 年文化部出台了《关于加强非物质文化遗产生产性保护工作的指导性意见》，要求保持非遗的真实性、整体性和传承性，借助生产、流通、销售等手段，将非遗及其资源转化为文化产品。但相关法律与文件仅从宏观层面提出指导性意见，各地濒危非遗的保护还依赖地方政府与传承人自己摸索。很多濒危非遗是地方经济、文化发展的基础，传统工艺是重要的经济发展支柱，而民俗文化则是地方共同体精神的延续与传承，无论是在城市建设还是在乡村振兴中都具有重要作用。因此，政府需要出台更为细化的政策以促进濒危非遗的保护。除了在中央政府宏观政策指导下，各地还需要依据本地的实际情况制定具有可操作性的条例，以确保非遗的可持续发展。

2. 在发展理念上，处理好传承与创新之间的关系

生产性保护是否会对非遗的传承造成破坏，对此我国学者仁者见仁、智者见智，但是以日本传统工艺保护为例，可以发现日本保护传统工艺产业时并不固守生产一成不变的产品，而是将传统工艺的核心技术提炼出来用于生产与时俱进的产品。因此，通过"在传承中发展，在发展中创新"，濒危的传统工艺得以传承，并继续发挥经济支柱的功能。

而对于民俗文化，如何在将民俗文化作为旅游资源的同时，确保其本真性也是日本政府和学者讨论的问题。民俗文化作为旅游资源，对于游客具有一定的观赏价值，而对于本地人则是身份认同的纽带，是地区居民开展交流的纽带之一。日本学者通过调查发现，日本民众对于民俗文化资源的旅游化

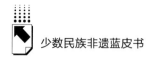
多持肯定态度。① 而这也契合了我国学者顾军和苑利的观点，他们指出，在偏远的少数民族地区，歌舞表演很容易因市场的需要而变成商品。对此，我们原则上持肯定态度。尽管这样做在一定程度上会影响歌舞的原真性，过多过滥的表演也很容易让参演者失去原有的激情。但有传承总比没传承好。有传承，不但可以使当地人获得更多的经济回报，使之产生更大的内在动力，也避免了村民外出打工而导致的非遗失传。②

本文同样认为，对于濒危的民俗文化，可以不拘泥于形式，尽管民俗文化商品化有可能损害其本真性，但是只要有利于传承，能够增加参与者就应该尝试，当民俗文化从危机的状况中得以拯救、获得认同后，再精益求精，进一步确保其本真性。

3. 在管理体系上，处理好保护主体与行业协会之间的关系

对于濒危非遗的传承与发展，日本政府的职责是提供政策支持、资金支持，而非遗的发展与壮大更多地依赖行业协会及传承人。在传统工艺领域，传产协会作为日本半官半民的组织在政府与传承人之间发挥纽带的功能，但对于地方的传统工艺而言，更为重要的是当地成立的行业协会等。民俗文化则主要依赖当地的保护团体。我国也需要处理好作为保护主体的政府与作为传承团体的行业协会的关系。政府是保护主体，主要扮演助推者、支持者的角色，对于濒危的非遗，政府在前期可以提供政策支持、资金支持，发挥"输血"功能，助力濒危非遗步入正轨。而在濒危非遗步入正轨以后，则依赖传承人及协会自身的"造血"功能，传承主体不能一味地依赖政府，保护主体也不能越俎代庖，过多干预。保护主体与传承团体应各司其职，分工有所侧重。

---

① 俵木悟「民俗芸能の実践と文化財保護政策——備中神楽の事例から」『民俗芸能研究』1997 年第 25 期。

② 顾军、苑利：《如何理解非物质文化遗产保护中的五大关系问题》，搜狐网，2017 年 11 月 17 日，https：//www. sohu. com/a/204856445_ 619610。

附　录　2021年少数民族非物质文化遗产大事记

周尚书　唐永蓉*

2021年1～3月

1月8日　《新疆维吾尔自治区级非物质文化遗产代表性传承人认定与管理办法》印发。为传承弘扬中华优秀传统文化，有效保护和传承新疆非物质文化遗产，鼓励和支持自治区级非物质文化遗产代表性传承人开展传承活动，根据《中华人民共和国非物质文化遗产法》《新疆维吾尔自治区非物质文化遗产保护条例》等有关法律法规，参照《国家级非物质文化遗产代表性传承人认定与管理办法》，制定《新疆维吾尔自治区级非物质文化遗产代表性传承人认定与管理办法》。（新疆维吾尔自治区文化和旅游厅官网）

1月11日　凯里市开展第九批市级非遗传承人现场评审活动。凯里市文体广电旅游局在苗侗风情园会展中心开展第九批市级非物质文化遗产代表性项目传承人现场评审活动。此次现场评选活动，打破了传统的文本申报模式，经过非遗传承人文本申报筛选后组织实施，申报项目包含苗族芦笙乐舞、苗族古歌、苗族情歌、革家古歌、革家踩亲舞等，评审组以非遗传承人的技能技艺、传承能力、传承影响力等为标准进行评选，一是表演富有感染

* 周尚书，贵州民族大学民族学与历史学学院2021级硕士研究生，研究方向为文化遗产保护与开发；唐永蓉，苗族，贵阳人文科技学院专职教师，研究方向为非物质文化遗产与文化产业。

力、有特点、内容丰富等；二是项目申报人数量及传承人数量的传承紧急性，做好濒危项目保护；三是申报人在社会的影响力、传承资源（比如基地等）等有利于传承的条件方面。评选现场气氛活跃，申报人将自己对生活的态度和热爱非遗事业表现得淋漓尽致，也让大家近距离了解和发现更多凯里非遗传承的精湛。（贵州省文化和旅游厅官网）

1月24日 由中国非物质文化遗产保护协会联合阿里巴巴集团主办的"非遗牛年大集"活动以线上线下结合的方式启动。活动以"寻得年味，解得乡愁"为主题，活动期间，消费者可以畅享"看非遗直播、购非遗好物、品非遗美食、赏非遗绝技"的线上大年集。阿里巴巴旗下的天猫、淘宝、本地生活、高德、飞猪等共同参与，为非物质文化遗产传承人搭建一个走进千家万户的舞台。"非遗牛年大集"为广大非遗传承人搭建了一个展示技艺、走进生活、走向市场的桥梁。通过"非遗牛年大集"，更多人认识非遗、喜爱非遗、保护非遗，进而推动非遗回归千家万户、回馈百业千行，实现更好的保护与传承，增强中华民族的文化自信。（中国旅游新闻网）

2月11日 拉萨市非物质文化遗产保护工作专家委员会正式成立。在各县（区）和相关单位推荐专家学者基础上，为扩大专家委员会成员，满足非遗保护多样化知识需求，通过物色、筛选、聘请方式，从区内外初选了数名专家学者，并经拉萨市文化局党组会议研究和专家学者所在单位同意，最终确定了33位专家委员，专家委员会成员分别来自区内外相关高校院所、行业组织，涉及民间文学、传统舞蹈、曲艺、非遗保护等12个专业，保证了专家成员既有老一代知名专家，又有年轻学者，此次成立的专家委员会任期5年。专家委员会将参与拉萨市非物质文化遗产保护整体规划和方案制定，项目和传承人评选，非物质文化遗产培训指导，文化生态保护区建立，数据库建设及相关文字、音像出版物的编撰审核把关等工作。会议还讨论并通过了《拉萨市非物质文化遗产保护工作专家委员会制度》，与会专家委员表示将积极参与非物质文化遗产评审、培训、研究等保护工作，为拉萨非物质文化遗产保护工作献出专业力量。（西藏自治区文化厅官网）

2月20日 教育部发布《关于公布2020年度普通高等学校本科专业备

案和审批结果的通知》，并对普通高等学校本科专业目录进行了更新，列入普通高等学校本科专业目录的新专业共有 37 个，其中非物质文化遗产保护专业为普通高等学校本科新增专业。（教育部官网）

2 月 26 日 2020"中国非遗年度人物"推选结果在京揭晓。经过光明日报非遗传播专家委员会的严格评议，综合网友投票，2020"中国非遗年度人物"从 100 位候选人中确定了 30 位提名候选人，涵盖非遗传承人、策展人、企业家、艺术家，管理者，研究者、媒体人、传播者、教育者四大类别，并最终产生 10 位能代表当前我国非遗保护发展成绩的标志性人物。他们分别是：国家级非物质文化遗产代表性项目昆曲国家级代表性传承人王芳，国家级非物质文化遗产代表性项目京剧国家级代表性传承人朱世慧，四川省级非物质文化遗产代表性项目彝族手工刺绣县级代表性传承人乔进双梅、中国纺织工业联合会副会长孙淮滨、中央美术学院"民间美术系"创办者、中央美术学院民间美术系创办者杨先让，国家级非物质文化遗产代表性项目水族马尾绣国家级代表性传承人宋水仙，国家级非物质文化遗产代表性项目中医传统制剂方法国家级代表性传承人张伯礼，国家级非物质文化遗产代表性项目太极拳（陈氏太极拳）国家级代表性传承人陈正雷，国家级非物质文化遗产代表性项目潮剧国家级代表性传承人姚璇秋，中国社会科学院学部委员、民族文学研究所所长朝戈金。（光明网）

3 月 14 日 "锦绣中华·中国非物质文化遗产服饰秀"系列活动在三亚崖州古城精彩开幕。此次系列活动以"锦绣中华、衣被天下""活态传承、美好生活"为主题，呈现"南滇吉贝——黎锦主题非遗服饰秀""织山绣水——苗族织染绣主题非遗服饰秀""锦衣御裳——宋锦主题非遗服饰秀""点染华章——影视剧主题非遗服饰秀"等篇章。多项非物质文化遗产代表性项目与现代服饰设计的巧妙融合，呈现传统工艺的精湛技艺和创意设计的奇思妙想。除了精彩的服饰秀，活动期间还举办了振兴传统工艺学术论坛——锦绣中华 2021 年度学术研讨会，业内专家、时尚设计师代表、主创团队等围绕非遗多维度创新、非遗多媒介传播、非遗多区域协作、非遗多专业合作多个论题开展深入讨论，探讨非遗的保护、传承及发展。"锦绣中华·中国非物质文化遗产服饰秀"走进海南，旨在以服装服饰为媒介，通过锦绣中华的舞台，更好地让非物质文化遗产走进现代生活。同时对海南探索非遗在新时代保护、传承和发展的创新方向，寻找符合中国非遗走向国际化、市场化的目标和方法都具有积极意义和促进作用。（阳光海南网）

3月30日　贵州省文化和旅游厅办公室印发《2021年非物质文化遗产传承人群研修研习培训计划实施方案》，旨在深入贯彻落实党的十九大精神，以习近平新时代中国特色社会主义思想为指导，落实《关于实施中华优秀传统文化传承发展工程的意见》，加强文化遗产保护传承，推动中华优秀传统文化创造性转化、创新性发展，提升非物质文化遗产保护传承能力和水平，推出一批非遗手工艺精品，增强市场竞争力；动员农村群众从事非遗手工艺品制作生产，助力乡村振兴，拓宽群众致富渠道。（贵州省文化和旅游厅官网）

3月31日　中国非物质文化遗产保护协会非遗与旅游融合协调委员会（以下简称"协调委员会"）在京成立。会议认为，非遗与旅游有着天然的联系，两者融合有深厚基础和广阔前景；协调委员会是一种创新型工作协调机制，为文化和旅游部门与业界专家学者搭建沟通协调平台，为非遗保护利用与旅游开发实践拓宽交流互鉴渠道，有利于推动非遗系统性保护，有利于促进文化和旅游融合发展。协调委员会将通过探索标准化助力文化和旅游高质量发展，发挥专业化打造文化和旅游融合智库力量，努力形成保护与利用协调、理论与实践互鉴的融合发展机制，推动多方实现更深层次、更大范围的互惠合作。（文化和旅游部官网）

2021年4~6月

4月14日　"广西有礼"传承"非遗"活动举行。"广西有礼"——广西非遗手工技艺类、老字号商品展示在青秀山友谊长廊举行。作为2021年"壮族三月三·桂风壮韵浓"板块的重要活动之一，主办方精心选取了极具特色的广西非物质文化遗产的精华参加此次展示。展示内容包括非遗技艺展演、非遗商品展示和非遗名录项目展示等。在非遗技艺展演区域，壮族天琴艺术、京族独弦琴、刘三姐歌谣、桂剧等国家级非物质文化遗产接连进行展演。现场还有圆竹剖丝团扇制作、坭兴陶烧制、六堡茶制作、北海贝雕制作等丰富多彩的非遗艺术精品和民族艺术精品。此次展示通过动静结合的方式，除了在现场安排了国家级非遗技艺展演，还在长廊内安排了国家级、自治区级非遗项目展示以及非遗商品展示。（广西壮族自治区文化和旅游厅官网）

4月21~24日　为贯彻落实习近平总书记关于非物质文化遗产保护工作的重要讲话精神，总结保护成果，分享保护经验，推动云南省非物质文化遗产保护工作更好开展，不断提升非物质文化遗产系统性保护工作水平，进一步发挥非物质文化遗产在服务国家发展大局中的重要作用，促进文化和旅游深度融合发展，以优异的成绩庆祝建党100周年。云南省2021年度非物质文化遗产保护工作培训暨"非遗+旅游"现场交流活动在大理举办。此次培训活动强调，针对2021年的非遗保护工作，一是充分认识加强非物质文化遗产保护工作的重要意义，增强工作的责任感、荣誉感。二是压实责任，厘清思路，加强非物质文化遗产保护传承发展。三是坚定信心、多措并举，解决非遗保护传承发展中存在的根本问题。此次培训活动还安排部署了2021年非遗重点工作，传达学习相关文件精神，进行"非遗+旅游"主题推荐，开展州市交流讨论和现场交流活动。（云南省非物质文化遗产保护网）

4月30日　宁夏回族自治区文化和旅游厅、自治区财政厅印发《宁夏回族自治区非遗与旅游融合发展项目资金管理暂行办法》。为扎实推进非遗与旅游融合发展，规范项目资金管理使用，助推乡村振兴和全域旅游示范区建设，根据文化和旅游部《黄河流域非物质文化遗产保护传承弘扬专项规划》《宁夏回族自治区全域旅游示范区推进专项资金管理办法》等有关规定，自治区文化和旅游厅、自治区财政厅制定了《宁夏回族自治区非遗与旅游融合发展项目资金管理暂行办法》。（宁夏回族自治区文化和旅游厅官网）

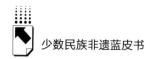
5月11日　宁夏举办大漠黄河国际文化旅游节。2021中国宁夏（沙坡头）·第十一届丝绸之路大漠黄河国际文化旅游节开幕式在中卫市沙坡头旅游新镇举办。开幕式以"沿黄九省根连根，同心筑梦迎百年"为主题，紧扣"大漠""黄河""丝路"三个核心要素，上演歌舞《黄河船歌》、舞蹈《飞天》、戏剧表演《川剧变脸》、藏族歌舞《跃动的锅庄》、马头琴齐奏《战马奔腾》等沿黄省（区）特色文艺节目。开幕式还搭建了水上实景舞台，开展热气球巡游表演、美食节、书画摄影展、非遗及文创商品展等特色文化和旅游活动，举办了康养旅游发展论坛、西部民歌邀请赛等主题活动。近年来，中卫市培育了以星星酒店为载体的星空业态，以全国大漠健身运动大赛为支撑的沙漠体育休闲业态，以麦草方格治沙、沙画体验、制陶等为主要内容的研学业态，凸显了地方文化为代表的《沙坡头盛典》演艺、黄河宿集精品民宿业态等文旅融合发展新业态。（宁夏回族自治区文化和旅游厅官网）

5月12日　由湖北、湖南、江西、安徽四省文化和旅游厅联合主办，四省非物质文化遗产保护中心承办的第五届鄂湘赣皖非物质文化遗产联展在湖北美术馆拉开序幕，湖北省人民政府副省长张文兵出席并宣布活动开幕。本届联展汇集了四省52个非遗代表性项目和1000余件非遗展品，100余名非遗传承人还在现场进行了技艺展示。展览首创了"新中式生活场景特展"，湖北的漆艺生活、湖南的木雕、江西的客家服饰和安徽的文房四宝等非遗项目融入生活场景，为观众提供沉浸式的非遗体验；首次推介非遗研学旅游线路，推介了湖北的武当山、襄阳、恩施、宜昌、荆州等5条非遗研学旅游线路，湖南的桑植民歌非遗研学实践，江西的非遗旅游地图，安徽的宣纸宣笔非遗研学之旅；首次开展非遗市集活动，精选了84个非遗项目，近万件贴近民众日常生活的非遗产品走到百姓身边，让广大市民在感受非遗的同时能够享用非遗产品。（湖北文化和旅游厅官网）

5月15日　第二届中国丹寨非遗周在丹寨万达小镇开幕。由贵州省文化和旅游厅主办，贵州省非物质文化遗产保护中心承办的"遇见多彩贵州·贵州非物质文化遗产展"在活动期间同步开展。本次展览以一创意、一中心、一特色为亮点，展区整体外观设计以贵州省级非物质文化遗产代表性项目名录鸟笼制作技艺为元素创意，展览中心主题紧紧围绕习近平总书记年初视察贵州时的讲话精神，以贵州丰富多彩的苗绣为展示中心，选取各市（州）代表性非遗项目，以非遗美食、传统技艺类精品、文创旅游商品、传承人现场献艺与游客互动组成非遗展示内容。中心展区集中了全省从国家级到县级，包含台江苗绣（破线绣）、剑河苗绣（锡绣）、花溪苗绣（挑花绣）、黔西化屋基苗绣（数纱绣）等近20种风格各异、针法独特的苗族刺绣技法，集中展示了承载这些苗绣技法的30余个苗族支系的精品苗族刺绣、服饰作品。以苗绣文化的传承、苗绣技法的展示、苗绣产业的发展为重点内容，让传统苗绣与苗绣文创同台，融合苗绣的传统和时尚；传承人技艺展示与非遗工坊、企业销售同场，体现苗绣文化属性和产业属性的和谐共生，展现了贵州非遗人把苗绣发扬光大的决心和信心。（贵州省非物质文化遗产保护中心）

5月17日 宁夏黄河流域非遗作品创意大赛启幕。此次大赛以"人民的非遗 人民共享"为主题，2021年5～10月将开展8项系列活动。其中，5月17～19日在银川举办宁夏黄河流域非遗作品创意大赛暨"两晒一促"优品大赛。5月20日在石嘴山市举办宁夏黄河流域非遗讲解大赛，评选推出一批会说、能讲、善推宁夏非遗的金牌讲解员。5月中旬至10月进行非遗作品进景区、进校园等展演活动，以宁夏黄河流域非遗作品创意大赛获奖作品为主体展品，在宁夏大学、北方民族大学等地进行展览展演。（宁夏回族自治区文化和旅游厅官网）

5月25日 为贯彻落实《中华人民共和国国民经济和社会发展第十四个五年规划和2035年远景目标纲要》和《"十四五"文化和旅游发展规划》，进一步加强非物质文化遗产保护传承工作，文化和旅游部印发《"十四五"非物质文化遗产保护规划》。明确非遗是中华优秀传统文化的重要组成部分。保护好、传承好、弘扬好非遗，对于延续历史文脉、坚定文化自信、推动文明交流互鉴、建设社会主义文化强国具有重要意义。（文化和旅游部官网）

5月27日 文化和旅游部召开新闻发布会对"人民的非遗 人民共

享"——2021年"文化和自然遗产日"非遗宣传展示活动有关情况进行了发布。2021年"文化和自然遗产日"非遗宣传展示活动的主题为"人民的非遗 人民共享",口号为"非遗惠万家 关系你我他""保护人民非遗 共享美好生活",重点活动有五项。一是"百年百艺·薪火相传"中国传统工艺邀请展;二是《非遗法》颁布实施十周年座谈会;三是非遗购物节;四是云游非遗·影像展;五是红色非遗资源寻访活动及革命故事、红色歌谣新书发布。2021年"文化和自然遗产日"非遗宣传展示活动有以下几个特点。一是突出非遗保护的"人民性",让非遗保护成果惠及人民群众;二是聚焦乡村振兴,继续巩固非遗助力脱贫攻坚成果;三是注重《非遗法》宣传普及,营造非遗保护的良好社会氛围。(中国非物质文化遗产网)

6月1日 传统工艺贵州工作站围绕传承人线上线下触网营销在贵州省非遗博览馆启动。触网营销通过抖音平台进行,采用传承人的个人抖音账号,现场为传承人向粉丝讲解传统工艺产品。借助网络优势,讲解人和传承人积极与粉丝互动,为宣传贵州传统工艺,不断体现传统工艺的现代价值,推动传统工艺的发展达到初步成效。通过线上线下融合,开拓传统工艺产品市场空间,推动多姿多彩的民族民间文化走进现代生活,实现人民的非遗人民共享。传统工艺贵州工作站将进一步协助传承人、民间工匠能手以及非遗工坊创建快手、抖音等新媒体平台小店,积极探索贵州传统工艺营销新路径,促进传统工艺振兴。(贵州省非物质文化遗产保护中心)

6月10日 国务院公布第五批国家级非物质文化遗产代表性项目名录。国务院批准文化和旅游部确定的第五批国家级非物质文化遗产代表性项目名录(共计185个项目)和国家级非物质文化遗产代表性项目名录扩展项目名录(共计140个项目)。此次公布的325个项目覆盖全国31个省(区、市)以及新疆生产建设兵团、香港特别行政区、澳门特别行政区。其中,96个原国家级贫困县的103个非物质文化遗产项目,以及一批服务民生、惠及百姓的非物质文化遗产项目列入名录;7个原仅有1~2项国家级非物质文化遗产代表性项目的少数民族此次有8个项目列入名录,包括俄罗斯族、塔塔尔族、门巴族、独龙族等人口较少民族。此次国务院公布新一批国家级非物质文化遗产代表性项目名录，是贯彻落实习近平新时代中国特色社会主义思想的重要体现，对进一步推动国家级非物质文化遗产代表性项目名录体系建设、提高非物质文化遗产系统性保护水平、推动非物质文化遗产保护意识深入人心具有重要意义；有利于推动经济社会发展和服务国家战略，有利于增强中华优秀传统文化的生命力和影响力，推动中华优秀传统文化创造性转化、创新性发展。（中国政府网）

6月10日　内蒙古自治区"文化和自然遗产日"主会场活动启动仪式在鄂托克前旗马兰花广场举行。此次活动以"文物映耀百年征程"为主题，其间举办全区"文化和自然遗产日"展览展示、参观红色教育培训基地等一系列活动，让大众领略非遗底蕴、体味非遗匠心技艺、享受非遗保护成果，推动优秀传统文化不断实现创造性转化与创新性发展。（内蒙古自治区文化和旅游厅官网）

6月12日　2021年"文化和自然遗产日"四川省非遗宣传展示系列活动启动仪式在广元市举行。启动仪式以视频方式介绍了第二届"四川非遗购物节""云游四川·非遗影像展"和全省系列活动情况。非遗购物节重点突出线上推广，针对网络电商平台和网络传播规律，组织开展了非遗网店评选推荐、非遗美食分会场、非遗淘宝手艺人专场、非遗直播带货和系列新媒体培训等5项全省性线上活动。全省非遗购物节主会场设在广元昭化古城，集中展示展销非遗产品，配套开展非遗传承体验。各地结合"文化和自然遗产日"非遗宣传展示活动，在历史文化街区、景区、社区等场所，开展丰富多彩、形式多样的购物节线下活动。为更好地让广大人民群众共享非遗保护成果，主办方于6月11日晚在广元大剧院举办了"颂百年辉煌·承千年技艺"非遗惠民展演。演出以广元市非遗项目为主，精选全省藏、羌、彝、汉等各民族特色非遗项目，向广大市民和嘉宾献上了一台集传统音乐、传统舞蹈、传统戏剧等于一体，展示人民群众幸福生活的精彩节目。（四川省文化和旅游厅官网）

6月12日　传统工艺高质量发展座谈活动在上海市举办，会议总结"十三五"传统工艺振兴的经验做法，探讨推动传统工艺高质量发展的思路和举措。座谈活动上，上海市文化和旅游局局长方世忠、中国社会科学院荣誉学部委员刘魁立、中国艺术研究院工艺美术研究所所长邱春林、清华大学美术学院副院长方晓风、徽州漆器髹饰技艺国家级代表性传承人甘而可、松桃苗绣省级代表性传承人石丽平进行了交流发言。在党中央的坚强领导下，各相关部门和各级人民政府大力实施《中国传统工艺振兴计划》，形成了全社会合力推动、全行业共同发展的工作局面，我国传统工艺呈现发展振兴的新气象。（中国非物质文化遗产网）

6月12日　由新疆维吾尔自治区文化和旅游厅、乌鲁木齐市政府主办的2021年"文化和自然遗产日"暨第九届"新疆非物质文化遗产周"活动在乌鲁木齐市八路军驻新疆办事处纪念馆启动。此届新疆非遗周以"文物映耀百年征程"和"人民的非遗　人民共享"为主题，全疆各地结合工作实际和地域特点，举办革命文物展陈、百年党史专题图片展、"争做红色讲解员"、流动博物馆巡展、文物法规宣传咨询、非遗法宣传、非遗项目展演、传统技艺活态展示、非遗美食展、非遗购物节、非遗进景区进社区进学校、传承人群技艺大比拼等300余项文化遗产专题宣传活动。此次活动，全面展示新疆文化遗产保护成果，讲述文化遗产凝结中国共产党光荣历史、传承中华文明的百年故事，为文化遗产保护营造良好的社会氛围。（中国旅游新闻网）

6月15日　由文化和旅游部、香港特别行政区政府民政事务局主办，文化和旅游部民族民间文艺发展中心、宁夏回族自治区文化和旅游厅、香港特别行政区政府康乐及文化事务署承办的"根与魂——宁夏回族自治区非物质文化遗产线上展演活动"正式启动，将开展为期一个月的在线展演交流。此次活动以"黄河传情韵、非遗筑梦想"为主题，通过视频展播、专题讲座、互动体验等形式，向观众生动展示宁夏丰富的非遗资源和非遗保护成果。活动邀请宁夏八宝茶、贺兰砚的非遗代表性项目传承人和艺术名家进行专题讲座，还将采用"线上教学、线下体验"的形式，邀请100名香港市民亲身体验麻编制作，让香港民众充分领略宁夏非物质文化遗产的独特魅力，促进香港民众对中华优秀传统文化的了解和认同，加强内地与香港的文

化交流合作。（中国旅游新闻网）

6月17日　《中国非物质文化遗产大辞典》即将出版。为庆祝中国共产党成立100周年、《中华人民共和国非物质文化遗产法》颁布实施10周年，由湖北长江传媒崇文书局特邀文化学者、原文化部副部长王文章担任主编，由吕品田、罗微、李荣启任副主编，组织全国非物质文化遗产保护领域资深专家、31个省（区、市）非物质文化遗产保护中心相关同志共同参与编纂的《中国非物质文化遗产大辞典》将于2021年适时出版。该辞典全书280余万字、收录词条6500余条，主要涵括三部分内容。第一部分为名词术语；第二部分为国家级非物质文化遗产代表性项目词条；第三部分为国家级非物质文化遗产代表性项目代表性传承人词条。《中国非物质文化遗产大辞典》系统地阐释了非物质文化遗产相关概念、术语、理论、保护实践。（中国非物质文化遗产网）

6月21日　传统工艺贵州工作站"非遗"文创产品展示厅启动建设。传统工艺贵州工作站希望通过产品陈列展示的方式，营造传承和弘扬优秀传统文化氛围，全面展示贵州传统工艺振兴成果，打造贵州传统工艺品牌。传统工艺贵州工作站通过调研、培训等方式寻找发现和精选代表贵州高质量发展的传统工艺品、"非遗"文创产品进行展示。搭建传承人、"非遗"工坊、企业的交流平台，建成宣传贵州传统工艺的新窗口。传统工艺贵州工作站作为一个人才交换、设计创新、文化交流的集成平台，自成立以来，充分发挥工作站职能，对整合贵州资源优势、加大非遗项目研究力度、让传统工艺走进现代生活、促进产品升级、助推传统工艺振兴发挥重要作用。（贵州省非物质文化遗产保护中心）

2021年7~9月

7月3日　巴马瑶族"祝著节"活动在广西河池巴马瑶族自治县开展。"祝著节"是布努瑶同胞祭拜创世神母"密洛陀"的盛大节日，凝结了瑶族地区物质、精神、社会等层面的元素。2021年，瑶族"祝著节"被列入国家非物质文化保护遗产代表性项目名录。巴马瑶族"祝著节"是瑶族传统文化的结晶，是巴马绚丽多彩民族文化的一个缩影。近年来，巴马在加快建设国际长寿养生旅游胜地的同时，着力加强民族民俗文化保护工作，举办此次活动，旨在展示瑶族百年奋斗成果，展现瑶族民俗风情和文化魅力，推动"密洛陀"文化的深入挖掘、传承、保护和提升。（中国新闻网）

7月10日 由通辽市文化旅游广电局主办的"科尔沁非遗·传统美术展"在市乌力格尔艺术馆开展。此次展览，精选通辽地区最具特色的传统美术类非物质文化遗产代表性项目科尔沁皮雕画、版画、蒙古文书法、科尔沁刺绣、科尔沁服饰、皮影、剪纸、蒙古族图案、毛雕画等美术作品共130余幅（件），其中，包括通辽市铸牢中华民族共同体意识《党旗颂》蒙古文书法大赛中评选出的入围作品100幅。展览期间，该市文旅广电局利用这个平台不定期开展传统美术类研学、培训等活动，丰富青少年暑期生活和市民的精神文化生活。（内蒙古自治区文化和旅游厅官网）

7月17日 2021年拉萨藏戏非遗演出季圆满落幕。演出期间，从拉萨市各县区选调8支优秀民间藏戏队，240余名民间藏戏艺人为大家轮番呈现《朗萨雯蚌》《文成公主》《卓娃桑姆》等传统藏戏经典剧目。本次演出季共演出8场，每场约有3000人驻足观看，累计观众达2.4万人次。"藏戏演出季"活动作为一项普及拉萨非遗活态传承的文化惠民工程，2018年启动以来，已持续举办4届，有效推进了拉萨市非物质文化遗产活态传承，丰富了市民游客精神文化生活需求。（西藏自治区文化厅官网）

7月22日 西藏自治区群艺馆与国家图书馆开展人才战略合作。经国家图书馆和西藏自治区群众艺术馆（西藏自治区非物质文化遗产保护中心）友好协商，并于7月22日在北京签订协议。协议本着优势互补、合作共赢、互利互惠、共同发展的原则，在符合国家、西藏自治区法律、法规、政策的前提下，双方共同创造条件，积极开展多层次、多渠道、多形式的人才战略合作。首次合作主要有以下两个方面：一是开展专题线上培训，加强人才队伍培训。国家图书馆社会教育部（中国记忆项目中心）将于2021年下半年对西藏非遗保护工作者及相关实施团队进行专题培训，帮助系统学习传承人记录工作的核心要领，培养一批业务能力强、职业素养高的非遗保护专业人才。二是设立援藏对口联系部门及联系人制度。双方积极完善援助及合作机制，加强信息沟通，设立非遗人才援藏对口联系部门及联系人制度，推动落实各项援助及合作措施。（西藏自治区文化厅官网）

7 月 24 日　中国非物质文化遗产保护协会非遗数字专业委员会成立大会在云南大理召开。数字化正在加速改变非遗的文化生态和保护方式，在推动中华优秀传统文化创造性转化、创新性发展中发挥着越来越重要的作用。非遗数字专委会要紧紧围绕国家战略，站在时代前沿，发挥自身优势，对接好、聚焦好、服务好文化和旅游部党组关于非遗系统性保护的部署安排；要守正创新，把非遗保护传承摆在首位，推动中华优秀传统文化创造性转化、创新性发展；要服务会员，通过数字技术手段提升会员和非遗人的影响力，为会员和非遗人创造更多学习机会，提供更多创新途径，让会员和非遗人有实实在在的获得感、荣誉感。大会召开前，组织召开了非遗数字专委会会员大会以及第一次委员会，审议通过了《中国非物质文化遗产保护协会非遗数字专业委员会管理办法》《中国非物质文化遗产保护协会非遗数字专业委员会选举办法》，选举产生了非遗数字专委会委员及其负责人。中国数字文化集团党委书记、执行董事、总经理代柳梅当选为该委员会主任。（内蒙古自治区文化和旅游厅官网）

7 月 30 日　以"多彩非遗　薪火相传"为主题的 2021 年"非遗进校园"实践案例征集展示活动正式启动。面向全国征集"非遗进校园"实践案例和"非遗进校园"优秀传承人。此次活动分为启动征集、集中评议、结果发布、集中宣传等阶段。网络征集截止到 2021 年 8 月底。征集对象包括某一地市或县区整体部署推进"非遗进校园"工作的综合性实践案例、展览展示展演等活动类实践案例、以校本课程为代表的课件教材等理论研究类实践案例、以网络新媒体传播为代表的新媒介产品类实践案例和其他形式的"非遗进校园"实践案例，以及在所参与的"非遗进校园"实践案例中发挥重要作用、做出突出贡献、取得显著成绩的非遗项目传承人。活动组织方将从征集到的"非遗进校园"实践案例和非遗项目传承人中，遴选出 2021 年

"非遗进校园"优秀实践案例、2021年"非遗进校园"创新实践案例和2021年"非遗进校园"优秀传承人，并进行网络集中展示。（中国青年网）

7月30日 为了传承和弘扬中华民族优秀传统文化，加强非物质文化遗产保护、保存工作，根据《中华人民共和国非物质文化遗产法》等有关法律、行政法规，结合自治区实际，宁夏回族自治区人民代表大会常务委员会修订了《宁夏回族自治区非物质文化遗产保护条例》。（宁夏回族自治区文化和旅游厅官网）

8月12日 为进一步加强非物质文化遗产保护工作，中共中央办公厅、国务院办公厅印发《关于进一步加强非物质文化遗产保护工作的意见》，主要包含五部分内容：总体要求、健全非物质文化遗产保护传承体系、提高非物质文化遗产保护传承水平、加大非物质文化遗产传播普及力度、加强保障措施。（文化和旅游部官网）

8月16日 黄姚古镇御豉文化体验馆开展"非遗文化研学行，你我传承爱国情"系列活动，以自治区级非遗黄姚豆豉为基础，开展系列体验活动，形成"非遗+旅游"新业态发展模式，助力黄姚古镇创建国家5A级旅游景区。为了让游客更好地了解当地文化，御豉文化体验馆免费对游客开放非遗研学、展示、展演等项目，将非物质文化遗产黄姚豆豉做成可看、可玩、可吃、可体验的店铺项目，让非物质文化遗产鲜活可见。此次开放御豉文化体验馆，不仅有助于促进中华优秀传统文化的有序传承，彰显古镇千年底蕴，还能有效推进文化和旅游产业融合发展，在坚持文化传承和创新的同时，通过举办形式多样的活动，做好文化的凝练与显化。（广西壮族自治区文化和旅游厅官网）

9月18日 《文化和旅游部办公厅关于公布第五批国家级非物质文化遗产代表性项目保护单位的通知》发布。按照《国家级非物质文化遗产保护与管理暂行办法》，经过推荐、评审和公示等程序，文化和旅游部认定445家单位为第五批国家级非物质文化遗产代表性项目保护单位。明确各地文化和旅游行政部门要以习近平新时代中国特色社会主义思想为指导，按照《中华人民共和国非物质文化遗产法》和中共中央办公厅、国务院办公厅印发的《关于进一步加强非物质文化遗产保护工作的意见》要求，坚持以社会主义核心价值观为引领，贯彻"保护为主、抢救第一、合理利用、传承发展"的工作方针，加强管理，指导、监督各保护单位认真做好国家级非物质文化遗产代表性项目保护工作。（文化和旅游部官网）

9月23日　贵州省非物质文化遗产保护工作者业务培训班在贵阳召开。全省各市（州）、县（市、区）100余名非遗工作者参加了此次培训。为期两天的培训，课程设置丰富，紧紧围绕两办《关于进一步加强非物质文化遗产保护工作的实施意见》、非遗就业工坊建设及乡村振兴融合发展、新媒体时代的非遗传播等方面的内容，有基础理论的深入探讨，也有实际操作的具体讲解，极具针对性和实效性。为各市（州）、县（市、区）的非遗保护工作者提供了一个学习交流的平台，进一步提高非物质文化遗产工作队伍的工作能力和水平，为深化非物质文化遗产保护，传承弘扬中华优秀传统文化奠定基础。（贵州省文化和旅游厅官网）

9月27日　宁夏黄河流域非遗保护传承培训班在银川举办。来自全区文化旅游局、文化馆、非遗中心、保护传承基地（工坊）、项目责任保护单位、非遗与旅游融合发展项目实施单位、部分旅游景区负责人，国家级、自治区级代表性传承人和非遗保护研究专家代表等共150人参加培训。培训班主要内容有非物质文化遗产保护政策解读、非遗评估制度建设与动态管理、非遗保护与文旅融合发展、非遗推广的短视频思维等政策性、理论性、实操性、针对性都很强的课程。培训通过精彩的专题讲座、系统辅导、问题解答、非遗产品观摩和学员的交流发言等多种方式进行。培训班进一步阐明非遗保护工作的新要求、非遗保护发展的最新理论成果，启发各位学员抢抓非遗保护与文旅融合发展新机遇，提高非遗产品推广和市场化转化能力，为助力乡村振兴战略、打造黄河流域生态保护和高质量发展先行区添力赋能。（宁夏回族自治区文化和旅游厅官网）

9月27日　广西非遗代表性项目进驻广西（黄姚）非遗特色小镇交流洽谈活动在黄姚古镇举行。活动期间，与会人员参加了交流洽谈推介活动，现场参观考察了非遗特色小镇的建设情况及业态铺设规划。此外，活动还举行了非遗项目入驻非遗小镇签约仪式，与会人员纷纷表达了强烈的合作意向，当天就有32家非遗企业代表签订了入驻意向书。广西（黄姚）非遗特色小镇是联合国促进少数民族文化旅游发展的一个重要检测点，也是广西第一个由自治区文旅厅批复设立的先行试点非遗特色小镇，将为黄姚古镇创建国家5A级旅游景区增加夜游特色产品，助力黄姚古镇建设成为贺州市"农文旅 粤桂融"乡村振兴示范区，不断促进贺州市文化旅游融合高质量发展。（广西壮族自治区文化和旅游厅官网）

2021年10~12月

10月8日 2021年西藏自治区非遗传承人群普及培训班开班。2021年第六期藏族唐卡非遗传承人群普及培训班、第一期金属锻造技艺非遗传承人群普及培训班在拉萨正式开班。此次培训班为期1个月，将采取集中学习、讨论交流、现场观摩相结合的方式进行。2016年实施中国非物质文化遗产传承人群研修研习培训计划以来，西藏自治区文化厅已联合西藏大学举办了唐卡、传统雕塑、藏戏共9期传承人群普及培训班，参训学员306人，为提高非遗传承人群的思想认识、增强非遗保护传承的责任感和使命感、提升再创造能力和水平等方面发挥了积极作用。（西藏自治区文化厅官网）

10月9日 文化和旅游部、教育部、人力资源和社会保障部印发《中国非物质文化遗产传承人研修培训计划实施方案（2021—2025）》。2015年"中国非物质文化遗产传承人群研修研习培训计划"实施以来，完成了"十三五"培训传承人群10万人次的目标任务，形成了较为明确的教学体系、工作规范和管理方式，有效调动了院校参与非物质文化遗产保护工作，为非遗保护引入了重要力量。2021~2025年，"中国非物质文化遗产传承人群研修研习培训计划"更名为"中国非物质文化遗产传承人研修培训计划"。《中国非物质文化遗产传承人研修培训计划实施方案（2021—2025）》提出三点：2021~2025年，三部门围绕国家级非遗代表性项目组织实施研修培训任务，培训学员不少于1万人次；围绕"十四五"非遗保护重点工作，配合乡村振兴等国家重大战略，重点开展传统工艺、传统表演艺术类非遗项目的研修培训，同时探索民间文学、民俗等非遗项目的试点工作；文化和旅游部将组织各省级文化和旅游行政部门，根据各地区"十四五"研培工作需要和非遗保护实际情况，制定本地区的"十四五"研培计划方案。（文化和旅游部官网）

10月12日　广西壮族自治区文旅厅召开《广西关于进一步加强非物质遗产保护工作的实施意见》讨论会。会议深入探讨和评审了《广西关于进一步加强非物质遗产保护工作的实施意见》（初稿）的全部内容，强调相关单位必须深刻领会中央《关于进一步加强非物质遗产保护工作的意见》精神，对标对位抓好广西的贯彻落实，推动广西非物质文化遗产保护工作深入开展。会议强调，接下来在完善《广西关于进一步加强非物质遗产保护工作的实施意见》的过程中，全区各相关部门要始终以问题为导向，"问需于朝野"，多向基层征求保护性意见，面对广西目前的非遗保护现状有针对性地制定措施，面向非物质文化遗产的未来补足广西非遗保护工作中存在的短板。与此同时，出实招出硬招，保证资金投入和项目支持力度，支持、引导和规范社会力量参与非遗保护工作，形成有利于保护传承的体制机制和社会环境。（广西壮族自治区文化和旅游厅官网）

10月14日　对口援疆19省市文化和旅游厅（局）共同协办的"新疆是个好地方——对口援疆19省市非物质文化遗产展"在乌鲁木齐市新疆美术馆开幕。此次展览以"文化的瑰宝·人民的非遗"为主题，设援疆19省市非遗项目展、新疆非遗项目展两大板块，共计展出209项非遗代表性项目。新疆非物质文化遗产种类多样、内容丰富，以其丰厚的文化内涵见证了各民族广泛交往、全面交流、深度交融的真实历史，印证了多元一体中华文化在新疆兼容并蓄、交相辉映的发展脉络。此次展览必将进一步促进新疆与兄弟省份的交流互助，进一步讲好美丽新疆故事，对传承弘扬中华优秀传统文化、发展社会主义先进文化、铸牢中华民族共同体意识发挥积极作用。（中国旅游新闻网）

10月27日　文化和旅游部办公厅下发《关于开展国家非物质文化遗产

馆藏（展）品征集工作的通知》。中共中央办公厅、国务院办公厅印发的《关于进一步加强非物质文化遗产保护工作的意见》强调，要"统筹建设利用好国家非物质文化遗产馆"。建设好国家非物质文化遗产馆，做好国家非物质文化遗产馆藏（展）品征集和展陈工作，对于进一步提高该国非物质文化遗产的可见度、影响力，营造全社会共同参与非物质文化遗产保护的浓厚氛围，满足人民群众日益增长的美好生活需要具有重要意义。为进一步推进国家非物质文化遗产馆建设，面向全国开展非物质文化遗产藏（展）品征集工作。（文化和旅游部官网）

10月27~28日 日喀则市群众艺术馆开展"高雅艺术"暨"非遗传统文化"进社区、进校园活动。日喀则市群众艺术馆邀请白朗县嘎东镇藏戏队赴日喀则市桑珠孜区卡热社区、扎西吉彩社区、德勒社区、加措雄乡希望小学，开展为期2天的"高雅艺术"暨"非遗传统文化"进社区、进校园演出活动。活动中藏戏队演员们身着华丽戏服，鼓声响起，用嘹亮的唱腔、古朴的面具，给社区居民们表演藏戏"诺桑王子"。在甲措雄乡希望小学开展进校园活动，通过"表演+传习+知识普及"的形式，普及藏戏的起源历史、服饰种类以及蓝面具藏戏在日喀则的分布情况。此次共演出4场，观众达到1200余人次。日喀则市群众艺术馆开展"高雅艺术"暨"非遗传统文化"进社区、进校园活动对进一步保护与传承藏戏文化遗产、弘扬民族精神，增强中华民族的凝聚力和向心力具有重要意义。（西藏自治区文化厅官网）

10月29日 2021"中国非遗年度人物"推选宣传活动在京启动。2021年的推选宣传活动将聚焦2021年度重要非遗传承实践，总结各地因地因事制宜、创造性地开展非遗保护工作的成效和经验，展现广大非遗人孜孜不倦的坚守和探索，以推动全社会对非遗保护事业的关注。在此过程中，《光明日报》及其所属媒体平台将以文字、视频、直播、访谈、对话等多样化方式，记录非遗传承人的传承故事，宣传非遗保护的"中国经验""中国方案"，为非遗保护和传承创造良好的舆论氛围。（光明网）

11月9日 藏族木刻雕版印刷技艺成果展成功举行。"非遗+扶贫"藏族木刻雕版印刷技艺项目成果展在西藏雪堆白技工学校开展。展览主要由参训学员木刻雕版作品、木刻雕版衍生文创产品、木刻雕版印刷作品等几大主题组成，有吉祥符号系列、故事系列、日用品系列、车辆摆件、家庭摆饰系列及年历雕版印刷品系列、古雕版印刷品系列等十几个系列，共400余件木刻雕版作品参展。成果展展示了培训学员代表性作品、文创研发产品及古木刻雕版作品等，以需求为导向、以文化挖掘为基础、以产品为载体、以创意设计为核心，促进了藏族木刻雕版技艺从"遗产"到"资源"的当代应用性价值转换，展现了西藏民间工艺的包容性、自由性、朴素性、复合性以及文化性。（西藏自治区文化厅官网）

11月22日　拉萨市文成公主文化风情园景区入选第一批国家级夜间文化和旅游消费集聚区。文成公主文化风情园景区位于拉萨市中国西藏文化旅游创意园区内，被誉为"看得见布达拉宫的窗口"。该项目以传承、保护、创新、发展西藏非物质文化遗产为重点，成功打造了以文化、旅游、演艺为核心，创新、创意为驱动的文化和旅游聚集区，形成了"一剧、一街、一园"三位一体的夜间文化和旅游产业聚集共融发展模式。该园区以《文成公主》文化大型史诗剧为核心，联袂打造的《金城公主》舞台剧，有效推动了拉萨文化和旅游的发展，为市民游客提供丰富夜间休闲体验场所，各类文商旅企业近80家相继入驻，辐射带动周边夜间经济年产值超10亿元。（西藏自治区文化厅官网）

11月23日　"礼制衣承——布依族服饰展"在贵州省非物质文化遗产博览馆·非遗工坊开幕。为积极响应和落实文化和旅游部制定的《"十四五"非物质文化遗产保护规划》，该展览依托《布依族服饰》项目保护传承而开展。该展览由布依族第一、第二、第三土语区的25件（套）布依族服饰展（藏）品、52幅布依族各地区生活影像、布依族服饰培训部分成果、衍生文创产品、布依族服饰宣传片以及布依族服饰传承人现场展示等组成。希望借助展览、展示展演、影像传播，让更多的人了解布依族服饰文化，从而加入布依族服饰项目保护、传承与发展的队伍。（贵州省非物质文化遗产保护中心）

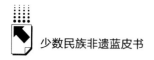
11 月 25 日　"2021 年度国家级、内蒙古自治区级非遗代表性传承人签订目标责任书、发放传习补贴仪式暨座谈会"在呼和浩特市举办。内蒙古自治区文化和旅游厅、内蒙古自治区艺术研究院相关领导、负责人及 70 余位国家级、自治区级代表性传承人参加了会议。会上，内蒙古自治区相关负责人对国家级、自治区级非遗代表性传承人的认定和管理、考核与评估以及非遗传承人群的研修、研培计划等方面进行了具体的讲解，并为 4 位新晋的第七批区级传承人颁发了传承人挂徽、绶带及证书。（内蒙古自治区文化和旅游厅官网）

12 月 1 日　"2021 年贵州技能大赛——非遗技能大赛决赛"在黔东南州雷山县西江千户苗寨开幕。此次大赛以"尊重优秀传统文化、坚守工匠精神、激发创造活力"为原则，大赛共设银匠工组、剪纸工组、苗绣工组、蜡染工组、芦笙制作工组等五个竞赛组别。大赛自启动以来，有来自全省各地喜爱、从事相关组别非遗文创的工艺美术大师、高校学生、非遗传承人等共计 266 名选手报名参赛，经评审专家对参赛选手作品的主题明确、特色突出、技艺水平、艺术水平等四个维度，同时兼顾不同地区不同工艺及同一地区不同作品进行认真比对、精心比选，最终评选出 113 名选手进入决赛。这进一步提升了手工艺人的设计水平和能力，加强了非遗保护工作，推动了非遗助力乡村振兴，非遗创造性转化、创新性发展，激发了非遗创意设计活力，使非遗更好地融入现代设计、融入当代生活，丰富了非遗旅游商品形式，充分展示了非遗助推旅游产业化高质量发展、传承和弘扬中华民族优秀传统文化的重要作用。（贵州省文化和旅游厅官网）

12 月 6 日　"苗绣兴乡"梵净山贵州松桃世界遗产地新三年计划开启，为期 15 天的非遗可持续生计培训班在松桃启动。15 名非遗扶贫带头人、业务骨干、留守妇女、易地搬迁户、当地村民等将学习中央政策法规、非物质文化遗产保护与传承、当代产品设计和非遗文创等领域的专业知识，前往传统工艺工作站、文创园以及项目试点村等地进行文化考察。在此基础之上，未来几年松桃将深入开展能力建设、试点村规划、文化交流等工作，充分发挥松桃丰富多样的文化资源优势，提升非遗融合创意设计能力，支持探索文旅融合路径，实现以文化驱动的可持续、高质量发展。2021年，随着"中国世界遗产地保护和管理"项目四期的启动，联合国教科文组织紧扣中国"十四五"时期乡村振兴战略和联合国对华可持续发展合作框架2021—2025中"以人为本，共同繁荣"重点领域，将松桃苗绣可持续生计活动升级为"苗绣兴乡"。这项试点活动的目标超越了经济增长和减少贫困，旨在帮助松桃受益于以文化为导向的高质量发展。（贵州省非物质文化遗产保护中心）

12月10日　云南省非物质文化遗产代表性项目代表性传承人培训活动成功举办。来自全省16个州（市）和2个省直单位的133位省级非遗代表性传承人和非遗工作者参加了培训。活动中，培训班学员进行了歌舞乐交流，开展了非遗业务知识培训，实地考察了大理传统工艺工作站大理基地、大理传统工艺工作站剑川基地、中央美院驻剑川传统工艺工作站、大理传统工艺工作站鹤庆基地、鹤庆银器艺术小镇、传习所、非遗馆，通过多种形式深入贯彻习近平总书记关于非物质文化遗产保护的重要指示精神，进一步推动全省非物质文化遗产保护传承工作，提升非遗工作者和传承人综合素养。（云南省非物质文化遗产保护网）

12月11日　全国非物质文化遗产名词审定委员会（以下简称"全国非遗名词委"）成立大会暨第一次工作会议在线上召开。大会公布了全国非遗名词委委员名单。大会还讨论并通过了《非物质文化遗产知识体系研究报告》《全国非物质文化遗产名词审定委员会章程》《机构组建方案及分工安排》《非物质文化遗产名词审定原则及方法》等相关文件。全国非遗名词委由全国科学技术名词审定委员会授权成立，在全国科学技术名词审定委员会的具体指导下，常态化开展我国的非遗名词审定工作。（中国非物质文化遗产网）

12月15日　四川传统工艺"激活·衍生"系列活动之"羌音灵绣——羌绣创新传承展"于成都IFS国际金融中心艺术廊开幕。此次展览以羌族深厚的民族传统文化为底色，展示了羌绣传承人和设计师共同创新衍生的当代羌绣华彩乐章。展览以"设计"构架传统民族文化元素与当代时尚生活桥

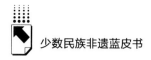

梁，通过"羌绣故事讲述""经典羌绣作品展览""羌绣设计创新作品展示""主题概念装置互动""羌绣主题纪录片展播"等观展方式，推出独家羌绣设计创新产品与衍生品，将灵韵羌绣融入时尚体验空间与时尚生活方式，为本土原创设计与多元审美文化贡献力量。（四川省文化和旅游厅官网）

12 月 28 日 第五届中国纺织非物质文化遗产大会暨多彩贵州苗绣系列活动在贵阳举行。此次大会发布了《2020/2021 中国纺织非物质文化遗产发展报告》《"十四五"纺织非物质文化遗产工作行业性指导意见》，举行了贵州苗绣协会授牌仪式，进行了专家分享、项目对接、合作签约、全国纺织非遗苗绣精品展、2021 年文化创意设计活动大赛作品展。"第五届中国纺织非物质文化遗产大会暨多彩贵州苗绣系列活动"顺利开展，对推动传统元素现代表达，打造"多彩贵州——苗绣、绣娘"等系列品牌，大力发展乡村振兴工厂、锦绣计划巧手致富基地、绣娘工坊等市场主体，积极助力乡村振兴具有重要意义。（中国新闻网）

12 月 29 日 第二批西藏非物质文化遗产进校园示范基地专家评审会顺利召开。西藏自治区第二批非遗进校园示范基地申报工作由自治区文化厅联合自治区教育厅于当年 7 月向各地发文，各地结合实际，共申报了 41 所学校。会议通报了各地（市）第二批西藏非物质文化遗产进校园示范基地申报情况和地（市）申报材料的初审情况。汇报了对提交会议评审的学校性质、所传承的非遗项目、实地抽查等情况。与会专家参照评审标准，本着公平、公正的原则，采取审查资料和现场提问的方式进行了严格评审，并提出了专业评审意见。评选第二批西藏非物质文化遗产进校园示范基地，进一步加大了非物质文化遗产传播普及力度，对持续推进"非遗进校园"常态化、规范化具有重要意义。（西藏自治区文化厅官网）

Abstract

The intangible cultural heritage of ethnic minorities (hereinafter referred to as "ICH") is an important component of China's intangible cultural heritage. It is invaluable but endangered. In recent years, salvage protection, as one of the important ways to protect intangible cultural heritage, has achieved significant results in intangible cultural heritage census, recording, establishment of intangible cultural heritage lists and inheritor lists. However, with the continuous aging of representative inheritors, the inheritors of intangible cultural heritage are facing the dilemma of lacking successors. Coupled with the modernization of production and lifestyle, the cultural ecological environment on which intangible cultural heritage depends for survival has quietly changed. Therefore, there is still a long way to go in the rescue and protection of intangible cultural heritage projects and inheritors. It is of great practical significance and academic value to explore ways and methods to further improve the rescue and protection of intangible cultural heritage of ethnic minorities, which also helps to preserve China's excellent cultural memory.

This book consists of eight parts.

The first part is the general report. By combing the historical practice and achievements of intangible cultural heritage protection, this report sorts out the problems faced by China's rescue protection of intangible cultural heritage of ethnic minorities, such as the impact of modernization and urbanization, threats to living spaces, failture to strengthen inheritance and innovation, and insufficient project protection. It advocates great importance to the construction of cultural ecology reserves and the establishment of "Four Advancement" normalization system for intangible cultural heritage. It also encourages science and technology to stimulate the vitality of intangible cultural heritage regeneration. In addition, establishing a

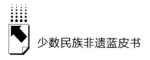
list of intangible cultural heritage protection projects can also help to promote the high-quality development of China's intangible cultural heritage protection and inheritance.

The second part is regional reports, based on different regions, mainly analyze the overview of representative intangible cultural heritage protection projects in regions such as Guangxi Zhuang Autonomous Region and Zhangjiachuan Hui Autonomous County. It also explores the temporal changes in the vitality of intangible cultural heritage protection in Yunnan Province. Pointing out the current problems of Guangxi's intangible cultural heritage projects, such as weak identification, lack of rich forms of intangible cultural heritage education and display, inflexible use of new media, and scattered spreading content, this report proposes suggestions for promoting the inheritance and protection of intangible cultural heritage through internal and external cooperation, innovating external publicity methods, and assisting in the effective dissemination of Guangxi's intangible cultural heritage. Zhangjiachuan Hui Autonomous County still faces issues such as the aging of inheritors, insufficient funding and a lack of professional staff in the protection work. Suggestions are proposed to strengthen the protection of inheritors, increase publicity efforts, and focus on project application. In terms of the theory of intangible cultural heritage and native land protection, it is believed that the vitality of intangible cultural heritage protection in Yunnan Province is on the rise, but the overall level is relatively low. Suggestions are proposed to enhance the vitality of intangible cultural heritage protection in multiple dimensions, improve the overall quality, attach importance to financial supports to improve funding efficiency, strengthen government leadership, and highlight local characteristics.

The third part is about special topics. It mainly discuss the protection of representative intangible cultural heritage projects of the Yao and Bai ethnic groups, as well as the important role of intangible cultural heritage of ethnic minorities in promoting and strengthening the awareness of the Chinese national community. There are some urgent problems such as the absence of special laws and regulations and the aging of inheritors in the protection of the intangible cultural heritage of the Yao people. Suggestions are put forward, such as issuing special laws and regulations for the intangible cultural heritage of the Yao people, strengthening the construction of talent teams, strengthening the linkage between regions, and actively establishing the "intangible cultural heritage +" protection mode. There are also some problems in the protection of intangible cultural heritage of the Bai ethnic group, such as unclear project classification, changes in the spiritual core of intangible cultural heritage and modern values. Suggestions are proposed to increase the depth and organization of intangible cultural heritage projects, effectively develop and cultivate new groups of intangible cultural heritage. In terms of ethnic education, the value orientation of intangible cultural heritage inheritance in promoting the cultivation of Chinese national community consciousness education is analyzed, and suggestions are put forward to connect intangible cultural heritage with patriotism education, national unity and progress education, and the cultivation of Chinese national community consciousness education. It also analyzes the impact of Yi (Sani) embroidery inheritance on human intellectual and non-intellectual factors. It proposes to inherit excellent traditional ethnic culture, cultivate the "Five Identities" ideology, and enhance the global competitiveness of Chinese culture. In terms of folk song art, this report analyzes the important role of folk songs in promoting exchanges among ethnic groups, enhancing cultural self-confidence of ethnic groups and promoting cultural identity of ethnic groups. It also puts forward suggestions such as clarifying the context of "Flowers", focusing on training relevant talents, and innovating folk song art forms. In terms of cultural confidence, it holds that intangible cultural heritage of ethnic minorities, as a representation medium for national confidence, has dual significance in reconstructing a new global cultural ecosystem where diverse artistic styles and emotional exchange mechanisms coexist and thrive.

The fourth part is about oral tradition and forms of expression. It mainly discusses the inheritance and development of Wuding Yi drinking songs, Dong folk music, Xinjiang minority folk literature and the field research of folk instruments in southwest ethnic areas. The inheritance status of the Yi ethnic drinking songs in Wuding is reflected from four dimensions: individual, family, society, and school. It advocates to cultivate inheritors of Yi ethnic drinking songs through the education at the level of family, school and society. Dong ethnic folk music has gone through the stages of birth before the Tang Dynasty, the formation in the Tang, Song, and Yuan

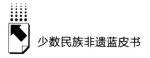
dynasties, the prosperity in the Ming and Qing dynasties, the transformation in the Republic of China period, and the diversified development since the establishment of China. In the process of history, Dong ethnic folk music highlights its self-identity and cultural characteristics of learning from others. In terms of field investigations, this report elaborates on the distribution characteristics and classification of ethnic musical instruments in southwestern China, and summarizes the current situation of high-level scientific research projects related to ethnic musical instruments in southwestern China, a lack of systematic field investigations, and a lack of research on ethnic musical instruments in cross-border regions. With the assistance of anime media, "Avanti" has established an artistic image among various youth groups through changes. In the future, a complete library of ethnic minority folk literature resources should be established, and an industrial chain centered on anime media development should be improved to promote the innovative development of intangible cultural heritage IP.

The fifth part is about performing arts. Mainly discussing the inheritance status and problems of Dilong Lanterns in Laifeng County, Tibetan traditional and Uyghur traditional sports, this part proposes various development strategies. In the inheritance and development of the local dragon lanterns in Laifeng County, there are some problems such as the lack of ritual subjects, the decline of ritual space, and the lack of value identification. Therefore, it is necessary to improve the heterogeneous organizational structure of local dragon lantern folk rituals and cultural performances. Geng-dance is of rich diachronic and synchronic value. However, in its inheritance, there are some problems such as low degree of digital achievement transformation, unclear continuity of policy implementation, and lack of endogenous motivation for resource transformation. We should improve digital information, implement protective measures, and accelerate the linkage between industry, academia and research centers. Uyghur Dawazi, with its inherent performance characteristics and historical and cultural values, needs to be protected from the aspects of regional coordination, creative transformation and dissemination of digital media, and regional culture and tourism industry systematization development.

The sixth part is about traditional knowledge, practice and handicrafts. It mainly discusses the modern development of traditional medicine, sand therapy, traditional clothing, as well as the heritage characteristics of traditional handicrafts and their role in promoting rural revitalization. In recent years, with the help of technology, sand therapy has gradually shifted from outdoor to indoor and moved towards a larger scale. It is proposed to actively promote the coordinated development of traditional techniques and the healthcare industry, extend the industrial chain, and enhance the awareness of property rights protection. The inheritance and development of traditional clothing are influenced by the dilution of national traditional culture, the reduction of application scenarios, and the lack of successors. It is believed that corresponding development strategies should be explored from the aspects of government guidance, public support and innovative development. Traditional handicraft intangible cultural heritage has distinct "heritage" characteristics in terms of time, space, and material carriers. The cultural, artistic, economic, and ecological factors contained in the traditional handicrafts of Huayao have inherent compatibility with the driving force of rural revitalization. It is necessary to formulate protection and inheritance policies, use scientific and technological means, and organize social forces to jointly participate, which can promote its integration with culturally creative industries, tourism industries and the construction of characteristic villages.

The seventh part is about learning experience. Mainly summarizing the protection experience of endangered traditional crafts in Japan, this part believes that the protection work of endangered traditional crafts in Japan has provided us some experience in policy support, institutional design, development concepts, management systems and other aspects, which has great significance for China's endangered intangible cultural heritage protection work.

The sixth part is the appendix, annotating the important governmental or academic events closely related to the intangible cultural heritage of ethnic minorities in 2021.

Keywords: Ethnic Minorities; Intangible Cultural Heritage; Rescue Protection

Contents

I   General Report

Abstract: Intangible cultural heritage is an important component of China's excellent traditional culture, created by humans in their production and life practices, and has significant cultural and economic value. Strengthening the inheritance and protection of intangible cultural heritage plays an important role in enhancing national cultural confidence, enhancing national cultural soft power, and strengthening the awareness of the Chinese national community. China attaches great importance to the protection of intangible cultural heritage, and research on the protection of intangible cultural heritage of ethnic minorities has also become an important topic. Through sorting out the historical practice and achievements of the protection of intangible cultural heritage, this report finds that the rescue protection of intangible cultural heritage of ethnic minorities in China has many problems, such as the impact of modernization and urbanization on intangible cultural heritage, threats to the Lebensraum of intangible cultural heritage, the need to strengthen the inheritance and innovation of intangible cultural heritage, and insufficient protection of intangible cultural heritage projects. It is urgent to explore the rational use of intangible cultural heritage resources, attach importance to the construction of cultural ecology protection areas, and establish the normalization system of "four advances" of intangible cultural heritage, By utilizing science and technology to stimulate the vitality of intangible cultural heritage regeneration, establishing a list of urgently needed intangible cultural heritage protection projects, and promoting the classification and implementation of intangible cultural heritage projects, we can achieve high-quality development of China's intangible cultural heritage protection and inheritance work.

Keywords: Intangible Cultural Heritage; Salvage Protection; Classification Protection

Ⅱ Regional Reports

B.2 Report on the Protection and Development of Intangible

Cultural Heritage in Guangxi Zhuang Autonomous Region

Liu Mingwen, Zhang Xiang and Mou Lan / 028

Abstract: In recent years, relevant departments of Guangxi Zhuang Autonomous Region have actively introduced corresponding policies, constantly explored practical measures for the inheritance and protection of intangible cultural heritage, and innovated the forms of inheritance and protection. This report combs the situation of representative projects and inheritors of intangible cultural heritage at the national and district levels in Guangxi Zhuang Autonomous Region, summarizes the contemporary practical experience gained by Guangxi Zhuang Autonomous Region in the inheritance and protection of intangible cultural heritage, and points out that the intangible cultural heritage projects in Guangxi have some practical problems, such as weak awareness of identity, simple forms of intangible cultural heritage education and display, inflexible use of new media, and scattered communication content. It also puts forward suggestions on promoting the inheritance and protection of intangible cultural heritage, innovating external publicity methods,

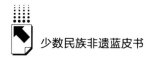
aiming to help the effective dissemination of intangible cultural heritage in Guangxi.

Keywords: Guangxi Zhuang Autonomous Region; Intangible Cultural Heritage; Intangible Culture Heritage Education

B.3 Report on the Protection and Development of Intangible Cultural Heritage in Zhangjiachuan Hui Autonomous County

Yang Yufeng / 047

Abstract: Zhangjiachuan Hui Autonomous County has a long history. In the long-term production and living practice, Zhangjiachuan villagers have jointly created rich cultural achievements and embraced unique intangible cultural heritage resources. At present, Zhangjiachuan Hui Autonomous County has made some achievements in the protection of intangible cultural heritage based on the government's introduction of laws and regulations to protect intangible cultural heritage, achieving the establishment of intangible cultural heritage inheritance bases, the holding of training classes for intangible cultural heritage inheritors, the promotion of intangible cultural heritage inheritance on campus, and the publication of intangible cultural heritage protection. However, in the protection, there are still some problems to be solved, such as the aging of inheritors, insufficient capital investment, and lack of professional staff. This report believes that the long-term development of intangible cultural heritage protection in Zhangjiachuan Hui Autonomous County can be promoted by strengthening the protection of inheritors, strengthening publicity, and focusing on project application.

Keywords: Zhangjiachuan Hui Autonomous County; Representative Projects; Inheritors

B . 4   The Chronological Changes of the Intangible Cultural Heritage

Protection Vitality in Yunnan Province

— *the Innovation of Intangible Cultural Heritage Protection*

and Utilization in Minority Areas

Zhang Jinlong , Gao Wei and Li Lin / 063

Abstract: The protection of intangible cultural heritage is an important ethnic task for the party and the state. Enhancing the vitality of intangible cultural heritage protection plays a positive role in improving the level of intangible cultural heritage protection in ethnic minority areas and promoting the healthy development of ethnic culture. In this report, an evaluation index system composed of two first-level indicators and eight second-level indicators is constructed by taking the protection vitality of intangible cultural heritage as the object. Based on the principal component analysis method, the comprehensive index of the protection vitality of intangible cultural heritage in Yunnan Province from 2011 to 2020 is analyzed. The calculation results show that in the past 10 years, the vitality of intangible cultural heritage protection in Yunnan Province has shown an upward trend, but the overall level is relatively low. Multi-dimensional influence factors have obvious effects on the vitality index. In the vitality of intangible cultural heritage protection, the overall protection, government-business relations and financial investment are highlighted in a positive trend. The study proposes the following countermeasures: the vitality of intangible cultural heritage protection should be enhanced from multiple dimensions. The overall quality of intangible cultural heritage protection should be enhanced. Coordination among various departments should be strengthened to manage and control the structural risks of intangible cultural heritage protection. Efficiency of capital utilization and the dominance of the government need to be highlighted to show the local characteristics and innovations of intangible cultural heritage protection.

Keywords: Inhabited Areas of Ethnic Minorities; Intangible Cultural Heritage Protection Vitality; Yunnan Province

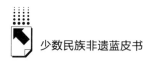
Ⅲ   Special Topic

B.5   Report on the Protection and Development of Yao's

Intangible Cultural Heritage   *Fu Min*, *Wang Hang* / 078

Abstract: The intangible cultural heritage of the Yao nationality is the collective wisdom crystallization formed by the ancestors of the Yao nationality in the social production and life practice. The study of the intangible cultural heritage of the Yao nationality has important historical and practical significance for the protection and inheritance of the Yao culture. This report combs the national and provincial intangible cultural heritage lists and the basic information of representative inheritors in six provinces (autonomous regions) of Guangxi, Hunan, Guangdong, Guizhou, Yunnan and Jiangxi, where the Yao people gather, and believes that the protection of the intangible cultural heritage of the Yao people has made certain achievements in five aspects, including laws and regulations, academic research results, intangible cultural heritage into the campus, productive protection and digital protection, but still gaps in special regulations, the aging of inheritors and other problems need to be solved urgently. This report believes that in order to achieve scientific and reasonable protection of the intangible cultural heritage of the Yao people, we should strengthen the construction of special laws and regulations on the intangible cultural heritage of the Yao people and the talent team, strengthen the linkage between regions, and actively establish the mode of "intangible cultural heritage + protection", so as to achieve the sustainable development of the intangible cultural heritage of the Yao people.

Keywords: Yao Nationality; Intangible Cultural Heritage; Representative Inheritor

B.6　Report on the Protection and Development of Bai's Intangible

　　Cultural Heritage　　*Wei Buhua, Zhang Huihui and Mou Lan* / 096

Abstract: The Bai nationality, a minority with a long history and culture in the southwest frontier of China, mainly lives in Dali Bai Autonomous Prefecture, Yunnan Province. From the perspective of ethnic origin, the Bai nationality is a national community formed by the gradual integration of many nationalities in the long-term production practice. The intangible cultural heritage created by the Bai people in their long-term production and living practices is an important part of the intangible cultural heritage of China's ethnic minorities, which is a strong evidence of national unity and progress. Through sorting out the list of representative intangible cultural heritage projects of the Bai nationality published at or above the provincial level in Yunnan and the representative inheritors of intangible cultural heritage, this report analyzes the inheritance and development status, and summarizes the protection experience and existing shortcomings. The report points out that the protection and inheritance of Bai's intangible cultural heritage can be strengthened by increasing the depth of excavation and sorting of intangible cultural heritage projects, effectively developing intangible cultural heritage resources, and cultivating new groups of intangible cultural heritage, so as to promote the development of civilization achievements of all ethnic groups.

Keywords: Bai Nationality; Intangible Cultural Heritage; Culture Communication

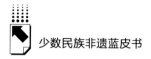
B.7　Exploration of the Transmission of Intangible Cultural Heritage
of Ethnic Minorities for Education on Forging the Sense of
Chinese Nation Community

　　—*A Case Study of National Intangible Cultural Heritage Yi's
Playing Songs in Weishan Area*

Pu Lichun,　*Fei Yangyang and Zhao Lunna* / 112

　　Abstract：Forging the sense of Chinese nation community is an important
ideological force for achieving the great rejuvenation of the Chinese nation. In the
context of the new era, education on forging the sense of Chinese nation
community is gradually becoming systematic and normalized, which cannot be
separated from the foundation of culture and the endless nourishment brought by
the interaction of cultural heritage. President Xi Jinping has repeatedly emphasized
the need to "inherit and carry forward the excellent Chinese traditional culture",
so it is crucial to integrate the excellent Chinese traditional culture in the process of
education to forge the sense of Chinese nation community. Taking the national
intangible cultural heritage of the Yi's Playing Song in Weishan area as an example,
this report takes the national intangible cultural heritage of the Weishan Yi ethnic
group as an example, and based on the analysis of its cultural inheritance's role in
cultivating the awareness of the Chinese national community, proposes suggestions
for linking intangible cultural heritage with patriotism education, national unity
and progress education, and cultivating the awareness of the Chinese national
community.

　　Keywords：Education on Forging the Sense of Chinese Nation Community；
Yi's Playing Song in Weishan Area；School Education

B.8   A Study on the Contemporary Value of Yi （Sani） Embroidery

Heritage and its Functional Role in Education for Forging

the Sense of Chinese Nation Community

Fei Yangyang, *Zhao Lunna and ZhengBo* / 125

Abstract：The intangible cultural heritage of ethnic minorities is a valuable treasure in China. From the perspective of educational anthropology, the transmission of intangible cultural heritage of ethnic minorities not only promotes the development of intellectual and non-intellectual factors of human beings, but also has a powerful effect on the education of forging the sense of Chinese nation community. As an important place for teaching and educating people, schools have become the main venue for education to forge the sense of Chinese nation community. This report takes the Yi （Sani） embroidery as an example to deeply analyze the contemporary value of its cultural inheritance and its impact on people. It is believed that the educational inheritance of Yi （Sani） embroidery helps to inherit the excellent traditional culture of the nation, promote cultural exchanges and integration among various ethnic groups, cultivate the "Five Identities" ideology, promote national unity, and enhance the world competitiveness of Chinese culture.

Keywords：Forging the Sense of Chinese Nation Community；Yi （Sani） Embroidery；Culture Heritage

B.9   Folk Song Art in Building the Sense of the Chinese

National Community

—*A Case Study of "Flowers" in Hezhou*, *Gansu Province*

Ma Jinrong, *Kang Chunying* / 137

Abstract：As a folk song art, "Flowers" in Hezhou has rich cultural connotations and contains the wisdom of various ethnic minorities in the northwest region. The characteristics of keeping pace with the times and strong social functions have made

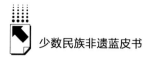
"Flowers" popular for hundreds of years and enduring for a long time. "Flowers" is not only the specific content of minority culture, but also an important part of minority intangible cultural heritage. The protection and inheritance of "Flowers" is the embodiment of forging the consciousness of the Chinese national community. From the perspective of forging the consciousness of the Chinese nation's community, this report clarifies the contemporary value of folk song art, while exploring the rich social functions of folk song art based on the actual situation of society. It also proposes a modern transformation strategy for folk song art to effectively promote the protection and inheritance of folk song art. In this process, the focus of the "five identities" continues to be strengthened, which guarantees the innovative development of the traditional culture of ethnic minorities in the process of transformation, and the forging of a sense of community of the Chinese nation.

Keywords: Forging the Sense of Chinese Nation Community; Chinese Traditional Culture; Folk Song Art

B.10 From History to Memory: On Intangible Cultural Heritage of Ethnic Minorities and Cultural Self-confidence *Cai Dali* / 149

Abstract: Based on the belief of protecting human cultural diversity, a key cognitive shift has currently emerged in the field of practical and theoretical studies of Intangible Cultural Heritage, which is evaluating traditional cultures from the perspective of vivid memory instead of solidified history. This set of values, conforming the concept of civilized ecology, have regained a brand-new sense of various local traditions and recognized that different living cultural organisms imply heterogeneous values and have their own needs and rights for dynamic developments. Moreover, current rejuvenation process of traditional cultures is a radically free practice procedure which will ultimately lead to the construction of a community of mutual appreciation, mutual learning and interoperability. In other words, to build a community of shared future for mankind through requisite mediation of "fight for recognition movements", within which dialogues, competitions and consultations are included. As representational media of national self-confidence, the intangible cultural heritage of ethnic minorities has dual significance in reconstructing a new global cultural ecology, where multiple art stylistic forms and emotion-communicating mechanisms co-exist and flourish. On the one hand, from the internal perspective, intangible cultural heritage of ethnic minorities is the essential traditional resource for relevant cultural subjects' identification. On the other hand, from the external perspective of cultural communication, intangible cultural heritage of ethnic minorities has gradually transferred into a kind of special symbolic capital, which allows their cultural holders to participate more effectively in the construction of a new global cultural ecology.

Keywords: Intangible Cultural Heritage of Ethnic Minorities; Cultural Self-confidence; National Image; Identification; New Global Cultural Ecology

Ⅳ Oral Tradition and Forms of Expression

B.11 Inheritance and Development of the National Intangible
Cultural Heritage of Wuding Yi Nationality Wine Songs

Zheng Bo, Zhao Lunna and Fei Yangyang / 160

Abstract: The Wine Song of Wuding Yi nationality has a long history. As an important part of Chinese excellent traditional culture, it has been declared as national intangible cultural heritage in 2008. Based on an overview of the origin, content, and function of the drinking songs of the Yi ethnic group in Wuding, this report analyzes the inheritance status of the drinking songs from four dimensions: individual, family, society, and school. It points out that there is a serious aging of individuals in terms of inheritance, a lack of successors, weak family inheritance concepts, a lack of social inheritance environment, and weak school inheritance and execution. It proposes to attach importance to cultivating inheritors of the drinking songs of the Yi ethnic group, encourage family

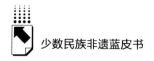

inheritance, and strengthen social inheritance Suggestions such as integrating into school education.

Keywords: Wuding Yi Nationality Wine Songs; Family Inheritance; Social Inheritance; School Inheritance

B. 12   The Historical Track and Cultural Character of Dong

     Nationality Folk Music   *Wu Yuanhua* / 176

Abstract: The history of folk music culture of the Dong nationality is an important branch of the cultural history of the Dong nationality, and it is also a part of the history of Chinese music culture. On the basis of collecting, sorting, reading and analyzing historical documents and first-hand materials obtained through field investigation, this report makes an argument by comprehensively using methods and achievements of history, musicology, folklore, linguistics, sociology and centering on the survival time and space of Dong folk music culture. It also records the track of development and cultural characteristics. The research shows that the history of Dong folk music has gone through the gestation before the Tang Dynasty, the formation of the Tang, Song and Yuan Dynasties, the prosperity of the Ming and Qing Dynasties, the transformation of the Republic of China and the diversified development stage since the new China. Therefore, the theoretical discourse system of the cultural history of Dong folk music is constructed, which highlights the self-identification of Dong folk music culture and the way of existence and cultural character of melting others.

Keywords: Dong Nationality; Folk Music; Intangible Cultural Heritage

Abstract: The southwestern region of China is the region with the richest variety of ethnic minorities where different musical instruments are used. By studying the survival status of musical instruments, the important carriers of music culture, a clearer understanding of the inheritance status and existing problems of minority music culture can be made. Based on a comprehensive and in-depth field research, this report holds that ethnic musical instruments in southwest China are diversified across provincial boundaries and regional distribution, and are classified according to their pronunciation principles, production skills, use functions, performance forms and so on. It is believed that in the development of ethnic musical instruments in southwest China, there are multiple forms of inheritance, including the "New Family Inheritance Model" and the "Origin Workshop Communication Model". The construction of ethnic musical instrument museums has also achieved a success. However, it is faced with the dilemma of lack of inheritors. Further exploration is needed to summarize the weak links in the research of ethnic musical instruments in southwest China, such as the continuous emergence of high-level scientific research projects, the lack of systematic field investigations, and the lack of research on ethnic musical instruments in cross-border regions.

Keywords: Digital Protection; Ethnic Minority Musical Instruments; Museum of Ethnic Musical Instruments

Abstract: As a classic IP of ethnic minority folk literature, "Avanti" has

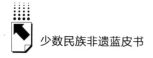
become an important carrier for Chinese people to understand Xinjiang and its ethnic customs. It also plays an important role in ethnic cultural exchanges. The animation media has endowed "Avanti" with new artistic vitality, and it has also broadened the path for the living inheritance and innovative development of folk literature IP. In the context of the new era, further analysis of the source of the "Avanti" folk image and the form of animation inheritance is of great significance for exploring its future development of the animation creative industry. This report believes that "Avanti" has established an artistic image among the middle-aged, young, and youth groups with the help of animation media. In the future, a complete library of ethnic minority folk literature resources should be established, an industry chain centered on animation media development should be improved, and the innovation and development of intangible cultural heritage IP should be promoted to achieve the active inheritance of cultural heritage and revitalize it.

Keywords: Minority Nationality; Folk Literature; Avanti

V Performing Arts

B.15 Status Quo, Predicament and Path Selection of Dilong

Lantern Cultural Practice in Laifeng County

Qiu Ying, Rao Yan and Chen Shuozhi / 225

Abstract: The Dilong Lantern in Laifeng County is a folk lantern dance of the Tujia people. It is also an artistic crystallization of the integration of Han culture, Chu culture and Ba culture. It was listed as a national intangible cultural heritage in 2011. Under the cultural vision of "diversity and unity", Dilong Lantern's origin, evolution and representation form can be traced to explore its social function. In the process of inheritance and development of Dilong Lanterns in Laifeng County, there are problem of the lack of ritual subjects, the decline of ritual space, and the lack of value identification. It is of great importance to activate the cultural identity of intangible cultural heritage protection, to strengthen the "authentic" protection and practice of traditional villages and to form a heterogeneous organizational structure of Lantern's folk ceremonies and cultural performances.

Keywords: Laifeng County; Dilong Lantern; Intangible Cultural Heritage; Traditional Dance

B.16   Protection and Development of Tibetan Traditional Dance from the Perspective of Intangible Cultural Heritage
——*A Case Study of Cugao Geng-dance*

An Jingya, *Zhou Yuhua* / 239

Abstract: The Geng-dance is one of the traditional Tibetan dances, which plays an important role in the cultural space such as festivals and memorial ceremonies, showing the great diachronic and synchronic values. In recent years, the protection of the Geng-dance has been highly concerned by the district government and all sectors of society, but there are some problems in its protection and inheritance. On the basis of field research, this report will sort out the formation and development of stem dance, analyze the problems in the process of inheritance and protection of stem dance, such as the low degree of transformation of digital achievements, the inconspicuous sustainability of policy implementation, the lack of endogenous power of resource transformation, and put forward countermeasures that should focus on improving digital information, implementing protection measures, and accelerating the linkage of industry, university and research.

Keywords: Traditional Tibetan Dance; Cuogao Geng-dance; Intangible Culture Heritage

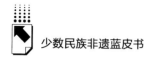

B.17　Salvage Protection of Intangible Cultural Heritage of Traditional

Sports，Recreational Arts and Acrobatics of Ethnic Minorities

— *A Case Study of Dawazi of Uygur Nationality*

Chen Chuanzhi，Mi Gaofeng and Wu Jingya / 250

Abstract：The Uygur Dawazi is a representative item in the intangible cultural heritage of traditional sports，recreational arts and acrobatics of ethnic minorities. It has the dual characteristics of sports and acrobatics，and occupies the unique position in the traditional national culture. Due to the high difficulty and risk of the performance，coupled with the extreme shrinkage of the traditional performance market，Dawazi is in a severe dilemma of protection and inheritance. In recent years，under the care and support of the Party and the government，all sectors of society have implemented a series of salvage protection strategies for Dawazi，giving it vitality for development again. Taking Dawaz as a typical case，the article believes that the Uygur Dawaz has inherent performance characteristics and historical and cultural values，and puts forward protection suggestions from the aspects of regional coordination of intangible cultural heritage cultural ecology protection，creation，transformation and dissemination of digital media，and exploration of regional cultural and tourism industry systematic development.

Keywords：Traditional Sports of Minorities，Recreational Arts and Acrobatics；Salvage Protection；Dawazi

VI　Traditional Knowledge and Practice，
Traditional Handicrafts

B.18　Study on the Innovative Development of Traditional

Medicine Sand Therapy　　　　*Li Meiyan，Rao Yuzhen* / 262

Abstract：Sand therapy is a valuable cultural heritage created by Uygur people in their long-term production and life. In 2014，sand therapy was included in the fourth batch of national intangible cultural heritage list, belonging to traditional medicine among the ten categories of intangible cultural heritage. As an important part of Chinese excellent traditional culture, traditional medicine sand therapy has great cultural and economic value, and has great healing effect on the human body. With economic and social development and the improvement of material living standard, people pay more and more attention to health preservation. It is necessary to inherit and innovate the development of sand therapy. This leport discusses the connotation, characteristics, functions and development status of sand therapy, and explores the innovative development path of integration of sand therapy and health care industry.

Keywords: Sand Therapy; Traditional Medicine; Health Care Industry

B.19 Protection and Inheritance of Mongolian Clothing in the Process of Modernization in Subei Mongolian Autonomous County, Gansu Province *Liu Weihua, Li Rong* / 272

Abstract: "Mongolian Clothing", listed by the State Council in the National Intangible Cultural Heritage Protection List, is a precious treasure created by the people of Mongols in the long course of historical development. It has rich cultural values and is a vivid portrayal of Mongols' religious beliefs and changes in life. It is also an important carrier of the culture of Mongolia heritage. This report believes that, with the acceleration of modernization process, the inheritance and development of traditional costumes are impacted by the reality of the dilution of national traditional culture, the reduction of application scenarios, and the lack of successors. We should start from the government guidance, call on the masses, make innovative developments to give full play to the role of government policy guidance. Great importance should also be attached to the extensive recording and dissemination of Mongols costumes in Subei, so as to promote the integration and development of Mongols costumes and tourism in Subei. When the cultural

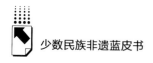

connotations of clothing are deeply revealed, the protection and inheritance of ethnic clothing can be better protected and inherited.

Keywords: Mongolian Clothing; Traditional Culture; Cultural Connotation

B.20   Heritage Characteristics of Traditional Handicraft Intangible
Cultural Heritage

—*Taking Guizhou Province as an Example*   *Wang Yueyue* / 283

Abstract: Traditional handicrafts are handmade labor that has been passed down from generation to generation by folk artists, characterized by handcrafting and combining practicality and aesthetics with products. It is an important component of intangible cultural heritage. The reason why traditional handicrafts are called "heritage" is that the intangible nature of their craftsmanship and the substantial nature of their products make traditional handicrafts constantly change around relatively stable core techniques in terms of time, space, and form. The inheritance of traditional handicraft intangible cultural heritage has a long history, and its material carrier has become an important manifestation of craftsmanship, and as an important cultural relic, it is collected by various museums at all levels; Its core skills are passed down from generation to generation through inheritors, and are actively passed down in various cultural spatial forms. Therefore, traditional handicraft intangible cultural heritage has distinct "heritage" characteristics in terms of time, space, and material carriers.

Keywords: Traditional Handicraft; Intangible Culture Heritage; Guizhou Province

Abstract: The traditional handicrafts of Huayao are integrated in the forms of cross stitch embroidery, ribbon plate cap, clothing production, etc., which plays a vital role in building national identity, maintaining national social relations, and displaying national cultural disposition and aesthetic characteristics. The traditional handicrafts of Huayao contain valuable cultural, artistic, economic and ecological factors, which are intrinsically consistent with the driving force of rural revitalization. By formulating protection and inheritance policies, using scientific and technological means, and organizing social forces to participate, the combination of Huayao's traditional handicrafts with cultural and creative industries, tourism industries, and the construction of local-colored villages can not only achieve their creative transformation and innovative development, but also promote the diversified revitalization of the countryside.

Keywords: Huayao; Traditional Handicraft; Intangible Cultural Heritage; Village Revitalization

Ⅶ Learning Experience

Abstract: Taking traditional arts and crafts, folk arts and crafts as an example, this report analyzes the Japanese protection measures for endangered intangible cultural heritage. Japanese traditional crafts are endangered because of the shrinking market and the small number of inheritors, while folk arts are endangered because of the lack of inheritors. Japan has taken measures to protect traditional crafts from three aspects: policy support, financial support and talent support. Here follow the specific

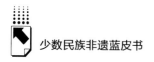

measures: at the level of policy support, the central policy and local regulations are mutually complementary; at the level of financial support, government subsidies and private funding complement each other; at the level of talent support, the main body of protection and inheritance have their own points. Japanese experience tells us that we need to deal with the relationship between macro-policy and micro-regulation in institutional design, the relationship between inheritance and innovation in development philosophy, and the relationship between the protection body and the trade association in the management system.

Keywords: Japan; Endangered Intangible Cultural Heritage; Traditional Crafts; Folk Arts and Crafts

Appendix: The Events of Intangible Cultural Heritage of Ethnic Minorities in 2021

Zhou Shangshu, Tang Yongrong / 321

皮书

智库成果出版与传播平台

✦ 皮书定义 ✦

皮书是对中国与世界发展状况和热点问题进行年度监测，以专业的角度、专家的视野和实证研究方法，针对某一领域或区域现状与发展态势展开分析和预测，具备前沿性、原创性、实证性、连续性、时效性等特点的公开出版物，由一系列权威研究报告组成。

✦ 皮书作者 ✦

皮书系列报告作者以国内外一流研究机构、知名高校等重点智库的研究人员为主，多为相关领域一流专家学者，他们的观点代表了当下学界对中国与世界的现实和未来最高水平的解读与分析。截至 2022 年底，皮书研创机构逾千家，报告作者累计超过 10 万人。

✦ 皮书荣誉 ✦

皮书作为中国社会科学院基础理论研究与应用对策研究融合发展的代表性成果，不仅是哲学社会科学工作者服务中国特色社会主义现代化建设的重要成果，更是助力中国特色新型智库建设、构建中国特色哲学社会科学"三大体系"的重要平台。皮书系列先后被列入"十二五""十三五""十四五"时期国家重点出版物出版专项规划项目；2013~2023 年，重点皮书列入中国社会科学院国家哲学社会科学创新工程项目。

皮书网

（网址：www.pishu.cn）

发布皮书研创资讯，传播皮书精彩内容
引领皮书出版潮流，打造皮书服务平台

栏目设置

◆ **关于皮书**
何谓皮书、皮书分类、皮书大事记、
皮书荣誉、皮书出版第一人、皮书编辑部

◆ **最新资讯**
通知公告、新闻动态、媒体聚焦、
网站专题、视频直播、下载专区

◆ **皮书研创**
皮书规范、皮书选题、皮书出版、
皮书研究、研创团队

◆ **皮书评奖评价**
指标体系、皮书评价、皮书评奖

◆ **皮书研究院理事会**
理事会章程、理事单位、个人理事、高级
研究员、理事会秘书处、入会指南

所获荣誉

◆ 2008年、2011年、2014年，皮书网均
在全国新闻出版业网站荣誉评选中获得
"最具商业价值网站"称号；
◆ 2012年，获得"出版业网站百强"称号。

网库合一

2014年，皮书网与皮书数据库端口合
一，实现资源共享，搭建智库成果融合创
新平台。

皮书网

"皮书说"
微信公众号

皮书微博

权威报告·连续出版·独家资源

皮书数据库
ANNUAL REPORT(YEARBOOK)
DATABASE

分析解读当下中国发展变迁的高端智库平台

所获荣誉

- 2020年，入选全国新闻出版深度融合发展创新案例
- 2019年，入选国家新闻出版署数字出版精品遴选推荐计划
- 2016年，入选"十三五"国家重点电子出版物出版规划骨干工程
- 2013年，荣获"中国出版政府奖·网络出版物奖"提名奖
- 连续多年荣获中国数字出版博览会"数字出版·优秀品牌"奖

皮书数据库　　　"社科数托邦"
微信公众号

成为用户

　　登录网址www.pishu.com.cn访问皮书数据库网站或下载皮书数据库APP，通过手机号码验证或邮箱验证即可成为皮书数据库用户。

用户福利

- 已注册用户购书后可免费获赠100元皮书数据库充值卡。刮开充值卡涂层获取充值密码，登录并进入"会员中心"—"在线充值"—"充值卡充值"，充值成功即可购买和查看数据库内容。
- 用户福利最终解释权归社会科学文献出版社所有。

数据库服务热线：400-008-6695
数据库服务QQ：2475522410
数据库服务邮箱：database@ssap.cn
图书销售热线：010-59367070/7028
图书服务QQ：1265056568
图书服务邮箱：duzhe@ssap.cn

社会科学文献出版社 皮书系列
SOCIAL SCIENCES ACADEMIC PRESS (CHINA)
卡号：358228588957
密码：

基本子库
SUB DATABASE

中国社会发展数据库（下设 12 个专题子库）

紧扣人口、政治、外交、法律、教育、医疗卫生、资源环境等 12 个社会发展领域的前沿和热点，全面整合专业著作、智库报告、学术资讯、调研数据等类型资源，帮助用户追踪中国社会发展动态、研究社会发展战略与政策、了解社会热点问题、分析社会发展趋势。

中国经济发展数据库（下设 12 专题子库）

内容涵盖宏观经济、产业经济、工业经济、农业经济、财政金融、房地产经济、城市经济、商业贸易等 12 个重点经济领域，为把握经济运行态势、洞察经济发展规律、研判经济发展趋势、进行经济调控决策提供参考和依据。

中国行业发展数据库（下设 17 个专题子库）

以中国国民经济行业分类为依据，覆盖金融业、旅游业、交通运输业、能源矿产业、制造业等 100 多个行业，跟踪分析国民经济相关行业市场运行状况和政策导向，汇集行业发展前沿资讯，为投资、从业及各种经济决策提供理论支撑和实践指导。

中国区域发展数据库（下设 4 个专题子库）

对中国特定区域内的经济、社会、文化等领域现状与发展情况进行深度分析和预测，涉及省级行政区、城市群、城市、农村等不同维度，研究层级至县及县以下行政区，为学者研究地方经济社会宏观态势、经验模式、发展案例提供支撑，为地方政府决策提供参考。

中国文化传媒数据库（下设 18 个专题子库）

内容覆盖文化产业、新闻传播、电影娱乐、文学艺术、群众文化、图书情报等 18 个重点研究领域，聚焦文化传媒领域发展前沿、热点话题、行业实践，服务用户的教学科研、文化投资、企业规划等需要。

世界经济与国际关系数据库（下设 6 个专题子库）

整合世界经济、国际政治、世界文化与科技、全球性问题、国际组织与国际法、区域研究 6 大领域研究成果，对世界经济形势、国际形势进行连续性深度分析，对年度热点问题进行专题解读，为研判全球发展趋势提供事实和数据支持。

法律声明